哲學門

第二十二卷(2021年)第二册

总第四十四辑 Vol.22 No 2, 2021
Beida Journal of Philosophy

CSSCI 来源期刊（集刊类）

北京大学出版社
PEKING UNIVERSITY PRESS

图书在版编目（CIP）数据

哲学门. 总第四十四辑 / 程乐松主编. —北京：北京大学出版社，2023.9
ISBN 978-7-301-34236-7

Ⅰ.①哲… Ⅱ.①程… Ⅲ.①哲学—文集 Ⅳ.①B-53

中国国家版本馆 CIP 数据核字（2023）第 137692 号

书　　　　名	哲学门（总第四十四辑）
	ZHEXUEMEN（ZONG DI-SISHISI JI）
著作责任者	程乐松　主编
责 任 编 辑	张晋旗　田　炜
标 准 书 号	ISBN 978-7-301-34236-7
出 版 发 行	北京大学出版社
地　　　　址	北京市海淀区成府路 205 号　100871
网　　　　址	http://www.pup.cn　新浪微博：@ 北京大学出版社
电 子 邮 箱	编辑部 wsz@pup.cn　　总编室 zpup@pup.cn
电　　　　话	邮购部 010-62752015　发行部 010-62750672　编辑部 010-62757065
印 刷 者	天津中印联印务有限公司
经 销 者	新华书店
	787 毫米×1092 毫米　16 开本　26.25 印张　429 千字
	2023 年 9 月第 1 版　2023 年 9 月第 1 次印刷
定　　　　价	89.00 元

未经许可，不得以任何方式复制或抄袭本书之部分或全部内容。
版权所有，侵权必究
举报电话：010-62752024　电子邮箱：fd@pup.cn
图书如有印装质量问题，请与出版部联系，电话：010-62756370

论坛：孟德斯鸠

古今之变视野中的孟德斯鸠
　　——施特劳斯和潘戈对孟德斯鸠思想的解读 …………… 崇　明/1
专制主义概念与18世纪初法国的帝国想象
　　——伏尔泰和孟德斯鸠的交锋 ………………………… 葛耘娜/29
自由、理性与法的精神
　　——孟德斯鸠思想视域之中的"法" ………………………潘　丹/43
孟德斯鸠论罗马政制 ……………………………………………… 杨　璐/70
为何米特拉达梯对抗罗马单独成章
　　——《罗马盛衰原因论》的设计论证及其政治思想 ……… 张　弛/95
附：休谟致高等法院院长孟德斯鸠的信 ……………… 李雪菲（译）/116

论文

"新名学"再议 ………………………………………………… 苟东锋/121
儒学地域性研究存在的几个认知问题 ……………………… 甘祥满/145
论《庄子》思想中的"性命"问题 …………………………… 王一鸣/160
试论《庄子》中的"形" …………………………………………张　璟/181
正名·制度·性情：董仲舒教化思想新探 ………………… 肖芬芳/205
朱子对道德基础的理性主义重建 …………………………… 洪明超/218

论"日本儒学化"中的"逆格义"现象
　　——以松永尺五之《彝伦抄》为中心 ……………… 刘　莹　唐利国/236
试论和辻哲郎的批判意识
　　——以"风土"为缘起 …………………………………… 吴光辉/252
鸠摩罗什译本《金刚经》对佛典术语的创造性
　　翻译：以"相""想"为中心 ………… [意]左冠明著　李铭佳(译)/267
自我的世俗化
　　——以彼特拉克的《秘密》为中心 ……………………… 赵　璧/286
生命本身的政治哲学：蒙田《随笔》"论虚荣"章解读 ……… 夏尔凡/300
费希特，康德，认知主体和认识建构
　　主义 ………………………… [美]汤姆·洛克莫尔著　陈辞达(译)/332

书评

孟庆楠：《哲学史视域下的先秦儒家〈诗〉学研究》 ……… 陈建美/349
叶树勋：《先秦道家"德"观念研究》 ………………………… 袁　青/357
读《经学与实理：朱子四书学研究》三题 …………………… 邓庆平/362
李景林：《教化儒学续说》 …………………………………… 王世中/373
柏拉图对话与方法论
　　——评詹文杰的《柏拉图知识论研究》………………… 吕纯山/382
施璇：《笛卡尔的伦理学说研究》 …………………………… 汪瑞原/389
自由主义的情与理
　　——评钱永祥《动情的理性：政治哲学作为道德实践》…… 邵　风/398

书讯

胡瑗 著　白辉洪、于文博、徐尚贤 点校：《周易口义》 ……………… 28
[美]麦笛 著　刘倩译：《竹上之思——早期中国的文本
　　及其意义生成》 ……………………………………………………… 42

Contents

Forum: The Theory of Qi in Ancient Chinese Philosophy

Montesquieu in the Perspective of the Transformations from the
  Antiquity to the Modernity: Strauss and Pangle's Interpretations
  of Montesquieu's Thought ·· Chong Ming/1
Despotism and the Idea of French Empire in the Early 18th Century:
  The Views of Voltaire and Montesquieu ······················ Ge Yunna/29
Liberty, Reason and the Spirit of the Law: The "Law" from the Intellectual
  Perspective of Montesquieu ·· Pan Dan/43
Montesquieu on Rome Regime ··· Yang Lu/70
Montesquieu's Chapter on Mithridates' War against Rome: On the
  Design and Political Thought of *Considerations on the Causes of the
  Greatness of the Romans and their Decline* ···················· Zhang Chi/95
Appendix: Hume to Montesquieu, President of the High
  Court ··· Li Xuefei/116

Articles

"Neo-Ming(Name) Theory" Restatement ················ Gou Dongfeng/121
Some Cognitive Problems in the Regional Research of
  Confucianism ··· Gan Xiangman/145
On the Problem of "Xing" and "Ming" in *Chuang-tzu* ····· Wang Yiming/160
An Analysis on "Xing(形)" in *Zhuangzi* ························· Zhang Jing/181
Rectification, System, Disposition: The new Study on Dong
  Zhongshu's Educational Thought ···························· Xiao Fenfang/205
Zhuxi's Rationalist Reconstruction of The Basis of
  Morality ·· Hong Mingchao/218
On the "Reverse Analogical Interpretation (Ni Geyi)" Phenomenon
  in Japanese Confucianism: Focus on Matsunaga Sekigo's

Yilunchao .... Liu Ying, Tang Liguo/236
On Kazuji Tetsuro's Critical Consciousness——Based on
"terroir" .... Wu Guanghui/252
Mind The Hermeneutical Gap: A Terminological Issue in
Kumārajīva's Version of The
Diamond Sutra .... Stefano Zacchetti, (translated by) Li Mingjia /267
Secularization of self——Focusing on Petrarch's *Secretum* .... Zhao Bi/286
Political Philosophy of Mere Life: A Reading of "On Vanity"
in Montaigne's *Essays* .... Xia Erfan/300
Fichte, Kant, the Cognitive Subject, and Epistemic Constructivism
.... Tom Rockmore/332

Reviews

Meng Qingnan, *Pre-Qin Confucian Studies on the Odes from the*
  Perspective of the History of Philosophy .... Chen Jianmei/349
Ye Shuxun, *A Study on The Concept of DE in Pre-qin Taoism* ....
  .... Yuan Qing/357
Xu Jiaxing, *Scriptural Learning and Real Principle: a study of*
  Zhu Xi's scholarship on the Four Books .... Deng Qingping/362
Li Jinglin, *A Continuation Of Edification Confucianism* ... Wang Shizhong/373
Zhan Wenjie, *A Study on Plato's Theory of Knowledge* ..... Lyu Chunshan/382
Shi Xuan, *A Study on Descartes' Ethics* .... Wang Ruiyuan/389
Qian Yongxiang, *The Impassioned Reason: Political Philosophy as*
  Moral Intervention .... Shao Feng/398

Information

Hu Yuan, *Discourses on the Book of Changes*, ed. Bai Huihong, Yu
  Wenbo, Xu Shangxian 28
Dirk Meyer, *Philosophy on Bamboo: Text and the Production of*
  Meaning in Early China, tr. Liu Qian 42

古今之变视野中的孟德斯鸠*
——施特劳斯和潘戈对孟德斯鸠思想的解读

崇 明**

摘 要：施特劳斯和潘戈在古今之变的视野中，结合神学政治问题，把孟德斯鸠界定为反古典自然、反基督教，提倡自由、商业、启蒙的自由主义思想家。施特劳斯和潘戈均认为孟德斯鸠抛弃了古典自然法的目的论，把自然法理解为个体与社会的自我保存。然而孟德斯鸠区分了自然状态和社会状态中的自然法；自然状态中的自然法缺少理性和目的内涵，这并不意味着孟德斯鸠的自然法和自然概念就完全没有理性和目的的内涵。施特劳斯认为孟德斯鸠仅仅把德性理解为激情，潘戈则认为孟德斯鸠把德性理解为自我保存的手段而忽视了道德和心智德性。孟德斯鸠事实上立足于古典政治哲学的洞察，即道德和心智德性往往并不能挽救城邦，并因此致力于把维护个体的自然情感和利益作为政治的目的。在施特劳斯和潘戈看来，孟德斯鸠指控基督教为专制并试图予以攻击乃至摧毁之，但孟德斯鸠关于攻击宗教的讨论仅仅是针对当时法国对胡格诺教徒的迫害。孟德斯鸠在批判基督教的同时致力于维护其道德和社会意义。施特劳斯和潘戈均断言孟德斯鸠是鼓吹商业和平论和历史进步论的自由主义共和派。孟德斯鸠提倡商业和平论的目的是批驳重商主义视商业和战争同为对外扩张手段的观点，并指出了现代社会发展和英格兰宪政的脆弱。

关键词：列奥·施特劳斯 托马斯·潘戈 孟德斯鸠 自然 德性

---

* 本文为国家社科基金一般项目"孟德斯鸠启蒙思想中的自然、历史与政体研究"（项目号20BSS045）的中期成果。

** 崇明，1975年生，北京大学历史学系副教授。

基督教　商业

在 1946 年 11 月 20 日给洛维特的一封信中,施特劳斯如此评价孟德斯鸠:"你了解孟德斯鸠吗? 他是欧洲大陆最完美的绅士(他母亲是英国人)。彻底地反基督教,比马基雅维利人道,同时被共和罗马和古代日耳曼吸引,仁慈,颇有贵族气质而不惧权威,等等——简言之,所有尼采和司汤达想象到的,但司汤达不具备(因为司汤达已经传承了卢梭)。"[1]寥寥数语包含了很多重要的判断。施特劳斯问洛维特是否了解孟德斯鸠,足见这个时期(二战以后)孟德斯鸠在欧洲知识界可能无足轻重。施特劳斯本人也误以为孟德斯鸠有一个英国母亲,而事实上她只是有些英国血统。在施特劳斯看来,孟德斯鸠思想的显著特点是反基督教,与马基雅维利的思想有一脉相承之处,但相比而言更注重人道。施特劳斯也注意到罗马共和主义和日耳曼封建主义对孟德斯鸠思想的影响,而正是这些异教、封建、贵族特性使得孟德斯鸠得到了反基督教和反民主的司汤达和尼采的青睐。后来于 1965 和 1966 年在芝加哥大学开设的研讨班上,施特劳斯维持了孟德斯鸠反基督教的判断,但是淡化了孟德斯鸠思想的贵族气质和封建色彩,而是强调其自由主义、商业、启蒙、现代性的特征,指出孟德斯鸠的《论法的精神》是阐释自由取代德性这一古今巨变的最佳文本。[2] 课堂研讨难免表现出发散性、片段性的特征,所以这些讲稿并不能被视为施特劳斯对孟德斯鸠思想的深思熟虑的见解,但施特劳斯学派的孟德斯鸠研究基本上是在他勾勒的这些轮廓中展开的,其核心特点是,在西方政治哲学传统中,通过对古今之变和神学政治问题的探讨,把孟德斯鸠界定为反古典自然、反基督教,提倡自由、商业、启蒙的自由主义思想家。这一学派的研究在宏大的思想史视野和深切的现代性问题意识中,深入阐释了孟德斯鸠思想和现代自由主义传统中的一些根本问题,对再现和深挖孟德斯鸠思想的内涵、意义和问题做出了至关重要的贡献,是人们深入推进孟德斯鸠研究时无法绕开的基本参照和思想资源。不过这一研究也表现出某些模式化的倾向,简化了孟德斯鸠思想中的张力和复杂之处,进而造成了

---

[1] 转引自 Diana J. Schaub, *Erotic Liberalism*: *Women and Revolution in Montesquieu's Persian Letters*, Lanham, MD: Rowman & Littlefield Publishers, 1995, p. 179。

[2] Leo Strauss, *Seminar on Montesquieu*: *A course offered in winter quarter*, 1966, ed. Thomas L. Pangle, p. 319. 以下简称 Strauss, winter 1966。

对它的一些误解。

本文并非是对施特劳斯学派非常丰富的孟德斯鸠研究的全面讨论,而只是依据施特劳斯的孟德斯鸠研讨课实录和潘戈的两部影响广泛的孟德斯鸠研究著作,尝试探讨这一研究的某些特点,希望借助其古今之变的视野及其贡献和问题来推进对孟德斯鸠思想的思考和研究。①

一 自然法与社会

在孟德斯鸠研讨课中,施特劳斯首先在政治哲学与社会学的学科兴替以及政治哲学的谱系中辨析了孟德斯鸠思想的整体性特征,进而通过自然法传统的古今差别来说明孟德斯鸠的自然法思想及其整体思想的现代性色彩。施特劳斯首先像涂尔干一样谈到了孟德斯鸠的思想在社会学的兴起中扮演的角色。在施特劳斯看来,19世纪后期以来,社会学取代了传统的政治哲学,诉诸社会的、生理的、物质的因素来解释政治,通过把政治化约为政治之下的,把理性化约为理性之下的,把人化约为次于人的因素来加以理解。通过讨论西方从柏拉图到格劳修斯再到维科所提出的关于法以及法与政治的关系的理解,施特劳斯说明了孟德斯鸠对法的理解的独特性:孟德斯鸠诉诸外在于法的因素来解释法,推动了政治研究从传统的政治学到政治社会学的转变。② 不过,施特劳斯强调了孟德斯鸠的法律研究的规范性以及说明了他教导立法者和启蒙人民的意图,因此孟德斯鸠并非社会学家,仍然是政治哲学家。③ 后来潘戈在他那本颇有影响的孟德斯鸠研究著作中也重申了这一点。④ 不过,施特劳斯指出,虽然《论法的精神》是一部规范性政治哲学著

---

① 关于施特劳斯对孟德斯鸠的解读,参见 Céline Spector, Montesquieu et la crise du droit naturel moderne. L'exégèse straussienne, *Revue de métaphysique et de morale* 2013/1 (N° 77), pp. 65-78。
② Leo Strauss, *A course offered in the autumn quarter of* 1965, ed. Thomas L. Pangle, pp. 1-3. 以下简称 Strauss, 1965。
③ Strauss, 1965, pp. 6,12。
④ 潘戈也强调《论法的精神》的目的是"塑造立法者",并指出对于孟德斯鸠而言,政治决策具有决定性,社会的观念和因素是相对次要的:"在这一根本方面,孟德斯鸠完全与传统的政治哲学一致,而同现代社会学相对立。"潘戈:《孟德斯鸠的自由主义哲学——〈论法的精神〉疏证》,胡兴建、郑凡译,北京:华夏出版社,2016年,第36页。潘戈对涂尔干的孟德斯鸠解释的批评,参见第23页注释9。

作,但又不同于它之前的政治哲学著作,不仅仅不同于柏拉图、亚里士多德的古典政治哲学,也与霍布斯、洛克的现代政治哲学存在重要差别。孟德斯鸠致力于从各种具体的环境和处境出发来寻求最可能好的法律,也就是说他不是从人的目的,譬如人的最高程度的发展出发来思考法律,在此意义上他背离了古典政治哲学传统。同时,孟德斯鸠注重处境和社会的多样性,并没有像霍布斯和洛克那样提出某种普遍性的政治哲学。①

结合胡克与斯宾诺莎的法的定义,施特劳斯指出孟德斯鸠从关系的角度对法的界定与斯宾诺莎的理解相近,均与目的无关,而在胡克的思想所代表的更为传统的法学流派中的法律的定义则表现出目的论特征。② 与此相关,在对自然法的理解上,孟德斯鸠追随霍布斯、洛克,背离了古典自然法传统。③ 施特劳斯主要通过比较阿奎那和霍布斯来说明古典自然法和现代自然法的几个主要区别:现代自然法抛弃了阿奎那的自然法中的人的社会性、认识上帝等高阶内容,保留了人的自我保存这一最基本需求,从前社会的自然状态而非人的社会生活来推导自然法。孟德斯鸠的自然法显然属于现代阵营,譬如其前三条关系到的是人的基本需要:和平、生存和性。施特劳斯认为,古典自然法的基本前提是,人是理性动物,能够通过理性认识到存在的目的。④ 但是现代自然法则强调人的动物性或生理性而非理性存在的特点,因此在自然状态中人不可能拥有关于道德责任的意识。孟德斯鸠认为在自然状态中,人虽然拥有认知的官能但还没有真正的认知,最初形成的观念与自身的保存相关,并非思辨性的,因此不会产生造物主的观念。因此,虽然孟德斯鸠认为在重要性上走向造物主是自然法的第一条,但在形成顺序上却不是第一条。⑤ 所以,在施特劳斯看来,孟德斯鸠的自然法贬低了理性并抛弃了传统自然法的高阶内涵。潘戈则指出,在古典政治哲学中,人的自然是在政治

---

① Strauss, 1965, p. 13
② Ibid., pp. 35, 28.
③ 施特劳斯对古今自然法传统的详尽讨论,参见 Leo Strauss, *Natural Right and History*, Chicago: University of Chicago Press, 1953。
④ Strauss, winter 1966, p. 16.
⑤ Montesquieu, *De l'Esprit des Lois*, in Montesquieu, *Oeuvres complètes*, ed. R. Caillois. Volume 2, Paris: Gallimard, 1949-1951, Livre I, Chapitre 2. 以下该书简称 EL,在文中夹注,依次注出章、节。引文的中译多参考了张雁深译本(孟德斯鸠:《论法的精神》,张雁深译,北京:商务印书馆,1961—1963 年),并根据法文原文做出改动,不再一一说明。

生活中通过培育理性、语言以及对高贵与美好的事物的思考和表达而实现的,而孟德斯鸠的自然状态学说则把自然理解为对安全和繁衍的需要;在孟德斯鸠对自然公正的讨论中,除了对社会及其成员的保存之外,社会没有其他自然目的。①

在施特劳斯看来,孟德斯鸠的自然法立足于人的基本情感而非理性,这一点是理解其法律和政治思想的关键;孟德斯鸠的自然法与每个人的前政治的需要相关,因此施特劳斯认为《论法的精神》整本书体现出民主倾向(democratic bias)②,共和制是孟德斯鸠理想中的最佳政体。通过对孟德斯鸠的自然法的讨论,施特劳斯已经确立了孟德斯鸠的反古典的、贬低理性目的的现代民主派形象。但是施特劳斯注意到,在孟德斯鸠那里,人类离开自然状态后,在历史中建立的三种政体,特别是共和及君主政体的原则或动力却并非这些前政治需要——特别是其中最重要的自我保存。也就是说,孟德斯鸠并没有从自我保存以及基本需要中推导出共和政体的德性和君主政体的荣誉。在施特劳斯看来,如果共和国是孟德斯鸠心目中的最佳政体,那么它必然以自然法的规范为参照或依据。然而共和政体的德性要求公民为了城邦的利益而自我克制乃至自我牺牲,这与自我保存构成了张力。孟德斯鸠并没有解释这一张力,这在施特劳斯看来是一个难解之处。③

潘戈也认识到,在孟德斯鸠那里,自我保存或避免不安全这一人之自然是消极性的,并不能成为公民社会的唯一指引,同情和家庭依恋这样一些社会性的情感以及"人在每个民族的历史发展过程中获得的那些特征"也推动了社会的发展。但是潘戈并没有像施特劳斯那样关注这些历史特征对于各个民族所构成的目的性意义与作为自然法自保之间的张力,而是断言,在孟德斯鸠的政治理解里,"对安全的欲求仍然是根本性的"。④ 诚然,每个共同体或民族会把安全和自保作为基本欲求,但是否在历史中产生的其他欲求,譬如对德性和荣誉的追求都能简单地还原为这一根本性欲求呢?因

---

① 潘戈:《孟德斯鸠的自由主义哲学》,第 28 页。
② Strauss, winter 1966, p. 29. 在潘戈看来,孟德斯鸠从没有受到教化的多数人的视角,也就是支持民主的人的视角来审视政体,并且认为共同善等于多数人的善。因此潘戈认为,孟德斯鸠在古代共和国中支持民主共和国,并且认为英格兰是民主共和国。潘戈:《孟德斯鸠的自由主义哲学》,第 41、89 页。
③ Strauss, op. cit., p. 71.
④ 潘戈:《孟德斯鸠的自由主义哲学》,第 33 页。

为,在孟德斯鸠的论述中,德性和荣誉的一个共同特点就是对死亡的蔑视。如果一个共同体以蔑视死亡的德性或荣誉作为政体的原则,那显然不能说这些社会的指引或目的就仅仅是保存。潘戈注意到孟德斯鸠与霍布斯、洛克的政治哲学的差异在于前者对公民社会的多样性的重视。孟德斯鸠指出:"虽然一般地说,一切国家都有一个相同的目的,就是自保,但是每一个国家又有其独特的目的。这些独特的目的包括:扩张、战争、宗教、商业、航海、公共安宁、自然自由、政治自由、君主的荣耀……"(EL, XI, 5)潘戈也由此推论:从描述人类的根本需要的自然法中推导出来的正义原则,在适用于公民社会化的政治生活之前,必须被调整或弱化,而且这种调整或弱化经常是剧烈的。这一思想在其各方面的引申是理解孟德斯鸠的政治哲学的关键。① 一方面,潘戈看到,孟德斯鸠显然认识到人类历史中各种社会的目的不仅仅是自我保存,但他又断言孟德斯鸠仅仅以社会和社会成员的自我保存来理解社会的目的。

在我们看来,固然孟德斯鸠用自然状态中的自然法作为衡量政体的一个基本尺度,但这并不意味着他认为这些自然法是衡量政体的唯一尺度。孟德斯鸠区别了自然状态中的自然法和社会状态中的自然法。在《论能够影响心灵和性格的原因》一文中,孟德斯鸠指出:"那些生于不开化的民族中的人严格说来只有自我保存相关的想法;至于其他事物,他们生活于永恒的长夜中。"②也就是说,在文明社会中,支配人们行动的绝不仅仅是自我保存。在《论法的精神》中,孟德斯鸠区分了自然法(la loi de la nature)和自然之光法(la loi de la lumière naturelle),前者关涉的是人类的保存,后者要求"我们对人做我们希望别人对我们做的事"。(EL, X, 3)自然之光法可以被理解为社会状态中的自然法,其内涵显然已经跃出了自我保存。③ 因此,自然状态中的自然法缺少理性和目的内涵,这并不意味着孟德斯鸠的自然法和自然概念就完全没有理性和目的的内涵。

正是因为孟德斯鸠关注社会和政治生活及其目的的多样性,他对法

---

① 潘戈:《孟德斯鸠的自由主义哲学》,第35页。
② Montesquieu, *Oeuvres complètes*, ed. R. Caillois, Volume 2, p. 53.
③ C. P. Courtney, Montesquieu and natural law, in *Montesquieu's Science of Politics: Essays on the Spirit of Laws*, ed. David W. Carrithers, Michael A. Mosher and Paul A. Rahe. Lanham, MD: Rowman & Littlefield Publishers, 2001, p. 52.

律,特别是自然法的一般性理论的讨论才如此言简意赅。在他看来,自然状态中的自然法不足以阐释人类历史中的政体和法律的多样性。他诉诸政体的原则,也就是政体的动力而非政体的目的来阐释政体,这是因为每种政体需要一种支配性的动力或激情——也就是他说的原则,但政体和国家的目的却可以是多样化的。在孟德斯鸠那里,政体,特别是它们之间的差异与自然状态中的自然法事实上并无明确的对应关系。这三种政体都多多少少地满足了自然状态中的自然法:自保、和平、组成家庭、形成社会。当然,共和政体和君主制比专制更好地实现了自然法,所以孟德斯鸠对共和制和君主制的偏好是显而易见的。但是,如果以自然状态的自然法作为规范,共和政体和君主制几乎没有什么差别。所以,如果仅仅依据孟德斯鸠的自然法的内涵是前政治的需要这一点,我们就很难像施特劳斯和潘戈那样推导出他就是民主派[①],因为君主制同样可以满足这些需要,甚至在这方面可以比共和制做得更好。

二 自然与德性

施特劳斯和潘戈强调自然法是孟德斯鸠的政治哲学,特别是政体学说的规范。正是因为坚持这一规范,孟德斯鸠判定以古典城邦为代表的共和政体并不符合他所处的时代,或者说不符合现代社会。在施特劳斯看来,孟德斯鸠的德性不再是古典政治哲学中人的自然目的,而是激情。爱国克己的激情背后仍然是一种自我利益,就像君主制的原则——荣誉事实上是一种自私的激情一样。不过,建立在自我克制和否定之上的民主共和国是否也有某种自私的根基,施特劳斯并不确定。[②] 潘戈则肯定了这一点。他认为孟德斯鸠颠倒了亚里士多德对德性与自由的关系的理解。亚里士多德把德性作为共和

[①] 斯佩克特也指出,施特劳斯把孟德斯鸠确立为民主派,简化了孟德斯鸠思想的复杂性,造成了对他的误解。Spector, Montesquieu et la crise du droit naturel moderne. L'exégèse straussienne, p. 67.
[②] Strauss, winter 1966, p. 58. 在1966年春季的讲稿中,施特劳斯以《独立宣言》为例来解释自我保存和自我否定的共和德性之间的统一性。《独立宣言》以肯定自我保存的权利,或者说生命、财产和追求幸福的权利开始,以签名者宣誓用生命、财富和荣誉来捍卫这一权利和捍卫美利坚的独立而结束。也就是说,如果没有牺牲自我保存的基本权利的意愿,这一权利是无法得到捍卫的。施特劳斯指出,孟德斯鸠显然是了解这一点的。Leo Strauss, *Seminar on Montesquieu: A course offered in spring quarter*, 1966, ed. Thomas L. Pangle, p. 11,以下简称 Strauss, spring 1966。

国的目的,自由从属于德性;孟德斯鸠则把自由作为共和国的目的。自由作为共和国的自治,不过是自我保存的一种方式,而德性则又是维护自由或者说自我统治的工具,因此德性事实上是自我保存的一种手段。① 施特劳斯虽然指出了共和国的德性与自我保存的关联,但并没有把德性简化为自保的意图,而潘戈则进行了这一简化,以此断定孟德斯鸠对德性以及古代政治进行了贬低。

施特劳斯和潘戈对孟德斯鸠的德性概念的讨论均落脚于德性和自然权利或自然法的张力上。施特劳斯借助卢梭在《社会契约论》中立法者要对个体进行去自然化以使之成为公民的论述,指出孟德斯鸠和卢梭的德性观点都体现为一种对自然的否定和转化,而非像亚里士多德那样把德性理解为对自然的实现。在施特劳斯看来,孟德斯鸠并不像古典政治哲学家那样相信德性是人的自然以及对这一自然的完善,因此他也就接受了现代人的堕落,并且像曼德维尔那样致力于通过个人的恶来实现公共的善。②

同样,潘戈也指出,孟德斯鸠笔下的古典民主共和国的德性意味着公民对祖国的热爱和献身,是对个体安全与舒适的限制和对人性的约束和扭曲,而共和国代表了某种毫无目的、迷狂的禁欲主义生活方式。德性源于自我保存,这一自保的逻辑要求公民献身于共和国,而公民对祖国的热爱转化为对为祖国获得荣耀的战争与征服的热爱。③ 在潘戈看来,孟德斯鸠的论述表明,共和国的德性仅仅是一种政治德性。潘戈借助亚里士多德的德性理论,特别是其对道德德性和心智德性的论述,指出孟德斯鸠把古代共和国的德性仅仅理解为平等主义的政治德性是狭隘和片面的,忽视了古典政治哲学对德性特别是道德和心智德性的卓越性以及道德和心智德性相对于政治的超越性的教导。④ 在潘戈看来,在亚里士多德那里,政治美德只能被理解为实现更高美德、实现私人道德和智识美德的手段;如果把政治美德理解为生活目的本身,会使人寻求战争、征服、统治,结果导致共和国的自由和自治转化为对奴隶和邻邦的专横统治。因此,潘戈强调,亚里士多德批评了追求军事

---

① 潘戈:《孟德斯鸠的自由主义哲学》,第43—44页。
② Strauss, winter 1966, pp. 103–105.
③ 潘戈:《孟德斯鸠的自由主义哲学》,第64—65页。
④ Thomas L. Pangle, *The Theological Basis of Liberal Modernity in Montesquieu's Spirit of the Laws*, Chicago: University of Chicago Press, 2010, pp. 53–55.

荣耀的政治德性，并且试图为政治德性设置超越的目标，"政治生活和政治美德都将某种自足但合作且和平的行动作为自身目的，这些行动开发和利用了公民灵魂的所有能力"。由此，对亚里士多德而言，"城邦的目的是思想的生活和对真理的沉思"。然而，"不幸的是，这个目标因为许多原因而沦为不可能。最重大的原因在于，能致力于沉思或哲学生活的人极端罕有——比最罕有的珍宝还罕有"。由于心智德性极为罕见，城邦只能退而求其次来培育道德美德，致力于促进处在好公民和哲人之间的贤明之士的成长。不过潘戈又紧接着指出，亚里士多德认识到，这种贤明人士虽然不会像哲人那样难以产生，但依然罕有，在最好的情况下也极可能只是少数。①

显然，在潘戈看来，由于孟德斯鸠仅仅把古典德性界定为，为了城邦献身的政治德性，因此难免得出德性违背人性这一结论。而如果孟德斯鸠像亚里士多德那样关注德性的道德和心智内涵，就会像施特劳斯说的那样认识到德性是对自然的实现。然而，问题在于，既然像潘戈论述的那样，亚里士多德本人也承认哲人和贤人都绝无仅有，那么也就意味着最有助于心智特别是道德德性的实践的最佳政体——贵族制的共和国事实上也很难实现。② 显然，古代政治哲学是立足于对古代政治的批判之上。孟德斯鸠在某种意义上不过延续了这一批判，而他之所以对古代共和国中的道德和心智德性保持沉默，一定程度上是因为看到柏拉图和亚里士多德也认识到道德德性和心智德性并不能挽救城邦。③ 潘戈也指出，孟德斯鸠立足于历史事实和共和国的政治生活得出了这样的结论：在现实的共和国里，德性通常意味着爱国主义或

---

① 以上潘戈的论述，参见潘戈：《孟德斯鸠的自由主义哲学》，第49—50页。
② 事实上，孟德斯鸠并不相信古代的贵族共和国能够为政治和道德德性提供更好的保障。在他看来，贵族共和政体中贵族阶层倾向于傲慢地对待民众并压迫民众，而要迫使贵族阶层节制其傲慢和统治的专断，则需要诉诸某种暴力性的机制来威慑和监督贵族。孟德斯鸠事实上在暗示，历史上的贵族共和国就其性质而言很难形成其政体需要的节制(EL, V, 8)。孟德斯鸠也指出了君主制中的贵族的缺陷一目了然：无知、无所用心、对公民政府的蔑视(EL, II, 4)。在他看来，"一切有权力的人都容易滥用权力，这是万古不易的一条经验"(EL, XI, 4)。无论是一个人、少数人还是多数人掌权，如果没有必要的约束，都会滥用权力。所以，对贵族制的批判并不意味着孟德斯鸠是民主派，因为民主共和国的主要缺点就是民众会滥用权力(EL, XI, 6)。
③ 事实上，在孟德斯鸠看来，柏拉图和亚里士多德的政治思想中具有某些专制和不人道的因素，譬如对家庭、人口和婚姻的控制，对奴隶制的支持，对商业和信贷的限制等。参见同样属于施特劳斯派的维琪·沙利文(Vickie B. Sullivan)的分析，*Montesquieu and the Despotic Ideas of Europe*: *An Interpretation of "The Spirit of the Laws"*, Chicago: University of Chicago Press, 2017, part iii。

公共精神,公民通常不会把德性与智识追求联系起来。①

需要指出的是,孟德斯鸠并没有漠视道德德性。正如施特劳斯注意到的,孟德斯鸠虽然强调他在《论法的精神》中讨论的主要是政治德性,但在其论述中把政治德性与道德德性予以关联,并指出前者是后者的某种政治运用(EL,III,5)。② 在我们看来,从孟德斯鸠的论述,特别是他对斯多葛派的颂赞来看,人对挑战自我的道德德性的追求也是一种人性的自然:"根据人类理解的本性,我们对宗教,总是喜爱一切要费力气的东西;就像对道德一样,我们在思辨上总是喜爱一切带有严厉性格的东西"(EL,XXV,4)。而如果政治德性是道德德性的一种运用,那么严厉之政治德性也具有人性基础。但潘戈批评孟德斯鸠没有表明道德德性在人性中拥有任何基础。③对于孟德斯鸠而言,道德德性的人性基础是不言而喻的事情,因此也就不须多论。此外,施特劳斯也指出在《论法的精神》中也有一种"某种规范性的自然概念,也就是德性"。④ 或者说在孟德斯鸠那里存在一种不同于自然权利的另一种规范,也就是德性。在施特劳斯看来,这体现了古典政治哲学对孟德斯鸠的影响,甚至可以说孟德斯鸠在一定程度上回到了柏拉图和亚里士多德,这一点构成了孟德斯鸠和霍布斯与洛克的不同之处。⑤ 前文提及施特劳斯认为孟德斯鸠否认了德性的自然性,这里似乎又表现出某种犹豫。确实,孟德斯鸠如此详细地分析了以德性为原则的共和国,并且提醒人们,虽然君主制不以德性为原则和动力,但这并不意味着君主制中不存在德性,无论是政治德性还是道德德性(EL,avertissement)。

可以说,孟德斯鸠展示了自然的两个方面:作为人的基本需要的、体现在自然法中的自然,以及作为约束这些需要并指向克己乃至舍己的德性的自然。这两方面之间的紧张或者说人性的内在张力是理解自然和德性关系的重要维度。由此我们可以理解,为什么孟德斯鸠主要把民主共和国的德性阐释为与个体的自然情感和利益构成张力的政治激情。潘戈批评孟德斯鸠"未提及任何促进道德美德或依赖于道德美德的政治秩序"。但从孟德斯鸠的角

---

① 潘戈:《孟德斯鸠的自由主义哲学》,第51页。
② Strauss, winter 1966, pp. 50—51, 202.
③ 潘戈:《孟德斯鸠的自由主义哲学》,第51页。
④ Strauss, op. cit, p. 106
⑤ Strauss, spring 1966, p. 10.

度来说,既然古代政治和道德哲学的努力也没有能够有效建立起促进道德美德的政治秩序,那么换个角度来思考政治秩序的基础和目标是有必要的。如果古代政治哲学并不能以道德德性和心智德性来实现政治德性的超越,并不能阻止古代城邦把政治德性转化为对奴隶和邻邦的专横统治,那么很可能对孟德斯鸠而言,政治思考的主要问题就不再是阐发已经被古代政治哲学充分证明其政治有限性的道德德性和心智德性。古典政治哲学家对内在于自然的德性的培育、让自然实现其完善的种种努力在古代希腊并没有得到落实,柏拉图只能在语词中建立理想的城邦,而现实中的城邦不得不诉诸种种强制来维护德性;并且,正如古典哲学家看到的那样,这些城邦及其德性也纷纷走向腐败。这种情况下,对于深入研究了古代政治的孟德斯鸠而言,古代政治哲学和古代希腊罗马的政治实践不能为立法者特别是现代立法者提供充分的思想资源。[1] 在孟德斯鸠那里,与古典政治哲学有意识地拉开距离,并不仅仅是出于一种洞察了古今之变的历史意识,更是在一定程度上延续了古典政治哲学对古典政治的反思而得出的结论。

对孟德斯鸠而言,致力于实现每个个体的安全和自由、让每个个体的基本尊严得到尊重,而不是在对自我的自然情感和利益的压制中实现对他人的统治,这未尝不是一种值得尝试甚至值得尊重的政治努力。孟德斯鸠的政治写作就是围绕这一政治努力展开的。在他看来,法国和欧洲在他的时代所面临的最大危险是宽和与相对自由的君主制被专制取代,欧洲很有可能像世界上其他地区一样陷入专制对人性的羞辱中。潘戈颇为关注孟德斯鸠规避专制的隐微写作的笔法,但是对于他在专制的威胁中反思西方政治传统的努力却没有充分重视。

三　宗教与专制

在施特劳斯看来,现代政治哲学的兴起及其对古典政治哲学的拒斥根本上是基督教的兴起带来的后果。现代政治哲学对自然的质疑和否定——体现在征服自然和认为自然是可塑的这些观点,根本上源于基督教对古典自然

---

[1] 曼斯菲尔德指出,孟德斯鸠并不反对古典德性,而是通过对其进行重新阐释以表明它已经不合时宜。哈维·C.曼斯菲尔德:《驯化君主》,冯克利译,南京:译林出版社,2005年,第250页。

的颠覆。《圣经》中上帝的自由,特别是通过恩典实现拯救的自由以及人获得拯救而发生改变的自由废除了古典自然设定的界限①,事实上也贬低了自然概念本身:"上帝的自由和人的相应的自由剥夺了自然在古典道德和政治哲学中的重要性。"②在施特劳斯看来,现代政治哲学继承了基督教对自然的古典内涵的否定,但抛弃了基督教的启示和拯救,确立了个体的非目的性的自由。在施特劳斯学派那里,基督教既要为古典政治哲学的终结,也要为现代性和现代自由主义的兴起负责。施特劳斯学派通常会从神学政治问题的视角把近代政治哲学家,如马基雅维利、霍布斯、洛克等解释为反基督教的思想家,施特劳斯和潘戈对孟德斯鸠的宗教思想的阐释也不例外。

根据施特劳斯和潘戈讨论,可以对孟德斯鸠的基督教批判做如下总结:基督教是一种专制,对欧洲文明和宪政没有任何实质性的贡献,因此必须通过商业和物质享乐对其加以摧毁或转化,而只有在摧毁了基督教的基础上才能确立英国所代表的自由的现代商业共和国。③ 确实,孟德斯鸠对历史上的基督教特别是天主教会进行了多方面的严厉批判:政教不分导致的政治和宗教的混乱和灾难,天主教会的社会支配对商业、婚育的消极影响,神职人员单身和隐修制度的政治和社会负面的后果,教会的不宽容和宗教迫害对信仰和良心自由的践踏、对经济民生的破坏,等等。显然天主教会④在孟德斯鸠看来具有很强的专制色彩,但是否因此就可以推断孟德斯鸠认为基督教本身就是专制的并因而要予以打击乃至摧毁?

在施特劳斯看来,孟德斯鸠认为东方因为气候的原因普遍实行专制,而源于东方的宗教如基督教、伊斯兰教都是专制性的。⑤ 孟德斯鸠认为亚洲被一种奴役精神所支配,在亚洲历史上不存在一个"自由的灵魂"(EL, XVII, 5)。这在施特劳斯看来是孟德斯鸠对基督教的专制性和奴役精神的

---

① "不可能有自然的障碍阻止任何人获得拯救。然而一个人要成为一个聪明的人,或者柏拉图和亚里士多德意义上的哲学家,显然存在自然的障碍。"Strauss, winter 1966, p. 272。
② Strauss, winter 1966, p. 273.
③ 另外一位施特劳斯学派学者肖布也表达了类似的立场。Schaub, *Erotic Liberalism*: *Women and Revolution in Montesquieu's Persian Letters*。
④ 孟德斯鸠在《罗马盛衰原因论》中对东正教会的批判可以视为对天主教会的影射。
⑤ Strauss, winter 1966, pp. 138, 272.

曲折但尖锐的指控。①基督教来源于亚洲的炎热气候,炎热气候有利于专制,那么基督教是否适合气候相对寒冷或温和的欧洲?在施特劳斯看来,答案是否定的。欧洲的幸运之处在于他们从来自严寒气候的日耳曼人那里获得了勇气、能量和后来演化为不列颠宪法的封建制。施特劳斯暗示基督教背离了无论是体现于古代希腊罗马还是日耳曼的欧洲精神,尤其是削弱了古代异教的政治德性。

不过,孟德斯鸠并没有讨论基督教的东方和亚洲色彩及炎热气候对它的塑造。除了提及僧侣制度源于东方炎热的国度(EL, XIV, 7),他倒是反复指出基督教不适合亚洲。在孟德斯鸠看来,炎热气候是东方特别是伊斯兰教地区实行一夫多妻制的一个重要原因,但基督教则主张一夫一妻制并禁止多妻制,因此基督教不适合亚洲,而伊斯兰教不适合欧洲(EL, XVI, 2)。孟德斯鸠这里的看法似乎表现出气候和环境决定论。不过孟德斯鸠虽然指出气候和环境对人的生活方式的巨大影响,但他反复强调立法者包括宗教的建立者应该通过立法和宗教来对抗气候的消极影响,也就是说他反对气候决定论。同样出于东方和类似的气候环境,基督教和伊斯兰教形成了截然不同的婚姻方式,并且这两种宗教在伦理和民情上也根本对立(EL, XXIV, 4)。

潘戈则强调是东方的专制塑造了《圣经》一神教,他依据施特劳斯学派习用的隐微教义的视角,认为孟德斯鸠隐秘地通过分析《圣经》写作的演变,暗示《圣经》一神教经历了从共和到专制的转变。潘戈分析了孟德斯鸠《论法的精神》第5章5节的一个脚注中对《圣经》的引用,指出孟德斯鸠暗示亚伯拉罕的土地和婚姻制度表现出民主共和国的特征。他认为孟德斯鸠把亚伯拉罕的游牧家长制解释为共和制,是故意犯的一个明显的"错误",以引起细心的读者的注意。潘戈认为孟德斯鸠这样做(用共和制来解释摩西五经和律法的某些特征)是故意给读者设置一个谜(puzzle),以启发读者认识到古代以色列人经历了从共和向亚述、波斯的入侵压迫所带来的专制的转变。潘戈引用了随想录的1776则②,在其中孟德斯鸠提到希伯来共和国。然而潘戈没有注意到孟德斯鸠事实上是讨论了当时已然在欧洲学者中流行的希伯来共

---

① Strauss, winter 1966, p. 292. Pangle, *The Theological Basis of Liberal Modernity in Montesquieu's Spirit of the Laws*. p. 42.
② Ibid., p. 40, note 17.

和主义。从 16 世纪以来,在欧洲出现了把早期以色列人的制度解释为共和制的观点。在这则随想录中,孟德斯鸠引用的意大利学者卡罗·西戈尼乌斯(Carlo Sigonio),谈到了早期以色列的议事制度与希腊和罗马的区别。① 因此,潘戈谈到的摩西立法与希腊罗马的制度的相似也是当时流行的一种观点。以共和主义来解释早期以色列制度并非孟德斯鸠的独创或者是颠覆传统《圣经》解释的隐秘行动,而是一种流行的学术观点。②事实上,孟德斯鸠并不需要如此曲折地以共和制向专制的转变来突出说明旧约《圣经》中的专制因素,因为所谓的希伯来共和国的律法同样可能具有专制因素,譬如关于对待奴隶的某些条款。③ 孟德斯鸠不加掩饰地批判了摩西律法中在他看来具有专制倾向的法律,如《申命记》13 章对引诱以色列人归向外邦神的人处死的规定,同时指出这些法律的危险性在于被教会和宗教裁判所作为迫害异端的根据。④

固然孟德斯鸠希望避开宗教审查,但《论法的精神》中如此直白的宗教批判表明隐微教导可能并非他的主要策略,那么同样他也不需要诉诸显白教导来迷惑他的审查者。施特劳斯注意到,"无论孟德斯鸠对《圣经》持什么样的批判性态度,在某些方面他似乎支持《圣经》,至少《新约》"。⑤ 但是对于这一支持以及它是否挑战了把孟德斯鸠等同于反基督教思想家的看法,施特劳斯没有讨论。施特劳斯遭遇的另一个困难是,孟德斯鸠在奴隶制问题上批判了亚里士多德,并把奴隶制的废除归因于基督教。⑥ 在《论法的

---

① Montesquieu, *Pensées*, ed. Louis Desgraves, Paris, Robert Laffont, 1991, n° 1776, p. 554.
② 关于早期近代欧洲政治思想中的希伯来共和主义,参见 Eric Nelson, *The Hebrew Republic: Jewish Sources and the Transformation of European Political Thought*, Cambridge, MA: Harvard University Press, 2010。
③ 潘戈也引用了孟德斯鸠对《旧约》中关于奴隶的相关律法的讨论,但他似乎暗示,在孟德斯鸠看来,关于奴隶的相对宽和的律法体现了早期希伯来人的共和精神,而比较严厉的律法则是专制化以后的产物,见 Pangle, *The Theological Basis of Liberal Modernity in Montesquieu's Spirit of the Laws*, p. 40。但事实上很难在孟德斯鸠那里找到这样的区分,而更重要的是,孟德斯鸠对古代共和国的奴隶制的批判是极为严厉的:共和国同样也表现出专制性。
④ Vickie B. Sullivan, *Montesquieu and the Despotic Ideas of Europe: An Interpretation of "The Spirit of the Laws"*, Chicago: University of Chicago Press, 2017, p. 112.
⑤ Strauss, winter 1966, pp. 154, 215.
⑥ 施特劳斯则强调,奴隶制的废除开始于基督教欧洲,但这并不能证明奴隶制的废除应该归功于基督教,Ibid., p. 272。维琪·沙利文则明确肯定了孟德斯鸠认为奴隶制的废除体现了基督教的积极贡献,Vickie B. Sullivan, *Montesquieu and the Despotic Ideas of Europe*, p. 82。

精神》第 19 章孟德斯鸠认为基督教很难在中国传播,因为基督教希望把人们聚集起来,因而适合温和政体,而专制政体则要求把人分离,而中国的礼教就是这一分离的工具。施特劳斯承认,孟德斯鸠在这里为基督教提出了强烈的辩护(strong plea)。① 他没有对这一辩护加以解释。

在施特劳斯看来,"从马基雅维利开始的现代传统试图表明基督教欧洲在政治上低于古代罗马共和国甚至是伊斯兰教",而在人口和商业问题上批评基督教的孟德斯鸠显然属于这一传统。② 然而,孟德斯鸠恰恰认为基督教相比于古代和东方具有极其显著的政治优越性:"基督教和纯粹的专制是背道而驰的。《福音书》极力提倡柔和,所以基督教反对君主以专制淫威去裁决曲直、去肆意横虐……是基督教阻止了专制在埃塞俄比亚的建立,虽然那个帝国幅员广阔,气候恶劣,是基督教把欧洲的风俗和法律带到了非洲……让我们张开眼睛,一面看看希腊、罗马的君王和领袖们所不断进行的屠杀,另一面看看帖木儿、成吉思汗这些蹂躏了亚洲的领袖们,如何把人家的民族和城池毁灭掉。我们就将理会到,我们受到了基督教的恩惠,即在施政方面,获得了某种政治法,在战争方面,获得了某种国际法,而对于这些法律人性如何感谢都不为过。"(EL,XXIV,3)由此,在孟德斯鸠看来,"宽和政体比较适于基督教,专制政体比较适于伊斯兰教",他号召人们,在基督教的柔和与伊斯兰教的暴力之间人们应该毫不犹豫地选择前者。

施特劳斯承认这些论述表明,在道德政治方面,与古典相比,孟德斯鸠肯

---

① Strauss, winter 1966, p. 331. 肖布认为《论法的精神》第十九章中关于中国的讨论事实上是对摩西律法和《圣经》道德的隐含的批判。她唯一的文本依据是孟德斯鸠在第十九章 16 节讨论立法者把风俗、利益、法律混淆起来时的一个脚注:"摩西对法律和宗教只制定一个法典。"然后,紧接着这句话,孟德斯鸠指出"初期的罗马人把古代的习惯和法律相混淆"。肖布并没有因此推论关于中国的讨论是对罗马的批判。她进一步发挥,指出中国的政体结合了恐惧和孝(对父亲和类似于父亲形象的人物的爱),而对恐惧和爱的结合是"《圣经》秩序的核心","对天父的爱遮盖了对天父的恐惧。人和上帝之间的关系是专制性的"。这一类比推断无疑是大胆而突兀的。除了那个脚注里孟德斯鸠对摩西律法的一句简短讨论,肖布没有能够引用第十九章的任何文本来支持自己的观点。孟德斯鸠在这里明确指出了基督教和中国礼教的冲突,基督教与专制所要求的分离构成了冲突,君主制和宽和政体与基督教更为契合(XIX,18),而肖布对此保持沉默。Schaub, *Erotic Liberalism*, p. 140. 孟德斯鸠谈到的自然状态中的第三条自然法是对两性之间的"自然请求"(prière naturelle),也就是两性的某种吸引,而肖布阐释为孟德斯鸠认为人的自然祷告指向女人而非上帝。然而这里的 priere 的意思不是祷告而是请求。Schaub, *Erotic Liberalism*, p. 26.

② Strauss, spring 1966, p. 85.

定基督教的倾向性是毫不含糊的。① 不过,施特劳斯并没有讨论,如果基督教帮助西方文明克服了古代希腊罗马和亚洲的野蛮,是否仍然可以断定基督教是专制性的。同样,对于孟德斯鸠关于基督教原则高于人类政体的原则——德性、荣誉、恐惧的论述,施特劳斯除了指出孟德斯鸠这里采用了条件式之外,也没有对其进行分析。②

潘戈也承认孟德斯鸠对基督教的政治维度的判断绝不仅仅是消极性的。③ 但是在论及上述在施特劳斯看来表明了孟德斯鸠对基督教的毫不含糊的肯定的段落时,潘戈认为孟德斯鸠"看上去短暂地遗忘了"④他自己对基督教的专制、暴力的严厉批判,由此暗示孟德斯鸠对基督教的积极意义的论述是不真诚的。不过,鉴于孟德斯鸠这里对基督教为西方文明的贡献的评价如此之高——人们如何感谢都不为过,并且在他的著述中多次表述了类似的看法(EL, X,3; XIX, 18; XXIV, 3,4,6; XXXI:2)⑤,似乎很难说这仅仅是一种表面化的或者修辞化的论述而不需要严肃对待。潘戈的另外一个解释是,孟德斯鸠只是认为基督教远离了"纯粹的专制",也就是说,"基督教限制和缓和了专制(并因此促进和延长了专制)"。然而,孟德斯鸠这里明确地指出,基督教阻止了专制在埃塞俄比亚的建立⑥,并且促进了政治法和万民法在欧洲的形成和发展,帮助欧洲形成了宽和而非专制的政体。在孟德斯鸠那里,宽和的政体和专制是截然对立的。孟德斯鸠通过对基督教和伊斯兰教、欧洲宽和的君主制和亚洲专制政体的对比说明了基督教对于欧洲文明的基础性意义。

在本节的最后,我们还需要讨论孟德斯鸠的一个重要论述:"攻击宗教的一个更有成功把握的办法,是通过恩惠,通过生活上的舒适,通过获致财富的希望;不是通过警告人们,而是通过让人们忘却……一般的规则是,在改变宗

---

① Strauss, spring 1966, p. 91.
② Ibid., p. 93.
③ Pangle, *The Theological Basis of Liberal Modernity in Montesquieu's Spirit of the Laws*, p. 103.
④ Ibid., p. 104.
⑤ Montesquieu, *Considérations sur les causes de la grandeur des Romains et de leur décadence*, in Montesquieu, *Oeuvres complètes*, ed. R. Caillois, Volume 2, Paris: Gallimard, 1949–1951, p. 200. Montesquieu, Pensées, n° 551, p. 318; n° 2008, p. 618.
⑥ 埃塞俄比亚的例子显然对潘戈造成了困难,他只是在一个脚注中称之为基督教影响的含混个案。Pangle, *The Theological Basis of Liberal Modernity in Montesquieu's Spirit of the Laws*, p 171。

教的事情上,诱导比刑罚更为有力"(EL, 25,12)。这段话在施特劳斯特别是潘戈看来乃孟德斯鸠关于宗教的最重要的论述。① 在他们看来,它确凿无疑地表明了,孟德斯鸠在宗教问题上的根本意图是以商业带来的繁荣和舒适来消解宗教。然而,美国学者基根·卡拉南(Keegan Callanan)则指出要把这一段话放在文本及历史语境中去解读。② 事实上,孟德斯鸠在这里讨论的是在宗教问题上是否应该运用刑罚的问题,他试图说服统治者不要诉诸暴力来强制改宗。他主要针对的是当时法国政府强迫胡格诺教徒放弃新教信仰改宗天主教的这一迫害行动。孟德斯鸠指出,诉诸刑罚造成的恐惧强迫信徒改宗往往是无用的,因为信徒对上帝的恐惧会胜过对刑罚的恐惧。这也是为什么孟德斯鸠强调宗教是约束专制的主要方式,但在潘戈和肖布看来,这种对上帝的恐惧不过说明上帝是更高的专制君主。在孟德斯鸠看来,刑罚会激发信徒的信仰热忱甚至是殉道的愿望,因此它可以摧毁异端或异教徒,但往往并不能使他们改宗。相比惩罚和威胁而言,对改宗进行鼓励和奖赏,让信徒淡化对信仰的忠诚,可能是一种更有效的办法。卡拉南指出,路易十四就曾经用金钱上的奖励(包括减税退税、债务延期等)来诱导胡格诺教徒改宗天主教,甚至为此建立了改宗基金,并任命一位改宗了天主教的前胡格诺教徒负责管理。改宗者还可以在职业的选择和晋升上获得优待。事实上,类似的举措不仅仅局限于法国,教皇、耶稣会都曾采用或建议过。它们也不仅仅针对新教徒,也面向犹太教徒。当时的新教徒学者如贝尔对这种在他们看来是收买灵魂的行为予以了谴责,不过主张这些举措的人自认为这样做并非出于赤裸裸的功利主义,而对其提出了神学论证。当然也有人,如黎塞留反对这种诱导,断言强制是更有效的改宗方式。虽然诱导性的改宗方式取得了一定成效,但是仍然没有达到路易十四的预期,因此他在 1685 年取消南特敕令,正式开启了对胡格诺教徒的大规模迫害。路易十四死后这一迫害有所缓解,但 1724 年颁布的反异端法又恢复了这一迫害。孟德斯鸠的妻子是胡格诺教徒,他显然对新教徒遭到的迫害颇为敏感,因此试图劝说法国政府诉诸诱导

---

① Strauss, Spring 1966, pp. 60-61. 潘戈视之为"可能是整部《论法的精神》中关于宗教的最重要的一段话",参见 The Theological Basis of Liberal Modernity in Montesquieu's Spirit of the Laws, p. 102. 潘戈:《孟德斯鸠的自由主义哲学》,第 220 页。
② Keegan Callanan, Une infinité de biens: Montesquieu on Religion and Free Government, History of Political Thought 35(4) (2014), pp. 739-767.

而非暴力来进行改宗。所以，卡拉南指出，孟德斯鸠根本不是在鼓吹通过发展商业来造成宗教特别是基督教的解体，而是就17—18世纪法国人熟悉的宗教改宗和迫害问题提出看法，并试图缓和宗教迫害，甚至废除针对宗教的刑罚。这与他在《论法的精神》第12章中的相关论述是完全一致的。

如果全面地考察孟德斯鸠关于基督教的论述，就会注意到他对基督教的严厉批判和对其文明和政治意义的肯定是其宗教思想并行不悖的两个方面，均需要得到认真对待。施特劳斯派学者维琪·沙利文注意到了这一点，他对孟德斯鸠的宗教思想的解释提出了不同于施特劳斯派在这个问题上的主流观点。① 孟德斯鸠致力于通过宗教、法律和政治的改革来消除宗教对社会的强制性支配②，甚至实现某种程度的教会和国家的分离。这样做的目的并非要消解基督教，而是要更好地发挥其道德和社会意义。这也是为什么孟德斯鸠在评价英国时特意强调英格兰在宗教、自由和商业上的成就，而英格兰是一个进行了显著的宗教和政治改革的国家。

四　现代与进步

施特劳斯学派的孟德斯鸠研究的另外一个显著特征是把孟德斯鸠塑造为一个鼓吹历史不断进步的坚定的现代自由主义共和派。在施特劳斯看来，孟德斯鸠相信自由取代德性是历史发展的趋势，而为自由提供最充分的保障和空间的是以英格兰为代表的现代商业共和国。在他看来，孟德斯鸠持有进步信念，断定人类将不断改善并且再也不会堕落到野蛮中，是一个大度而天真的自由派。③ 孟德斯鸠在《论法的精神》中指出，商业正在医治克服欧洲的马基雅维利主义。施特劳斯据此认为："第三等级，商业和工业，自由政体——权力分立、温和刑罚——不可能倒退，或旧病复发：这个思想在孟德斯

---

① Vickie B. Sullivan, *Montesquieu and the Despotic Ideas of Europe*, pp. 77-134.
② 在《自然权利与历史》中，施特劳斯正确地指出孟德斯鸠致力于让自然法摆脱托马斯主义的神学约束，从而使得政治获得更大的自主性。Leo Strauss, *Natural Right and History*, Chicago: University of Chicago Press, 1953, p. 64. 潘戈也分析了孟德斯鸠使自然法独立于神法的努力。(潘戈，《孟德斯鸠的自由主义哲学》，第九章) 不过需要指出的是，在孟德斯鸠那里，自然法和政治相对于神学和宗教的独立性并不意味着是对神学和宗教的摧毁。
③ Strauss, spring 1966, pp. 301-302.

鸠那里得到了完整的阐发。"①这在施特劳斯看来是高贵的自由派幻想（spring 1966），一种压倒了常识判断（common sense）的"一厢情愿"（wishful thinking）。②问题是，固然孟德斯鸠相信商业的发展将促进自由、和平、文明，将在欧洲带来新的秩序，但是不是意味着他断言欧洲将走向无限进步、再也不会倒退？

施特劳斯讨论了《波斯人信札》中郁斯贝克和雷迪关于科学和艺术的发展会带来进步还是退步的通信。③雷迪指控科学和艺术的发展造成了奴役、屠杀、灾难，并且将来会产生某种手段摧毁人类，郁斯贝克则强调这一发展整体上会促进文明的进步，譬如火药和炸弹的发明能够更迅速地结束战争，并减少战争伤亡的人数，而如果一旦出现灭绝人性的发明，万民法和各国会要求禁止它。这里，郁斯贝克确实像施特劳斯所指出的那样表现出一种乐观的进步论，而正如他提到的那样，20世纪的经验驳斥了这一进步论。但是这一进步信念是否就意味着"相信一种在任何情况下都不会倒退为先前之野蛮的进步"。且不说郁斯贝克的观点是否就能等同于孟德斯鸠本人的看法，但至少孟德斯鸠通过这一对话让人们看到了科学和艺术的发展既有可能促进进步，也可能造成退步，而郁斯贝克在表达了这一进步观念之后立刻又指出世界不是不可毁灭的，人类处于某种自己无法控制的力量中："人类处在一个屈从于千变万化的环境中，处于一种不确定的状态：成千上万种原因会产生作用，能够摧毁人类，更不用说增加或减少其数量。"④各种各样的瘟疫、传染病和其他灾难都会消灭人口，也可能有一些缓慢的、不为人知的原因导致地球形成不宜人居的环境。显然，这对任何进步论或者说人定胜天、人可以无限制控制和征服自然的现代信念都构成了质疑。这恰恰是参加施特劳斯研讨班的学生在课堂中指出的，而施特劳斯也承认学生的看法是正确的："如果一切事物的毁灭都具有某种常规性，那么进步必然会有终结，但我不认为孟

---

① Strauss, spring 1966, pp. 55, 76-77.
② Ibid., p. 66. 潘戈的看法类似，潘戈：《孟德斯鸠的自由主义哲学》，第160—161页。他在给施特劳斯的孟德斯鸠讲稿写的序言中也强调了施特劳斯的这些看法，Strauss, 1965, p. vii.
③ Strauss, op. cit., Sessions 14, 15; Montesquieu, *Lettres Persannes*, in *Montesquieu, Oeuvres complètes*, ed. R. Caillois, Paris: Gallimard, 1949-1951, Volume 1, letter CV, CVI.
④ Montesquieu, *Lettres Persannes*, Lettre CXIII.

德斯鸠充分地考察了这一点。"①确实,孟德斯鸠并没有对进步和历史发展等历史哲学问题展开详细阐发。但是,从郁斯贝克的看法中至少我们很难推断孟德斯鸠相信某种无限的、不可逆转的进步。事实上,在郁斯贝克看来,在17—18个世纪里,也就是自罗马帝国或者基督教兴起以来,全世界人口在不断下降,除了地球环境等物质原因外,某些宗教制度和传统(天主教的神职人员单身制、对离婚的禁止、伊斯兰教的一夫多妻制)、战争、殖民扩张和征服是主要的道德性原因。② 郁斯贝克认为通过商业的发展和必要的宗教改革能够遏制世界性的人口下降,甚至促进人口增长。孟德斯鸠像很多启蒙思想家一样,在进行政治和历史批判的同时致力于提出增进人类福祉的方案。孟德斯鸠显然努力建构商业的、宪政的方案来为欧洲增加财富,推进人道和自由,但鉴于他对历史的不确定性、政体的不稳定性的论述,很难说他"一厢情愿"地自认为发现了某种不可逆转的历史进步的秘诀。

我们可以通过孟德斯鸠对政体和商业的论述来进一步说明这一点。孟德斯鸠在《论法的精神》第一部分第八章专门讨论了政体的腐败。在他看来,每种政体都会走向腐败,这一腐败往往是政体原则的变异造成。换言之,政体的腐败内在于政体原则的不稳定性当中,几乎难以避免。孟德斯鸠虽然肯定君主制优于专制,但也指出君主制不稳定并很容易向专制或共和制转化。③ 路易十四和摄政时代的法国在他看来就正在向专制的方向发展。共和国需要以德性为基础,而前文指出,德性因为其对自然情感和利益的压抑,本身就是脆弱的,古代共和政体很难避免走向腐败和毁灭的命运。在《波斯人信札》中,穴居人正是因为无法长期忍受德性的约束而试图放弃共和去建立君主制。④ 在18世纪的欧洲还幸存的共和国如意大利的城市共和国,在孟德斯鸠看来也是腐化颓败、气息奄奄。英格兰在克伦威尔时期试图建立民主共和国,但因为缺乏德性而失败。英格兰并未恢复传统的君主制,但是成为孟德斯鸠所说的披着君主制外衣的共和国,通过权力制衡的宪政体制、商业和自由而非德性来维系。

---

① Strauss, spring 1966, p. 309.
② Montesquieu, *Lettres Persannes*, Lettres CXII–CXXII.
③ Ibid., Lettre CII; EL, II, 4.
④ Ibid., Lettre XIV.

在施特劳斯和潘戈看来,英格兰式政体是孟德斯鸠眼里的最佳政体。① 然而,如果回到文本,我们看到孟德斯鸠所说的最佳政体是中世纪以来的哥特式君主制,英格兰宪制就从中产生。② 在孟德斯鸠看来,英格兰宪制所实现的是"极端的政治自由",而一向主张节制的孟德斯鸠推崇的是中道而非极端。他明确指出,他不是要以英格兰的极端自由为标准来衡量和批评其他政体,特别是法国的君主制。这并非规避审查的"显白教诲"。在孟德斯鸠看来,万物都有终结,"我们谈论的国家(指英格兰)将来失去自由的时候,它也就毁灭了。罗马、拉西得孟、迦太基也都毁灭了。如果立法权比行政权更腐败,它就毁灭了"(EL, XI, 6)。孟德斯鸠甚至坚定地断言,如果英格兰失去了自由,它将堕为世界上最受奴役的民族之一(II, 4; XIX, 27)。也就是说,在孟德斯鸠看来,英格兰摧毁了贵族阶层并以代议制共和取代君主制,导致其政体失去了中间力量也就是贵族阶层的支持,英格兰的自由完全依赖于其宪政,而一旦这一宪政被腐败,英格兰就再无力量保障自由,而这也就意味着英格兰将堕入奴役。宪政需要一套复杂的相互制约平衡的政府架构,也需要一套成熟的政治技艺,其精巧虽让人目眩,但一旦失灵则很难找到替代品而只能听任自由丧失、国家终结。在这里我们看不出自由主义的终极凯旋的历史进步论或历史终结论。根本上,孟德斯鸠保持了西方政治哲学传统对政体的脆弱和腐败的敏感。

施特劳斯学派对孟德斯鸠的另外一个相关批评针对的是后者的"商业和平论"。在施特劳斯和潘戈看来,孟德斯鸠相信商业的发展必然消除战争、带来和平。显然,对于经历过两次世界大战的西方人来说,这一看法无疑是幼稚的。但我们看看孟德斯鸠到底是如何理解这个问题的:"商业医治破坏性偏见,哪里有柔和的民情,哪里就有商业;哪里有商业,哪里就有柔和的民情,这几乎是一个普遍规则"(EL, XX, 1)。注意,孟德斯鸠这里用的词是"几乎",也就是说会存在例外。譬如,商业对中国人的影响在孟德斯鸠看来就是一个例外:商业在中国的发展并没有带来诚信这一商业精神。在孟德斯鸠看来,中国人的生活中有个悖论,就是虽然中国人的生活完全被礼规范,但却是

---

① Strauss, winter 1966, p. 172. 潘戈:《孟德斯鸠的自由主义哲学》,第128页。
② 施特劳斯注意到了这一点,因为他指出在孟德斯鸠那里,英格兰宪制是最佳政体或人类能够想象的最佳政体的一种。Strauss, winter 1966, p. 172。

世界上最狡猾的民族。这一点尤其体现在商业中,因为商业从来没有能够在他们当中激发商业会自然带来的诚信(la bonne foi)(EL, XIX, 20)。这是因为中国人生活艰苦,需要通过勤劳才能谋生,因此普遍贪求利益,在买卖中欺诈行骗就司空见惯了。也就是说,商业在中国的特定气候和文化中无法发挥其自然功效。在讨论商业与和平的关系时,孟德斯鸠写道"商业的自然后果是带来和平",那么也就意味着有可能存在其他因素阻止商业发挥其自然功效。在其对古代商业史的讨论中,孟德斯鸠让我们看到罗马人对商业的蔑视、帝国争霸、蛮族入侵等阻碍了商业的发展,换言之商业无法对抗政治的暴力(EL, XXI, 14-16)。商业之所以能在欧洲突破重重障碍取得发展,首先是因为犹太人偶然发明了汇票,能够更容易地把财富转移到更安全的地方,从而使他们的财产得到相对有效的保障。其次,欧洲的政体是君主制,虽然在中世纪时也专断暴力,但并非目无法律的专制,并且由于国家的建构而需要商人特别是犹太商人的财富,因此君主制逐渐接受了商业和财产权的约束(EL, XXI, 20)。如果在专制国家,譬如在俄国,统治者宁肯把犹太人赶走也不会接受商业和国际金融体制的约束(EL, XII, 14)。此外,在关于商业史的讨论中,他谈到了由商业带来的猜忌所引发的战争。马赛在与迦太基的商业竞争中处于下风,因此站在罗马一边反对迦太基,并且从罗马和迦太基的战争中作为中间仓储港口而渔利(EL, XXI, 11)。

根据法国学者席琳·斯佩克特(Celine Spector)关于孟德斯鸠的政治经济学思想的重要研究,孟德斯鸠的商业论述在很大程度上是对17世纪以来支配欧洲特别是法国的重商主义的商业思想的批判。[1] 重商主义者抛弃了中世纪的基督教普世主义,认为斗争是国际关系的实质,而商业和战争不过是这一斗争的不同手段。正是针对这种以战争视角理解商业的理论,孟德斯鸠提出了商业和平论,希望通过商业形成的依赖关系遏制欧洲君主对征服和霸权的追求,通过商业精神的培育来消解欧洲的好战风尚。孟德斯鸠关于商业的论述是一种立足历史的理论性建构,而并非某种相信商业会带来永久和平的天真信念。

如果注意到孟德斯鸠对商业和政体的论述的复杂性,我们不免要对后来

---

[1] Céline Spector, *Montesquieu et l'émergence de l'économie politique*, Paris: Honoré Champion, 2006, pp. 178-181.

被归于其思想的"现代性"加以限定。如果说英格兰的平等主义的经济型贸易和代议制共和国代表了现代性,那么至少孟德斯鸠并不主张法国走向这样的现代性。孟德斯鸠并没有提倡在法国恢复或建立类似于三级议会的代议制机构,从而建立英格兰式的议会制和三权分立。他坚持认为适合法国的商业类型是奢侈性商业而非英格兰、荷兰这些共和国的经济型商业,并且强调贵族不能经商。他从未暗示法国应该像英国那样成为一个贵族阶层名存实亡的国家,尽管他事实上对贵族阶层的前景并不乐观,但他仍然致力于在法国维护一个具有开放性的贵族阶层。正如潘戈指出的那样,改良法国的希望在孟德斯鸠的整个政治计划中处于核心地位,但很难说,孟德斯鸠意在说服法国人在法国的环境中模仿英格兰商业政治。① 潘戈没有重视孟德斯鸠关于英国贵族已经在英国革命中和君主制一道被毁灭的论述(EL,VIII,9)。这一论述表明,英国虽然还保留贵族,但这一贵族已经不是以特权为基础的、在君主制中发挥中间作用的政治力量。孟德斯鸠对英格兰宪制中的贵族角色的论述是非常含混的,潘戈过高地估计了孟德斯鸠对贵族的重要性的评价,虽然他注意到孟德斯鸠指出的英格兰宪制的最大弱点是"倾向于产生一种更具同质性的公民"。② 正如前文指出的那样,英格兰宪制的这些弱点让孟德斯鸠对它的未来并无信心,因此他没有把英国作为法国的模板。

如同他的思想后辈托克维尔一样,孟德斯鸠对欧洲的未来也充满忧虑:"如果由于长期滥用权力,如果由于进行巨大的征服战争,专制就有可能在某个时候建立起来,那时将没有民情和气候能与之对抗;在世界上这个美丽的部分,人性至少在一个时期将要遭受侮辱,像在世界的其他三个部分人性受到侮辱一样。"(EL,VIII,8)

结　　语

施特劳斯和潘戈均批评孟德斯鸠仅仅关注人的自我保存等基本权利而忽视了人的道德、精神和心智追求。施特劳斯指出:"在人那里仍然有可能有一些其他的东西,譬如在基督教语言里的良心,在柏拉图的语言里对美和高

---

① 潘戈:《孟德斯鸠的自由主义哲学》,第213、220页。
② 同上书,第100—101页。

贵的热爱。很难说在多大程度上孟德斯鸠让我们看到这些，但并不是那么明显——在两部著作里，《波斯人信札》和《论法的精神》中，都是如此。"①潘戈断言，孟德斯鸠对表达自由的追求，既不是为了这一自由本身，也不是为了发展知识、哲学或文化，而仅仅是为了安全和保存生命。在潘戈看来，"没有什么比这一点能更好地揭示孟德斯鸠的自由主义的精神和基础"。② 他用来论证这一判断的是孟德斯鸠在《论法的精神》第十九章27节关于英国的讨论中的一段话。在这段话里，孟德斯鸠指出，英国人拒绝别人来强迫他们改变宗教，因为在他们看来，他们的思考方式与生命和财产一样属于他们自己，如果可以剥夺其中之一，也就可以剥夺其他。显然，孟德斯鸠在这里强调的是人的思考和信仰自由同生命、财产一样均属于人基本的权利，应该同样得到保护和尊重，但潘戈却指责孟德斯鸠对思考自由的追求仅仅是为了安全和保命，从而让人遗忘了对更高贵的事物的追求。在孟德斯鸠的自由主义里被视为人的基本尊严的事物在潘戈那里成为让人丧失尊严的事物。③ 我们也可以模仿潘戈的话来说，没有什么比这一点能更好地揭示潘戈对孟德斯鸠的自由主义的批判的精神和基础。

奇怪的是，潘戈本人又把孟德斯鸠塑造成了某种保守主义者，或至少是某种在进步主义和保守主义之间的摇摆者，因为他指出孟德斯鸠对自由主义在英格兰造成的心智生活的乏味感到遗憾（p. 122），并希望维持法国的文化品位："孟德斯鸠希望维持并培育一个在某种程度上致力于非实用品位的社会，包括对美与优雅本身进行沉思。"④潘戈进而指出，相比法国而言，孟德斯鸠事实上更欣赏古代雅典难以超越的品位和艺术。潘戈显然意识到孟德斯鸠的这些论述向他本人对孟德斯鸠的精神虚无的自由主义的定位构成了挑战，因为这些论述让人感到，孟德斯鸠支持商业，既是因为它可以促进安全与舒适，也因为它可以促进文化。⑤ 然而，他又紧接着强调，这绝非孟德斯鸠的意图，因为孟德斯鸠如果以发展文化为目标，就会严肃地像尼采那样思考回

---

① Strauss, spring 1966, p. 342.
② 潘戈：《孟德斯鸠的自由主义哲学》，第110页。
③ 正如托克维尔指出的那样，人滥用生命和自由确实有可能导致尊严的丧失，但这并不意味着生命和自由本身不应该得到尊重，可以被随意限制和剥夺。
④ 潘戈：《孟德斯鸠的自由主义哲学》，第122、170页。
⑤ 同上书，第171页。

到古代城邦政治、回到古代希腊的可能性！但孟德斯鸠并没有这样做，而且以一种主观主义的审美拒绝了古典美学。不过，潘戈也承认，虽然孟德斯鸠并不主张遏制商业精神的发展，但确实希望以趣味与艺术来修正商业精神。① 当然这种修正不是古典的方式，所以在潘戈看来是无法令人满意的。无论如何，潘戈这一段对孟德斯鸠的美学和文化思想的讨论让人感到困惑：如果孟德斯鸠像潘戈判定的那样认为自由的意义仅仅在于自保，他又何必关注自由和商业社会有可能招致审美和文化趣味的降低并且致力于改变这一点？潘戈的解释是，孟德斯鸠的文化追求只是为了改善对安全的寻求，而他用来支持这一判断的是孟德斯鸠的这一段话："当民族精神不违背政府的原则时，立法者应该遵循它；因为没有什么事比我们能做得比顺从我们的自然天赋、自由地去做的事更好。"（EL, XIX, 4）②孟德斯鸠在这段话里表达的意思是民族精神应该和政体原则保持一致，而前文已指出，政体的原则，如德性和荣誉则完全超出了自保的范畴，所以很难看出这段话可以用来说明孟德斯鸠把一个民族的一般精神或精神追求的目标仅仅限于安全或舒适的安全。

潘戈在孟德斯鸠身上看到了一个"令人震惊"的自相矛盾，即"试图将最高的人类活动解释为某种形式的自我保存欲望"。潘戈的这一判断立足于孟德斯鸠对斯多葛哲人的评价。在孟德斯鸠看来，斯多葛哲学家追求这样一种德性，即献身社会和人类的福祉并蔑视个人的财富、权势、享乐、痛苦，而在潘戈看来，斯多葛和欣赏斯多葛的孟德斯鸠的哲学思考的动机不过是一种崇高的自我保存，一种让自己得到荣耀和不朽的愿望。③ 即便像潘戈说的那样，斯多葛哲学家和孟德斯鸠的哲学仅仅从自保出发进行哲学思考和政治行动，但由此做到献身公共福祉并超越自我，这种献身和超越也应该是一种至少值得严肃对待的德性。柏拉图的理想国不也是从"猪的城邦"和"发烧的城邦"开始的吗？潘戈也注意到孟德斯鸠谈到了灵魂的追求："灵魂拥有的愉悦，它独立于源自感觉的愉快，这是一种适合于灵魂的乐趣……存在于灵魂的本性中……因为它属于每个会思考的存在者。"对孟德斯鸠而言，思想本身的愉悦是给灵魂带来好奇、伟大和完美的观念以及存在而非虚无的感觉，而在潘戈

---

① 潘戈：《孟德斯鸠的自由主义哲学》，第175页。
② 同上书，第174页。
③ 同上书，第183页。

看来这仅仅意味着思考不过是为了满足无休止的需求和感受权力的行使。① 但无论如何,潘戈应该承认,至少孟德斯鸠认为现代人也是有灵魂并且会思考的。鉴于孟德斯鸠认为灵魂拥有独立于源自感觉的愉快,我们大概也不能把灵魂的追求和思考的动力仅仅还原为自保,哪怕是舒适的自保。

孟德斯鸠没有像潘戈期待的那样考虑回到古代希腊城邦的可能性,没有把政治德性、道德德性和宗教德性作为政治的目标或最高目标,其根本原因是,在孟德斯鸠看来,如果通过法律和政治手段把这些德性强制施加于公民的个人、家庭和社会生活中,其结果可能是非但不能获得这些德性,反而造成虚伪和暴虐的专制。这是孟德斯鸠在对欧洲的古典文明和基督教文明以及东方文明的深入反思中给我们提供的一个基本启示。对于致力于在波尔多学院和法兰西学院积极推动自然、道德科学和文艺的发展的孟德斯鸠来说,不以德性为目标但实现了自由与宽和的政体并非就不能培育德性。如果承认孟德斯鸠的这些慧见,那么在此前提下回到古典和基督教传统来审视他的思想和他的自由主义的不足之处,将是有意义的,正如借助孟德斯鸠对古典和基督教的批判性思考去检视西方文明,也会为我们带来重要发现。

Montesquieu in the Perspective of the Transformations from the Antiquity to the Modernity: Strauss and Pangle's Interpretations of Montesquieu's Thought

Chong Ming

Abstract: Leo Strauss and Thomas Pangle, in their perception of the transformation from the Antiquity to the Modernity associated with their theologico-political vision, defined Montesquieu as a modern liberal thinker who is against the classical idea of nature, anti-Christian and advocates liberty, commerce, and enlightenment. Both Strauss and Pangle argued that Montesquieu abandoned the tel-

---

① 潘戈:《孟德斯鸠的自由主义哲学》,第178页。

eology of classical natural law and understood natural law as the self-preservation of individuals and societies. Yet Montesquieu distinguished between natural law in the state of nature and that in society. The lack of reason and purpose in the natural laws of the state of nature does not mean that Montesquieu's idea of nature and natural law is completely devoid of rational and purposeful meanings. Strauss believed that Montesquieu understood virtue only as passion, while Pangle believed that Montesquieu considered virtue as a means of self-preservation and neglected moral and intellectual virtue. Montesquieu in fact followed the insight of classical political philosophy that moral and intellectual virtue often did not save the city, and was therefore committed to preserving the natural sentiments and interests of the individual as the end of politics. In Strauss and Pangle's view, Montesquieu accused Christianity of despotism and tried to attack or even destroy it. However, Montesquieu's discussion of attacking religion was about the persecution of Huguenots in France at his time. Montesquieu criticized Christianity while defending its moral and social significance. Both Strauss and Pangle asserted that Montesquieu was a liberal republican advocating commercial peace and historical progress. Montesquieu's goal in advocating commercial peace was to refute the mercantilist view of commerce and war as means of imperial expansion. He also pointed out the fragility of modern social development and England's constitutionalism.

Keywords: Leo Strauss, Thomas Pangle, Montesquieu, Nature, Virtue, Christianity, Commerce

书讯

《周易口义》

胡瑗 著 白辉洪、于文博、徐尚贤 点校

北京:中国社会科学出版社,2021年

胡瑗(993—1059),字翼之,淮南东路泰州如皋县(今江苏如皋)人,宋初三先生之一,宋代理学先驱。因世居陕西路安定堡,世称安定先生。

《周易口义》由胡瑗门人倪天隐纂录。胡氏易学,大抵讲求返归经本,芟除芜杂,探究变易之道、盛衰之理,严于君子小人之辨,着力批评孔疏中的老氏倾向,显扬儒家义理,对后来程颐的《伊川易传》有着直接影响。

此整理以《摛藻堂四库全书荟要》为底本,参以白石山房本、《文渊阁四库全书》本;并附以《洪范口义》,辑录胡氏对《论语》《中庸》《春秋》的解说。由此我们可窥见胡瑗学术的大端,以及北宋中前期儒家知识分子的精神风貌与思想转向。(郝董凡)

专制主义概念与 18 世纪初法国的帝国想象*
——伏尔泰和孟德斯鸠的交锋

葛耘娜**

提　要：从表面上看，关于法国君主制的未来，伏尔泰和孟德斯鸠似乎有着截然不同的观点。伏尔泰视中国的政体为秩序良好的帝国典范，孟德斯鸠则为中国贴上了专制主义的标签，否定了法国君主制效法中国的可行性。对此，伏尔泰批评孟德斯鸠误用了专制主义的概念，也误解了中国的政体。本文从双方这一分歧入手，分析了二人对专制主义概念不同理解的成因，进而指出分歧本身来自一种共同的担忧，即在 18 世纪法国想要参照罗马建立起统一欧洲的帝国的愿望。在对新旧帝国的比较之后，我们发现，伏尔泰和孟德斯鸠都注意到了英国所呈现出的新型帝国模式，它革新了君主制内部的权力结构，建立起了政治精英新的流动方式，使英国克服了旧帝国模式的短板。进而，他们在英国发现了法国和欧洲君主国未来可能的转型方向。

关键词：伏尔泰　孟德斯鸠　专制主义　帝国　法国君主制

18 世纪上半叶，伏尔泰和孟德斯鸠几乎在临近的时间里游历了英国并且随后留下了引人瞩目的篇章。1726 年，伏尔泰为避免牢狱之灾而流亡英国，然后写成了《哲学通信》，其法文版在 1734 年问世时立刻成了禁书。孟德斯鸠则是在 1731 年到英国，在那里生活了一年多。回到法国后，孟德斯鸠基于在英国期间的观察和思考，计划发表一部三联作。但或许由于看到巴黎高

---

* 本文受中国传媒大学科研项目"孟德斯鸠与东方专制主义"（项目号 CUC17A19）资助。
** 葛耘娜，中国传媒大学马克思主义学院副教授。

等法院给予伏尔泰《哲学通信》的待遇,孟德斯鸠最终没有按原计划出版这个三联作。① 这一年只出版了三联作中的第一部《罗马盛衰原因论》,但其中并没有专论英国,他对英国的观察,经过修改整合到了后来的《论法的精神》中,而三联作的第二篇《关于欧洲统一君主国的思考》直到1891年才得以面世。拉赫(Paul A. Rahe)认为二人对法国未来的忧虑和对英国的赞赏都来源于法国国运的一个转折点——1704年布兰海姆之战中法国的失败,他认为这次战败的冲击力至少不亚于后来的法国启蒙运动和法国大革命,这次失败使得路易十四建立一个统一的欧洲君主国的计划受挫,法国也不得不思考新的方向。②

亲身经历了法国由盛转衰的伏尔泰和孟德斯鸠不约而同地将目光投向英国,并且都带着对英国的关注和赞赏与对法国的批评和焦虑,写下了流传后世的篇章。1734年出现的这两本法文书看上去并不是同一主题,伏尔泰直抒胸臆地赞美英国,而孟德斯鸠评论的却是罗马。当然,世人可以从后来《论法的精神》中看到他对罗马和英国的论述又交织在了一起。二人对法国前途和命运的关切离不开一个共同的主题——帝国。这个主题不仅蕴含在英国和罗马两个新旧帝国的形象中,而且还与东方的帝国形象——中国分不开。伏尔泰和孟德斯鸠对中国的了解大多来自当时传教士和旅行家的记述以及一些当时在法的华人,可是却得出了截然不同的结论,伏尔泰视中国为秩序良好的帝国的典范,而孟德斯鸠则在政府分类的框架中为中国贴上了专制主义的标签。在当时,伏尔泰就批评孟德斯鸠对专制主义概念的使用是错误的,时至今日,孟德斯鸠对所谓东方专制主义或者说对古代中国政制的臧

---

① 有关三联作的情况,参见 Paul A. Rahe, *Soft Despotism, Democracy's Drift: Montesquieu, Rousseau, Tocqueville and the Modern Prospect*, New Haven & London: Yale University Press, 2009, p. 5; Paul A. Rahe, Montesquieu's anti-Mochiavellian Machiavellianism, *History of European Ideas* 37 (2011), pp. 128-136。

② Paul A. Rahe, Empires Ancient and Modern, *The Wilson Quarterly*, Vol. 28, No. 3 (Summer, 2004), pp. 68-84.

否,也一直受到来自东西方学者的讨论与质疑①,不过,"专制主义"一词已经成为政治思想和现实政治斗争中非常有力的一个用语。

真的像伏尔泰所言,孟德斯鸠误用了专制主义、误会了中国的政体吗?对专制主义概念在认识与界定上的分歧,与他们二人在对英国和罗马的认识上的共识,形成了反差鲜明;而如果我们深入二人对这一系列主题的思考中,则会发现,在上述分歧与共识之间恰恰存在着相当紧密的关系。厘清这种关系,将有助于我们进一步理解法国在 18 世纪政治转型过程中遇到的问题与可能性。

一 专制主义的用法之争

伏尔泰批评孟德斯鸠误用了"专制主义"这个希腊词汇,专制君主(despot)是指希腊人所说的一家之主,即父亲,而如今被误用到东方的摩洛哥皇帝、土耳其苏丹、教皇以及中国皇帝身上。伏尔泰援引了《论法的精神》第二章第 1 节中孟德斯鸠给出的定义:"专制主义是没有法律或者规则的一人之治,这个人按照自己的意志和反复无常的性情统治一切",伏尔泰认为这种政府是不可能存在的,即使没有和欧洲一样的法律,也会有相应的宗教或者习俗的规约,比如,对于穆斯林来说,《古兰经》以及圣训就是法律,所有的伊斯兰君主国都会宣誓服从这些律法。他还证明中国是有法律的,甚至文明的程度相当高。② 伏尔泰承认中国在科学上是一个停滞的国家,但是认为中国在道德和治国方面堪称典范。在《路易十四的时代》的最后一章,他专门论述了同时期的中国,在他看来,康熙和雍正两位皇帝都是值得称道的君主。当

---

① 参见侯旭东:《中国古代专制说的知识考古》,《近代史研究》2008 年第 4 期;常保国:《西方历史语境中的"东方专制主义"》,《政治学研究》2009 年第 5 期;李猛:《孟德斯鸠论礼与"东方专制主义"》,《天津社会科学》2013 年第 1 期;龚鹏程:《画歪的脸谱——孟德斯鸠的中国观》,《国学论衡》第三辑,兰州大学出版社,2004 年;R. Koebner, Despot and Despotism: Vicissitudes of a Political Term, *Journal of the Warburg and Courtauld Institutes*, Vol. 14, No. 3/4 (1951); David Young, Montesquieu's View of Despotism and His Use of Travel Literature, *Review of Politics*, 40:3 (1978: July); Sharon Krause, Despotism in the Spirit of Law, in David W. Carrithers, eds. Michael A. Mosher and Paul A. Rahe, *Montesquieu's Science of Politics*: *Essays on 'The Spirit of Laws'*, Lanham: Rowman & Littefield Publishers, Inc, 2001, pp. 231-271。

② Voltaire, First conversation. On Hobbes, Grotius and Montesquieu, in *Political Writings*, ed. and transl. David Williams, Cambridge University Press, 1994, p. 97.

时,西方传教士在中国遇到的最大的障碍是中国的礼仪和风俗,特别是中国人对祖先的崇拜。伏尔泰举了一个例子:有的传教士深得康熙喜爱,但是康熙并没有因为他们和自己的亲近而擅自允许他们在中国传教。伏尔泰在《风俗论》中还指出:康熙是一个贤明宽厚的君主,严格地遵守法律,遏制僧侣的野心和诡计,保持国家的和平与富足。① 显然,伏尔泰不仅没有认为这个东方帝国在政治上有什么恶,相反,他认为中国在其君主治下,人民得到了很好的照顾,统治着这个千年帝国的皇帝并不是也不可能是任意妄为的。

在孟德斯鸠将中国归类为专制主义之后,他意识到这可能与当时在欧洲流行的对中国的描述是不符合的。他提到,当时传教士认为地域广大的中华帝国是一个混合了恐惧、荣誉与德行三个原则的政府,如若如此,那么他先前所建立的三种政府原则的区别就没有意义了。② 在对环境与法的关系的考察中,他指出,像中国这样一个疆域辽阔的帝国,是必然要实行专制统治的。③ 他从两个角度反驳了传教士的看法,一是他质疑传教士的描述是否真实,也许这些描述是由于被中国呈现的有秩序的外表所迷惑,或者是受到类似教皇的君主一人的意志所主导的景象容易被传教士所接受;二是他认为或许由于一些外在的原因,诸如人口压力、自然灾害等原因,使得中国的政府还没有达到专制主义应有的腐败程度,同时,人民由于生存的压力,而心甘情愿地戴上锁链,所以还没有悲惨地反抗。在这一章的最后,他没有做更多事实上的反驳,而是直接断定中国是一个专制的国家,其原则就是恐惧。正如李猛的分析,孟德斯鸠是在后面第十九卷的讨论中遇到了难以克服的障碍,那就是中国的"礼教"④。问题其实又回到了伏尔泰对孟德斯鸠的批评上,孟德斯鸠也不得不承认:在中国,法律和礼教、习俗是合为一体的。值得注意的是,孟德斯鸠在没有写入《论法的精神》的笔记中对中国政体性质的界定却是比较温和的。他说:"中国是一个混合政府,由于其君主的巨大权力,它具有专制主义的很多特性;因为监察制度和某种以父爱和敬老为基础的德性而有一些共和制的因素;由于具有固定的法律和规范的法庭,有一种与坚忍和敢于说真话相联系的荣誉,而带有君主制的特性。三者得到适当的抑制,源于

---

① 伏尔泰:《风俗论》(下册),谢戊申等译,北京:商务印书馆,1997年,第516页。
② 孟德斯鸠:《论法的精神》(上),张雁深译,北京:商务印书馆,1961年,第127页。
③ 同上书,第126、152、278页。
④ 李猛:《孟德斯鸠论礼与"东方专制主义"》。

气候的条件使得中国能够存续;如果帝国的广大造就了一个专制的政府,那么它是所有专制政府中最好的。"①总之,一方面,即使最终还是给中国贴上了专制主义这个类别标签,他依然看到了中国不符合分类标准的地方;另一方面,也是更重要的,在剖析中国的时候,他也触及了君主制与专制主义之间一个含混的地带。

伏尔泰批评《论法的精神》把专制主义设定为政府的一种自然的形式,他认为这简直是笑话,没有任何国家自然就是专制主义的,因为不会有哪个国家的人会欣然接受专制主义。他认为专制主义不过是王权的滥用,就如无政府状态是共和政府的滥用一样。② 事实上,孟德斯鸠是从两层意义上来论述"自然的"专制主义的,第一层含义是他提出的自然环境与政体之间的关系,"如果从自然特质来说,小国宜于共和政体,中等国宜于由君主治理,大帝国宜于由专制君主治理"③,另外,在《论法的精神》第十七章谈到政体和气候的关系时,他认为亚洲和非洲的极端气候更容易产生专制。④ 第二层含义是他认为专制主义是最能轻而易举实现的一种统治方式,"路易斯安纳的野蛮人要果子的时候,便把树从根柢砍倒,采摘果实,这就是专制政体"⑤。也就是说,在专制主义国家中,权力处于一种最为蛮荒的状态,权力本身没有节制,也没有人为的制度对其加以干预。

由此看来,伏尔泰的批评与孟德斯鸠对专制主义是一种自然政体的解释其实是不同层面的问题。伏尔泰认为专制主义是王权的滥用,这与孟德斯鸠的看法并无矛盾,孟德斯鸠以一种更加隐蔽的方式说明了专制主义与君主制之间微妙的联系,而这种联系与二人对当时法国关于帝国的想象所进行的反思是密切相关的。

二 君主制与专制主义何以趋同

显然,孟德斯鸠不大可能不了解专制主义的词源和它的用法,在他所熟

---

① Montesquieu, Mes Pensées 286, in *Montesquieu, Œuvres Complètes*, II, éd. Roger Caillois, Paris, Gallimard, 1949-1951, p. 1057.
② Voltaire, Thoughts on public administration, in *Political Writings*, pp. 220-221.
③ 孟德斯鸠:《论法的精神》(上),第 126 页。
④ 同上书,第 273—279 页。
⑤ 同上书,第 58 页。

悉的《利维坦》中，霍布斯曾对这个希腊词做过专门的解释，而在《利维坦》的语境中，专制主义既不是指野蛮人的，也不是专指东方的①。专制主义这个词在法国政治生活中的出现始自投石党运动，当时将马扎然对法国的统治类比于东方的苏丹统治，但到路易十四亲政以后，这个词被禁止与当局联系起来。后来到摄政时期，言论压制得到放松，才得以公开使用。同时，由于各种传教士游记的传播，欧洲形成了一股欣赏和羡慕东方的潮流，有些人认为富足和文明的中国可以成为欧洲学习的典范。② 有不少学者指出，孟德斯鸠对专制主义和东方专制主义的描绘，至少在部分意义上，是出于论战的需要，因为他担心那些竭力为路易十四绝对王权辩护的人和羡慕东方帝国的人会把法国带向专制主义的深渊。③

在孟德斯鸠看来，在君主制和专制政府中，君主都处于权力的中心，君主制发展最有可能的方向是专制主义，犹如地心的引力作用一般，"河川的水迅速地流着去同大海汇合；君主政体的国家就这样消失在专制主义的大海里"④。与伏尔泰不同，孟德斯鸠认为君主开明与否并不能区分君主制和专制主义，因为人性的基础是相同的，"所有的人都是野兽，君主是没有拴起来的野兽"⑤。

"依法律统治"能作为区分标准吗？根据孟德斯鸠的政体分类，君主制的君主依据固定的法律来统治，而专制政体则完全听命于君主的个人意志，臣民的服从靠的是他们所感觉到的恐惧。实际上，孟德斯鸠并不认为可以单纯

---

① Hobbes, *Leviathan*, ed. Richard Tuck, Cambridge University Press, 1996, Ch. 20, p. 138.
② 17—18世纪，意大利的传教士如利玛窦、卫匡国、闵明我、郎世宁等都是中欧交流史上的重要人物，"中国热"在法国的形成相对较晚，但是广度和深度超过了其他欧洲国家。法国思想界起初以"颂华派"(sinophile)为主，到18世纪末，"贬华派"(sinophobia)渐渐成为主流。前者如伏尔泰、魁奈和重农学派，后者包括费内隆、狄德罗、马布里等，参见许明龙：《欧洲十八世纪中国热》，北京：外语教学与研究出版社，2007年，第89—200页。
③ 参见 David Young, Montesquieu's View of Despotism and His Use of Travel Literature, *Review of Politics*, 40:3(1978:July); Melvin Richter, Montesquieu's Comparative Analysis of Europe and Asia: intended and unintended consequences, in ed. Alberto Postigliola, *L'Europe de Motesquieu*, Naples: Liguori Editore; Oxford: Voltaire Foundation, 1995; Sharon Krause, Despotism in The spirit of law, in eds. David W. Carrithers, Michael A. Mosher and Paul A. Rahe, *Montesqieu's science of politics: essays on 'The Spirit of Laws'*, Lanham: Rowman & Littlefield Publishers, Inc, 2001.
④ 孟德斯鸠：《论法的精神》（上），第125页。
⑤ Montesquieu, Mes Pensées, 1828, in *Montesquieu, Œuvres Complètes*, I, éd. Roger Caillois, Paris, Gallimard, 1949-1951, p. 1437.

依靠法律进行统治,而这一点往往容易被人们忽视。他在《罗马盛衰原因论》中提到了尊严法(loi de majesté),这本来针对的是想要危害罗马人民的人,可是提比略却用它来对付那些他所憎恶或者不信任的人:"在法律遮掩下披着公正的外衣施政,最酷烈的暴政莫过于此,不妨做这样一个比喻:不幸的人们抓住一块木板爬上了岸,有人却用这块木板把他们再次打下水去。"①法律一旦被确立,就不再囿于立法者的意愿,也许立法的初衷是非常中正、善良的,但是立法者并非总能预料到随新法而产生的新弊端。孟德斯鸠非常清楚"唯法是从"的危险:"有两种腐化,一种是由于人民不遵守法律,另一种是人民被法律腐化了。被法律腐化是一种无可救药的弊端,因为这个弊端就存在于矫正方法本身中。"②此外,法律不仅有良法与恶法之分,若法律实施的条件不同,所谓"法的精神"发生了变化,即便本来是良法,最终也未必会起到良法的作用。比如"人们可以用法律杀人,正像人们用剑杀人一样。在150年间,罗马皇帝毁灭了罗马一切古老的家族。他们最大的暴政之一就来自他们的法律"③。由此可以看出,孟德斯鸠在后面的论述中逐渐削弱了前面用"依法律统治"来区分两种政府的论断。

那么,君主制是如何走向专制主义的呢?孟德斯鸠并没有直接描述哪个欧洲国家从君主制走向专制的例子,但是我们却可以从他对东西方帝国发展的描述中找到一些线索。首先,疆域辽阔是孟德斯鸠认定中国是专制主义的第一条依据,同时,他指出罗马恰恰也是在它疆域达到顶峰时丧失自由的。不过,孟德斯鸠小心翼翼地用专制主义称呼东方的君主制,而在西方,他用的是僭政(tyrannie),称失去自由的罗马政权为"僭主体制"(ce système de tyrannie)。④ 值得注意的是,虽然罗马没有被贴上"专制主义"的标签,但是,在论述中他把罗马不断扩张带来的问题与自由的丧失联系在了一起。

就外部而言,不断扩大疆域,终于使罗马超出了共和制的界限,那些距离帝国中心很远的公民渐渐用他们对将领的忠诚取代了对祖国的忠诚。外部的问题逐步波及内部,公民不再关心自己的祖国,也不再关心原来的政体。

---

① 孟德斯鸠:《罗马盛衰原因论》,许明龙译,北京:商务印书馆,2016年,第99页。
② 孟德斯鸠:《论法的精神》(上),第86页。
③ Montesquieu, Mes Pensées 259, in *Montesquieu, Œuvres Complètes*, II, éd. Roger Caillois, Paris, Gallimard, 1949–1951, p. 1053.
④ 孟德斯鸠:《论法的精神》(上),第175页。

孟德斯鸠认为罗马的分裂必然会出现，因为要求公民在战时勇敢、在和平时期胆怯，这是矛盾的，在战争中勇敢的人到了和平时期也依然如故，而帝国的征战总有一天要停下来，对外战争结束之时，也是内部分裂开始之日。孟德斯鸠在描述罗马的分裂时，类比了亚洲的专制政体，指出这种政体下总是存在实实在在的分裂，一些人压迫另一些人，而被压迫的人并不反抗。①

三　新旧帝国模式

罗马的极盛而衰是孟德斯鸠的重要关注点，在《罗马盛衰原因论》中，他既讨论了罗马是如何走向强盛的，同时也讨论了罗马衰落的原因。罗马之所以能够称霸，得益于不断的战争，罗马从战争中不断向对手学习，取长补短，战争一方面为罗马带来了财富，另一方面还训练了公民，使罗马公民具有极强的纪律性。罗马在不断的对外战争中处理和其他国家、其他民族的关系，保障自己对外的安全。无论在《罗马盛衰原因论》还是《论法的精神》中，孟德斯鸠都对罗马给予了相当高的评价。同样，伏尔泰在《风俗论》中，将罗马帝国与罗马帝国四分五裂后的欧洲分别比喻为"一座美丽的城市"和"一片荆棘丛生的不毛之地"②，罗马帝国达到了后来欧洲难以匹敌的高度，罗马帝国也成了后来欧洲强国争相模仿的对象。然而，孟德斯鸠和伏尔泰都认为罗马帝国已经一去不复返了，更重要的是，罗马帝国的模式或许也不值得各国再去追求了。

路易十四时代的法国试图通过建立一个统一的君主国，来解决外部竞争的问题。在路易十四之后，虽然法国不得不面对西班牙王位继承战争的巨大损失，但似乎并没有完全打消法国称霸欧洲的念头。孟德斯鸠在《关于欧洲统一君主国的思考》一文的开篇提出："有个问题值得注意：就欧洲现存的国家，是否可能有一个民族像古罗马那样保持对其他民族持续的优越性？"③他马上否定了这种可能。首先因为战争技术的创新，武器的重要性大大提高，而一个民族自身的天然优势变得不那么重要。其次，他提到人们对战争

---

① 孟德斯鸠：《罗马盛衰原因论》，第 67 页。
② 伏尔泰：《风俗论》(上)，梁守锵译，北京：商务印书馆，1995 年，第 308 页。
③ Montesquieu, Réléxion sur la Monarchie Universelle en Europe, dans Montesquieu, in *Montesquieu, Œuvres Complètes*, II, éd. Roger Caillois, Paris, Gallimard, 1949–1951, p. 19.

的认识也发生了很大变化,用18世纪的国际法观念去看,人们已经无法容忍罗马在战争中的那种残忍杀戮和劫掠。另外,罗马用战利品抵偿战争成本的模式也无法维持,现代战争必然和财政联系在一起,经济和贸易的水平成为战争胜负的关键。靠劫掠支撑的帝国只有不断地取得胜利才能维持战争,而像当时法国这样靠农业来支撑的国家,显然无法为战争提供持续的资源。不过,值得注意的是,孟德斯鸠认为18世纪强大国家的财富并不是西班牙式的财富,西班牙从南美运回的金银只是加速了欧洲金银的贬值,同时也加速了自己的衰落。

伏尔泰说英国人是喜欢自比于罗马人的,但是他认为二者之间并没有太多的相同之处,现代英国经历了非常可怕的宗教战争,但是这样的内战为英国带来了自由,而罗马的内乱带来的却是奴役。他认为英国成功地实现了在精英与人民之间的权力平衡,而罗马的问题在于元老院和人民之间缺乏调节的力量,前者通过不断对外战争的方式,将罗马人送上战场,一旦战争停止,内讧就会开始,人民就沦落为奴隶。伏尔泰对比古代的欧洲和现代的欧洲,他非常肯定地指出后者优于前者:"英国比罗马好上一万倍,比其他的欧洲国家也好上一万倍。"①伏尔泰对英国的喜爱甚至到了在面对英法作战时为英国竭力反抗路易十四而鼓掌。② 因为他认为更高的生活水准、良好的法律和拥有自由,要好过物资匮乏、无政府状态和奴役。伏尔泰认为英国的自由首先来自政治精英对国王的节制,其次是政治体对新的政治精英的接纳,英国的两院已经和欧洲传统的贵族权力相去甚远,英国贵族虽然仍然有封号,但已经和封地没有关系了,封号仅仅是使他在议会中获得权力,而他可能对封号的属地一无所知。

伏尔泰的这一观察和孟德斯鸠不谋而合——英国事实上取消了封建时代的中间权力阶层,事实上的贵族消失了,这种趋势也正在法国发生,路易十四将贵族招至凡尔赛宫,传统贵族慢慢失去与自己土地的联系,同时也不再是节制君主的力量了。相反,由于没有政治精英参与政治的合适渠道,法国所面临的状况是:老贵族在奋力回到过去,极力论证佩剑贵族的优越性,新

---

① Voltaire, Seventh Conversation. That modern Europe is better than ancient Europe, in *Political Writings*, ed. and trans. David Williams, Cambridge: Cambridge University Press, 1994, p. 130.
② 伏尔泰:《哲学通信》,高达观等译,上海:上海人民出版社,2014年,第37页。

的政治精英却难于触及政治权力,与此同时,正在崛起的是对国王唯命是从的行政官僚。孟德斯鸠认为专制君主的统治不需要中间权力,甚至不需要专制君主亲自统治,只需要设置一个宰相(un vizir)①,专制君主可以藏在幕后,或者像《波斯人信札》中的男主人公那样,靠阉奴进行远远地控制。单一的行政力量更容易实现由"恐惧"支配的统治,专制君主住在深宫里,最好不要过多地暴露自己,因为暴露得越多,"恐惧"越难奏效。孟德斯鸠在罗马帝国中也看到了类似的情景:"狄翁说得有道理,从皇帝们开始当政,历史就变得很难书写了,因为一切都秘而不宣,各个行省上呈的所有文书都送进皇帝内廷,唯有皇帝们因愚蠢和张狂而不想隐瞒的事,方能为外人知晓,此外便只有历史学家们的猜测了。"②当克劳狄将审判权交给了他的官吏时,孟德斯鸠断定先前的政治体制也随之消失了。③ 可见,帝国内部趋向专制的危险并不在于简单地由君主一人揽权,更大的危险是一个完全听命于君主的政治精英阶层取代了原来拥有制衡权力的政治精英层,这恰恰是彼时法国政治转型的危机所在。

罗马帝国另一个致命弱点是无力抵抗奢侈生活对政治体的侵蚀。孟德斯鸠指出,罗马的衰落也恰好是从征服东方后而被东方的奢侈生活所腐化而开始的,罗马的士兵一旦习惯了东方的奢侈生活,就无法回到简朴的、艰苦的生活方式中。当腐败在罗马蔓延,罗马也就成了其他民族的猎物。④ 在孟德斯鸠对政体原则的叙述中,共和国的原则是德性,德性的核心是爱祖国、爱简朴,因而,要保持共和国的活力,就要避免公民沾染奢侈的生活。此外,他还指出,腐化、奢侈、逸乐是专制国家的重要特征,奢侈是必然的,同时也是有害的。他指出中国应该像任何的共和国那样,要有勤劳和俭约的精神,奢侈必然会带来王朝的更迭。⑤ 总的来说,无论是罗马帝国还是中华帝国,都要时刻防范奢侈。

不过,孟德斯鸠并不反对奢侈,在这一点上他和伏尔泰的意见也是一致的,就奢侈问题,伏尔泰批评卢梭,认为限制奢侈法仅仅对穷的共和国而言是

---

① 孟德斯鸠:《论法的精神》(上),第18页。
② 孟德斯鸠:《罗马盛衰原因论》,第98页。
③ 同上书,第108页。
④ 同上书,第137页。
⑤ 孟德斯鸠:《论法的精神》(上),第102—103页。

有益的。对一个正常国家来说,富人消费恰恰使穷人有了进行生产的活计,如果限制消费,那么穷人制造的东西又卖给谁呢?"限制奢侈法仅仅是用来取悦懒惰的、傲慢的和有嫉妒心的穷人。"① 孟德斯鸠认为奢侈并不会威胁到君主制,奢侈与君主制的原则"荣誉"毫无抵牾,相反,奢侈可以成为荣誉的一种奖赏。奢侈总是和商业联系在一起,由于罗马共和国要远离奢侈,就必须对商业保持警惕;既然君主制不受奢侈的威胁,是否可以放任商业发展呢?他谨慎地指出要限制君主和贵族经商,如果让掌握政治权力的人去经商,结果就是掌握了国家信用的商人会从事所有种类的垄断。权力阶层如果利用自身的政治优势在商业中获得特权,结果不仅不会促进商业的繁荣,还会造成商业的停滞,这也是西班牙衰落的教训之一。②

罗马这样的古代帝国靠不断进行战争、扩大领土来维持政治体的生命,同时又要时刻防止奢侈对政治体的侵蚀,但英国的帝国模式已经完全不同,它不再完全依靠拓展疆界而是依托商业贸易的发展来解决外部安全问题。更重要的是,英国并不担心奢侈会腐化帝国。对奢侈问题的不同处理,恰恰反映了帝国内部权力结构的转换。英国由于取消了传统的贵族特权,因此不像西班牙、葡萄牙由国王或者贵族这样的政治权力去垄断商业,在英国,"因出身、财富或者荣誉而出挑的人和平民混在了一起"③。同时,英国仍然对商人有所限制,只不过,在贸易中限制商人的行为并不意味着限制商业本身。孟德斯鸠指出,贸易自由不是放任商人为所欲为,在英国,商人遇到数不清的阻碍,法律给他们的束缚并不比奴役的国家的少。④ 总之,英国准许贵族经商,并在事实上已经告别了旧的欧洲君主制。一种新的精英遴选和流动的模式,不仅让英国拥有了战胜法国的强大经济来源,而且让英国避免了在旧的帝国模式中奢侈和商业所形成的威胁。

结　　语

中国、罗马、英国是伏尔泰和孟德斯鸠思考法国未来时共同使用的参照

---

① Voltaire, Republic ideas, in *Political Writings*, p. 200.
② 孟德斯鸠:《论法的精神》(下),第 15—17 页。
③ 孟德斯鸠:《论法的精神》(上),第 159 页。
④ 孟德斯鸠:《论法的精神》(下),第 12 页。

物,尽管伏尔泰批评孟德斯鸠对专制主义的定义,否认专制主义是一种特定类型的政府形式,并且反对将中国归入专制主义的行列。然而,伏尔泰认为专制主义不过是一种腐化的君主制,这恰恰印证了孟德斯鸠的担忧——同为一人之治的君主制和专制主义之间的界限是非常脆弱的。孟德斯鸠和伏尔泰都看到了18世纪法国想要参照罗马建立起统一欧洲帝国的愿望,并且都发现了这一诱惑背后的致命危险。在同一时期,也出现了另一个法国可能模仿的对象,即传教士和旅行家笔下的中国,伏尔泰对中国充满好感,但孟德斯鸠则认为无论是当时的中国还是古代的罗马都不值得模仿。在孟德斯鸠看来,这类传统的帝国,自身的安全主要得益于辽阔的疆域,罗马的历史说明,哪怕是制度优良的共和国,疆域一旦扩大,政治最终都会走向专制。换言之,传统的帝国模式蕴含着专制主义的某些基因,疆域扩大到极限之时,也是自由丧失之日。

在现实中,英国阻挡了18世纪法国建立一个新欧洲帝国的愿望,正是英法的对决,让伏尔泰和孟德斯鸠注意到了英国所呈现出的新型帝国的模式,这种帝国不再执念于在欧洲扩疆拓土,而是更倚重商业和贸易来强大自己。另一方面,由于英国对君主制内部的权力结构进行了革新,建立了一种新的政治精英的流动方式,使英国不再惧怕传统帝国中商业以及奢侈的腐蚀,并将商业的发展变成了帝国的基石。抛开路易十四死后仍萦绕法国人心头的帝国想象,孟德斯鸠和伏尔泰虽然有诸多分歧,却在英国发现了法国和欧洲君主国未来可能的转型方向。

Despotism and the Idea of French Empire in the Early 18th Century: The Views of Voltaire and Montesquieu

Ge Yunna

Abstract: It seems that Voltaire and Montesquieu might have very different ideas about the future of the French monarchy. Voltaire considered the regime of

China as a model of a well-ordered empire, while Montesquieu labeled it as despotism, denying the possibility of the French monarchy imitating China. Voltaire criticized Montesquieu for misusing the concept of despotism and for misunderstanding the regime of China. Starting from this disagreement, this paper analyzes the causes of their different understandings of the concept of despotism, and points out that the disagreement itself comes from a common concern, that is, the ambition of France to establish a universal monarchy in the early 18th century following the model of Roman empire. After comparing the old and new empires, we find that both Voltaire and Montesquieu noticed the new model of empire presented by Britain, which reformed the internal power structure of the monarchy and established a new fluidity of political elites, enabling Britain to overcome the shortcomings of the old empires. Both of Voltaire and Montesquieu found in Britain a possible future transformation of French and the European monarchies.

Keywords: Voltaire, Montesquieu, Despotism, Empire, French Monarchy

书讯

《竹上之思——早期中国的文本及其意义生成》
[美]麦笛 著 刘倩 译
香港:中华书局,2021年

麦笛(Dirk Meyer),1975年生,荷兰莱顿大学哲学博士,牛津大学皇后学院中国哲学中文院士及中国哲学副教授,牛津大学手稿及写本文化中心的创始主任,主要研究范围为中国早期哲学思想、简帛文献,除该书外,还著有《早期中国论证的文学形式》《早期中国的文献与论证:〈尚书〉和书的传统》等。

在谈论早期思想时,学界通常只是将文本视为思想的存储库,而不是自具价值的研究对象。这种方法不仅会导致对早期思想史的理想化描述,还在文本传统与哲学传统之间划出了人为的界限。本书则转变分析焦点,将文本视为当时文化和社会现实中的有意义的实体,进而讨论古代世界文本的物质条件、写本文化、书写、意义建构策略、文本群体、哲学思想之间的相互关系。通过分析郭店一号墓出土文本意义建构的不同策略,通过分析可以根据物质证据来加以判断的古代世界的哲学思维活动,本书区分出了"基于论述的文本""基于语境的文本"两种文本类型,认为战国时期中国哲学的发展出现了一种新变化:发展出了层次化地组织思想、融合性地看待现实的复杂论述形式,哲学文本不再借重外在于文本的文化大框架,不再依赖由文本、意义中介、信息接收者组成的意义传达的三方关系,而是自内生成意义,成了独立的哲学实体。这类独立的哲学文本,与战国时期写本文化的兴起同时出现,既得益于竹简被广泛用作轻便的书写材料,同时又受到写本文化发展以及相应增加的信息流的推动。它们既是新兴的写本文化的产物,又是写本文化的促进者。(郝董凡)

自由、理性与法的精神*
——孟德斯鸠思想视域之中的"法"

潘 丹**

提 要：孟德斯鸠的"法"概念源自事物本性的联系，其中既蕴含着具有超越性的原初理性与一切存在物之间的纵向联系，同时也意味着存在物彼此之间的横向联系。人置身于法所勾连起来的天地万物的必然性关联之中，但自由意志与理性禀赋又赋予人主体性自由以及偏离法与规则的危险。人的社会性蕴含于其自然本性之中，因此人依循自然法进入社会；但社会令人丧失了自然平等，实证法的存在因此成为必要，以规约人的意志与偏离。实证法的生成并非源自主权者意志的表达，先于其存在的公道关系、一般精神、政体特性等诸多要素都规约着实证法的制订。后封建时代法国君主政体的变化，使得荣誉这一封建君主制的秩序根基与动力本原发生变化，其中亦潜藏着令法兰西君主制的"法"腐化堕落的危险。

关键词：孟德斯鸠 自由 自然法 实证法

在孟德斯鸠的思想视域之中，"法"意味着源自事物本性的联系，其中既蕴含着具有超越性的原初理性与一切存在物之间的纵向联系，同时也意味着存在物彼此之间的横向联系，人便置身于由纵横交错的法所勾连起来的天地万物的关联之中。作为一种智能的存在物，人拥有自由意志与理性的禀

---

* 本文得到中央高校基本科研业务费专项资金资助（项目号：2021JJ006；项目名称：法国革命中的中间派研究）。
** 潘丹，北京外国语大学历史学院讲师。

赋,这赋予其生机勃勃的主体性自由,在其生命历程的不断展开之中,既潜藏着偏离法与规则的危险,又蕴含着领会世间万物内在关联的理性智慧,在由于肆意妄为而不断犯错、迷失自我的同时,又感受到种种不以其自身意志为转移的、无所不在的法则与定律,从而体会到自身与各种存在物之间的必然关联。

在自由与理性、偏离法又返归法的动态平衡之中,人不同层面的存在状态次第展开。孟德斯鸠依照汉诺威森林中的野蛮人,以描绘性的方式构建了人的自然状态:他怯懦而柔和,总觉得自己不如他人,并出于自我保存的本能畏惧而退缩;但他又无法在纯然个体的状态下实现自足,周遭世界发生的一切令他惊惧又好奇,总忍不住跃跃欲试地向外找寻:食物、同伴、异性的恋慕、借由知识结成的社会。人的社会性蕴含于其自然本性之中,从而依循自然法进入社会;但社会令人丧失了自然平等,实证法的存在因此成为必要。实证法的制定既需要契合承载着自然正义的公道关系,又需要与特定社会的自然秉性及其一般精神相适应。因此,实证法的生成并非源自主权者意志的表达,先于其存在的公道关系、一般精神、政体特性等诸多要素都规约着实证法的制定。立法者应如牛顿探索万有引力那般,调动其理性智慧去探索与人类发生关联的一切存在物的自然本性,以及从中衍生出来的法所编织的必然联系,并以实证法的形式规约人的意志与偏离。

孟德斯鸠对于主权理论的警惕不仅出于思想层面的辨析,还与他置身其中的历史语境不无关联。太阳王路易十四等绝对君主为了强化中央王权,推行行政改革,打压构成君主政体中间权力的贵族阶层,不断架空其政治权力,由此损害了法兰西君主制在漫长的历史中逐渐孕育而成的政体自然秉性。随着传统封建贵族阶层不断溃散,文质彬彬且注重礼仪的廷臣群体浮现,荣誉这一构成封建君主制的秩序根基与动力本原也发生了变化,荣誉与礼仪之间的复杂关联在塑造新的秩序与风尚的同时,亦潜藏着令法兰西君主制的"法"腐化堕落的危险。

一 原初理性:法与自由的先验性根基

孟德斯鸠在《论法的精神》开篇即呈现出法的普遍性与必然性:"从最广

泛的意义上来说,法是源自事物本性的必然联系。在这个意义上,一切存在物都有它们的法。"①法意味着无所不在的、必然的联系,世间万物的诞生与存续,并非出自一种斯宾诺莎式的盲目的命运,抑或被不可预知、变幻莫测的意外与偶然性所支配,而是依循内在于事物本身的、固定不易的规律。法内蕴着确定性与必然性,孟德斯鸠进而追问这些无所不在的准则"得以存在的理由",由此追溯至造物主创世以呈现万法之法的缘起及其超越性基础:他推导出,在世界存在之先,有一个原初理性(raison primitive),它与造物主的智慧与力量相关,这种先验的智慧与理性,构成人类生活的依据②,衍生出编织人类生活世界的法:"法就是这个原初理性与各种存在物之间的联系,同时也是存在物彼此之间的联系。"③

法的意涵,便呈现为这种纵横交错的关联。在纵向上,法意味着原初理性与世间万物的联系:孟德斯鸠笔下的上帝是启蒙哲学家的上帝,承载着理性的特质与内涵,造物主创世并非专断任意的行为,而是依循确定的规律,造物主制定又深谙这些规律,因此,自宇宙诞生之日起,"法"与"理性"便密切关联在一起,构成世界得以存在的根基。在横向上,法意味着各种存在物之间确定不移的联系与规律,例如物质世界中的运动便依循着内在于其自身的、恒定的法则:"在两个运动体之间,一切运动的承受、增加、减少和丧失,取决于重量和速度间的关系。"④一切的运动与变化之所以能够存续,都因其恪守着恒定不变的准则:"每一不同,都有其同一性;每一变化,都有其永恒性。"⑤这些固定不易的准则,便是原初理性的呈现与衍生,上帝的诫命不仅支配着创世,同样规定着世界的运动与存续,他依据确定不移的规律创造宇宙、保存宇宙、看护世界。

人便如此存在于天地万物的关联之中,而一切存在物均依循其各自的法。物质世界恒定不移的定律是原初理性的直接呈现,而作为"智能的存在物",人类社会的法与原初理性的关系则更为复杂:"个别的智能的存在物可

---

① Montesquieu, *De l'esprit des lois*, Tome I, Paris: Classiques Garnier, 2011, p. 7.
② "对于孟德斯鸠而言,人不可能缺失上帝而存在,因为自然法中最重要的一条便是诱导人归向他的造物主。"参见 Simone Goyard-Fabre, *Montesquieu, la Nature, les Lois, la Liberté*, Presse Universitaires de France, 1993, p. 73。
③ Montesquieu, op. cit., Tome I, p. 7.
④ Ibid., p. 8.
⑤ Ibid.

以有自己创制的法律,但是也有些法律不是他们创制的。"①孟德斯鸠由此触及自然法与实证法之间的对张关系:自然法源自存在物的自然本性,实证法则是立法者的作品。在孟德斯鸠生活的时代,这是思想家们所关切的共通问题,自然法学派的代表人物格劳秀斯、普芬道夫等都曾作出过这样的区分,而对孟德斯鸠影响颇深的詹森派法学家让·多马特(Jean Domat)则将自然法视作"不变的法",把实证法视作"专断的法",并如此澄清二者的区别:"不变的法之所以不变,是因为这些法总是自然且正义的,没有任何权威可以将其改变或者废除;专断的法则是一种权威能够根据需要被建立、改变、废除的法。"②在此基础上,多马特进一步阐明二者之间的对张关系:"要彻底讲清不变法和专断法之间的对立,我们还需要注意到,这种对立中包含有神法和人法对立,以及自然法和实证法的对立,其实这三组对立是同一种对立。因为自然而不变的法一定是源自上帝的,而人的法是实证且专断的,人可以建立、改变和废除它。"③

在此,孟德斯鸠与多马特,以及自然法学派理论家如格劳秀斯、普芬道夫等呈现出微妙的差异,他并未将自然法等同于神的法,而且拒绝将专断的法称为实证法,因为在他看来,尽管实证法受制于人类的脆弱与局限性,但亦服从于某种必然性,因此可被纳入作为普遍联系的法的内涵,即源自万物本性的关联。自然法学派的理论家大都将自然阐释为自然正义或正当理性,而孟德斯鸠则赋予自然更为丰富的内涵,既蕴含着道德性的自然正义,也包括内在于各种存在物的物理存在,以及生理性生存的自然倾向与一般性法则。

因此,孟德斯鸠既深受多马特的启发,并对自然法学派有所承继,沿袭了对自然法与实证法的区别与辨析,将自然法溯源至造物主的智慧与力量,强调其必然性;但与此同时,又并未将自然法与实证法简单地对立起来,而是呈现出自然法与实证法之间千丝万缕的内在关联:在政治体当中,实证法是不可或缺的,但人类建制与社会规则的规范性所得以存在的理由,并非出于人的意志与权力,而当溯源至以神意为基础的普遍正义与原初理性来探寻其正当性的依据。孟德斯鸠由此推导出高于人类智慧,并先于人类诞生而存在的

---

① Montesquieu, *De l'esprit des lois*, Tome I, p. 8.
② Ibid., Notes, p. 418.
③ Ibid.

"法"与公道关系:"在没有智能的存在物之先,他们的存在就已经有了可能性,因此他们就已经有了可能的关系,所以也就有了可能的法律。在法律制定之先,就已经有了公道关系的可能性。如果说除了实证法所要求或禁止的东西外,就无所谓公道不公道的话,那就等于说,在人们还没有画圆圈之前一切半径都是长短不齐的。"①

法既然内含原初理性与一切存在物之间的关联,那么以造物主的意志为基础的正义便是普遍存在的,并由此衍生出各种存在物的自然法,包括智能的存在物在内。孟德斯鸠描绘了尚未被社会塑造的人的自然状态,依据野蛮人的原初境况、基本欲求与感情特质呈现出四条自然法:和平、自保、两性间的爱慕、结合为社会的欲求。因此,"人的社会性源于自然,人类会追寻自然法形成社会"②,这与物质世界所依循的法则一样,既奠基于"内在于事物本性"的事实规范性,又可溯源至对原初理性的呈现,这便是公道关系得以存在的缘由;公道关系由此构成人类社会的实证法所得以存在的依据,它与物质世界的运动定律一样是恒定不移的,承载着人类社会得以存续的确定性根基:物质世界之所以永恒地生存着,是因为"它的运动必定有不变的规律;如果人们能够在这个世界之外再想象出另一个世界的话,那么这个另外的世界也必有固定不易的规律,否则就不免于毁灭"③。因此,在本体论的意义上,自然法与实证法、物质世界与人类社会均可溯源至原初理性这一共通的根基,它蕴含着造物主的智慧、权力与意志,统摄着天地万物的必然联系,承载着一切存在物内在于其本身的自然法。

通过勾勒自然法与实证法之间微妙且复杂的关联,孟德斯鸠把实证法视作将原初理性传递至人类社会的媒介,它将自然正义与公道关系化为规约人类行为的具体准则。因此,立法者应当调动人类自身的理性,去探索、把握内在于事物本性的必然联系,并通过构建人类社会的制度、制定规范性的律法将其呈现出来。实证法承载着原初理性,又凝结着人类的理性智慧:"法律,在它支配着地球上所有人民的场合,就是人类的理性;每个国家的政治法规和民事法规应该只是把这种人类理性适用于个别的情况。"④

---

① Montesquieu, *De l'esprit des lois*, Tome I, p. 8.
② 崇明:《孟德斯鸠政治和社会思想中的自然观念》,《社会》2021 年第 6 期,第 82 页。
③ Montesquieu, op. cit., Tome I, p. 8.
④ Ibid., p. 12.

孟德斯鸠对实证法的界定与阐释，令人与造物主的关系变得复杂而有趣。就服从原初理性与自然法而言，人在一切存在物当中距离造物主最远：物质世界永远依循神创造世界的法；高于人类的智灵们次之；继而是兽类，动物受到感官的支配与欲望的驱使，尽管出于自我保存及种类延续的本能，在总体上能够遵守一般规律，但相较于严格遵守自然法的物质世界而言，亦存在偏离自然法的可能性，"并不是永恒不变地遵守它们的自然法"①；人类具有动物性的存在，容易受到感官与情欲的支配，违背原初理性，但相较于动物更有甚之，人还具有自由意志，其中蕴含着肆意妄为、专断任性的危险，人往往不能合理地运用自由意志，反而因此容易陷入自我膨胀、滥用情欲、任性妄为的危险境地："智能的世界并不像物理的世界那样永恒不变地遵守自己的规律，这是因为个别的智能存在物受到了本性的限制，因此就会犯错误；而且，换个角度看，听凭自身意愿而行动就是他们的本性。"②

但有趣的悖论在于，致使人违反自然法、背离原初理性的"本性"，恰恰构成人类自由的可能性："听凭自身意愿而行动"（ils agissent par eux-mêmes）的本性，即蕴含着笛卡尔意义上的形而上的主体所具备的自由意志，孟德斯鸠认为，这构成人类自由的本体论根基。人因其自由意志而比兽类更容易犯错，却也因此而具备兽类所缺失的"最高级的优点"：在某种意义上，动物与植物，抑或无生命的物质世界一样，均只能被动地服从自然法，经由感官而结合；而人类作为智能的存在物，不可能诞生于盲目的命运，这意味着理性智慧是造物主给予人类的禀赋，人由此能够主动地调动其自由意志和运用理性智慧去获取知识，经由知识结为社会，并依据知识制定符合自然法的实证法来治理社会，保存社会，从而比其他存在物更有可能趋近原初理性，回归造物主："自然法把造物主这一观念印入我们的头脑里，诱导我们归向他。"③

孟德斯鸠由此呈现出人类纷繁复杂的多重存在层次：人生活于物质世界之中，具有物理性的存在，受到物质世界运动定律的支配；人作为有感觉的动物，具有生理性的存在，受到感官欲求与千百种激情的驱使；人作为智能的存在物，在偏离自然法的运动中，却蕴含着以其特有的方式领会公道关系、返回

---

① Montesquieu, *De l'esprit des lois*, Tome I, p. 9.
② Ibid., pp. 8-9.
③ Ibid., p. 10.

原初理性、记起造物主的可能性:"这样的一个存在物,就能够随时把他的创造者忘掉,上帝通过宗教的律法让他记起上帝来。这样的一个存在物,就能够随时忘掉他自己,哲学家们通过道德的规律劝告了他。他生来就是要过社会生活的,但是他在社会里却可能把其他人忘掉,立法者通过政治的和民事的法律使他们尽他们的责任。"①因此,人类需要在偏离与返回、自由意志与理性智慧的动态平衡之中,尽可能地使其制定的实证法符合自然法与公道关系,从而保存自身的本性,及其与天地万物的必然联系。孟德斯鸠坚信,这是人作为有局限的智能存在物应当努力去主动承担的责任与义务。

二 自然法、自然状态与人的本性

人存在于自由与法的张力之中,人的本性亦在自由与法的动态平衡中得到呈现与焕发。在探讨了作为万法之法的原初理性,及其所统摄的天地万物的纵横关联之后,孟德斯鸠继而探讨了人类世界的自然法。自然法渊源于人类生命的本质,从而应当溯源至人类社会建立之前的境况去考察人的状态,及其在这样的状态下所接受并遵循的律法。孟德斯鸠借鉴人类学的考察方法,以汉诺威森林中的野蛮人为例,描绘了处于自然状态下的人的特质:人最初的思想是"保存自己生命"的本能,"这样的一个人只能首先感觉到自己是软弱的;他应该是极端怯懦的"②。他的心灵被无助、恐惧的情绪所支配,由于欠缺对周遭世界的认知与了解,一切都令他感到不安与畏缩:"什么都会使他们发抖,什么都会使他们逃跑。"③

在这样的状态下,尽管人们在事实上是平等的,但在面对他人时,却往往欠缺平等感,感到自己不如他人:"每个人都有自卑感,几乎没有平等的感觉。"④这种平等感的缺失,使得人在某种纯粹自我的状态下软弱而怯懦,毫无与他人竞逐争抢的念头,"和平"由此成为自然法的第一条。孟德斯鸠据此对霍布斯关于自然状态的描述提出疑问:"霍布斯认为,人类最初的愿望是互

---

① Montesquieu, *De l'esprit des lois*, Tome I, p. 9.
② Ibid., p. 10.
③ Ibid.
④ Ibid.

相征服,这是不合理的。"①关于人在原初状态下自我保存的本能,孟德斯鸠与霍布斯的起点是共通的;但在探讨自然人遭遇周围世界时出于自我保护的本能反应时,二者则有着截然不同的判断。如果说孟德斯鸠笔下怯懦软弱、欠缺平等感的自然人感到自己**不如他人**,那么霍布斯笔下的自然人则基于自然平等而生发出一种对自身智慧与能力的自负,确信自己**强于他人**:"几乎所有的人都认为自己比一般人强;也就是说,都认为除开自己和少数因出名或赞同自己的意见而得到自己推崇的人以外,其他所有的人都不如自己。"②

在霍布斯呈现的自然状态中,自然赋予人平等的能力与权力,人们由此生发出均等的欲求,而对自身能力的自负致使有相同欲求的人陷入彼此的敌对与竞争:"任何两个人如果想取得同一东西而又不能同时享用时,彼此就会成为仇敌。"③猜疑加剧了这种天然的敌对状态,出于自我保存的本能,人们害怕受到他人的侵犯,便被迫先发制人,运用智谋和诡计尽可能多地抢占资源、获取权势,通过征服他人以达到自保的目的:"由于人们这样互相疑惧,于是自保之道最合理的就是先发制人,也就是用武力或机诈来控制一切他所能控制的人,直到他看到没有其他力量足以危害他为止。"④此外,人类天性中存在的荣誉感或虚荣心,使得这一纷争局面愈发复杂:每个人都希望别人珍视自己,倘若遭遇他人的轻蔑与藐视,他便随时准备反击和铲除蔑视自己的人。由此,竞争、猜疑、荣誉感这三个自然原因使得自然状态下的人们陷入"一切人对一切人的战争"。

孟德斯鸠并不认同霍布斯关于自然状态的分析,并援引霍布斯在《利维坦》第13章中陈述自然状态为战争状态的一段话加以辨析:"当他外出旅行时,他会要带上武器并设法结伴而行;就寝时,他会要把门闩上;甚至就在屋子里面,也要把箱子锁上。他做这一切时,自己分明知道有法律和武装的官员来惩办使他遭受伤害的一切行为。试问他带上武器骑行时对自己的国人是什么看法?把门闩起来的时候对同胞们是什么看法?把箱子锁起来时对自己的子女仆人是什么看法?他在这些地方用行动攻击人类的程度不是正

---

① Montesquieu, *De l'esprit des lois*, Tome I, p. 10.
② 霍布斯:《利维坦》,黎思复、黎廷弼译,北京:商务印书馆,2020年,第93页。
③ 同上。
④ 同上书,第93—94页。

和我用文字攻击的程度相同吗?但我们这样做都没有攻击人类的天性。"①在孟德斯鸠看来,霍布斯混淆了自然状态与社会境遇,认为他"把社会建立以后才能发生的事情加在社会建立以前的人类身上。自从建立了社会,人类才有了互相攻打的理由"②。不过,霍布斯认为,不论处于自然状态之下,还是进入政治社会当中,人的自然本性始终在场:"伴随着人从自然状态进入政治社会成为一个公民,他的自然本性也一道进入到政治社会之中,影响到国家的运转。"③霍布斯尝试把科学革命当中伽利略、哥白尼、哈维等运用于自然科学的"分解-综合"方法运用到社会科学的研究当中,力图通过机械论的情感心理学去认识和理解社会当中的人类行为,从中推演出个体行为的情感根源,进而推演出政治与社会生活的准则。这种借助理性的推断与分析所追溯并呈现的自然状态,在本质上是一种理想实验方法;霍布斯对于人类自然本性的探析虽然基于对日常经验的观察与分析,但往往裁剪掉一些积极的经验,如家人、朋友之间亲密与信任的可能性,并突出强调消极、残酷的经验。"就霍布斯的人性学说,突显那些令人不快的经验,刻意忽略那些积极的经验而言,它不是现实主义的,而是某种反向的理想主义。"④

孟德斯鸠并不认同这种构建性的推断,对于如汉诺威森林中那样的原始人而言,他只有获得知识的能力,但并不具备足够多的知识去构成他能够进行推理的基础,"显然,他最初的思想绝不会是推理的思想"⑤。霍布斯赋予自然人的诸如权力、统治这样的观念太过复杂了,要形成这样的思想,需要具备一定的知识基础才能达成,这是原始人不可能做到的:"权力和统治的思想是由许多其他思想所组成,并且是倚赖于许多其他的思想的,因此,不会是人类最初的思想。"⑥不过,孟德斯鸠以汉诺威森林的原始人为图景所呈现的自然状态,固然没有霍布斯式的严密分析与推理,但却是另一种描述性的构建。关于自然人最初遭遇世界的本能反应,两位思想家有着迥然相异的推断

---

① 霍布斯:《利维坦》,第 95—96 页。孟德斯鸠在《论法的精神》原文中只是概括性地陈述霍布斯的大致观点,笔者引用了霍布斯在《利维坦》中的原文,以便在下文论述中辨析两位思想家观点的异同。
② Montesquieu, *De l'esprit des lois*, Tome I, p. 10.
③ 陈涛:《涂尔干的道德科学:基础及其内在展开》,上海:上海三联书店,2019 年,第 36 页。
④ 同上书,第 37 页。
⑤ Montesquieu, *De l'esprit des lois*, Tome I, p. 10.
⑥ Ibid.

起点与呈现方式,这种差异将在二者探讨自由与法、自然权利与主权的关系时更为鲜明且充分地呈现出来。

卢梭在《论人类不平等的起源与基础》中应和了孟德斯鸠对霍布斯笔下自然状态的质疑:"霍布斯宣称人是天然无所畏惧的,只会诉诸武力。孟德斯鸠、坎伯兰、普芬道夫的观点则恰与之相反,他们认为没有什么比人处于自然状态下更胆怯的了,他总是颤抖着身子,哪怕听到最微小的噪声,或感到一点最轻微的动静就准备逃跑。"①卢梭同孟德斯鸠、霍布斯一样,认为自我保存、延续生命是人类的原初本能,但关于人最初遭遇这个世界的状态,卢梭所呈现的图景与二者皆有所不同。他似乎综合了孟德斯鸠与霍布斯的方法,既参考了大量的旅行记当中关于原始民族的记载,同时又调动心灵的体悟与内省去探寻"纯粹的自然状态"。人类灵魂最原初、最直接的运作遵循两种本原(principe):"其中一个本原让我们对自己的幸福和自我保存产生浓厚的兴趣,而另一个本原就是在看到所有感性存在,尤其是同类死亡或者痛苦时会产生天然的反感情绪。"②这两种本原就是"自爱"与"同情"。在这样的情感状态当中,野蛮人具有自然的单纯性,固守于自足自在的个体生活,他只关心当下的、有限的世界,他的欲望不会超越身体上的需求,也没有过度发达的理性或想象力:"人们从他身上根本找不到人类需要的哲学,除非他知道哪怕观察一次他的每日所见。没有任何事物可以让他的灵魂受到震动,他每日所关注的只有当下的生存,而没有任何未来的概念,无论这个'未来'多么近在咫尺。"③自然人情感的平静与消极的无知为他划定了欲望的限度,于他而言,自然世界是丰足而充裕的,并由此获得一种生理性生存的安宁与快乐:"自然人只能追求那些在他当下的自然环境中能够找到的东西,他不可能想象出任何其他的东西,因而他的灵魂会处于完美的安静状态,他的心灵也受到了限制。"④

因此,自然人不可能堕入霍布斯式的战争状态,因为他们还不懂得理性计算、利益竞逐,抑或攀比虚荣、贪图显赫。卢梭同孟德斯鸠一样,认为霍布

---

① Jean-Jacques Rousseau, *Discours sur l'origine de l'inégalité*, Paris: Librairie Larousse, 1986, p. 41.
② Ibid., p. 33.
③ Ibid., p. 47.
④ 渠敬东、王楠:《自由与教育:洛克与卢梭的教育哲学》,北京:生活・读书・新知三联书店,2012年,第164页。

斯将原本属于社会的欲望错误地加诸自然人身上:"在根据他所建立的原则进行推理的时候,本应当这样说:由于自然状态是每一个人对于自我保存的关心最不妨害他人自我保存的一种状态,所以这种状态最能保持和平,对于人类也是最为适宜的。可是他所说的恰恰与此相反,因为他把满足无数欲望的需要,不适当地掺入野蛮人对自我保存的关心中,其实这些欲望乃是社会的产物。"①不过,卢梭虽然不认同自然人会沾染霍布斯笔下社会的恶,他对自然之善的呈现也并非纯然是道德性的:"自然状态中的人类,似乎彼此间没有任何道德上的关系,也没有人所公认的义务,所以他们既不可能是善的,也不可能是恶的,既无所谓邪恶也无所谓德性。"②自然之善源于野蛮人的"物理存在",他顺应自然的限度,使得自身的欲望与能力达致平衡:"正因为自然状态中的自然人不是社会人的道德存在,正因为他完全受自己的本能情感支配,他才没有任何蓄意为恶的意念,因而他是善的。"③换言之,自然之善并非道德意志指引下的自觉行为,而是内心情感驱使的自发表现;自然人尚未成为道德存在,只是遵循了物的隶属关系,并由此区别于社会状态下人的隶属:"物的隶属,这是属于自然的;人的隶属,这是属于社会的。物的隶属不含有善恶的因素,因此不损害自由,不产生罪恶;而人的隶属则非常混乱,因此罪恶丛生。"④物的隶属意味着与自然的融合,人的存在由于融入天地万物的自然秩序之中而获得自足与善。

在对自然状态图景的呈现中,孟德斯鸠与卢梭均否弃了霍布斯笔下的战争状态,描绘出野蛮人专注于自我保存的安宁而和平的画面。但在二者共通的"和平"之中,自然个体的状态,及其与周遭世界的关联依旧是不同的。物的隶属赋予卢梭笔下的自然人独立、自足、勇敢的特质,并不像孟德斯鸠笔下的自然人那般怯懦而惊惧:"他对大自然已经太过熟悉,以至于对在这里上演的一幕幕场景熟视无睹。这里永远是同样的秩序,以及同样的动荡。即使在最令人震惊的奇观面前,他仍能做到面不改色。"⑤但在孟德斯鸠笔下,自然人并不能在纯然个体的世界中抵达自足,他在遭遇周围世界时,并非熟视无

---

① Jean-Jacques Rousseau, *Discours sur l'origine de l'inégalité*, p. 55.
② Ibid.
③ 崇明:《启蒙、革命与自由——法国近代政治与思想论集》,上海:上海三联书店,2018年,第94页。
④ Jean-Jacques Rousseau, *Emile ou de l'Education*, Paris: Editions Gallimard, 1969, p. 311.
⑤ Jean-Jacques Rousseau, *Discours sur l'origine de l'inégalité*, p. 47.

睹、岿然不动,而是惊惧又好奇,本能地畏缩逃避,却又忍不住跃跃欲试,他总感到一种向外探索与找寻的需要,并从中体会到自我生命与天地万物的关联:为了生命的存续,他需要在自然世界中寻找食物,由此维持物理性的存在。在"从云端跌落到这个世界"之时,他在茫然无措中畏惧一切,包括畏惧他的同类,但在相互畏惧时,又并未完全退缩至自我之中,而是在共同面对无限未知的世界之时,又在共通的怯懦与忐忑之中感受到某种惺惺相惜的亲切,从而生出一种与他人亲近的欲求:"畏惧使人逃跑,但是互相畏惧的表现却使人类互相亲近起来。"①人类动物性的存在由此得以呈现,在受到情欲支配的动物身上,亦可见出这种相互亲近的喜悦:"一个动物当同类的另一个动物走近时所感觉到的那种快乐,诱使他们互相亲近。"②在保存自身种类的本能驱使下而与同类开展的交往与联结,逐渐生发出社会性的情感:人能感知到两性之间的差异,这种差异令他们彼此需要,并在相互交往之中感受到喜悦与情趣。除了两性之间的爱慕之外,父子之间的血缘纽带也会逐渐生发出社会联结:"人们生来便是彼此联结在一起的:儿子生下来便在父亲的身旁,而且一直与父亲相依为命,这便是社会和社会形成的原因。"③最后,作为智能的存在物,人能够获取知识,并在共同承担的知识生成与分享之中结合为社会。社会性根植于人类的自然法之中,人需要在不断跃出自我、朝向外部世界的找寻之中调动自身的潜能,从而呈现出物理存在、动物存在、智能存在相互交错的多重层面,感知并勾连起与天地万物的关联。

三 实证法、社会自然与公道关系

在某种意义上,孟德斯鸠似乎模糊了自然与社会的界限。他并未如霍布斯、卢梭那样明确地讨论社会契约与社会的缘起,反倒更趋近亚里士多德的传统,认为人"只需依循内在固有的自然法,便可逐步建立社会关系",形成社会共同体,并在社会活动的开展之中调动人的自然潜能,成全人的自然本性。④ 但与此同时,孟德斯鸠并未完全否弃契约理论,他援引意大利法学家格

---

① Montesquieu, *De l'esprit des lois*, Tome I, p. 11.
② Ibid.
③ Montesquieu, *Lettres persanes*, Paris: Classiques Garnier, 2013, p. 259.
④ Simone Goyard-Fabre, *Montesquieu, la Nature, les Lois, la Liberté*, p. 92.

拉维纳呈现出经由契约构建政治与社会共同体的两个步骤。首先,政体是确保社会存续的必要条件,而政体的构建是通过聚合个体力量实现的:"一个社会如果没有一个政府是不能存在的。格拉维纳说得很好:一切个人的力量的联合就形成我们所谓的'政治国家'(état politique)。"①其次,个体力量的联合需要以意志的联合为基础,从而形成先于政治国家的公民国家:"个人的力量是不可能联合的,如果所有的意志没有联合的话。格拉维纳又说得很好:这些意志的联合就是我们所谓的'公民国家'(état civil)。"②通过援引格拉维纳关于"政治国家"与"公民国家"的概念,孟德斯鸠呈现出共同体的不同层面:政治国家更强调力量聚合起来形成的政治权威,公民国家则更强调个体通过意志的结合形成共同体,而作为政治权威的政治国家需要以公民国家为基础,亦即以民众的意志,以及由此形成的民族气质与普遍精神为基础。由此可见出孟德斯鸠的暧昧之处,他通过援引格拉维纳似乎承认了契约对于构建政治与社会共同体的相对必要性,但并未像霍布斯、卢梭那样强调契约缔结之中意志的明确结合,尤其是回避了以个体意志聚合为基础的主权问题,而将问题导向关于每个民族特定的民情、风俗与一般精神的探讨,以及这些要素对于实证法的影响。

孟德斯鸠认为,各个民族均有其特定的自然禀赋,实证法应当与每个民族的特定状况与精神气质相适应:"为某一国人民而制定的法律,应该是非常适合于该国的人民的;所以如果一个国家的法律竟能适合于另外一个国家的话,那只是非常凑巧的事。"③这种特定的自然禀赋首先意味着政体的性质与本原,它是塑造一个民族最为主要的制度性与结构性的力量,与实证法的制定密切相关:"法律应该同已经建立或将要建立的政体的性质与本原相关;不论这些法律是组成政体的政治法规,或是维持政体的民事法规。"④此外,实证法还应当与各民族的宗教、民情、习俗、土地、气候等诸多因素相适应,因为这些要素同样塑造着每个民族共同的社会生活,从而逐渐形成其特定的精神气质,孟德斯鸠将其称为一般精神:"人类受多种事物的支配,就是:气候、宗教、法律、施政的准则、先例、风俗、习惯。结果就在这里形成一种一般的精神

---

① Montesquieu, *De l'esprit des lois*, Tome I, p. 12.
② Ibid.
③ Ibid.
④ Ibid., pp. 12–13.

（esprit général）。"①政体与一般精神塑造了有别于人的自然本性的社会自然："由于政治、法律、宗教等人类建制在历史中塑造的个体和集体的社会性情感或心灵习性几乎成为一种自发的动力或本能，我们便将这种情感和习性称为社会自然。"②社会自然塑造了各民族及其成员的心灵与行为，实证法唯有与之建立合宜的关系，才能运转良好、发挥作用。

孟德斯鸠关于社会自然的剖析，呈现出人类存在的纷繁层次：人的本性不仅取决于源自其生命本质的生理特性与物理自然，同时也经受着社会自然的塑造。在这个意义上，孟德斯鸠并未彻底否定霍布斯关于人性的判断。社会令人丧失了怯懦、软弱的感觉，以及平等、安宁的状态："人类一有了社会，便立即失掉自身软弱的感觉；存在于他们之间的平等消失了。"③个体因其感受到自身的力量而自负，人类原初自我保存的本能被社会中利益竞逐、支配他人的激情所支配，陷入霍布斯笔下的战争状态："社会中的个人开始感觉到自己的力量，他们企图将这个社会的主要利益掠夺来为自己享受，这就产生了个人之间的战争状态。"④人类从自然进入社会之后的腐化，令实证法的存在成为必要；人们需要通过实证法重新在人类社会建立秩序，恢复并维系自然正义："在原始时代，人一生出来就都真正是平等的，但是这种平等是不能继续下去的；社会让人们失掉了平等，只有通过法律才能恢复平等。"⑤

因此，实证法不仅需要与社会自然相适应，还承担着维系道德自然的功能。因此，在实证法存在之先，即已存在公道关系，它承载着人类社会所缺失的、具有一定超越性的自然正义，呈现为存在物之间交互对等、你来我往、彼此依存、共通遵循的合宜关系：在人类社会，法的存在是不可或缺的，人们应当遵循法的规约；如果从其他存在物那里接受馈赠与恩泽，人们应当心怀感恩；被赐予生命的智能存在物，应当与给予其生命者维系原初的依存纽带与生命联结；如果一个存在物损害了另一个存在物，就意味着它侵犯了自然法，那么就当因此接受惩罚，遭受同样的损害。孟德斯鸠所描述的公道关系，并没有经过严密的推理或复杂的论证，反倒似乎更贴近生活中一些朴素

---

① Montesquieu, *De l'esprit des lois*, Tome I, p. 329.
② 崇明：《孟德斯鸠政治和社会思想中的自然观念》，第89页。
③ Montesquieu, *De l'esprit des lois*, Tome I, p. 11.
④ Ibid., p. 11.
⑤ Ibid., p. 125.

的、原初的,甚而应当是近乎本能的情感体验,例如孩子对母亲的依恋、婴儿在母亲怀里接受照顾哺育时所表达的喜悦爱恋之情均可体现出第二、第三条公道关系所描述的合宜关系。但社会中的诸多要素往往令人丧失这样的本能,在自负与贪欲的驱使下打破这些原初合宜的公道关系,堕入霍布斯笔下的战争状态。孟德斯鸠认同霍布斯对于社会人性的犀利洞见,但他坚持在实证法存在之先,就已存在原初的、蕴含着自然正义的公道关系,它们规约着实证法,令实证法的存在成为可能,因此实证法的生成并非源自主权者的意志。研究者们往往认为,孟德斯鸠关于公道关系的讨论实而暗含着对霍布斯的质疑①,其中蕴含着两位思想家关于"法"之内涵的不同理解。

霍布斯所呈现的自然状态处于普遍的敌对与恐惧之中,毫无自然正义与公道关系的存在:"人们不断处于暴力死亡的恐惧和危险中,人的生活孤独、贫困、卑污、残忍而短寿。"②出于自我保存的本能,人们恐惧死亡、渴望舒适,从而遵循理性的箴言寻求和平、信守和平,由此构成第一条自然法。但人并非天然具有和平共处的社会性,若要实现和平,唯有通过与他人达成协约,放弃自然状态下"对一切的权利"。这便是第二条自然法,履行合约、信守契约。是否遵循契约构成了公正与不公正的基础,因为契约意味着权利的放弃或移交,若无此举,个体便拥有对一切事物的权利。自然法的生成基于对个体利益与生命保存的理性权衡,即借助理性,从抽象的、机械论的人性中推演出来的有必要去选择的自我保存之道:"自然律是理性所发现的戒条或一般法则。这种戒条或一般法则禁止人们去做损毁自己的生命或剥夺保全自己生命的手段的事情,并禁止人们不去做自己认为最有利于生命保全的事情。"③

霍布斯笔下的自然法作为理性的箴言与准则,并不具有强制性与义务性,在缺失公道与信誉的自然状态下,不存在实现自然法的条件。因此,就必须建立某种最高权威,强迫所有缔约者平等地履行契约,保证对违背约定的

---

① 关于"无所谓公道不公道的话"一句,手稿(I, f. 4)中写:"(霍布斯)说",但是这一提法在手稿中被他自己划掉了。参见 Garnier 版本孟德斯鸠全集中关于手稿异文校勘的补充说明(Montesquieu, *De l'esprit des lois*, Tome I, *variantes*, p. 358),参见 Lucien Jaume, *La liberté et la loi : les origines philosophiques du libéralisme*, Paris: Fayard, 2000, p. 96。
② 霍布斯:《利维坦》,第 95 页。
③ 同上书,第 98 页。

惩罚所带来的恐惧高于从中渔利的诱惑,才能使得遵守自然法的人获得安全保障。这一最高权威的建立即意味着国家的诞生,在这个政治社会当中,每个人与其他所有人缔约,把国家这一虚设的法人的意志当作自己的意志,把最高统治者的行为当作自己的行为,把其立法当作自己的立法。实证法从而意味着主权者意志的表达,它解释自然法,并通过国家的强制力来保证自然法的实行,使得作为法则的自然法转化为具有强制性与义务性的市民法:"约法对于每一个臣民说来就是国家以语言、文字或其他充分的意志表示命令他用来区别是非的法规;也就是用来区别哪些事情与法规相合、哪些事情与法规相违的法规。"①

孟德斯鸠无法认同主权者可以凭借国家强制力,依循其意志解释自然法,并直接将其转化为对政治社会共同体成员具有强制力与约束力的实证法。在孟德斯鸠的思想视域之中,立法者在依据自然法制订实证法时,令实证法符合承载着原初理性与自然正义的公道关系是不可或缺的一个环节。此外,实证法还应当与其为之立法的各民族的自然禀赋,亦即其政体与一般精神相适应。与人类发生关联的存在物都有它的法,人类社会便处于这些不同的法纵横交错的网络之中,实证法的制订便需要考量这些存在物的自然本性,以及从中衍生出来的法所构建的必然联系,从而将自然正义与社会自然勾连在一起。因此,实证法并非源自主权者意志的决断,而是同一切存在物的法一样,源自事物本性必然的联系,不论自然正义,还是社会自然,都不是人类意志所能决定的,它们先于立法者的意志而存在,规约着实证法的制订。

诚然,霍布斯笔下主权者的绝对权力也并非毫无限制。他多次强调自我保存是公民"不可放弃的自然权利",如果主权者命令公民将自己杀死、杀伤、弄成残废、不抵抗他人的攻击,或者命令公民绝食、断呼吸、摒弃医药或任何其他一旦缺失就无法维系生命的东西,公民就有自由不服从。这些事情"虽然主权者命令,但却可以拒绝不做而不为不义"②。这一自然权利并非源自国家,但却是国家不得不承认的,从而对主权者具有某种规范性与制约性。这一规范性的根基,是霍布斯通过机械论的情感心理学推断的人性基础与个体行为的情感根源。在某种意义上,霍布斯对于现代个体消极面向的刻画要

---

① 霍布斯:《利维坦》,第206页。
② 同上书,第168页。

比孟德斯鸠更加赤裸、残酷与直接;事实上,孟德斯鸠在一定层面上接受了霍布斯对于人性的洞悉,并从中汲取了诸多灵感与思想资源,但他力图呈现出人性更为纷繁丰富的面向:自然状态下的柔软亲和,进入社会之后受到政体、习俗、地缘、气候等一般精神所塑造的社会自然,借助理性智慧有可能抵达的、公道关系所承载的道德自然等,共同构成了人性的不同层面;孟德斯鸠冷峻地洞察到现代人性之中道德自然的脆弱性,但人受到情欲支配且依凭自身意志肆意妄为所造成的偏离运动,恰恰构成实证法存在的理由。如果说霍布斯笔下的立法者能够依据推演出来的自然权利与自然法则,如上帝创世般创制政治社会的规范的话,那么孟德斯鸠笔下的立法者则需要更为谨慎、谦逊地将视野投向周遭世界,如牛顿探索万有引力那般去探索蕴含在公道关系、一般精神、政体特性等多重元素之中的必然联系,并通过实证法将其呈现出来,以规约人的意志与偏离。或许正因为此,孟德斯鸠被称作心智世界之中的牛顿。

四 封建君主制、绝对君主制与贵族荣誉

孟德斯鸠十分警惕将"法"视作主权者意志的表达,除了思想语境之中的辨析之外,恐怕还与其所身处的历史语境不无关联。孟德斯鸠出生时,太阳王路易十四已亲政近三十年,正值法国绝对君主制的盛期。此时,法国君主为了强化君权,不断削弱贵族权力,中间权力阶层日渐溃散,绝对君主在各个领域强化其中央权力,但还未到可以仅凭其意欲放肆施政的地步。若按照孟德斯鸠关于共和制、君主制、专制的划分,由路易十三、路易十四等波旁王朝的君主所构建的"绝对君主制"似乎应当是介于较为理想状态下的封建君主制与专制之间的形态。在将君主制与专制进行比较的过程中,孟德斯鸠力陈传统贵族作为中间权力的重要性,这一中间权力的溃散隐含着致使君主制滑向专制的危险,因为这意味着绝对君主依凭其意志,借助国家权力所推行的举措,使得法兰西君主国所特有的社会自然禀赋之中一些最为核心的要素遭到侵蚀,最终会导致政体的腐化堕落。

政体的性质与本原是塑造社会自然最为主要的、制度性的力量。君主政体的性质是指由单独一个人依照基本法律治理国家,君主是一切权力的源

泉,但需要依托"中间的""附属的"权力,而最为自然的中间的、附属的权力,就是贵族的权力,它构成君主政体的要素。"君主政体的基本准则是:没有君主就没有贵族,没有贵族就没有君主。但是在没有贵族的君主国,君主将成为专制暴君(despote)。"①孟德斯鸠的这一判断,恐怕在很大程度上源于对法国历史的洞悉。法国历史上君主权力的强化与集中,正是通过削弱中间团体,尤其是贵族的权力实现的;中世纪的法国在封建制不断发展、完善的同时,亦逐步建立起一个以君主为核心、自上而下的行政官僚集团与国家治理体系。自 12 世纪末,卡佩王朝的国君已开始建立较封建体系而言更为严密的王室司法体系。国王设立司法总管(Baillis, Sénéchaux),他们有自己的辖区,作为个人向国王负责,为国王传达各类指令、文件,保存习惯法汇编与判例,王室法庭亦逐渐取代封建领主法庭。于是,在较为松散的封建制度中,一个高效的王室管理机构逐渐成形了。17 世纪初,国王日渐享有绝对权力,因为他可以制定法律而无需征求臣民的同意,国王主权的实施不受任何监控;但与此同时,国王的意志又必须服从某些规则,其中之一即三个等级、中间团体、高等法院、地方和职业社团的存在必须得到君主体制的尊重和关注。但激烈的国际竞赛以及随后波旁家族和哈布斯堡家族之间的残酷战争导致中央权力的强化,君主制度越来越难以容忍那些团体化的、惯于表达臣民意愿和不满的机构,三级会议从 1614—1615 年的会议之后就不再召开,教士大会、市政会议等均受到控制,警察和宣传机器成为君主制政府的重要工具。②

王室的集权措施激起了贵族的反叛,引发投石党运动,并一度危及宫廷,年幼的路易十四曾被迫与母亲一道趁着夜色出逃巴黎,这一经历成为他的心疾,孕育了他亲政后进一步削弱贵族权力的决意:"'我成年之前和之后的可怕骚乱,那是场奇特的战争,内部动乱使法国丧失了无数的优势,我的家族亲王和某位伟大的贵族(孔代亲王)竟然成为我敌人的首领',这些记忆给他的整个统治时期投上了沉重的色彩,并将支配其内部政策的方方面面。"③路易十四在强化君权的过程中,不断侵蚀贵族的政治权力,与此同

---

① Montesquieu, *De l'esprit des lois*, Tome I, p. 125.
② 乔治·杜比主编:《法国史》(上),吕一民、沈坚、黄艳红等译,北京:商务印书馆,2014 年,第 664—666 页。
③ 同上书,第 673 页。

时,又赋予他们经济特权作为补偿。这样,伴随着中央王权的强化,法国的贵族等级逐渐丧失其政治权力,但贵族作为个人,却享有越来越多的特权(如免税特权)。与此同时,一个严密的、自上而下的君主统治机制日益建立起来。路易十四不但架空贵族传统的政治权力,也不让他们进入自己所建立的行政官僚机构,而是倾向于选择资产阶级中的精英担任拥有实权的政府职位,这些人成为他可以信赖的绝对王权政策的执行者。孟德斯鸠关于君主"剥夺某一些人的世袭职位,而武断地把这些职位赏赐给另一些人"的说法似乎在此得到印证。中央集权制的特征已经凸显:一个处于王国中央的唯一实体,即御前会议(conseil du roi)管理着全国政府;它领导国家的整个行政,兼有立法权与司法权。其内部事务由单独一位官员,即总监(contrôleur général)来管理,他是中央政府在巴黎唯一的代理人。同样,在各省,它也只有一位代理人,即总督(intendant)。在总督手下,并由他任命的,是设置在各地县里的、他可任意撤换的行政官员:总督代理(subdélégué)。总督与总督代理掌握着捐税权、管理征兵、负责公共工程等各项重要权力。总督隶属于总监,总督代理隶属于总督,他们通过"总监—总督—总督代理"的模式自上而下统治着法国。①

亲历这一切的孟德斯鸠从中看到了专制的隐忧,并认为这会导致君主政体的溃败。他坦言"没有君主就没有贵族,没有贵族就没有君主"。有趣的是,在绝对君主制时期最为坚决反抗王权的旺代贵族,却在大革命爆发后成为君主最有力的支持者,这一吊诡的历史似乎也在某种程度上印证了孟德斯鸠的论断。孟德斯鸠也曾断言:若将君主政体中的贵族、僧侣、显要人物和城市的特权废除,它就会坍塌为一个平民政治的国家,或是一个专制的国家。

孟德斯鸠认为,政体的本原对法律有最大的影响:"法律从本原引申出来,如同水从泉源流出一样。"②在孟德斯鸠所言的君主国中,荣誉与贵族紧密联系在一起:荣誉可以说就是贵族的产儿,又是贵族的生父。而贵族所承载的荣誉,恰恰是君主政体的本原:"荣誉就是每个人和每个阶层的成见。它代替了我所说的政治品德,并且处处做品德的代表。在君主国里,它鼓舞最

---

① Alexis de Tocqueville, *l'ancien régime et la Révolution*, Paris: Editions Gallimard, 1967, pp. 100–102.
② Montesquieu, *De l'esprit des lois*, Tome I, p. 13.

优美的行动;它和法律的力量相结合,能够和品德本身一样,达成政府的目的。"①与共和政体下的贵族政治不一样,作为君主政体构成要素的贵族所追求的不再是节制的品德,节制的品德是为了爱共和国,其目的指向为公,而荣誉则追求优遇和高名显爵,其目的指向私欲和野心,这在共和国是有害的,但却能赋予君主政体活力与生机,这一方面因为既有秩序能够压制君主野心,另一方面则能够促使人们在追求私欲的同时也能为政治共同体服务:"这就像宇宙的体系一样,有一种离心力,不断地要使众天体远离中心,同时又有一种向心力,把它们吸向中心去。荣誉推动着政治机体的各个部分;它用自己的作用把各部分联结起来。这样当每个人自以为是奔向个人利益的时候,就是走向了公共的利益。"②

孟德斯鸠借助万有引力所勾连的宇宙世界图景,来比拟作为中间权力的贵族及其所承载的荣誉在某种意义上搭建起支撑君主国的秩序基础。荣誉的准则如万有引力一般支配着君主国之中的各个社会群体:"在君主的、政治宽和的国家里,权力受它的动力的限制,我的意思是说,受荣誉的限制,荣誉像一个皇帝,统治着君主,又统治着人民。"③荣誉不但意味着对贵族有所规约,亦意味着对君主有所规约,它源自法国在漫长的封建制发展过程中逐步形成的封君与封臣共同遵守的、相互对等的权利与义务关系。封臣应当向封君宣誓效忠,追随封君作战或进行军事远征,并在必要的时候向封君提出建议;至于封君,则有义务授予封臣采邑,并从军事、生活等各方面关照、保护封臣,尤其在封臣受到袭击的时候。④封建制是一个相对松散的等级秩序,原因之一即封君封臣的身份并非绝对的,每个人都可以同时存在于几段"封君–封臣"关系当中:一个封臣可能同时有几个封君,一个人也可能既是封君也是封臣。例如孟德斯鸠笔下的贵族既是国王的封臣,又是其封建领地上的领主,亦即封君。与此同时,他又是自己领地上的主人,负责保护自己领地上的封臣,从而承担着重要的社会治理职能,包括保障公共秩序,主持公正,执行法律,振贫济弱,处理公务;从权力的维度看,"封君–封臣"之间的关系似乎

---

① Montesquieu, *De l'esprit des lois*, Tome I, p. 31.
② Ibid., p. 32.
③ Ibid., p. 35.
④ Claud Gauvard, *La France au Moyen Age*, pp. 180–181.

是松散的,但维系二者的情感纽带却是紧密的:一位合格的领主,除了军事上的保护,还需要像大家长一样关心他的封臣及其家人,包括田地上的收成、换季易病时分发药物、封臣孩子的教育等。封君权力的合法性,基于他对封臣所尽的义务,以及对其封建领地的良好治理。

封君-封臣之间这种相互的权力-义务关系,似乎蕴含着某种对等的、交互的公道关系,它使得人与人之间构筑起某种超越权力关系的德性基础,并因此对一切的权力意志形成规约,作为贵族的封臣对于作为封君的君主的服从,是以双方都遵循契约原则为基础的,"服从"当中内含着"不服从"的可能性:"人们将不断地向君主援引荣誉的法规,因此,在服从上便产生了必要的限制。"①孟德斯鸠以多尔德伯爵为例来阐明这一"有原则的不服从"。圣巴托罗缪大屠杀之后,查理九世命令屠杀新教徒,多尔德伯爵拒不从命,并以一种独立而不失敬意的口吻对国王上书:"陛下,我在居民和士兵中所看到的都是良善的公民,勇敢的士兵,没有一个是刽子手。因此,他们和我请求陛下把我们的手臂和生命用到有用的事业上。"②这种对君主不合理的、具体的命令的违抗,并不意味着对君主的僭越,恰恰是基于荣誉的准则而持守对君主权威的尊崇,是为了在荣誉准则的引导下更好地服从君主:"在君主国里,法律、宗教和荣誉所训示的,莫过于对君主意志的服从。但是这个荣誉告谕我们,君主绝不应该命令我们做不荣誉的事,因为这种行为将使我们不能够为君主服务。"③此外,荣誉的准则对于人的规约,还在于其所内含的团体范畴。荣誉不仅是每个人的成见,而且是每个阶层的成见,这就意味着封建贵族"独立性"的来源,并非个体的意欲与幻想,而是他所从属的团体成员共同的行为准则。这一团体的存在是稳固而持久的,它具有的世袭性意味着对传统权威的尊重,因此贵族团体的世袭是理所应当的。首先,因为它在性质上就是如此。其次,是因为它有强烈的愿望要保持它的特权。因此,封建贵族在荣誉的指引下反抗君权时,就是在行使作为中间团体贵族阶层特定的权利,这种特权的存在对于君权的制约发挥着至关重要的作用。

不过,孟德斯鸠对荣誉的态度是比较暧昧的。他一方面认可人能够如多

---

① Montesquieu, *De l'esprit des lois*, Tome I, p. 35.
② Ibid., pp. 38–39.
③ Ibid., p. 38.

尔德伯爵那样在荣誉的支配下作出有德性的举动,但同时也指出,在以荣誉为核心的价值体系里,德性的表象下往往掺杂着虚假与道德缺陷,荣誉的根源并非品德,而是骄傲与虚荣的产物。在探讨君主国的教育时,孟德斯鸠剖析了教育的法律与荣誉之间紧密而复杂的关联。在君主政体下,应当教育人们处世坦率,敢说真话;但其中的虚假性在于,说真话并非出于热爱真理,而是为了"显得大胆而自由",其中蕴含着某种封建贵族所应当具有的独立精神:"实在说,这样的一个人便显得他是专以事物为根据,而不是附和别人对事物的看法。"①故而这种"说真话"并非意味着真实质朴,甚而在荣誉准则的支配下蔑视真正的质朴:"人们越提倡这样的坦率,便越轻视老百姓的坦率。因为老百姓的坦率,目的仅仅是真实与质朴而已。"②此外,君主政体还教育人们举止应当礼貌,但在追溯礼仪的根源时,他似乎暗中契合霍布斯关于现代人性冷峻而残酷的判断:在文质彬彬的虚礼之下,潜藏着出人头地的欲望与自尊自矜的逻辑。然而这虚假的礼貌却又不乏某种实际的好处,它抑制了人的野心,规约了人的行为,有助于社交秩序的维护,并令人们从中感到喜悦。

孟德斯鸠对于荣誉的暧昧态度,既出自荣誉与道德自然之间的冲突与张力,同时也折射出绝对君主制改革对贵族的地位与状态所造成的影响。在一点点剥开礼貌之虚饰的过程中,"廷臣"的说法逐渐突显:"礼貌使有礼貌的人喜悦,也使那些受人以礼貌相对待的人们喜悦,因为礼仪表示着一个人是朝廷中的人物,或者应当是朝廷中的人物。"③对于廷臣而言,礼仪赋予他的尊贵并非如多尔德伯爵那般源自拒绝屠杀良善臣民的勇气,而是源自矫饰,甚至舍去真正的尊贵以换取矫饰的尊贵,"廷臣喜欢矫饰的尊贵胜于真正的尊贵,矫饰的尊贵在表面上表现为某种谦恭而带有傲气"④,而非慷慨且充满力量的"独立而不失敬意"。廷臣群体的诞生,亦出于绝对君主对贵族阶层的侵蚀:在推行行政改革架空贵族政治权力的同时,路易十四还邀请势力强盛的大贵族进宫,让他们离开自己的领地,成为君主的侍臣:"他建立了极其严格的礼仪制度(国王起床礼、就寝小礼、就寝大礼、用膳礼等),这就有可能

---

① Montesquieu, *De l'esprit des lois*, Tome I, p. 37.
② Ibid.
③ Ibid., p. 38.
④ Ibid.

设立各种荣誉职位,分配给最大的领主,荣膺这些职位就能够接近君主,因此为人们所追求。主人的一瞥目光,一句话就意味着失宠或晋升。"①当贵族不再履行政治义务,亦不再承担社会治理的职责,他与其领地臣民之间的情感纽带就断裂了;虽然贵族阶层仍然存在,但已无法构成可与中央王权相抗衡的中间权力阶层,而是堕落为享有特权的寄生阶层,甚或君主的仆役。这样的贵族,只能用矫饰的尊贵装扮自己,骨子里却是卑微而窘迫的,无法成为荣誉的承载者:"荣誉曾是法国贵族的法则,也在某种意义上是我们古老的君主国的原则。这是封建制与贵族的道德遗产。然而,荣誉并非必然存在于君主制当中:在欧洲的一些大君主国当中,不过存在一些境遇悲惨、卑微困窘的贵族,若要在他们当中寻找雅致、骄傲、独立、慷慨等这些法国或西班牙的古老荣誉,不过是徒劳而已。"②

在描绘出路易十四时代中贵族荣誉的复杂面向,尤其是荣誉与虚荣矫饰的隐秘关联之余,孟德斯鸠依旧力图呈现封建贵族在漫长的历史演进中所蕴含的精神价值,并因此追溯了古老的"哥特式政体"。这一政体起源于挑战罗马帝国的日耳曼民族,并逐渐发展为中世纪的封建制(féodalité),在垂直层面上设立了不同层级的领主司法权。这一领主司法权是内含于采邑当中的,即举行过效忠仪式、封君将采邑授予封臣之后,封臣即随之享有与采邑关联在一起的诸种权利,保障其领地内的事务不受封君的随意干涉。虽然在宪法的意义上,君主的人身是神圣不可侵犯的,君主的权力却受到包括各种中间团体、风俗、民情等种种因素的制约:"汪洋大海,看来好像要覆盖全部陆地,但是被岸边的草莽和最小的沙砾止住了。同样,君主的权力似乎是无边无际的,但是他们在最微小的障碍面前停止住了,并且让自己自然的骄横屈服于怨言与恳求。"③在封建君主制处于盛期的卡佩王朝,国王作为最大的封君,亦不得肆意干涉其封臣领地的内部事务:"这些条例禁止国王的法官或官吏到领地去进行任何审判工作,或收取任何司法上的利益。国王的法官既然不能在一个地区里征收什么东西,他们也就不再进入这个地区了;该地区的法官也就代替了国王法官的职务。"④诚如上文所言,不同层级的领主之间并

---

① Pierre Miquel, *Histoire de La France*, Paris: Fayard, 1976, pp. 217-218.
② Montesquieu, *De l'esprit des lois*, Edition Edouard Laboulaye Garnier Frère, 1875.
③ Ibid., p. 23.
④ Ibid., p. 299.

非简单划一的等级关系,而是在等级的维度中注入平等的元素,最终构成了对最大的封建领主,即国王的制约,从而在垂直的层面上对权威进行了分配:"国王们几乎不再有直接的权威了。他们的权力要通过许许多多的其他的权力,通过许许多多强大的权力来贯彻,所以它在没有达到目的之先就已经停止作用或已经消失了。"①与逐渐兴起的绝对君主制相比,封建制在垂直层面上的秩序并非清晰明了、简单划一的,甚至显得混乱无序,但却内蕴着生机与活力,在某种共通法则的支配下最终走向和谐:"它们在相同的一件东西之上或在相同的一些人之上,设立了不同种类的'领主权利',又把这些权利分给好些人,这样便减少了整个'领主权利'的重要性;它们给过于辽阔的帝国划出各种界限;它们产生了一种纪律,但它带有纷乱的倾向;它们产生了一种纷乱,但它带有走向秩序与和谐的趋势。"②

结　　语

孟德斯鸠思想视域之中的"法",呈现出其理论所特有的普遍性与多样性之间的张力:自然法与实证法、原初理性与各种存在物的法、公道关系与特定社会的自然秉性……在这些层次纷繁的张力之中,似乎贯穿着一条主线,即如何理解人的自然本性与其社会存在之间的关系。在《论法的精神》序言之中,他写道:"人是具有适应性的存在物,他在社会上能同别人的思想和印象相适应。同样他也能够认识自己的本性,如果人们使他看到这个本性的话。他也能够失掉对自己本性的感觉,如果人们把这个本性掩饰起来,使他看不见的话。"③人类自然本性中的社会倾向令他需要在社会生活中发展自身的潜能;但与此同时,社会也隐含着令人堕落的缺陷与罪恶。人便如此存在于自然与社会的冲突张力之中,而孟德斯鸠对人类社会之中的"法"的探索,便源自这样的关切,即如何令人的本性在社会中尽可能得到滋养与舒展。

此处,人的本性即指自由。正如人的存在层次是多重的,在孟德斯鸠笔下,自由亦蕴含着多重意涵。自由首先意味着哲学自由,即自由意志、形而上

---

① Montesquieu, *De l'esprit des lois*, Tome II, p. 403.
② Ibid., p. 299.
③ Ibid., p. 6.

的主体性自由,这一源于个体内在生命本质的自由构成自由的根基。自由意志赋予人蓬勃的生命活力,但也是致使他肆意妄为、犯错迷失的根源,故而当人与其同类发生关联、结为社会之后,就需要接受法的规约,方能持续地享有自由,从而衍生出社会维度的自由:"自由是做法律所许可的一切事情的权利;如果一个公民能够做法律所禁止的事情,他就不再有自由了,因为其他的人也同样会有这个权利。"① 政体的特质对一个社会有着至关重要的影响,孟德斯鸠进而探讨了政治层面的自由如何确保哲学自由的实现:"哲学自由是要能够行使自己的意志,或至少自己相信是在行使自己的意志。政治自由是要有安全感,或至少自己相信有安全。"② 政治自由意味着一种确定的、安心的感觉,尤其是能够安心地行使自己的意志,给予自由意志蓬勃生发的空间。若把哲学、社会、政治这三个层面统合起来,便能呈现出自由的核心意涵:"在一个国家里,也就是说,在一个有法律的社会里,自由仅仅是:一个人能够做他应该想做的事情,而不被强迫去做他不应该想做的事情。"③ 自由意味着能够做"应该"(doit)"想"(vouloir)做的事,其中,"想"意味着自由意志的运动,"应该"则意味着调动理性接受法的规约,达成自由与法、意志与理性的动态平衡。

在澄清自由的意涵之后,我们便能更好地从思想与历史这两个层面理解孟德斯鸠对主权理论的警惕。孟德斯鸠拒绝将实证法视作主权者意志的表达,他认为一切形式的意志都有肆意妄为的倾向,如此产生的法,不能让受其统治的人获得确定与安心的感觉。"法律不是一种纯粹的权力行为"④,它受制于承载着原初理性与自然正义的公道关系,并需要适应特定社会的政体、民情、习俗、气候、地缘等自然秉性,这些源自事物本性的必然联系,不以一切形式的意志为转移,并因此构建起确定的秩序基础,它契合于人类纷繁复杂的存在层次,亦令人类多重维度的自由得以实现,能够安心地做"应该想做的事"。就历史层面而言,君主削弱贵族权力、强化中央王权的举措,破坏了法兰西君主政体之中的制衡力量,失去制约的君主难免走向肆意妄为:"一切有权力的人都容易滥用权力,这是万古不易的一条经验。有权力的人们使用权

---

① Montesquieu, *De l'esprit des lois*, Tome I, p. 167.
② Ibid., p. 202.
③ Ibid., p. 167.
④ Ibid., p. 336.

力一直到遇有界限的地方才休止。"①与之相伴而生的,是政体本原的腐化。荣誉作为同时支配君主与贵族的准则,在制约君主的同时,亦赋予贵族自由行使意志的空间:"荣誉有它的法则和规律,它不知道什么是屈服;它主要以自己变幻无常的意欲为基础,而不是依从别人的意欲。所以只有在有固定政制、有一定法律的国家,方才谈得上荣誉。"②荣誉的腐化隐藏着秩序崩塌的隐患,并最终堕落为暴政,毁灭一切自由的空间与可能性:"暴君没有任何规律,他的反复无常的意欲毁灭其他一切人的意欲。"③

Liberty, Reason and the Spirit of the Law: The "Law" from the Intellectual Perspective of Montesquieu

Pan Dan

Abstract: According to Montesquieu, the "law" signifies the necessary relations that derive from the nature of things, which implies both the vertical relation between the transcendent primitive reason and the various beings, as well as the horizontal relation of various beings. Situated in the necessary relation of various beings connected by law, man is endowed with the free will and the reason, which permit him the subjective liberty while simultaneously the danger of deviating from the law. Man's sociality is embedded in his naturality, thus he enters society by natural law; but the society is deprived of natural equity, and the existence of positive law becomes necessary to regulate man's will and deviation. The positive law does not originate from the expression of the Sovereign's will, but is governed by the relation of equity, the general spirit, the nature and the principle of government, as well as many other elements that precede its existence. The reforma-

---

① Montesquieu, *De l'esprit des lois*, Tome I, p. 167.
② Ibid., p. 32.
③ Ibid.

tion of the French monarchy during the Ancient Regime have corrupted the honor which constitutes the principle of the feudalism monarchy, and there is a danger that the fundamental "law" of the French monarchy will be destroyed.

Keywords: Montesquieu, Liberty, Natural Law, Positive Law

孟德斯鸠论罗马政制

杨 璐[*]

提 要：本文围绕孟德斯鸠对罗马政制的论述，梳理其思想中罗马政制的意涵。本文认为，孟德斯鸠通过寻找罗马盛衰的历史原因，构建了一种理解共和制的新方式。这种方式不同于流行于18世纪的哈林顿学说。罗马共和国向帝制的转变揭示了共和制自由的限度及其条件。共和制中间链条的脆弱性使立法者需要借助法律和技艺来增加机器的配件、发条和齿轮，划分、约束、引导权力来组建整体。当共和国通过征服发展出超越领土国家的帝国体系，成为世界主人的同时也使之亦因突破政制极限而走向衰败。罗马人的政治联合方式有别于日耳曼人。不同于哈林顿，孟德斯鸠认为欧洲优良的政治制度不是源自罗马乡村，而是源自森林传统。法兰西应基于自身的风俗和封建法传统，警惕任何任意的改制，才能走向伟大。这种幸福不亚于自由本身。

关键词：罗马 共和制 封建 自由

一 引言

每个文明在其发展的过程中都在不断拣选和定义可以纳入自身的历史，作为构建自身未来方向的传统资源。在对古代政治的研究中，罗马就是孟德斯鸠的重要研究对象，也构成其所属时代的欧洲政治的镜像。当时，对罗马政制的研究已经兴起。卢梭在《社会契约论》第四章专门讨论罗马政

---

[*] 杨璐，1987年生，中国政法大学社会学院副教授。

制,视之为一切自由人民的典范,视罗马政府为拥有最好体制的政府,进而来探讨民主制的主权权威维持与公意宣告的制度担保。① 不难看出,卢梭的整个罗马政制研究仍然从属于法哲学,本质上仍然是一种契约论,考察的是在法权结构上如何保证个体意志直接构成普遍意志的问题。他对于法权架构及民主制何以实现的关心甚于对罗马政制衰亡的历史因果的关心。虽然卢梭从孟德斯鸠那里继承了不少概念和论点,但他选择的是一条与孟德斯鸠截然不同的理解法国政制及其未来图景的道路。后来库朗热在宗教问题上对孟德斯鸠的罗马政制研究进行了"失真"的批评,认为孟德斯鸠是用现代人的心理去理解古代人,错误地认为罗马人的宗教从属于国家,事实上罗马人的国家服从于宗教或与宗教完全融合,②而涂尔干关于罗马百人团及其对民主制重要性的阐述,也可以说是对孟德斯鸠的问题的继承与回应③。甚至可以说,涂尔干对于中间体重新构建的重视很大程度上继承了孟德斯鸠所奠定的传统,与传统契约论者已然大为不同。④

  回到孟德斯鸠的研究传统中。波考克将孟德斯鸠的议题放在现代早期共和主义的传统中去理解。⑤ 马基雅维利的《论李维》透露出理想的共和国是一个平等的、没有军事依附、全民皆兵的共和国。军人和公民的经济独立是罗马共和国存在的前提。罗马共和国通过自身的"德行"变成帝国,但被随之而来的奢侈所腐化和毁灭。孟德斯鸠继承了马基雅维利的思想,认为共和国是美德的结果,共和国的本性使它在时空中会发生腐化和解体。同时,孟德斯鸠在这一思路中加入商业的概念。商业带来更活泼的愉悦、更细腻的感觉、更普遍的价值。这些是原始的斯巴达人、罗马人或哥特人的公民战士不能比的。但商业与罗马共和国需要的美德不能两立。法律、教育和风尚可以

---

① 卢梭:《社会契约论》,何兆武译,北京:商务印书馆,1980 年,第 131—166 页。
② 库朗热:《古代城邦:古希腊罗马祭祀、权利和政制研究》,谭立铸等译,上海:华东师范大学出版社,2006 年,第 155 页。
③ 埃米尔·涂尔干:《社会分工论》,渠敬东译,北京:生活·读书·新知三联书店,2000 年,第 20—21 页。
④ 渠敬东:《职业伦理与公民道德——涂尔干对国家与社会之关系的新构建》,《社会学研究》2014 年第 4 期,第 110—131 页;李英飞:《从政治技艺到一般社会学——重新考察涂尔干的政治社会学遗产》,《社会》2022 年第 1 期,第 157—179 页。
⑤ 波考克:《马基雅维里时刻:佛罗伦萨政治思想和大西洋共和主义传统》,冯克利、傅乾译,南京:译林出版社,2013 年,第 510 页。

去约束奢侈的滋长,但奢侈会腐蚀法律、教育和风尚。所以,共和国无法永远控制它自身的发展或抵抗它自身的腐败。在波考克看来,腐败和不平等的议题构成了17—18世纪公民人文主义者的共同议题。哈林顿、博林布鲁克和孟德斯鸠都属于这一阵营。①

与波考克通过构建思想的连续性去创造一种18世纪大西洋共和主义的传统不同,潘戈强调孟德斯鸠思想中存在着两种共和主义。一种是罗马共和国代表的参与式共和主义,一种是英格兰政制代表的自由共和主义。前者的自由是公民以不屈服于他人意志的方式参与到政治的自我统治中进而来控制自身的命运。要保障这种自由,就需要自我牺牲的美德以及为保障这种美德而产生的政治审查和宗教控制。这在孟德斯鸠看来违背人性需要。"人都是欲求安全和舒适的",这种个体为之做出巨大承担的参与式共和主义并不值得推崇。"罗马政制自带一种用战争、征服、奴役和专制帝国来填补这种空虚的强烈倾向","每个人都不断受制于同胞公民对其犯罪意图的审查","孟德斯鸠自己也发现无法用语言讲述希腊和罗马奴隶遭受的严酷对待","在参与式共和国中女人不可能是自由的,男女的爱和心灵的冲动也不是自由的"。②潘戈认为,虽然孟德斯鸠看到君主制依靠制度性约束使彼此竞争的各种权力保持平衡而比共和制更稳固和宽和,但孟德斯鸠并不旨在回到古代,而是选择了一种个人主义的自由放任的商业政治社会模式,而该模式的典范就是英格兰政制。现代英格兰政制代表的是一种建立在相互竞争的私人利益之上的制度平衡和人为控制上的、被对安全的渴望和商业精神所推动的自由共和主义。"孟德斯鸠看重的是英格兰社会最奇特的那些特征,以及在他看来可能有助于塑造未来世界的品质与精神。在政治事务中,英格兰政制及其生活方式是向导,也是指南。"③在此基础上,潘戈对孟德斯鸠的这种方案表示质疑。

阿尔都塞与潘戈的观点有着很大的不同。他援引法盖(Faguet)对孟德斯鸠的评价,指出孟德斯鸠不相信共和政体,共和政体的时代已经过去。共

---

① 甚至波考克认为,孟德斯鸠可能受博林布鲁克影响,用行政、司法和立法的三分法代替了哈林顿"辩论"与"结果"的二分法。
② 潘戈:《孟德斯鸠的自由主义哲学——〈论法的精神〉注疏》,胡兴建、郑凡译,黄涛校,北京:华夏出版社,2016年,第74—79页。
③ 同上书,第125页。

和政体只在古代才能站住脚,而在当时大中型帝国的时代,德性已经成了不堪承受的重负,所以共和政体退回到历史远景中,退回到希腊罗马中去了。现代属于封建君主政体,封建君主政体也属于当时代。阿尔都塞继承夏尔·艾森曼(Charles Eisenmann)的观点,认为英格兰政治的三权分立是一种神话。在英格兰现实中,国王通过否决的权力能侵犯立法权,议会通过要求大臣做施政报告,在某种程度上也可以对行政权行使监督的权力,尤其在涉及贵族审判、赦免和政治案件的事项上,上院就是法庭,所以"立法"也可以严重地侵犯到"司法"。孟德斯鸠的神话暗含了他的党见。之所以要排除"立法"篡夺"行政"的权力,是因为这样能防止君主政体沦为人民专制;之所以要排除国王和"行政"把持司法权,是因为这样能避免君主政体堕落为专制。换言之,这种权力分割和联合的构想最终指向的是使贵族免受国王和人民的侵害,因而保证了君主可以在贵族提供的社会和政治堡垒的保护下抵御人民革命。"贵族不仅可以充当人民的制衡器……而且贵族通过存在、特权、荣耀、奢华,乃至慷慨大度,可以在具体的生活中日复一日的教导人民高贵者如何令人尊敬。"[1]阿尔都塞站在马克思主义的立场上,认为孟德斯鸠是在为一种过去的秩序辩护。

但正如奥克(Roger B. Oake)所洞察到的,《罗马盛衰原因论》是革命性的,不仅仅因为孟德斯鸠将神性的或超验的推理驱逐出历史研究领域,也不仅仅因为他树立了罗马史可靠而完整的因果链条,还因为他认为人类行为始终存在着显著的法则,并且可以通过归纳而得到这些法则。[2] 但是,奥克所感兴趣的更多是孟德斯鸠的历史观,因而并未过多将孟德斯鸠的罗马政制研究与他对于整个欧洲政治的讨论放在一起。

纵观孟德斯鸠的著作,他对于罗马及罗马法的讨论贯穿其思想的始末。罗马政制的论述不仅存在于与英国的互文中,也存在于与哥特式政体的对比中。波考克对孟德斯鸠与马基雅维利和哈林顿的关联的洞察具有启发性,但他没有就孟德斯鸠与两人不同的微妙之处进行细致辨析。潘戈指出孟德斯鸠意识到了古今共和国在条件及自由上的重大区别,认为英格兰政制是符合

---

[1] 路易·阿尔都塞:《孟德斯鸠:政治与历史》,霍炬、陈越译,西安:西北大学出版社,2020年,第119页。
[2] 奥克:《孟德斯鸠对罗马历史的分析》,载于娄林主编《孟德斯鸠论政制衰败》,邱晨曦等译,北京:华夏出版社,2015年,第88页。

人性的现代政治方案。但共和政治是不是法兰西应继承的政治传统呢？为何孟德斯鸠透露出共和政治的不自由性质并对激进的英格兰革命持保留态度？阿尔都塞洞察到孟德斯鸠的封建法问题对理解其思想的重要性，但他的方法解读使孟德斯鸠更具结构性和丰富性的共和制思想被遮蔽。如果说《罗马盛衰原因论》发掘了罗马共和国盛衰的历史原因①，《论法的精神》中罗马政制的讨论则更凸显了孟德斯鸠对共和制更为成熟的想法。孟德斯鸠通过寻找罗马盛衰的历史原因，构建了一种理解共和制的新方式。

二 罗马共和国的衰亡史：与《论李维》的区别

相较于马基雅维利高亢地宣扬罗马的共和制臻于完美，孟德斯鸠在《罗马盛衰原因论》第一章到第七章论述罗马从微小走向伟大，但从第八章开始一直到第二十三章结束全都在讨论罗马的衰败。在《论李维》中，马基雅维利也讨论了诸多因人民滥权而来的恶果，但在解释这些滥权时，他仍肯定平民拥有美德及不满情绪的正当性。他认为，共和国是骚动不安的，但这种纷争有益于自由，因为平民与贵族纷争才能产生有益于公共自由的法律和秩序，使起点"不尽如人意"的共和国能在历史的变数中进行自我更新，使古老的公共自由不受腐化，使其德性被继承下去。平民有着"不受人支配的欲望"，"享有自由的民众，其欲望鲜有危害自由者"，"既有能力辨明真相，也易于服从"。②

所以，虽然马基雅维利强调在元老院的基础上，执政官和护民官的创设使君主、贵族和平民互相防卫。但相较于贵族和君主，平民才是罗马自由的保障。"人民的自由欲望过于强烈，贵族支配欲望过于强烈，而君主则是容易腐化且极不可靠的。"遇到明君，国家自由且幸福，遇到软弱或用心险恶的君主，自由的丧失必然伴随国家覆灭的风险。尤其"当君主的腐化开始传播给众人，毒害到城邦的内脏，民众一旦变得腐败，则再无革故鼎新的可能"。受君主统治的腐败城邦，绝难变成自由的城邦。"如果没有腐败，则骚乱与耻辱

---

① 正如夏克尔顿所言，将《罗马盛衰原因论》视为纯历史学著作，肯定会发现有不足之处。孟德斯鸠并不致力于历史的叙述，而致力于研究历史的因果。罗伯特·夏克尔顿：《孟德斯鸠评传》，刘明臣、沈永兴、许明龙译，北京：中国社会科学出版社，1991年，第162页。
② 马基雅维利：《论李维》，冯克利译，北京：中央编译出版社，2017年，第15、20—22页。

无伤大雅,只要有腐败,则再好的法律也无济于事。……这种腐败,这种对自由生活的蔑视,是源于该城邦的不平等。"①

因此,在马基雅维利的叙事里,王政时期对于理解罗马共和国来说是无关紧要的,充其量只是罗马共和国"不尽如人意"的历史起点,是它走向"完美的正道"前最好尽快摆脱的不重要的阶段。只有当国王被驱逐,执政官尤其是护民官的设立,罗马政制才走上正道。虽然"罗慕路斯诸先王制定了不少的良法事后证明它们均有益于自由的生活方式",但"他们的目的是建立王国而非共和国,所以当城市获得自由时,仍缺少自由秩序所必需的许多要素,因为先王未把这些要素赋予罗马"。② 所以,马基雅维利高度肯定塔克文家族被驱逐以及权力交给由民选产生的两个执政官的事件。他们掌权是通过自由选举,"所以他们全是出类拔萃的人士"③。罗马共和国的"完美境界"的开端是王政结束和护民官的设立,这使共和国体更加稳固。平民与贵族斗争是促成罗马自由和强大的原因。

孟德斯鸠熟谙《论李维》,甚至在某种程度上,他吸收了马基雅维利的混合制思想和权力牵制的思想。但他对罗马盛衰的节点有着完全不同的判断。他不仅没忽略王政时期,反而认为罗马的伟大(grandeurs)的开端是王政时期,罗马繁盛的原因之一是"它的国王都是伟大的人物"。造成这种判断差异的原因是,孟德斯鸠抛弃古典政治学的静态或内部视野,将罗马放在充满变数的国际角力中:罗马起源于战争,永远处于战争状态,为了争夺公民、妇女和土地,罗慕路斯和他的继承者几乎永远在和邻人作战,这些战利品带给城市巨大的欢乐,这是罗马变得伟大的主要原因;围绕着战争,罗马产生了一系列良好的习惯(usages)和德性。这是一种相互作用的力学分析方式,构造了理解共和制性质的新起点。

在孟德斯鸠的政治历史观里,运动是根本。在《随想录》第76条中有关自然史的观察部分,孟德斯鸠就记录:"万事万物都是有生命的,都是被组织起来的,每样事物都是恒常地死亡和再重生。物质经历了一般运动而形成宇

---

① 马基雅维利:《论李维》,第67—68页。
② 同上书,第15—16页。
③ 同上书,第76页。

宙的秩序。物质一定有特殊的运动而使它形成（植物或动物的）组织。"①孟德斯鸠将这种运动法则从广延推至精神，他认为智识世界和物质世界在运动上是一样的，而政治体"今天完美，明天就变得不完美……因为它像宇宙中的其他事物一样屈服于时间，一样屈服于环境。每一个人类社会都是一种行动，该行动由全部心智的行动所构成"②。正是这种普遍的物质-精神运动法则，促使孟德斯鸠改变了《论李维》的时段叙事。

（一）变势：选举制君主政体与贵族的衰落

不同于马基雅维利，孟德斯鸠没有将政体变革的因直接放在塔克文国王被驱逐上，而是回溯到第六位国王塞尔维乌斯的改革上。表面上塞尔维乌斯没有改变政体形式，但却在政体结构和精神上埋下了变革的种子。最初王政的性质是选举制君主政体。这是一种共和国性质的政体形式，国王由选举产生，元老院享有最多的选举权。"每逢国王过世，元老院便进行审议，以决定是否保持原有的政体形式。如果认为原有政体形式应予保持，便从元老院成员中任命一位官员，随后由这位官员选定新国王。这个遴选需经元老院首肯，人民认可，卜师保证，三个条件缺一不可，否则就重新遴选。"③可见，不同等级有差别地共同参与选举，选民一人，但遴选应得到元老院、人民和祭司的三重同意。在权力分配上，王政融王权、贵族权威和平民权力于一体，权力互相参与和互相限制④，人民的权力受到了元老院和国王的引导和约束，国王主动与元老院分享司法权并使司法权明确与人民分隔开。国王召集元老院会议，经过元老院辩论后的事项才交付人民从而有限制地参与议论。这些权力不是彼此孤立的，而是相互联合、融合和联络的。孟德斯鸠用"和谐"去评价这种权力（l'harmonie du pouvoir），称之为"选举制君主政体"（monarchie

---

① Montesquieu, *My Thoughts*. trans. and ed. Henry C. Clark, Indianapolis: Liberty Fund, 2012, p. 24.
② Montesquieu, *My Thoughts*, p. 678.
③ Montesquieu, De l'Esprit des Lois (Livres XI-XXI), in *Montesquieu, Oeuvres Complètes de Montesquieu* (Tome Quatrième), ed. Édouard Laboulaye, Paris: Garnier Frères, Libraires-Éditeurs, 1877, pp. 31-32.
④ 具体来说，国王指挥军队，主持祭祀，有权审理民事和刑事诉讼，召集元老院会议，召集人民议事。元老院享有很大权威，国王常常请元老院成员同他一起审理案件，不会将任何一件未经元老院辩论的事项提交给人民。人民有权选举（但不能任命所有）官员，批准新的法律，国王如果允许，人民还可拥有宣战和媾和的权力，但是人民绝对没有司法权。

élective),它规避了平民对贵族的嫉妒和争执。但政制巨变就发生在第六王塞尔维乌斯·图里乌斯主政期间。

> 元老院没有参加选举,塞尔维乌斯使人民宣布他为国王。他放弃了民事案件的审理,只保留了对刑事案件的审判权。他把各种事务**直接**交给人民议决,减轻人民的税赋,而把全部负担加在贵族身上。他越是削弱王权(puissance)和元老院权威(autorité),越是增强了平民权力(pouvoir)。①

这一被马基雅维利忽略的历史事件,却被孟德斯鸠视为政体变换的关键。人民的政治参与从间接的、受君主引导和贵族约束的格局里挣脱,变成直接性参与。传统选举君主制的由城邦等级而自然产生出权力分割所形成的总体和谐遭受解体。塞尔维乌斯拉近自己与人民的距离,压制贵族,导致遥远有力的君威(puissance)和元老父亲的权威(autorité)的式微,预示着权威朝着单质化和夷平化的方向变成权力(pouvoir)。但夷平化的权力恰恰是难控制的,有机的政治体不得不在机械式权力的分配中重组。"罗马这样的选举制君主政体必然拥有一个强大的贵族团体的支持,否则它就会立即蜕变为僭政(tyrannie)或平民政体(États populaire)。"②

孟德斯鸠看得很清楚,塞尔维乌斯的改制创造了一种变革的趋势:原本的国王、贵族和平民共同参政,变成事务可不经元老院的辩论而直接交给人民决议。人民对自由早已无限期望,必然在国王被逐后不断增设护民官等官职,将"习惯上依百人团召开的会议变成由库里亚(curies)召开,把习惯上依库里亚召开的会议变成依部落(tribus)来召开,公共事务的处理由贵族转入平民之手"。不仅如此,平民受保民官的恣惠,"利用自己的力量(forces),利用在选举中的优势,利用拒绝参加战争的行动,利用离开的威胁,利用单独做出决定的权利,最后,利用对过分顽强地反抗的人的弹劾",不顾共和国的保存去压制贵族,"将贵族贬低到这样的程度,以至于家族的这种区别变得毫无意义"。③老贵族财产败落和新贵族崛起,"古昔朴素风气不复存在,个人拥

---

① Montesquieu, De l'Esprit des Lois, p. 33.
② Ibid., p. 34.
③ Montesquieu, Considérations sur les causes de la grandeur des Romains et de leur décadence, in Montesquieu, Oeuvres Complètes de Montesquieu (Tome Deuxième), ed. Édouard Laboulaye, Paris: Garnier Frères, Libraires-Éditeurs, 1876, pp. 182-183.

有的巨大财富产生了权力(pouvoir),因此新贵族就势必进行比先前贵族更加猛烈的反抗",这就导致格拉古兄弟的激进土地改革和共和国自由的覆灭。

孟德斯鸠并不像潘戈所言在古今共和制间划出明显的分界。相反他强调,不论任何时代,人性激情都是相同的,引起巨大变革的诱因不同,但原因却永远一样。罗马的革命和现代革命一样,都是忘记了"'美德'的自然位置就在'自由'的旁边,但离'极端自由'和'奴役'很远"。对中间贵族阶级的打压使得天然分割的权力变得集中,而护民官的产生加剧了这种集中。"罗马护民官既钳制立法又钳制行政,造成极大弊端,他们的权力是有害的","取得护民官职位以便自卫的平民却被他们利用来进攻"。自塞尔维乌斯放弃民事审判权后,保民官们通常独自审理民事案件,"令人憎恶的行为莫过于此"。诚然在一个自由的国家,每个人都被认为具有自由的精神,都应该由自己来统治自己,立法权应该由人民集体享有。但"人民选举和议事在大共和国不可能,在小共和国也有诸多不便"。被卢梭奉为圭臬的人民集会,在孟德斯鸠看来没有实践上的益处。① 他对人民参与政治层层设限,就是因为"人民是万不适宜于讨论事情的。这是民主政治重大困难之一"。"当人民什么都要自己去做,替元老院审议问题,替官吏们执行职务,替法官们判决案件,民主政治的本原就腐化了,人民作为整体也腐化了",共和国就走向一人专制主义。

(二)平民政体(États populaire):人民与暴民

值得注意的是,根据孟德斯鸠对文稿的多次修改可知,他对词语的选用和使用要求是严格的。在论述中,孟德斯鸠对 populaire 和 peuple 的用法是有区别的。他在使用 populaire 一词,往往伴随着"骚乱"(tumultes)"野心家""暴徒""无政府主义"等相关意象。在《论法的精神》首谈平民政治时,他就给予这种政体比君主制和专制更多的限定,并暗示它有沦为专制政体的危险,因此相较于法律,德性是更为重要的发条(ressort)。不过,德性容易消逝且不稳定。一旦德性式微,"野心进入参与政治的人的心中,贪婪进入所有人心中",法律被架空,公共财富私人化,公共自由及国家力量也就随之丧失而

---

① 在孟德斯鸠看来,古代共和国的重大弊病就是人民有权利通过积极性的且在某种程度上需要执行的决议,这是人民完全不能胜任的事情。他们参与政府应当只是选举代表而已。即使是代议制中的代表,也不是为了通过积极性的决议而选出来,而只是为了制定法律或监督它所制定的法律的执行而选出来。

易被奴役,"腐化的共和国不会变成君主制,只会直接变成僭政(tyrannie)"①。

这种不稳定性的典型表现就是共和国在自由与僭政间的摇摆。孟德斯鸠对这段历史的刻画与《论李维》差别很大。最典型的体现是圣山民变。② 这场圣山民变在《论李维》中是被高度赞扬的,因为它直接带来护民官的设立,是共和体制的完美境界的开端。但孟德斯鸠的评论是"人们脱离了无政府状态,却险些陷入僭政(tyrannie)"③。

圣山之变的起因是债务人被债权人拘禁和鞭罚,而当时正是罗马与沃尔斯基人开战之际。一位曾经带领百人团作战的老人凄惨地出现在广场,骚动已不限于广场,而是蔓延到整个城市。元老院作出承诺后又失信。平民夜间集会,退居圣山。最后,征战之际,贵族不得不让步允许平民选出自己的护民官。④ 护民官是因公民自由而生,保护平民免受贵族欺压,是自卫性的。但孟德斯鸠看到,当风俗不再质朴时,共和国一旦腐化,护民官就会加剧冲突。"每当一位护民官想要捞取民望时,就把废除债务的问题提出来",通过刺激平民与贵族的仇恨来获得权力。这种政治风气或攫取权力的方式也传染到整个政治组织,代表贵族的执政官如曼利乌斯也为了博取民心,摇身变成平民派,利用债务问题,制造骚乱,又通过演讲来攫取最高权力。

伴随着部族大会逐渐取代百人团和库那亚,法律的贵族精神逐渐被平民

---

① Montesquieu, De l'Esprit des Lois (Livres I-X), in *Montesquieu, Oeuvres Complètes de Montesquieu* (Tome Troisième), ed. Édouard Laboulaye. Paris: Garnier *Frères*, Libraires-Éditeurs, 1876, p. 122.
② 这场圣山民变在李维的《罗马编年史》中有记载。在罗马面临与沃尔斯基人的战争时,国家本身陷入了不和状态。贵族与平民互相仇视,主要是由于债务契约。平民抱怨,他们在外为自由和罗马统治奋勇作战,在家则被自己的同胞俘虏,受压迫。这时有个上了年纪的人穿着一身肮脏的衣服,凄惨地出现在广场。人们认出他曾经带领百人团作过战,询问他怎么变成这个样子。他告诉众人他参加了萨比尼战争,土地遭破坏而无收获,房屋被烧坏,一切都被抢劫,牲畜被赶走,陷于如此不幸的处境还得纳税而不得不向他人借贷。负债由于利息而扩大,起初失去了父辈和祖辈的土地,后又失去了所有其他的财富。最后,他被债主拘禁和鞭罚。他露出脊背,上面布满新留下的鞭痕。人们看到和听到这一切,骚动已经不限于广场,而是蔓延到整个城市。为了让人们应征作战,元老们做出了很多承诺。负债人立即宣布应征,进行宣誓。强大的军队击溃奥戎基人后,罗马人期望执政官和元老院履行承诺,但阿皮乌斯却开始进行债务审判,那些债务人又被一个个交给债主。此时,萨比尼战争在即,负债人谁也不去登记征战。平民夜间集会,退居圣山。由于时值征战,罗马丧失大部分军事力量,贵族不得不让步允许平民选出自己的护民官。提图斯·李维,(意)桑德罗·斯奇巴尼选编:《自建城以来:第一至十卷选段》,王焕生译,北京:中国政法大学出版社,2009 年,第 79—81 页。
③ Montesquieu, De l'Esprit des Lois (Livres XI-XXI), pp. 40, 97-98.
④ 李维:《自建城以来》,第 79—81 页。

精神所取代；平民巨大的权利，使官吏想方设法阿谀奉承，制定最让平民开心的法律。十人委员会的僭主就如此产生。"讨好平民的克劳狄乌斯不仅骗过了人民,也骗过了元老院"。人们在平民部族会上选出了十个官员作为共和国唯一的执政者,这十人具有执政官和护民官的权力。但他们既没有召开元老院会议,也没有召开人民会议,而是独占了全部的立法权、行政权和司法权。孟德斯鸠感叹道："这是怎样一种僭政（tyrannie）……城里只有两类人，一类是受奴役的人，另一类是为了一己私利而力图奴役全城的人……罗马对自己赋予他们的权力感到惊讶……每个人都自由了，因为每个人都曾收到了侵害。每个人都成为公民了，因为每个人都感到自己是元老。元老和人民又恢复了过去所交给可笑的僭主们的那种自由。"①

所以，相较于《罗马盛衰原因论》，孟德斯鸠在《论法的精神》中对自由的认识更复杂。罗马由盛转衰的原因不只是军团越过阿尔卑斯山和大海，还有伴随公民资格扩大而来的公民精神丧失。之所以"手握军队的将领感到自己力量很大,不想听命于别人",是因为"国内此风既长"。当共和国的每个公民都感到自己是元老，都感到自己的力量，都想要获得那种放肆自由，这种自由就轻易被善于辞令的僭主获得。十人僭政统治的短暂性体现了这种政治权威的不稳定。圣山民变再起：十人官中的阿皮乌斯强占弗吉尼娅，其父（百人团首领）将自己的女儿杀死，罗马城和军队一片骚乱，他们和另一些罗马平民一起撤往圣山，在那儿一直待到十人团放弃官职。

马基雅维利认为，护民官和执政官得以恢复后，罗马又恢复了古代自由的状态。孟德斯鸠却指出，自由看似恢复，其实是嫉妒再生，并产生出一股极端的力量，"只要贵族还剩有什么特权，平民就加以剥夺"，不只限于剥夺贵族的特权，还开始侵害贵族的公民资格。原来由平民、贵族和元老院共同参与的立法权被平民日渐独占，平民不再需要与贵族和元老院联合，可单独制定"平民制定法"，而且在某些场合贵族完全不能参与立法。权力不再"共享"而不断被集中。而当格拉古兄弟执政时，规定从骑士即第二等公民中选任法官。这剥夺了元老院的司法权，元老院就无法再与人民抗衡了。骑士不再是连接人民与元老院的中间等级。政制的链条断了。"当罗马的包税人掌握审判，道德、民政、法律、官职和官吏，一切全都完了。……他们为了政制自由而

---

① Montesquieu, De l'Esprit des Lois (Livres XI-XXI), p. 40.

伤害了公民自由,可公民的自由却随着政制自由的丧失而丧失。"①

孟德斯鸠意识到共和制内部两端的脆弱性,人为增设共和国中间组织和环节是重要的。贵族失去政治特权,包税人骑士掌握司法权,护民官攫取立法权、司法权和行政权,整个政制链条断裂。

三 罗马共和国的隐喻:自由的限度及其条件

孟德斯鸠的罗马共和国的叙事充满了隐喻,他将塞尔维乌斯改革比作15世纪英国亨利七世的改革。与塞尔维乌斯改革相似,亨利七世加强下议院以削弱上议院,教士和贵族阶级衰落,绝对王权得到扩张,到亨利八世时代,"专制主义已经可怕到危害自身的程度"。但随之而来的就是查理一世因无法赢得平民支持而被暴民送上断头台,成为欧洲史上第一个被公开处决的君主。孟德斯鸠用"苏拉之后的罗马"比喻17世纪陷入内战动荡、冲击和震荡的英格兰。王国被推翻,政治家缺乏德性,建立民主制的努力变得软弱无力。正如在恺撒、提比略、卡里古拉、克劳狄、尼禄、图密善之后,罗马人日益沦为奴隶,"所有的打击都冲着暴君而去,暴君制度却没有受到任何打击",克伦威尔的军队占领下议院,将立法权、司法权、行政权据为己有,"野心侵入那些能够接受它的人的心中,贪婪则渗入所有人的心中",平民政治沦为专制。

罗马和英国的革命显露出了共和制自由的限度。最初人民为了维护自由而将他们君主政体中的一切中间权力都铲除,驱动政治身体的灵魂变成美德。当美德不复存在,"平民过度的权力必将消灭元老院的权力","这是自由的狂热。人民为了要建立民主政治,反而破坏了民主政治的原则本身"。② 虽然光荣革命中英国人通过法律有意保存极端自由,但"如果他们失掉了这个自由的话,他们便是地球上最受奴役的人民之一"③。

(一)共和制的自由限度:与哈林顿的对话

建立罗马和英国关联的讨论,孟德斯鸠并不是第一人。哈林顿早在17世纪就在其著名的《大洋国》中将罗马共和国作为英国的重要参照,并将英国

---

① Montesquieu, De l'Esprit des Lois (Livres XI-XXI), p. 52.
② Ibid., (Livres XI-XXI), p. 42.
③ Ibid., (Livres I-X), p. 116.

文明溯源至罗马。他写道："如果我们现在不再赤身裸体、披着斑斑点点的兽皮东奔西跑，并学会了写字看书和有文化，这一切都是直接从罗马人那里得来的，或者是通过条顿人间接得来的。从条顿民族的语言就可以明白地看出，其文化除开从罗马那里得来，没有别的来源。"①在哈林顿看来，古代共和国是英国理想的政治雏形。自匈奴人、哥特人、汪达尔人、伦巴底人、撒克逊人等蛮族侵入罗马帝国后，破坏了罗马的法律、城邦和文明，用许多恶劣的政府形态丑化了世界的全部面貌，这标志着古代审慎②（ancient prudence）到近代审慎（modern prudence）的转折。古代审慎秉承亚里士多德和西塞罗的古代政治学的教诲，考虑和追求的是共同权利和共同利益。相较于古代审慎，近代审慎所诉诸权力斗争维持的政府是脆弱的。只有一心遵行古代审慎之道，才能有好的政治。

在这个意义上，哈林顿同样研究了李维的《罗马史》和马基雅维利的《论李维》。他认为，共和国之本在于农民及乡村的生活方式。耕地培养英勇的士兵，因而就培养了强盛的共和国，因为这样他们才拿着武器保卫自己的财产。罗马在意大利境内立国时，也最为重视农村的部族，能够从农民中选拔执政官。哈林顿主张削弱贵族和士绅，他们会使一般的臣民变成奴仆而丧失尚武精神。所以，罗马的城市部族便是由人民大会的群众组成的，这些人都是被释奴，在声望上与农民不能相比。罗马由盛转衰的原因恰恰是由于缺乏固定的土地法、土地被贵族大量侵占，导致土地占有率的比例严重与共和政体不符，政体性质必然会发生改变。

孟德斯鸠在《罗马盛衰原因论》中也提到这种古代共和思想，古罗马共和国通过将土地分给人民，造就了强大的民族和精良的军队思想。寓兵于

---

① James Harrington, *The Commonwealth of Oceana and A System of Politics*, ed. J. G. A. Pocock, Cambridge: Cambridge University Press, 1992, p. 48.
② 所谓古代审慎，就是根据法律（de jure），认为政府是一种以共同权利和共同利益为基础来组织人类公民社会的技艺。哈林顿认为马基雅维利是亚里士多德和西塞罗的门徒，致力于恢复古代政府。近代审慎就是根据事实（de fact），认为政府是某个人或某些人使城邦或国家隶属于自己并根据他或他们的私人利益来进行统治的技艺，以霍布斯《利维坦》为代表（Harrington, 1992: 8）。哈林顿将人类统治史分为两个阶段，第一个阶段从上帝创立以色列共和国时亲自启示给人类的，到罗马自由的终结而告终。这个阶段是政府统治诉诸古代审慎之道的时期，希腊人和罗马人一致遵从这种做法。转折始于罗马政府形式转变。第二阶段自恺撒的武功始，这种武功扼杀了自由，恶劣的政府形式逐渐统治世界，除了威尼斯，西方政府的腐化更为严重。从这种阶段划分，就可以看出哈林顿的诸多判断与孟德斯鸠极为不同。

民,土地财产权使人民对祖国寄予同样重大的关注。当罗马共和国发生腐败,这些收入就落入富人手中,由他们分发给奴隶和手艺人,国家从中收取税赋,用以维持雇佣军的给养。① 但是与哈林顿不同,孟德斯鸠在提及库里亚和部族大会时,并未做城市和农村的区分,反而他提及罗马官员将被释奴加入集会来控制平民暴动以维持现状。被哈林顿视为根本的平等的土地法,在孟德斯鸠看来有可能背离真正的平等精神本身。莱库古和罗慕洛斯等古代立法家主张平分土地,但这种措施只能在新共和国创立时或现存共和国已经腐败不堪,人心强烈思变时采取,而且一般只需确定一项能缩小贫富差距的分级制度就可以了,然后借助专项法律向富人征税,减轻穷人的负担,从而消除不平等。民主政体下的一切不平等都源自民主政体的性质和平等原则本身。民主政体中公民之间的平等可能因维护民主而不复存在,但消失的仅仅是表面的平等。②

孟德斯鸠在《论法的精神》中两处提到哈林顿。第一处是在第二卷第十一章"确立政治自由的法与政制的关系"中提及极端的政治自由时,孟德斯鸠指出,哈林顿在他的《大洋国》一书中探究了国家的政治体制究竟能承受何种程度的自由,但他在寻找自由之前已对自由有了不正确的认识。③ 第二处是在第六卷第二十九章论述"制定法律的方式"时,孟德斯鸠进一步指出,哈林顿"眼里只有英格兰共和国",并以此为整齐划一的范型来建立政府,错失了正确制定法律的方式。这和那些认为凡是没有君主的地方都乱得不可开交的政论家的偏见和激情没有区别。④ 这两处都指向哈林顿对自由的误解。

对于第一处,哈林顿认为,共和国的自由建立在法律的基础上,缺乏法律便会使它遭受暴君的恶政。要保证一个共和国是法律的王国,就必须保证共和国的辩论和决议是根据理智做出的。理智就是利益,人类的利益不是少数人的利益,而是最大多数人的利益,所以最能代表全人类的利益才是民主政府的利益,民主政府的理智最接近正确的理智,民主制是最佳政体。⑤ 正因如

---

① Montesquieu, *Considérations sur les causes de la grandeur des Romains et de leur décadence*, pp. 134-135.
② Montesquieu, *De l'Esprit des Lois* (Livres I-X), pp. 173-174.
③ Ibid., (Livres XI-XXI), p. 23.
④ Montesquieu, *L'Esprit des Lois*, Tome II, Paris: Classiques Garnier, 2011, p. 298.
⑤ Harrington, *The Commonwealth of Oceana and A System of Politics*, p. 22.

此,哈林顿认为,一个共和国发生不平等现象,就会产生党派,使人们不断发生争端。某些党派会企图维持优势地位和不平等状况,而另一些党派则企图实现平等。这就是罗马人民和贵族或元老院不断冲突的原因。如果是在平等的共和国里,冲突不可能发生,就像两个重量相等的天平不会偏向一边一样。比如威尼斯共和国由于政体是最平等的,所以人民与元老院便从来没有发生过冲突。① 民主政府如果是接近平等的,就绝对不会发生叛乱。如果达到完全平等的状况,它的组织就将具有一种均势(balance)。一个平等的共和国是唯一没有缺陷的共和国,也是唯一尽善尽美的政府形式。"在一个平等民主的环境里,美德必然产生权威",对于共和国的独裁者,"在一个共和国,如果要通过人民的选举而获得崇高地位,便只有美德受到一致公认时才能达到目的"。

孟德斯鸠看得很清楚,哈林顿将平等误以为自由,而这种不正确的认识来自他将英格兰共和国作为唯一的范型。这也体现在他和孟德斯鸠对亨利七世改革的不同态度。孟德斯鸠认为,亨利七世提升平民阶层以削弱贵族中间体带来了专制的风险,需要在脆弱的平衡中保持自由。对于英格兰极端自由的体制,孟德斯鸠的看法是:"即使是最高尚的理智,如果过度了,也并非值得希求的东西。适中几乎永远比极端更加适合人类。"② 但哈林顿认为亨利七世的改革高瞻远瞩而令人赞叹,"他为田庄和农舍立下一个标准,使田庄和农舍保有一份不大的定额土地,其数量能使每个臣民都能丰衣足食而不陷入奴役状态,同时要使耕者有其田,而不由雇工耕种土地"。在对待威尼斯的态度上,两者也有天壤之别。孟德斯鸠认为威尼斯共和国有着强烈的专制特征,尤其是令人不寒而栗的监察官与公民自由背离。但哈林顿盛赞威尼斯,因为"威尼斯由于人民大会的群众、真正的主体公民和官员是由乡村组成的,所以是稳固的","除了威尼斯以外的城市共和国无疑是动荡不安的",因此,英国应该向威尼斯学习,遵行古代审慎之道。

对孟德斯鸠而言,共和制在性质上就不是自由的国家政体,因为它的权力不够宽和,缺少调节。一切有权力的人都容易滥用权力,德性有其界限。仅仅靠美德上紧发条保持自我抑制是有限度的。人性的美德终究让瘤疾腐

---

① Ibid., p. 33.
② Montesquieu, De l'Esprit des Lois (Livres XI–XXI), p. 2.

化。从事物的性质来说,要防止滥用权力,就必须约束和调节权力。而且,与封建君主制不同,罗马共和国的最大短板是,中央是自由政治,在边疆则施行着僭政。"当罗马只统治意大利时,各地人民是作为联盟者(confédérés)被治理的。每个共和国的法律都为人们所遵守。但是当罗马征服更多地方后,元老院不能再直接监督各领地,驻在罗马的官吏就不可能治理这个帝国了。这时候只能派大裁判官和总督到各领地去。那么,三种权力的再协调就不存在了。派出去的官吏的权力是罗马一切官职的综合,所以他们是专制的官吏。"所以,共和国进行征服时,几乎不可能推行共和政体,并依照共和政制的形式统治被征服地。"在罗马的世界里……自由人极端自由,当奴隶的人受到极端的奴役。"①这就使各个领地的政治状况不仅丝毫没有增加共和国的自由,反而削弱了它。各个领地把罗马自由的丧失看作自己自由的开端。罗马伴随征服而规模扩大,但中央的共和制形式无法复制到各行省,这就带来地方上的僭政。士兵只承认自己的僭主,和罗马的关系也越发疏远。"他们不再是共和国的士兵,而是苏拉、马利乌斯、庞培、恺撒的士兵。而罗马再也无法知道,行省中率领军队的人到底是它的将领还是它的敌人。"②

与哈林顿相反,孟德斯鸠恰恰认为,英格兰的自由政体是继承日耳曼传统而非罗马传统,这种优良的制度不是来自罗马乡村,而是在森林中被"发现的"。诚然如哈林顿所言,英国的自由是由法律确立的,但这种三权分立的政治观念不是从罗马分权而是从日耳曼人那里吸收来的。当时,多半的欧洲国家都还受这种风俗的支配,这是欧洲大部分国家相较于亚洲、非洲和美洲而言幸而保持自由的原因。同样与哈林顿不同的是,孟德斯鸠认为,欧洲才是世界上最美丽的部分,因为她的人性没有像世界其他三个部分,即亚洲、非洲、美洲的人性遭受到那样的侮辱。③ 人们要提防的是约翰·劳先生式的改革。这位苏格兰金融家对共和政体和君主政体全都一窍不通,却试图取消高等法院的陈情权,并建议出售官职,以虚幻的还债承诺促使君主政体分崩离析,却把君主制的传统秩序置于险境,"是欧洲迄今仅见的专制政体最卖力的吹鼓手"。虽然孟德斯鸠赞赏英国反对绝对王权主义的理论家和革命,但在

---

① Montesquieu, De l'Esprit des Lois (Livres XI-XXI), p. 56.
② Montesquieu, Considérations sur les causes de la grandeur des Romains et de leur décadence, p. 189.
③ Montesquieu, De l'Esprit des Lois (Livres XI-XXI), p. 131.

评论时,他仍然对这种废除中间团体和贵族特权的激进改革持保留态度。他写道:"在欧洲的一些国家,曾有人妄想要废弃所有贵族的一切司法权。他们没有看到,他们所要做的是英国国会所已经做过了的。请把君主政体中的贵族、僧侣、显贵人物和都市的特权废除吧。你马上就会得到一个平民政治的国家,或是一个专制的国家。"

我们知道,孟德斯鸠在《论法的精神》第六卷第三十章和第三十一章专门讨论了日耳曼封建法的传统。他看到了一种被哈林顿所忽视的日耳曼人独特的自由。他们的各种政制精神是一种自由不羁的(indépendance)精神。这是一种牧人精神。他们不在乎土地的占有。不同于西哥特人和勃艮第人,法兰克人没有分地协定,没有对罗马人进行普遍的奴役。他们的行动是适中的(modération),仅仅把对他合适的土地拿走,其余的留下。他们性格暴虐(violent),但奴役精神和他们无缘。① 他们把这种自由的精神带到他们的征服地中去。"子女遵从父亲的法律,妻子遵从丈夫的法律,寡妇恢复自己本来的法律,脱离奴籍的人遵从原奴隶主的法律",并废除了罗马的苛捐杂税,转变成守卫边界和从军征占的义务。

这是一种特殊的中央-地方关系,不同于哈林顿推崇的政治组织方式。罗马共和国通过分配土地和缴纳赋税的方式,借助土地财产权建立公民与祖国的关联。但日耳曼人是一种非领土国家的政治构建方式,只有附庸而没有采地,从而形成了极为有限的王权。

(二)罗马式自由与哥特式自由之辩

罗马人和日耳曼人有着不同的政治构建方式,构成了欧洲政治传统论辩中重要的两种路线。② 在《罗马盛衰原因论》中,孟德斯鸠潜在地进行了罗马式自由和哥特式自由的比较。罗马的自由是"人民被一种同样的精神,对自由的同样的爱,对僭政同样的憎恨所鼓舞"③。这是一种公共自由,与罗马人对平等的爱紧密关联在一起。罗马城作为一个整体,有着共同的官员、城墙、神祇、神殿乃至坟墓。罗马人热爱祖国,这种对罗马的眷恋之情使罗马通过

---

① Montesquieu, *L'Esprit des Lois*, Tome II, p. 305.
② 雷蒙·阿隆:《社会学主要思潮》,葛智强、胡秉诚、王沪宁译,北京:华夏出版社,2000年,第45—46页。路易·阿尔都塞:《政治与历史:从马基雅维利到马克思(1955—1912年高等师范学校讲义)》,吴子枫译,西安:西北大学出版社,2018年,第41—43页。
③ Montesquieu, *Considérations sur les causes de la grandeur des Romains et de leur décadence*, p. 190.

自纠的法律得以维持一个始终充满活力的政府。人民的精神、元老院的力量和某些官员的权威使得罗马的滥权行为得到矫正。但这种罗马式自由有其条件和限度。它需要国土保持在一定的范围,城市保持在一定的规模。

换言之,当罗马的统治只限于意大利境内时,共和国的生存极为容易。每个士兵都是公民,每个执政官都征召一支军队,而富人比平民更关心城市的安全,因此被招募的士兵多来自富户。元老院密切注视将领们的举动是否捍卫共和国的利益。但当罗马的军队越过阿尔卑斯山和大海之后,由于每次战事结束之后,一部分官兵不得不留在占领地,多个军团就渐渐丧失了公民意识,将领们就掌控着军队和被征服的王国,不再服从元老院的指挥。士兵们眼里只有自己的统帅,把自己的一切希望都寄托在他们身上,因而与罗马的关系日益疏远。"这些军人不再是共和国的军队,而是苏拉、马略、庞培、恺撒的士兵了。"①

可以看出,罗马共和国先天缺少联结各部分的牢固的中间力量,故更需要明智的法律发挥各权力机构之间的调节和规制作用,促进运动中的和谐而实现自由。但先王们被驱逐之后,人民开始疯狂地追求自由。护民官怂恿平民作为独立的力量从人民(元老院议员、贵族和平民)的联盟中分裂出来,单独要求无限权力时,就需要有法律来加以规制。孟德斯鸠认为罗马的自由之基是罗马法。十二铜表法规定平民不能超越管辖范围,使平民机构和元老院之间建立一种动态的协调(conciliation),创造机会使彼此必须共同协商(concertassent),各权力在事情上的平衡(balancées)。罗马法也将公共权力(puissance publique)分配给许多高级官吏,这些官吏相互之间也起着支持、制止和限制(tempéroient)的作用。他们每个人的权力都是有限,人民习惯于看到许多人共同担任同一个职务,而对他们中任何人专权就会不习惯。

然而,法律缔造的自由的条件是立法者的单一意志。当罗马将公民权扩展到意大利的所有居民,每个城市都有其各自的特殊利益,人们便不再拥有同样的高级官吏、同样的城墙、同样的庙宇、同样的坟墓,也不再用同样的眼光看待罗马,被撕裂的罗马城不再是一个整体。各地居民依赖于一个强大的保护人,野心家伺机通过贱民制造混乱或操纵选举,人民集会不再代表人民,而成为贱民和暴徒的集团。罗马不再是每个人都在许多人的保护下,而

---

① Montesquieu, Considérations sur les causes de la grandeur des Romains et de leur décadence, p. 189.

变成所有人都在一个人的保护下。人民的瞩望、荣誉和权力都集中到一个公民的身上。倘若苏拉还能制定一些法律来增强元老院的权威,从而削弱了人民的权力,规范了保民官的权力,保存共和国的自由,但庞培为了取得人民的好感,又取消了限制人民权力的法律。奥古斯都主政以后,暴政日甚一日,贱民却觉得自己享受着自由,"既然不必再听取保民官的述职,也不必再选举官员,竞技和看剧这类闲事就成为不可或缺的活动,整日无所事事更使他们对此类活动的兴趣日浓"①。卡里古拉、尼禄、康茂德和卡拉卡拉运用他们的全部权力为老百姓的欢娱做出贡献,人民心安理得地看着所有大家族被任意掠夺,接受僭政结出的果实,而且是毫无风险地享受,因为他们在卑劣中找到了安全。

不同于罗马,日耳曼民族天然就是散居分布的杂多民族。构成这些民族性格的是独立精神(espirt d' indépendance),是不屈服于他人意志的桀骜不驯。孟德斯鸠在《论法的精神》末尾两章描述了这种渊源于各日耳曼民族的风俗。他写道:

> 这些部族(nations)被沼泽、河泊、森林所分隔,喜欢分居。惧怕罗马人使他们联合起来。在他们混合起来的时候,每一个人是按照本族的习惯和风俗裁判的。所有这些部族,当它们分开的时候(particulier),它们全都是自由、独立的(libres et indépendants)。当它们混合的时候,它们仍然是独立的。各族共有一个祖国(commune),但又有各自的共和国(république)。领土是共有的,部族是各异的(diverses)。因此,在这些部族离开他们的家乡之前,它们的法律精神就已经属人的了。他们把属人法的精神又带到了它们征服的地区。②

可以看到,这种政治社会形态是一种小共和国的联盟。但不同于人为联邦制的是,这种联盟更具有自然性,是由沼泽、河泊、森林所分隔而形成的分居方式,每个民族按本族的习惯和风俗裁判司法,所以分开时保持各自的自由和独立。这种特殊的中央和地方的关系,避免了罗马政体中央与地方的权力的极端性,天然地具有分而治之的特点。在此基础上建立起的附庸制(vas-

---

① Montesquieu, *Considérations sur les causes de la grandeur des Romains et de leur décadence*, p. 237.
② Montesquieu, *L'Esprit des Lois*, Tome II, p. 210.

selage)是种以军事行动为核心的荣誉竞争机制。"当这些首领中有一个人向公共集会宣布,他已经拟定某一征讨计划,并要求人们跟从他的时候,赞成这个首领计划的人就起立表示要为他效劳。他们就受到众人的赞扬。但是,如果他们没有履行他们的约言,他们就失去公众的信任,人们就把他们当作逃兵和叛徒对待。"①可见,最初的封臣关系是在自由的基础上建立的人与人的暂时的附属关系,这既不是永久支配关系,也不是土地占有或租佃关系。每一次征讨都要重新说服军队,重新组织部队,重新雇佣新的人员。因此他们必须大肆挥霍,然后再大肆攫取。他们通过土地分配和掠夺物品而不断得到东西,又不断把这些土地和掠夺物分给别人。

可见,哥特式自由的基底在于它的政治权力形态里包含着大量的"中间的、附属的和依附性的权力"。封建法使出让领地的人仍能保留权利,在相同的东西和相同的人之上设立了领主权利,把这些权利交给若干人,从而削减了整个领主权利的分量。它们在疆域过于广阔的帝国中设置界限,制定带有某种无序色彩的规则,而这种无序状况具有一种倾向秩序和和谐的趋势。因此,哥特式王国可以拥有更大规模的土地并保持其自由,只要它牢固地保持着它的庞大的贵族权力。这是种更复杂的差异性组织形态。

哥特式王权的产生与罗马不同。它暗含了一种日耳曼人选择首领的习惯。这是一种有名无实的王权:"在哥特式政体最初,国王们没有权威(autorité),他们只有一个名。国王头衔(titre)是世袭的,宫相头衔是选举的。……在君主国里,君主个人(personne)是谁几乎无人认识,但王权(royauteé)确是尽人皆知的。"②这种哥特式王权内在就有一种无序(anarchie)或者说各自为政的倾向。他们既是世袭的,又是选任的。世袭是因为他们出生在血统高贵的家族;选任是因为他们是家族中刚毅勇猛之人。一旦他们不再刚毅,或者忘记其首领权利的来源,任意对待附庸,附庸就会恐惧,民怨就会四起,首领地位就会动摇。这是宫相产生的原因。采地逐渐被家族永久占有后,封建政府逐渐形成。③

从封建法的历史可以看出,日耳曼风俗本身就蕴含着欧洲国家的分而治

---

① Montesquieu, *L'Esprit des Lois*, Tome II, p. 302.
② Ibid., p. 379.
③ Montesquieu, *L'Esprit des Lois*, Tome II, p. 299.

之的传统："首领们商议小事，每个人商议重要的事。但哪怕是人民有权决定的事情，也要经首领们通盘考虑。"①这种传统就孕育着君主国可以得到的自由。每个等级都被荣誉法则支配，中间的、附属的和依赖性的权力相互制衡，每个人都在追逐自己的荣誉，却带来伟大的成就，这种幸福不亚于自由本身。相较于庞大的行政官僚制，贵族的权力是最自然的中间的、附属的权力。贵族有其历史和出身带来的骄傲、无知、怠惰和蔑视、轻视民政的自然特性，这是第三等级无法替代的。孟德斯鸠不认为按英国的自由政制来革命会使法国得到更多的自由。哥特式结构的效果不亚于英国三权分立，甚至可能更具自然性。

从第三十一章可见，日耳曼人在文明化进程中也产生风俗腐化。但哥特式君主制仍然存在，还在走向繁荣。这是因为哥特式君主制在漫长的分而治之的风俗传统中形成了特殊的制衡结构，尤其是它的贵族结构。哥特式政体起初只是贵族政治和君主政治的混合，但后来平民也获得民事上的自由，与贵族僧侣特权、君主权力形成了一种高度的协调。哥特式君主政体是一种好的政体的原因在于它天然的制衡结构使本身具有变成更好的政体的可能，使其充满自我更新和纠正的高度灵活性和生命力。所以，共和国与君主国究竟哪种政体更自由，并不取决于这种政体形式是否平等和是否主权在民，而取决于其权力是否分散而宽和，人的生命和自由是否得到充分的保障，人性是否得到足够的尊重。尤其是针对私人命运的司法权，更不应该被某一特定阶级或特定职业所专有。或许这才是孟德斯鸠心中法兰西应坚持的传统和道路。

四　法兰西的道路

从亨利四世开始，法国个人色彩的绝对主义体制已经悄然发展。绝对主义意味着对中间团体的打压与遏制，如最高法庭、省三级会议、市政机构、法官团体、修会团体。国王为增加收入出售官职，资产者很大部分资源都奉献给了官职来获得荣誉、特权，以及贵族的身份。不过，当时贵族仍能在家族亲王、大贵族和外省督军周围结成庇护集团。亨利四世只能依靠其政治上的灵

---

① Montesquieu, De l'Esprit des Lois (Livres XI–XXI), p. 298.

活手腕来平衡这些贵族庇护集团势力。亨利四世去世，路易十三即位，王太后摄政的任意性引起了王权危机。最著名的就是1648年开始的投石党运动。巴黎高等法院率先采取革命性举动，邀请其他最高法庭的代表共同商讨建立受中间团体限制、受高等法院和贵族监督的君主制。然而，投石党运动不仅没有改变君主制，全面的动荡和混乱的局面反而促使王权加强了它的绝对主义倾向。伴随着黎塞留的上台和成为枢机大臣，法国转而致力于争夺欧洲霸权。激烈的国际竞争以及波旁王朝和哈布斯堡家族之间的残酷战争加强了中央集权。法国需要一个更有效的中央集权式政府和更为顺从的地方行政机关。大量从资产阶级中选拔出来的总督成为控制地方的监察员和调查员。总督由国王任命，其薪水固定，他们的受托权力总是临时的和可以撤销的。作为中央权力驯服而忠诚的代理人，他们的重要性不断增长，而地方中间团体和旧贵族的政治特权逐渐消失。此外，作为省外督军的大贵族逐渐没有了私人军队。军事权限转移到国王的代理长官手中。各高等法院和其他高级法庭在督军不在时不再有领导该省的权力，权力也已归属总督。地方中间团体不再作为从前的建议者和合作者参与政治事务。地方职位所有人变成了简单的执行者，很多问题直接由总督或巴黎处理。由于总督的工作十分繁重，所以就发展出了总督代理和办事员。

在孟德斯鸠看来，正是黎塞留给路易十四的绝对主义铺平了道路。这种绝对主义得到法国人的赞赏和崇敬。作为胜利的、英明的君主，路易十四提拔平民，回报了众多臣民的期待。大批受让·博丹的教诲的法学家宣称，法国应该忠实于罗马传统，也即国王享有绝对权力，以制定法律而无需征求臣民的同意。国王权力不受任何监督，所有人均须服从。这种思想在路易十四时代达到顶峰。然而，不同于同时代的伏尔泰等百科全书派，孟德斯鸠却看到隐藏在繁荣的表象中的危机，即贵族权利的丧失和绝对王权的加强可能导致自由的丧失和政制的衰败。

在《论法的精神》中，孟德斯鸠多次提及黎塞留并直接或间接以罗马作比。他认为虽然君主政体相较共和制的显著优点是一人指挥事务，执行起来较为迅速，但正因如此，法律更要提防专权，矫正这种敏捷。这需要高等法院和贵族团体通过拖延、抗议和恳求等手段遏制王权的迅速和草率。然而，"黎塞留却劝告君主国要避免由于准许人们有机会结社而发生的麻烦"，"如果这个人不是心里有专制主义,就是脑子里有专制主义的思想"。①

在孟德斯鸠看来,在君主政体中,最佳的臣服是持重稳当,处理君主的事务时深思熟虑,而非无限卑躬逢迎。君主要毫无疑惧地把权力交给贵族阶级,他们能起到缓和平民叛乱情绪的作用。他称法国的三级会议在一定方式上类似罗马的护民官,当平民暴动时,"依附性的中间势力不愿意平民太占上风……君主就依附于这些阶层。谋乱者既没有意志,也没有希望去颠覆国家,所以也不能和不愿意颠覆君主"②。但黎塞留贬低贵族阶级,试图用美德来维持国家,这就让即便是"完美的君主国"也有沦为专制政体的风险。"君主制的性质就是'中间的''附属的'和'依赖的'这些权力所构成",君主是一切政治和民事权力的泉源,但基本法必须保障中间组织实施权力,避免权力的任意性。最自然的中间的、附属的权力是贵族权力。贵族在一定方式上是君主制的要素。"没有君主就没有贵族,没有贵族就没有君主。"中间权力一旦被废除,君主政体必然变成专制。

因此,当被孟德斯鸠戏称为"三月五日先生"的路易十三的大臣吕泽·戴费亚因密谋驱逐黎塞留而被判犯下大逆罪,并且报告官依据的是罗马帝制时期的法律,孟德斯鸠认为这是专制主义抬头的征兆,是"奴性(servitude)已到了极点的时刻"③。法律先生们将法兰西国王当做罗马帝国的继承者,这是不了解历史和混淆了事物的秩序。罗马共和国是先天缺少权力制衡的社会组织,其原则腐化后直接沦为一人或多人僭政的专制政体。而君主制的优越性在于,依照君主整体的性质,在君主制下有许多阶层,这些阶层是和政制分不开的。所以国家比较长久,政制比较巩固,进行统治的人们才会比较安全,因此"在我们的一切历史上,只有内战而没有革命"。

因此,共和制需要立法者通过各种人为技艺来增加机器的配件、发条和齿轮,来划分、约束、指导依激情行动而容易狂热且迷失方向的人民,要用法律的理性来去克制和规约人性的自然方向。这就产生了共和制性质的不自由。但君主制中,人们通过政策经营巨大的视野,但是尽可能少用品德。这是"最美好的机器",如同"人们通过技艺尽可能减少机件、发条和齿轮的数

---

① Montesquieu, De l'Esprit des Lois (Livres I-X), p. 191.
② Ibid., p. 193.
③ Ibid., p. 75.

目一样",这就产生了君主制的宽和。

孟德斯鸠看到隐藏在共和制本质中的限度及其自由的脆弱性。自我舍弃、压抑贪婪和野心对于共和制政体非常重要,但人性的痼疾会导致权力被滥用,共和国很难维系自由。共和制需要精致的平衡,咬合住齿轮,时刻防止权力的滥用。但在君主国,"野心却会产生良好的效果。野心使君主政体活跃而有生命力。它对这类政体没有危险。因为在这种政体中,野心可以不断被压制"。不只野心,奢侈、闲逸、骄傲等在君主国都能被容纳并构成某种奇怪的动力,"就像宇宙的体系一样,有一种离心力,不断地使众天体远离中心,同时又有一种向心力把它们吸向中心去。荣誉推动着政治有机体的各个部分。它用自己的作用把各部分联结起来。这样当每个人以为是奔向个人利益的时候,就是走向了公共的利益"①。连接着政治有机体各部分的不是整齐划一的法律或同一的公民权利,而是基于各阶级特有的偏见及人性的自然趋势。

一切历史都是当代史。这意味着历史不仅提供文明互鉴的镜像,还不断地卷入当下文明和未来图景的构建中。孟德斯鸠通过回到罗马政制的历史场景,构建了一种理解共和制的新方式。这种共和制的理解方式不同于英国式的财产权理论及其变体,也不同于卢梭式的人民主权说。孟德斯鸠通过对各种自然和精神力量相互作用的分析建立了一种新的历史因果分析范式,窥探出共和制的自由限度及其条件。当时英国乡村派、哈林顿主义、罗马法派、百科全书派、卢梭等启蒙哲人,都在歌颂共和制并在自己国家和古罗马之间建立关联,仿佛这是获得国家复兴的唯一途径。孟德斯鸠欣赏罗马的法律,但他看到罗马政制的矛盾性:以征服为目的的罗马政制与共和国的精神——和平与宽厚——完全相悖。隐藏在罗马共和国背后的是帝国命运。无限扩张版图带来的是一种中央集权体制。罗马靠着征服者权力不断扩张而获得世界霸权使之"既不是一个君主国,也不是一个共和国,而是由世界各民族组成的躯体的脑袋"②。失去有力联结的躯体四分五裂,这是其优良法律所远远不能挽救和维系的。罗马最终被更加自由的日耳曼诸民族倾覆。对于当时罗马政制热,孟德斯鸠无疑提供了另一种欧洲政治的理解方式和文

---

① Montesquieu, De l'Esprit des Lois (Livres I-X), p. 132.
② Montesquieu, Considérations sur les causes de la grandeur des Romains et de leur décadence, p. 174.

明溯源。

Montesquieu on Rome Regime

Yang Lu

Abstract: The article focuses on Montesquieu's account of Roman regime and explores its implications in his political philosophy. By seeking the causes of the grandeur and decline of the Romans, Montesquieu constructs a new way to understand the republican government. His conclusion definitely differs from the Harrington's which is popular in the 18th century. The transformation of the Roman Republic into an empire reveals the fragility and the condition of republican liberty. Lacking intermediate, subordinate powers, the republic needs more arts and laws to employ motions, forces and wheels to separate, check and guide the power. When a republic moves beyond its walls in quest of empire by conquest, it is likely to break the balance and is prone to decline. Disagreeing with Harrington, Montesquieu believes that Europe's liberalism tradition derives not from the Romans' republican tradition but from the feudalism in the forests of Germany. The Romans' political association differs from the Germans'. In order to achieve greatness, France should cherish this tradition and be wary of any arbitrary and radical reforms of the regime. This kind of happiness is no less than liberty itself.

Keywords: Rome, Republic, Feudalism, Liberty

为何米特拉达梯对抗罗马单独成章*

——《罗马盛衰原因论》的设计论证及其政治思想

张　弛**

提　要：在孟德斯鸠的《罗马盛衰原因论》中，罗马与米特拉达梯之战是唯一一场用单独一章的篇幅加以叙述的战争。此外，该章在全书的位置也较为特殊。孟德斯鸠如此呈现罗马与米特拉达梯之战，自有其深意。在他笔下，所有与罗马对抗的国家或民族，落败于罗马，不是因为罗马的强大，而是因为自身缺陷。本都王国的特殊性表现在与罗马相比，它不存在军事或政治缺陷，尽管如此，却因为种种无法预料的变故，不敌罗马。《罗马盛衰原因论》通过上述叙述策略解构了罗马征服的正面意义，进而告诫法国人，罗马历史不可效仿，因为它自身不具有典范价值，而且罗马历史也无法效仿，因为它乃是世界奇迹。对罗马进行祛魅化，这也是孟德斯鸠论著与思想的核心线索之一。

关键词：孟德斯鸠　《罗马盛衰原因论》　米特拉达梯　启蒙历史书写

在孟德斯鸠生前出版的作品中，《罗马盛衰原因论》（下简称《原因论》）较为特殊。首先，这是唯一一部在一种"鲜为人知"的情况下诞生的作品。《波斯人信札》和《论法的精神》在正式出版前就引起了广泛关注。但在写完《原因论》之前，孟德斯鸠没有向外界透露任何信息，还取消了一切社交

---

* 本文是国家社科基金项目"18世纪法国重农学派文献整理与研究"（18BSS002）阶段性成果，也受中央高校基本科研业务费专项资金资助。
** 张弛，1982年生，浙江大学历史学院教授。

活动,甚至没有聘用秘书。当然,现在无法确定这些情况是否都与《原因论》的构思与撰写有直接关系,但是依旧可以认为,《原因论》的成书过程很特殊。此外,《波斯人信札》出版不久,就引起了轰动,"像面包一样,成为人人争购之物"①。《论法的精神》引发了更为激烈的论战。②《原因论》却遭到了冷落,大部分读者都认为这本书写得很糟糕,含糊其词、自相矛盾。③ 最后,从著作本身的体例来看,也能发现一些区别。《波斯人信札》和《论法的精神》都有序言,而且写得很用心,孟德斯鸠会隐晦地透露他的写作意图,告诉读者如何阅读。《原因论》却没有序言,更没有结论,读起来让人不知所云。

不过,18世纪的读者很快就意识到,《原因论》微言大义,伏尔泰尽管对该著作的写作风格很不满意,但依旧强调:"这部著作充满了隐喻。"④达朗贝也有类似看法,他说:"这部书让人看到了许多东西,而且留下了更多的东西让人思考。"⑤19世纪的评论家发现了很多线索。圣伯夫、维尔曼(Abel-François Villemain)、尼萨尔(Désiré Nisard)等提出,《原因论》实际上是要同圣–依瑞蒙(Saint-Evremond)、圣雷尔(Saint-Réal)、博须埃等人在各自的史著中所表达的天主教神意论观点相抗衡。⑥ 20世纪的研究者注意到《原因论》的反基督教立场,并发现了此前被忽视的诸多细节,如洛文塔尔留意到《原因论》通篇不采用公元纪年,埃拉德(Jean Ehrard)解释了孟德斯鸠为何不引法国古典学者关于罗马历史的研究,梅耶(Richard Myers)找到了孟德斯鸠敌视

---

① 罗伯特·夏克尔顿:《孟德斯鸠评传》,刘明臣、沈永兴、许明龙译,北京:中国社会科学出版社,1991年,第41页。
② 关于论战的详细信息和文本,参见 Catherine Volpilhac‑Auger, *Montesquieu*, Paris: Presses de l'Université de Paris‑Sorbonne, 2003。
③ 夏克尔顿:《孟德斯鸠评传》,第202—203页。
④ 上述材料参见夏克尔顿:《孟德斯鸠评传》,第197—211页。另见 *Œuvres complètes de Montesquieu*, Tome 2, Oxford: Voltaire Foundation, 2000。
⑤ 达朗贝尔:《孟德斯鸠庭长先生颂词》,载孟德斯鸠著《论法的精神》,许明龙翻译,上册,北京:商务印书馆,2014年,第13页。Montesquieu, *Considérations sur les causes de la grandeur des Romains et de leur décadence*, ed. J. Ehrard, Paris: Garnier‑Flammarion, 1968, p. 11.
⑥ Saint‑Beuve, Montesquieu (fin), *Causeries du lundi*, Tome 7. Paris: Garnier, 1853, pp. 50‑66. Abel‑François Villemain, *Cours de littérature française tableau du dix‑huitième siècle*, Paris: Didier, 1838, pp. 15‑25. 维尔曼认为孟德斯鸠的《原因论》远胜于尼布尔的著作。Désiré Nisard, *Histoire de la littérature française au dix‑huitième siècle*, Tome 1, Paris: Libr. de Firmin Didot Frères, 1861, pp. 340‑351. 尼萨尔比较了博须埃和孟德斯鸠,他认为两者的不同在于,前者试图寻找罗马历史的道德原因(causes morales),而孟德斯鸠则尝试找到政治原因(causes politiques)。

基督教更丰富的线索,并给出了解释。① 除此之外,梅耶剖析孟德斯鸠关于罗马盛衰史的阐述,揭示出后者的政治理念。卡里瑟斯(David Carrithers)通过考察孟德斯鸠的历史写作,证明后者没有形成成熟的历史思想。②

这些研究有助于把握孟德斯鸠的写作意图,加深对文本的理解,但并未穷尽所有问题。其中有一处重要细节,一直未受重视。在《原因论》中,仅有罗马与米特拉达梯之间的较量(下文简称罗米之战)单独占据一章篇幅。不过,略通古典历史的人都清楚,罗米之战显然不具有如此突出的意义。那么,孟德斯鸠为何如此处理,用意何在?本文将对这些问题进行深入分析,并进一步解释孟德斯鸠撰写《原因论》意图。

一

正如洛文塔尔所揭示的,《原因论》全书没有采取公元纪年的方式。孟德斯鸠很可能希望他的读者能忘记基督教的意义。尽管如此,《原因论》的叙述仍旧遵循时间线索,而且稍加分析,可以发现,全书对罗马历史的处理,结构清晰,不像目录所显示的那么凌乱含糊。《原因论》的叙事始于罗马建城(公元前753年),终于东罗马帝国灭亡(公元1453年),共分23章,总体上可以分为两部分。第一部分论述共和国历史,包括前12章。第二部分论述东西罗马帝国历史,包括后11章。其中,每一部分又可以按照历史发展的不同节奏,再细分为不同的部分。第一部分包括:第1—3章论述罗马何以能将"始

---

① Davie Lowenthal, The Design of Montesquieu's Considerations on the Causes of the Greatness of the Romans and Their Decline, *Interpretation*, vol. 1, no. 2 (Winter, 1970), pp. 144-168. Jean Ehrard, Rome enfin que je hais … ?, in ed. Alberto Postigliola, *Storia e ragione*: *Le Considérations sur les causes de la grandeur des Romains et de leur décadence di Montesquieu nel 250° della pubblicazione*, Napoli: Liguori, 1987; Richard Myers, Christianity and Politics in Montesquieu's Greatness and Decline of the Romans, *Interpretation*, vol. 17, no. 2 (Winter 1989-90), pp. 223-238.

② Richard Myers, Montesquieu on the Causes of Roman Greatness, *History of Political Thought*, Vol. 16, No. 1 (Spring 1995), pp. 37-47. David Carrithers, Montesquieu's Philosophy of History, *Journal of the History of Ideas*, Vol. 47, No. 1 (Jan. - Mar., 1986), pp. 61-80.

终处于战争"作为其"政体原则"。① 第4—7章论述罗马"征服各民族"的手段及其结果。第8—10章论述罗马覆亡与腐化的原因。《原因论》第二部分内容较为简单,以第18章论"罗马毁于一旦"(se firent tomber leur grandeur)(七星版,173)为转折,之前论述罗马如何由腐化走向衰败,之后论"罗马帝国还是一步步从衰败(la décadence)走向了覆亡(chute)"(七星版,179)。

		章	内容
第一部分	共和国盛衰	1—3	罗马何以能将"始终处于战争中"作为其"政体原则"
		4—7	罗马"征服各民族"的手段及其结果。
		8—12	罗马覆亡与腐化原因。
第二部分	帝国盛衰	13—18	罗马如何由腐化走向衰败。
		18—23	罗马如何由衰败走向覆亡。

从上面可以看出,《原因论》不是以叙述为主,而是以分析为主,而且隐藏着清晰的论述结构和分析层次。结合上表梳理的结构,辅以细致的文本梳理,能发现,罗米之战在孟德斯鸠关于罗马崛起和扩张的分析与叙述中,占据十分特殊的位置。这一特殊性,既表现在《原因论》的章节布局与行文内容上,也体现在更深层、更隐藏的层次上。

孟德斯鸠显然很重视米特拉达梯,在不同文本中多次强调,他是罗马所应对的最危险的敌人。他在《原因论》第7章开篇提到,在与罗马交战的所有统帅中,米特拉达梯国王是唯一"进行了英勇的自卫,并将罗马人逼入险境"

---

① Montesquieu, Considérations sur les causes de la grandeur des Romains et de leur décadence, in Œuvres complètes, textes présenté et annoté par Roger Caillois, Tome 2, Paris: Gallimard, 1951, p. 73. 梅耶提醒读者,所谓罗马政体的原则,不是好战,而是持续战争,参见 Richard Myers, Montesquieu on the Causes of Roman Greatness, History of Political Thought, Vol. 16, No. 1 (Spring 1995), pp. 37–47. 引文说明:本文关于《原因论》文本引文,皆出自七星版。另参考 Montesquieu, Considérations sur les causes de la grandeur des Romains et de leur décadence, in Œuvres complètes de Montesquieu, Tome 2, Oxford: Voltaire Foundation, 2000,简称伏尔泰基金会版。伏尔泰基金会版同七星版的区别是,前者保留了孟德斯鸠对文本的修改,且附有一份"前言草稿"。Pensée 为《随想录》,Spicilège 代表《随笔》,《随想录》和《随笔》皆引自戴格拉夫(Louis Desgraves)编订的版本(Montesquieu, Pensées & Le Spicilège, édition établie par Louis Desgraves, R. Laffont, 1991),数字为孟德斯鸠原手稿编号。LP 代表《波斯人信札》,"LP, CVI" 代表《波斯人信札》信 CVI,引文出自 Montesquieu, Lettres persanes, Gallimard, 1949. "EL, XXI, 20" 代表《论法的精神》第21章第20节,引文出自 Montesquieu, De l'esprit des lois, in Œuvres Complètes, Tome II, Gallimard, 1951。

（七星版,108）。他写道：罗马与米特拉达梯的三场大战是"罗马历史上蔚为壮观的篇章之一"（un des beaux morceaux）（七星版,109）。孟德斯鸠在《随想录》中也有类似表述，他说道："迦太基人、米特拉达梯和他们本人是罗马人唯一的真正敌人。"（Pensée 500）①在另一处，他把米特拉达梯比作舔舐伤口的狮子，说："米特拉达梯有着伟大的天赋，拥有更为伟大的灵魂，他独自一人，便让罗马的命运悬置在半空。"（Pensée 680）孟德斯鸠甚至认为，米特拉达梯与罗马的交锋，一定程度上改变了整个地中海的局面："正当罗马如日中天，正当它只可能畏惧自己之时，攻陷迦太基，击败腓力、安提奥库斯和佩修斯后已经确立的局面，被米特拉达梯搅乱。战争空前残酷，由于双方实力强大，各有各的优势，希腊人和亚洲人，无论是作为米特拉达梯的朋友还是敌人，都遭受了毁灭性的打击。德洛斯岛也蒙受了巨大的灾难，各地的商业无可避免地凋敝殆尽，因为经营商业的人已被彻底摧毁。"（EL,XXI-12）

此外，章节布局更能体现罗米之战在孟德斯鸠眼中的重要性。在罗马所有征服战争中，仅有罗米之战占据了单独一章，而且这一章的位置也比较特殊。根据上表，第 4—7 章叙述罗马征服世界的过程，具体来看，第 4、5 两章叙述罗马人征服各民族的历史，第 6 章总结罗马得以成功征服世界的手段，第 7 章叙述罗马与米特拉达梯之战。这番处理颇让人不解。孟德斯鸠为什么不在讲述完罗马征服的完整历史后，再总结征服手段，分析罗马战胜所有其他民族的原因？他为何要将罗米之战与罗马其他征服战争分开论述？这似乎表明，在孟德斯鸠的理解中，罗米之战可能具有其他征服战争所不具有的特殊意义。章节布局体现的这种特殊含义，需要结合对文本的深层解读，挖掘其背后意涵，才能得以呈明。

孟德斯鸠在《原因论》第 6 章中，集中分析罗马征服手段。他指出，罗马人之所以能够在长期征战中居于不败之地，原因有二，其一是制度，其二是战略。从制度层面看，他认为，最关键的原因在于，无论罗马身处顺境还是陷入逆境，元老院始终能保持审慎。相比之下，孟德斯鸠更重视战略原因。他在第 6 章中，通过各类实例，详细剖析罗马人在征战中成功使用的谋略：罗马从

---

① 这段引文完整内容如下："在罗马帝国正处于辉煌的时候，出现了另一个注定要扼杀它的民族：帕提亚人（他们使克拉苏灭亡，使安东尼蒙羞，使提比略受辱）。总之，迦太基人、米特拉达梯和他们本人是罗马人唯一的真正敌人。""他们本人"指的是帕提亚人。

不与多个敌人交战;先与弱国休战,孤立强者;将外交作为战争的手段之一,或借此谋求合理的开战借口,或借机进一步摧毁敌国;培植派系,从内部分裂敌人,分而治之。不过,有意思的是,孟德斯鸠并不认为罗马人有这些谋略是因为他们有智慧,而是因为他们的本性,因为不管应对什么样的敌人,弱国还是强国,罗马人都使用同一套策略,因此,罗马人的这些作战习惯,"不是偶然发生的个例(faits particuliers arrivés par hasard),而是恒常不变的原则(principes toujours constants)"(七星版,107)。仰仗着这些恒常不变的原则,罗马人"让迦太基和亚细亚诸王交出了舰只,恰如当年让安齐奥交出船队一样;罗马人切断了马其顿四个部分的政治与民事联系,恰如当年切断拉丁小城联盟的相互联系一样"。所有与罗马人交战的敌人最终都成为罗马的附庸。而米特拉达梯的真正特殊之处在于,它使罗马很难发挥上述战略优势。

  首先,面对米特拉达梯的军队,罗马人好战的天性起不了决定作用,因为米特拉达梯的士兵同样天性好战。他麾下的军队,不仅有来自"因环境恶劣,因此生来凶残好斗"的斯基泰人,还包括大量出逃的罗马士兵,米特拉达梯甚至将这些罗马逃兵整编成"最精锐的部队"(七星版,109)。我们甚至可以推测,通过这些罗马逃兵,米特拉达梯的军队可能也学会了罗马人的作战技巧。其次,米特拉达梯崛起的时机也很特殊,因为罗马身陷同盟者战争(前91—前88)而无法脱身,无暇东顾,更没有机会施展远交近攻的外交手段。米特拉达梯乘机击败了罗马在小亚细亚的部队,穿过博斯普鲁斯海峡,进入巴尔干半岛,占领了马其顿和希腊许多地方,由此树立了他作为罗马劲敌的形象。更为重要的是,米特拉达梯与罗马一样,不断扩张,而且誓死不愿与罗马和谈,"让全世界都知道他是罗马人的敌人,而且永远与罗马人为敌"(七星版,109)。这段文字颇有深意,因为米特拉达梯坚决的态度意味着罗马"分而治之"的战略很难奏效。罗马人之所以能成功实施这项"一以贯之的原则",是因为与它作战的国家或保有谋求和平的幻想,或苟且偷安,或是贪恋罗马公民的身份。本都王国与这些国家都不同,不仅誓死与罗马为敌,而且不惧与罗马公开争霸。米特拉达梯的坚决非但没有让他身陷险境,反而因其勇气,使他成为那些被罗马蹂躏的民族所仰赖的希望。他越是坚定地对抗罗马,越是被这些民族视为"争取自由"的领袖(七星版,109)。

  由此可见,面对米特拉达梯,罗马不仅失去了战术优势,也没有战略优势。这正是孟德斯鸠为何要在第 4、5 章与第 7 章之间插入第 6 章的原因。因为,通过这样的文本布局,他要试图证明,第 6 章中总结的那些罗马借以战胜其他民族的谋略和手段,无法用来对付米特拉达梯。罗米之战的特殊性需要用单独一章加以展现。

通过上述两层文本含义的分析,大约了解了在《原因论》关于罗马崛起的叙述中,罗米之战的特殊性。要而言之,根据孟德斯鸠的论证设计,米特拉达梯很可能是罗马在扩张过程中遇到的唯一一位势均力敌的对手。这当然是他有意为之,因为既与史实不符,也同大部分古典作家的看法有出入。以《原因论》第 7 章一处文字为例,孟德斯鸠在写作这一章时,主要参考文献除了阿庇安的著作外,还有弗洛鲁的《罗马简史》。弗洛鲁在书中把米特拉达梯看成狡诈阴险之人,将他比作不死的毒蛇,写道:"和毒蛇一样,纵然头被砍掉了,也会用尾巴威胁敌人。"① 孟德斯鸠则从完全不同的角度加以叙述,他将米特拉达梯比作受伤的雄狮,以彰显他过人的勇气与毅力:"一位胸襟宽广的国王,他在逆境中就像一头受伤的狮子,越发怒气冲冠。"(七星版,109)

但是,这样一位难缠的敌人却因"接连不断发生出人意料的变故(révolutions)",最终落败。首先来看这些变故是什么。孟德斯鸠写道:

> 米特拉达梯虽然能够轻易地弥补他的局部所遭受的损失,他的蛮族士兵却在受挫时不再听从指挥,不再遵守纪律,乃至弃他而去。他虽然善于鼓动民众,挑动城市反叛,他的将帅和妻子却对他背信弃义;他的对手中虽然有一些笨拙的罗马将领,却也不乏苏拉、鲁库拉斯和庞培这样杰出的统帅。(七星版,110)

所谓"变故",指的是重大的、骤然的、外来的且总是"持续不断且不期而至的(inopine)"的变化。② 根据上面引文,米特拉达梯前后经受了两种不同性质的变故。首先,他接连不断被自己人抛弃:包括士兵、将帅,还有他的亲人。其次,罗马更换了主帅,苏拉、鲁库拉斯和庞培等一批杰出的指挥官先后

---

① Florus, *Epitome of Roman History*, trans. E. S. Forster, Cambridge, MA: Harvard University Press, 1929, Book I, XL, p. 187. 另见 Montesquieu, *Considèrations sur les causes de la grandeur des Romains, et de leur decadence, publiées avec introduction, variantes, commentaires et tables*, par Camille Jullian, Paris: Librarie Hachette et Cie, 1896, p. 80, note 4。

② Académie Franc̦aise: *Le dictionnaire de l'Académie franc̦aise*, Tome I, Paris: chez la Veuve de Bernard Brunet, 1762, p. 63.

加入罗马与本都王国的战斗中。这两类变故都是他无法预料的,一方面,他的士兵和亲人不如他那般勇敢坚定,纷纷弃他而去;另一方面,罗马共和国内部贵族和平民的矛盾愈演愈烈,有野心的政治家纷纷想要掌握重要军事指挥权,抵御外敌,实现迅速回到城邦核心领导层的目的。而对当时的罗马而言,最主要的外敌正是趁罗马陷入同盟战争而侵入小亚细亚,进而对罗马财政造成严重损害的本都王国。[①] 但是,具体来看,这两类变故对米特拉达梯的影响不同,因为最终击败他的,不是来自罗马的变故,而是来己方的背叛。尽管米特拉达梯接连败给罗马,但是他总能在逆境中表现出惊人的毅力与出众的智慧,败给苏拉后,又奇迹般地征服了亚细亚,败给鲁库拉斯后,又从亚美尼亚国王提格兰那里得到了援助,败给苏拉后,甚至还能号令各个民族,一举攻入意大利。但是,被自己儿子以及失去了勇气的军队出卖后,他最终"像国王一样死去(mourut en roi)"(七星版,101)。

综合上述分析,可见在《原因论》第 7 章中,孟德斯鸠塑造了一位足以同罗马抗衡的军事统帅,他不仅拥有其他国家的统帅所不具备的内在且稳定的优势,而且拥有誓与罗马为敌的意志与决心,这令罗马人难以施展远交近攻的策略。不过,米特拉达梯最终还是不敌罗马。根据孟德斯鸠的叙述,米特拉达梯落败,不是因为罗马的睿智与勇敢,而是因为他本人经受的"变故"。尽管罗米之战是"罗马历史上蔚为壮观的篇章之一",但事实上上演的是一幕悲剧,而不是史诗。在孟德斯鸠的指引下,读者只会感叹英雄时运不济,不会认为这体现了罗马的伟大。

二

那么,问题是孟德斯鸠为什么要通过如此隐晦的方式,安排这样一幕剧情呢?要回答这个问题,需要结合孟德斯鸠撰写《原因论》的意图。事实上,他的目的不是赞颂罗马的伟大,而是否认罗马作为政治体的典范意义。

首先,孟德斯鸠认为,罗马能够征服世界,并不是因为他们的天才和德性,而只是他们不得不"接连不断的征战"的必然结果,从而降低了罗马崛起

---

① 克劳斯·布林格曼:《罗马共和国史:自建城至奥古斯都时代》,刘智译,上海:华东师范大学出版社,2014 年,第 229—243 页。

的历史意义。在他看来,持续不断的征战,才是推动罗马最终成功征服世界的核心原因。① 罗马深陷于这种持续不断的征战的必然性中,因此必须放弃与其他国家保持和平的幻想,"若不战胜对方,绝不缔结和约",才能"忘掉犯过的错误",不断获得"深邃的军事知识","在与一个又一个对手作战中,总是乐于取对方之长补己方之短",才能摆脱那些偶然经历战争的民族可能会犯的错误,即没有做好作战准备,或者缺乏防御准备(七星版,72—73)。

由此可见,罗马能通过战争不断强大,能剿灭所有对手,都同"接连不断的征战"有必然关系。在孟德斯鸠看来,罗马之所以会不断征战,并不像古典史家和共和主义者所认为的那样是出于共和美德,而是一种因制度、环境等客观因素共同塑造的、无法摆脱的必然性。孟德斯鸠在《原因论》第1章中集中分析了这种必然性。罗马人不会经商,只能靠战争掠夺物资。共和国的执政官一年一轮换,需要不断开战为自己树立威望。元老院也倾向开战,因为这是转移人民怨气最便利的途径。人民也喜好战争,这不仅能带来丰厚的战利品,也能让他们感到愉悦。上述种种因素决定了罗马深陷于不断征战的必然因而无法自拔。

此外,孟德斯鸠特别指出,相较于君主制,这种必然性对共和国的影响更甚。他指出,君主制时期的罗马尽管同样"尚武好斗","战争接连不断",却经历了长久和平,国力也保持了"平平状态"(七星版,70)。他甚至暗示,共和制似乎更符合罗马人的"气概豪迈、雄心勃勃、大胆勇敢"的性格,更容易推动他们进行扩张,因此卢克蕾提娅死后,罗马"要么改变政制,或者继续保持贫穷小王国的现状"(七星版,71)。可见,共和时期的罗马,深陷于不断征战的必然性中无法自拔。罗马的"伟大"(grandeur),不断开疆拓土,则是这种必然性的必然结果。

1762年第4版《法兰西学院辞典》列举了"伟大"一词的5项含义:大物体的面积或体积、崇高卓绝、程度(如罪行之深重)、数学意义上的增长或减

---

① Barckhausen, *Montesquieu, ses idées et ses œuvres d'après les papiers de La Brède*, Genève: Slatkine Reprints, 1970, p. 20. Werner Stark, *Montesquieu: Pioneer of the Sociology of Knowledge*, Toronto: University of Toronto Press, 1961, p. 133. Richard Myers, Montesquieu on the Causes of Roman Greatness, *History of Political Thought*, Vol. 16, No. 1 (Spring 1995), pp. 43–44.

少、对谈话或写信人的尊称。① "伟大"在《原因论》中前后出现22次②,其中有2次形容程度③,3次形容数量多④,3次形容德性与才智⑤,7次形容罗马国家的伟大⑥,7次指幅员疆域⑦。仔细分析这几处使用,可以看到,在孟德斯鸠的笔下,罗马国家的伟大主要表现在一种物理维度,而不是德性维度。《原因论》几乎不涉及罗马在艺术、法律与文学等方面的成就,只谈论战争。在孟德斯鸠的笔下,罗马就是一架战争机器。《原因论》第1章就强调,罗马城这座"永恒之城"本质上是储存战略物资和战利品的仓库,类似同样"贮藏战利品和乡间的牲畜和农产品的"克里米亚城。这说明,罗马城不是真正意义上的城市。⑧ 罗马主要通过军事行动开疆拓土,因此"凯旋庆典随后成为罗马迈向伟大的主要原因"(七星版,70)。领土扩张的完成,也意味着罗马缔造伟大事业进程的完成。所以当庞培战胜了米特拉达梯后,"多次速胜终于成就

---

① *Le Dictionnaire de l'Académie française*, Tome 1, p. 836.
② 看 grandeur 的笔记。
③ "以及被他的伟大计划和将要遭遇的风险吓坏了的军队"(七星版,110)、"一种权力是否属于滥权,人民往往依据权力的大小作出判断"(七星版,156)。
④ "一支人数极多的斯基泰军队搭乘六千艘船只渡海"(七星版,156)、"戴里克先以国事繁重为由,决定设立两位皇帝和两位恺撒"(七星版,164)、"民众因国家的伟大而富有(la grandeur des fortunes particulières)"(七星版,121)。
⑤ "皮洛士的伟大仅在于他的个人品质"(七星版,83)、"凯旋庆典之后成为罗马迈向伟大的主要原因可是查士丁尼的暴政却无法淹没这位伟人灵魂的伟大"(七星版,186)、"阿提拉的伟大"(七星版,176)。
⑥ "罗马的伟大体现在公共建筑上"(七星版,69)、"凯旋庆典之后成为罗马迈向伟大的主要原因"(七星版,70)、"他们的盟友有多种,有一些是凭借特权和分享伟大来维系的"(七星版,101—102)、"庞培就在此时以其取得的多次速胜成就了罗马的壮丽与伟大"(七星版,110)、"民众因国家的伟大而富有"(七星版,121)、"凯旋的庆典曾促成了罗马的伟大"(七星版,140)、"新政体所应用的新准则与老准则截然相反,罗马的伟大于是毁于一旦"(七星版,173)。
⑦ "若说帝国的广袤幅员毁掉了共和国,那么,城市的巨大规模同样也毁掉了共和国"(出现2次,七星版,117)、"造成灾难,并将民众骚乱变成内战的唯一原因是共和国太大了"(七星版,119)、"可以肯定的是,倘若某一天(指伯尔尼大区——引者注)它终于达到了它的智慧所设定的规模,它必然会变更法律,此举不是立法者所为,而是腐败使然"(七星版,120)、"所以,正如广袤的疆域对共和政体有着致命作用一样,帝国的广袤疆域对皇帝的生命而言也有同样致命作用"(出现2次,七星版,151)、"帝国的每个城市都有这两派,派系的激烈程度因城市的大小,也就是大部分居民的闲暇程度而异"(七星版,187)。
⑧ 罗兰多·米努蒂(Rolando Minuti)在《野蛮东方与18世纪史学:18世纪法国文化中鞑靼人历史的表象》中指出,孟德斯鸠关注到古代罗马的政治经济组织形式,并将其与至今在克里米亚能观察到的特定的城市形态进行比较,这体现了他的原创性和独特性。参见 Rolando Minuti, *Oriente barbarico e storiografia settecentesca: Rappresentazioni della storia dei Tartari nella cultura francese del XVIII secolo*, Venice: Marsilio 1994, p. 65,转引伏尔泰基金会版,第89页,注2。

罗马伟大这一壮丽的事业"(七星版,110)。

孟德斯鸠并不否认罗马人拥有伟大的德性,但是他在分析罗马人的德性时,与其他共和主义者有明显不同。比如他和马基雅维利同样都认识到,罗马人没有被财富腐化,但是看法截然不同。马基雅维利认为,罗马人安于贫困是他们的本性,他们不仅贫困,而且满足于贫困,他们素来看重美德,而非财富。所以,即便罗马人征服了其他民族,积累了大量公共财富后,人民依旧能维持清贫状态。[①] 孟德斯鸠不这么看,他认为,安于贫困并不是罗马人的本性,而是客观因素导致的结果。他在《原因论》第1章指出,罗马人在早期扩张中,没有丧失美德,因为他们不懂得围城战,战争胜利后只能撤回罗马,因此领土不会扩张。也正是因为这个原因,孟德斯鸠认为,攻占韦伊导致了"某种革命性的变革(une espèce de révolutio)"(七星版,75),此后,罗马人学会了新的作战技巧,不断扩张疆域,也有足够的土地分配给军人,开始丧失美德。[②] 另外,在《原因论》中,"伟大"仅在一处指罗马人的伟大。上述分析可以证明,孟德斯鸠的观点与共和主义者有一定区别,他认为罗马的德性和美德并不值得称颂,因为这不过是"持续不断且暴力的战争"所培养出来的,也是作战的手段:"由于始终面临残酷的报复,坚忍(la constance)和勇气(la valeur)对罗马人来说就成了必不可缺的品质(nécessaires)"(七星版,73)。总体来看,在孟德斯鸠的描绘中,罗马是彻彻底底的战争机器,它为战争而生。这或许也能说明,为什么《原因论》没有引任何一位法国古典作家的著述,因为这些作家无不称颂罗马的伟大,并非只有部分古典作家在称颂罗马的伟大。

孟德斯鸠不仅消解了美德的价值,而且解构了罗马征服世界的意义。《原因论》原本附有一份"前言草稿",不过未曾刊印,现保留在"伏尔泰基金会版"附录中。孟德斯鸠在这份"前言草稿"中毫无保留地表达了他对罗马征服的态度。他写道:"很少有民族是罗马人花了大力气打下来的……他们取得的胜利是伟大的,但是战争规模本身并不大,罗马人征服的国家本身就

[①] 马基雅维利:《论李维》,冯克利译,北京:中央编译出版社,2017年,第3卷第25章,第2卷第19章。
[②] Pensée 1809:"韦伊战役的战利品全部交给了财务官,这就引起了士兵的普遍不满。对于福里乌斯(Furius Camillus,罗马将军,独裁者;公元前396年攻克韦伊)的品德,他们既钦佩得五体投地,却也怨恨得咬牙切齿。这是因为,在韦伊被围期间开始向士兵发放一种军饷。为了激励多生育子女的愿望,分给每个自由民7阿庞的韦伊土地。"

很弱，这些国家既没有军事技术，更没有用于自保的勇气与审慎"（伏尔泰基金会版，315）。事实上，《原因论》的文字也隐藏了这层含义，下文略加分析。

在《原因论》第 5 章，孟德斯鸠把布匿战争视为罗马征服战争的转折点。他说，在同迦太基人开战前，罗马人"几乎总是大战（grandes guerres）而小胜（petites victoires）"，但在布匿战争之后，罗马人则是"小战（petites guerres）而大胜（grandes victoires）"（七星版，92）。在《原因论》的叙述中，属于"大战而小胜"的战役包括罗马人与高卢人、皮洛士和迦太基之间的对决。这几场战争，尽管主角不同，但有共同之处，即罗马的敌人虽然拥有显著优势，但是这些优势很难维系，对战争本身并不起决定作用。下文以布匿战争为例，略加分析。

孟德斯鸠从不吝啬对汉尼拔的赞誉。《原因论》写道，这是一位"非同寻常的人（homme extraordinaire）"（七星版，128）。《随想录》也有类似表述："他的想法和计划都很大胆，思考细致而又全面，清晰但不失复杂丰富，既审慎又很大胆"（Pensée 1504）。但是，如果细究《原因论》文字，则可以看到，汉尼拔对抗罗马的历史是一幕让人唏嘘的悲剧。

第 4 章相关叙述部分文字需从两个方面解读。首先，汉尼拔在抗衡罗马方面，具备许多十分显著的优势，但是，这些优势或者延续很短，或者起不了决定作用。比如迦太基的骑兵彪悍善战，也仅仅维持了很短的时间；迦太基是海上强国，"在海战方面也强于罗马"（七星版，87），但是受限于古代的造船和航海技术，迦太基的大船行进速度太慢且笨重，因此面对罗马的小船，反而发挥不出优势。另外，更需要注意的是这部分文字的叙述风格。若与其他类似内容的叙述做一番比较，差异会更明显。孟德斯鸠在叙述罗马对抗高卢人或是罗马对抗皮洛士时，直入主题，对比作战双方在武器作战技艺等方面的差距。但在涉及罗马与迦太基战争时，孟德斯鸠的叙述策略有所不同，他先考察的是两国在财富、制度习俗、政治派系、治理以及习性等方面的差异，进而分析双方在军事作战方面的不同。显然，对孟德斯鸠而言，在影响战争胜负方面，社会政治结构显然更有决定性。后续的文字也进一步证明，精英受制于社会政治结构。孟德斯鸠指出，迦太基内部分裂，"一派要和、一派要战，致使迦太基人既不能享有和平，也无法打仗"，而利益分裂"因战争更为激烈"，不仅"迦太基人在老西庇阿作战期间遭遇的一切都应归咎于政府治理不良（mauvais gouvernement）"，而且汉尼拔的落败也取决于此："他不是被迦太基的官员派遣到意大利去的;或是由于一派的嫉妒,或是由于另一派的过分信任,反而他得到的支援极少。"(七星版,84、86、90—91)《原因论》的文字透露了这样一层含义,即正因为制度缺陷是根本原因,所以,汉尼拔纵然是军事天才,也不可能战胜罗马。他的失败是必然的。因此,孟德斯鸠推翻了前人的看法,认为他即便在坎尼会战后攻入罗马,也不可能取胜。[1] 他写道:"如果汉尼拔死于坎尼会战后,谁不会说,如果他没有死,罗马就会被他摧毁呢?国家之中常有未知的力量。"(Pensée 705)

可见,"大战而小胜",指的是尽管罗马遭遇了不同的劲敌,但是这些劲敌因为种种原因,不堪一击。在布匿战争之后,罗马经历的是"小战而大胜"。与归入"大战"的那些敌国不同,罗马现在面对的是一些非但没有明显优势,而且各有各致命缺陷的敌国,所以"小战"指的是罗马能轻而易举战胜这些敌国。希腊境内不统一;马其顿王国不仅很难维持一支庞大的军队,而且残暴的统治只能进一步分裂希腊各民族;叙利亚完全控制不了全境,对内压迫导致不稳定,奢侈腐化了军人士气;埃及的缺陷更加突出,由于极为愚蠢的继承法,"任何一点家庭纠纷都会导致国家混乱"(七星版,98)。

综上分析,《原因论》的叙述隐含了孟德斯鸠对罗马征服史的态度。在他看来,无论是"大战而小胜"的战役,还是"小战而大胜"的战役,罗马人最终取胜,与其说是他们自己强大,不如说是他们的敌人存在着种种难以克服的内在缺陷。

除了上述论证技巧外,《原因论》还借助了另一项容易被忽视的叙述策略。纵览前7章目录,便可以发现孟德斯鸠在叙述罗马共和国历史时,始终围绕着"罗马人"这个概念,目录中从不出现任何一位政治人物,事实上,除了西庇阿等少数几人外,正文也很少提及罗马政治家,反而叙述罗马敌国统

---

[1] 在孟德斯鸠之前,法国古典学者的普遍看法是认为如果汉尼拔能够把握有利战机,罗马很可能陷落。握先机,比如圣-依瑞蒙写道:"也就是说,这一天,是罗马人的末日,如果汉尼拔不是享受胜利带来的喜悦,而是进一步扩大战果"。(Saint-Évremond, Réflexions sur les divers génies du peuple romain dans les les différents temps de la république, in Oeuvres choisies de Saint-Évremond, Paris: Garnier frères, 1867, p. 217)博须埃说:"如果大军压近,罗马几乎防不住。"(Bossuet, Discours sur l'histoire universelle, Paris: Flammarion, 1966, p. 369)弗托(René-Aubert Vertot)也认为"如果汉尼拔能利用这次胜利(指坎尼会战的胜利——引者注),那将是罗马的末日"(René-Aubert Vertot, Histoire des révolutions arrivées dans le gouvernement de la république romaine, Paris: Ménard et Desenne, 1819, Tome 3, p. 129)。参见伏尔泰基金会版,第118页,注39。

帅的文字更多。与罗马帝国史部分比较，上述特点便显得尤为突出。《原因论》后13章的目录，有8章的标题以人物命名，正文内容也与第一部分有所区别，孟德斯鸠似乎越来越关注皇帝的品行、改革、作为等。这种叙述风格上的差异，表达了这样一层含义，即在孟德斯鸠眼里，罗马征服世界的历史，不是一部以政治精英为主角的政治史，而是罗马人集体参与、共同塑造的社会史。社会史的叙述事实上否认了个人在历史中的作用。而东西罗马帝国部分的叙述重点之所以是个人而不是社会，是因为孟德斯鸠试图表明，罗马衰败直至覆灭的历史过程是一个必然趋势，不是任何个人所能扭转。他不仅证明，尽管苏拉、庞培和恺撒三人性情不同，目的不同，但他们的所作所为无不促成了罗马走向帝制（第11章）①，还证明，在罗马建立了帝国以后，无论是出于何种目的的改革，都无法扭转用金钱赎买和平，不断仰赖蛮族军队这一必然趋势（第18章）。从整体上看，罗马历史中蕴含着必然性，正如孟德斯鸠所说，支配世界的不是命运，而是普遍精神。他写道："罗马人可以为此提供证明。当他们采取一种方式（sur un certain plan）治理国家时，罗马便持续不断地繁荣富强，当他们采取另一种方式的时候，挫折接连不断。"（七星版，173）《原因论》尽管没有忽视偶然因素或偶然事件的作用，但是其所使用的叙述技巧和论证设计证明，这些偶因只有服从于普遍原因，或作为普遍原因的具体表现时，才会影响历史。

通过凸显罗马历史中普遍精神的影响与作用，孟德斯鸠事实上削弱了这段历史对后世所能起到的正面的积极作用，因为既然历史是必然的，那么它就不具有可被借鉴的价值。比如，对马基雅维利而言，罗马的伟大有因可循，塑造其伟大的最关键的原因是政治家的美德（virtus），政治美德本身就意味着一种个人的作用，表现为借助个人品质把握环境所提供的契机。② 因此，马基雅维利在《论李维》中告诫政治家："若像罗马人那样行事，具备罗马人那样的德行，则他们的命运，必与罗马人相同。"③孟德斯鸠则不这么认为，因为既然支配罗马历史的是凌驾于个人意志之上的普遍精神，那么政治

---

① 孟德斯鸠写道："共和国注定要灭亡，问题只是它如何灭亡，由谁灭亡。"（七星版，124）
② 马基雅维利在《君主论》第25章写道："命运是我们半个行动的主宰，但是它留下其余一半或者几乎一半归我们支配。"中译本参见马基雅维里：《君主论》，潘汉典译，北京：商务印书馆，1986年，第117页。
③ 马基雅维利：《论李维》，第2卷第2章。

家的作为非但无法影响历史,甚至时常会导向一些与主观意图截然背离的结果:"政治家所犯的错误并非总是出于本意,他们往往是在一些逼不得已的形势下做出决定,而不便会产生新的不便。"(七星版,172)因此,在孟德斯鸠的笔下,罗马历史事实上否定了自身可为后世提供教益的可能性。①

三

上文从分析米特拉达梯为何单独成章这一问题入手,结合对《原因论》文本,尤其是有关罗马崛起部分的设计论证和叙述技巧的分析,进而揭示出孟德斯鸠对罗马崛起历史的隐藏的态度。总体上,他的态度是消极的,既不认可这段历史的价值,也不认为它对后世有借鉴意义。正如他在"前言草稿"中所写:"很少有民族是罗马人花了大力气攻打下来的,不像与波斯人作战一样,但他们对罗马人的影响比得上波斯人对亚历山大的影响,胜利是伟大的,但是战争规模并不大,罗马人征服的都是些本身就很弱的国家,这些国家既没有军事技术,也没有勇气与审慎进行自保。"因此,在孟德斯鸠看来,罗马"构不成历史中的典范(exemple dans les histoires),而且就表面而言也从来不是"(伏尔泰基金会版,315)。② 下文将结合历史背景,解释孟德斯鸠缘何在《原因论》中埋下上述隐笔。③

文艺复兴以降,古典共和主义思想通过两条不同的路径,影响西欧社会。其一表现为反抗暴君的传统;其二践行共和美德的传统,更重视对君主或政治家的德行的培养。后一传统影响了17世纪的法国社会。这种古典共和美德的传统,借由古典教育,深入人心。高乃依、拉辛的戏剧以及当时人写作的古典作品,既展现并颂扬着古典精神,同时把路易十四塑造为法国的奥古斯都,将法国视为现代欧洲的罗马帝国。④ 这种古典主义与扩张、征服密不可分。当时,有不少文人建议路易十四通过联姻、军事、外交等各种方式,不失

---

① 孟德斯鸠在笔记中表达了类似的看法,他写道:罗马的辉煌是"大量外部因素造成的"(Spicilège 42)。
② 引文中的删除符号为原文所有——引者注。
③ 笔者在以下两篇论文中处理过类似问题:《孟德斯鸠论商业精神与征服精神》,《世界历史》2020年第3期;《孟德斯鸠商业思想语境辨析》,《史学月刊》2021年第8期。
④ 茱迪丝·施克拉:《孟德斯鸠与新共和主义》,载吉塞拉·波克、昆廷·斯金纳、莫里奇奥·韦罗里编《马基雅维里与共和主义》,阎克文、都健译,北京:生活·读书·新知三联书店,2019年,第365页。

时机地建立"大一统君主国"(monarchie universelle)。如史家奥贝尔(Antoine Aubéry)认为,法王是查理曼的后代,所以法国有充足理由占领德意志地区。①

众所周知,路易十四的扩张给法国社会带来了深重的灾难,人口锐减,税负剧增,债台高垒。17 世纪末,反战情绪高涨,带动了对绝对君主制的抨击。这种抨击采取了多种思路,其中之一,便是否定罗马的价值。法国思想家尽管并未彻底否认罗马的伟大,但会通过各种方式证明,罗马的伟大不仅是昙花一现,难以为继,而且有违正义。费讷隆在《忒勒马克斯历险记》第五卷中,区分了好战国王与和平国王,他赞赏和平国王,认为这类君主在确立外交关系时依靠的不是令他人畏惧,而是信任,在内政方面也会采取更有利于手工业和农业发展的措施。他认为,真正伟大的君主,看重的不是征服和扩张给自己带来的荣誉,而是人民的安危和利益。② 经济学家布阿吉尔贝尔认为,君主为扩张而聚敛钱财,这让君主与法兰西真正的利益对立起来。③ "朕即国家"的原则遭到了质疑,人们用"公益"(bien public)或"人民利益"(bien du peuple)这些概念逐步取代了自黎塞留时代以来盛行的"国家理据"(raison d'État)。④

正是在这样的语境下,孟德斯鸠着手解构了罗马征服世界的意义。他劝告法国统治者,不可以罗马为榜样。在他看来,罗马不可效仿,不仅仅是因为罗马本身不具有典范意义,它是世界的奇迹(miracle de l'univers)(Pensée 10),它的崛起是独一无二的,还因为罗马与现代世界格格不入。⑤ 在《原因论》中,他对罗马做了"陌生化"的处理,将罗马历史描绘成一段与现代欧洲世界不兼容的历史。在《原因论》开篇,孟德斯鸠就告诉读者,如果用现代欧洲人的眼光会很难

---

① Antoine Aubéry, *Des justes pretentions du roy sur l'empire*, Chez Antoine Bertier 1667. 相关研究参见 Gaston Zeller, Les rois de France candidats à l'Empire: Essai sur l'idéologie impériale en France, in *Aspects de la politique française sous l'ancien régime*, PUF, 1964, pp. 12–89. Montesquieu, Réflexions sur la Monarchie Universelle en Europe, *Œuvres complètes de Montesquieu*, Tome II, Voltaire Foundation, 2000, pp. 330-332. Paul Rahe, The Book that Never was Montesquieu's Considerations on the Romans in Historical Context, *History of Political Thought*, Vol. 26, No. 1 (Spring 2005), pp. 43-89。
② Francois de Fénelon, *Telemachus, son of Ulysses*, ed. and trans. Patrick Riley, Cambridge: Cambridge University Press, 1994, pp. 68-70, 155.
③ Gustave Lanson, La transformation des idées morales et la naissance des morales rationnelles de 1680 à 1715, *La Revue du Mois*, IX (Janvier-Juin 1910), p. 415.
④ 参见 *Raison et déraison d'État: théoriciens et théories de la raison d'État aux XVIe et XVIIe siècles*, sous la direction de Yves Charles Zarka, Paris: Presses universitaires de France, 1994. 张弛:《〈法国古今政府论〉析义:兼论 18 世纪法国政治激进主义的起源》,《浙江大学学报(人文社科版)》2018 年第 5 期。
⑤ 本段所谓的现代人,指的是孟德斯鸠写作时代的。

理解罗马:"在考虑到罗马城的起源时,不应当把我们今天看到的城拿来和它相比",也不能用现代人对街道的观念理解罗马的道路(七星版,69)。在分析罗马人战术时,孟德斯鸠强调古罗马人和现代人在体质上存在根本区别:"我们的军队由于士兵的过度劳动而发生大量的死亡,但正是大量的劳动,罗马军队才把自己保存下来",而且我们已经完全不能理解古人对体力锻炼的看法,因为我们会认为体力锻炼的唯一作用是娱乐,而"对古人来说,一切体力锻炼,直到舞蹈,都是战术的一部分"。所以,现代人会认为罗马士兵的训练很不人道。在《原因论》第3章,孟德斯鸠考察罗马人壮硕的原因。他无时无刻不忘告诫读者,现代世界不可能重现罗马人那段"令人惊异的命运"(la prodigieuse fortune)。他说:"我们对于看到的事件,就会无法理解。"他以一种历史主义的口吻说道:"如果不理解处境的差异(la différence des situations),就可能误以为史书中记述的人与我们不是同类"(七星版,80)。所谓"处境的差异",具体表现为以下几个方面。首先,现代欧洲各民族采用"几乎相同的战术、相同的武器、相同的军纪和相同的作战方式",任何一个国家都不具有绝对的、持久的优势;其次,"各国的实力又是如此不均衡",任何国家都不可能像罗马一样从一个小国摇身一变,成为世界霸主。随后,孟德斯鸠指出了一项古代共和国推行的、现代世界却再难施行的措施:土地均分。他认为古代共和国正是依靠着这项措施,不仅把士兵居民比提高到现代国家无法达到的比例,而且有效地维持了公民在"捍卫祖国方面有着同等的利益",并把这项利益树立为一项主导利益;相反现代世界中,手工业的重要性超过了农业,因此,士兵不仅数量减少,而且素质降低(七星版,80—82)。① 这些情况都导致了现代国家从客观上不可能效

---

① Pensée 639:今天,一个小国想要阻止一个大国,这是不可能的,与过去相比,各国之间权力更为悬殊(孟德斯鸠原注,放入罗马);在希腊和意大利的小共和国,甚至是过去欧洲的小共和国,土地是均分的:每个公民,财富均等,在捍卫祖国方面有同等的利益,而且这种利益居于主导地位,与丧失自由、家庭和财富相比,他自己的生活是小事,这便塑造了一个适合战斗的士兵国家,也是一支纪律严明的军队。但是当财富不再均分,公民数量马上也会减少;二十分之一或三十分之一的人拥有一切,而其他人什么也没有。因此,技艺既用来满足富人奢侈的欲望,也用来维持穷人的生存。由此产生两个结果,第一士兵素质变差(因为技艺准确来说是没有祖国的,他们可以到处用一双手吃饭),第二士兵数量变少(因为土地产出原本只供养士兵,现在要供养富人的所有随从,要供养一定数量的技工,没有这些人,国家就会败亡,这即是我们今天经历的情况,即拥有百万臣民的国王,要使自己的国家不致毁灭,就不能保有一万以上的士兵。在斯巴达,莱库古确定了……(引者注:孟德斯鸠保留了这个空白)比例;从中抽取足够多的公民。允许购买土地之后,公民就不足七百人。

仿古代罗马。

对罗马历史进行"陌生化"处理,从历史主义角度强调古今差异,也是《论欧洲大一统君主国》的主要内容之一。这篇文献大约写于1734年,原为《原因论》的一部分,可能因为迫于审查压力,在正式出版时删除。1748年,孟德斯鸠将其中的部分内容收入新版《原因论》中。在《论欧洲大一统君主国》开篇,孟德斯鸠开宗明义地问道:"能提出这样一个问题,即在现今欧洲,能否有一个民族像罗马那样,实现对其他民族持久的优势?"①他随即予以否定。他写道:"这从道义上来说不可能。"《论欧洲大一统君主国》从多个角度给出证明。孟德斯鸠提出,新的战争发明令各国力量趋于均衡,万民法改变意味着战争性质发生了变化,战争将耗费大量的资源,带来贫困。现代国家不可能像罗马那样能通过对外战争获得战利品。更重要的是,他认为,支配现代欧洲的商业精神孕育了和平与互惠互利的关系。此外商业带来的虚拟财富极易流失,唯有保持一定的权力,才能保有此类财富,唯有施行仁政,才能实现繁荣。因此,孟德斯鸠认为,罗马历史体现的征战精神,将会远离现代社会。

在《论法的精神》中,孟德斯鸠从政体理论的角度,做了类似处理。他区分了三类政体:共和制、君主制和专制,并对共和制和君主制做了多方面的区分。从政体原则来看,共和制的原则是美德,君主制的原则是荣耀。事实上,在早期作品中,孟德斯鸠并未严格区分荣耀和美德,比如在《波斯人信札》中,他说荣耀是对美德的补偿,被理解为公民的奉献(信89)。《原因论》中写到荣耀是罗马共和国的精神:"罗马自建城以来就是要不断扩大的,所以必须把荣耀和权力集中几个人身上。"(七星版,125)但是,《论法的精神》对荣耀和美德做了严格区分,共和制的美德表达了一种公益高于私利的激情,君主制的荣耀体现的则是私利,"索求优遇与赏赐"(EL,III—7)。孟德斯鸠还进一步强调,君主制的只能是荣耀,不能是美德,因为在君主制下,可能君主有美德,但是"人民很难有美德"(EL,III—5、6)。由于原则有别,因此,君主制和共和制在教育、刑法和民法等方面也有明显区别。此外,这两种制度在疆域幅员上俨然有别。孟德斯鸠用了较为严格的措辞加以区分,他说:共和政

---

① Montesquieu, Réflexions sur la Monarchie Universelle en Europe, in *Œuvre de Montesquieu*, Tome II, Paris: Gallimard, 1951, pp. 19-38. 下文《论欧洲大一统君主国》的引文都引自七星版。

体的"独有特质"是"幅员小",君主政体的"独有特质"是"幅员适中"(EL,VIII—16,17)。根据孟德斯鸠的叙述,所谓独有特质,指的是国家疆域与政体的性质和原则存在必然联系,疆域一旦改变,政体必将随之发生变化。他强调,罗马的历史可以证明,共和美德只有在狭小的疆域中才能保持稳定(VIII—18),而君主国太小容易变成共和国,太大则容易变成贵族制或专制,西班牙可为一证。除此之外,君主制和共和制更重要的区分在于,君主国属于现代,共和国属于过去。在孟德斯鸠看来,体现荣耀且符合权力宽和原则的君主国是属于现代的新生事物,与过往的任何君主政体有根本区别。正是从这个意义上,他认为,亚里士多德对君主制的理解不正确,因为希腊人在他们的英雄时代建立的君主政体"与当今的君主政体截然相反"(EL,XI—11)。现代世界依旧有共和国,但是大多属于经商共和国,比如威尼斯和荷兰,它们并不把美德奉为政体原则。而真正符合孟德斯鸠界定的共和国,比如斯巴达和罗马,只属于古代,而且代表一种应当停留在过去、不应复活的历史记忆。在他看来,任何混淆共和制与君主制的做法,都是危险的,如果君主制国家像罗马一样扩张,必定会沦为专制。正是基于这层考虑,孟德斯鸠指责马基雅维利,因为他将"维护伟大(grandeur)①的原则告诉了君主",而"那些原则仅仅对专制政体来说是必要的,而对君主政体来说,那些原则是无用的、危险的,甚至根本无法实施的"②。

四

如果从史学研究和历史撰述的标准来看,《原因论》不仅缺陷很多,而且早已过时。孟德斯鸠盲从古代作家的著述,不加辨析,而且没有统一的文献批评标准,引文的处理也多有疏漏,甚至忽视了当时已为其他古典研究者所倚重的考古、碑铭、瓶罐和雕像材料。③ 事实上,《原因论》的持久影响更体现

---

① 如《原因论》标题,此处的 grandeur 也可以理解为疆域辽阔。
② 本段文字出现在 EL,XXIX—19 中。
③ 卡米尔·于利安是古朗治的学生,他出版了一本笺注本《原因论》,对孟德斯鸠在史实和文献方面的错误,做了详细考订。参见 Montesquieu, *Considèrations sur les causes de la grandeur des Romains*, et de leur decadence, publiées avec introduction, variantes, commentaires et tables, par Camille Jullian, Paris: Librarie Hachette et Cie, 1896。

在思想史意义上。对孟德斯鸠而言,叙述和材料不是为了呈现准确的历史真相,而是用于解释历史因果,表达思想的手段。《原因论》不仅字字珠玑,常常用简洁朴实的语言表达了深刻的内涵,让人流连忘返,而且论证和叙述更是达到了炉火纯青的地步。无论是对历史必然性的展现,还是对普遍精神之决定性的证明,孟德斯鸠无不借助历史史实,借助平铺直叙的文字,以一种比理论阐述更为自然的方式加以呈现。尽管孟德斯鸠没有超越从王制到帝制的传统叙述模式,但是就不同发展阶段而言,《原因论》文本在内容权重、历史主角、历史偶因和决定因的表现方式等各个方面,都表现出孟德斯鸠细致又隐秘的考虑。本文考察的"米特拉达梯为何单独成章"即为一证。《原因论》既遵循"历史乃生活之师"的传统,从罗马历史中得出跨越时间、因此具有永恒意义的教益,也秉承着历史主义的原则,强调古今之别,证明罗马式的"大一统君主国"失去了现实基础。此外,《原因论》还表现出历史理性主义的倾向,借助普遍精神或普遍原因,统摄纷繁复杂的历史事件。这三种倾向彼此有别,却服从于同一个目的,即构建一个"黯然失色的罗马"①。这正是孟德斯鸠想要通过罗马盛衰这样一个传统主题,试图呈现的"新东西"②。对孟德斯鸠同时代的法国人而言,构建这样一种形象的罗马,是一项思想议程。通过牵制肆意妄为的权力欲,在扩张和衰败之间建立必然联系,孟德斯鸠警告法国的政治家,效仿罗马不仅不合时宜,而且会陷入不可逆转的必然性中。他在同时期以及之后创作的其他文本中,从不同角度,深化了对类似主题的阐述。本文的分析,不仅有助于深入理解《原因论》所表达的政治思想,也能对孟德斯鸠不同时期的著作的内在联系,提供一种基本符合语境的解释。

---

① 拉赫(Paul A. Rahe)将"黯淡的罗马"作为其著作 *Montesquieu and the Logic of Liberty: War, Religion, Commerce, Climate, Terrain, Technology, Uneasiness of Mind, the Spirit of Political Vigilance, and the Modern Republic*, New Haven: Yale University Press, 2009, 第二章标题。
② 孟德斯鸠在"前言草稿"写道:罗马盛衰"这一主题已经被无数作者研究过,但是如果我会加一些新东西,那么这将会更有趣"(伏尔泰基金会版,316)。

Montesquieu's Chapter on Mithridates' War against Rome: On the Design and Political Thought of *Considerations on the Causes of the Greatness of the Romans and their Decline*

Zhang Chi

Abstract: In Montesquieu's *Considerations on the Causes of the Greatness of the Romans and their Decline*, the battle of Rome and Mithridates is the only battle that is described in a separate chapter. Moreover, the chapter's position in the book is unique. Montesquieu's representation of this war has a deeper meaning. In his writing, all the nations or peoples that fought against Rome lost to Rome, not because of Rome's greatness, but because of their own defects. The peculiarity of the kingdom of Pontus is that, in contrast to Rome, it had no military or political shortcomings, but despite this, it was defeated by Rome because of unforeseen revolutions. By deconstructing the positive aspects of the Roman conquest through the above narrative strategy, Montesquieu warns the French that Roman history cannot be emulated because it is not exemplary in itself, and that it cannot be emulated because it is a wonder of the world. The disenchantment of the history of Rome is one of the central threads of Montesquieu's writings and thought.

Keywords: Montesquieu, *Considerations on the Causes of the Greatness of the Romans and their Decline*, Mithridates, Historical Writing of Enlightenment

休谟致高等法院院长孟德斯鸠的信[*]

李雪菲[**]

先生，

我经友人斯图亚特处得知，您好意给我寄来一本《论法的精神》。去年秋天我在意大利读完此书，乐趣良多，受益匪浅，在此冒昧向您写信，以表感激之情。您十分了解人性，可以确信您的好意深深打动了我，满足了我的虚荣心。这部作品在各国都获得了至高的赞誉，也必将赢得超越时代的赞赏。对这样的作品，要是只写颂词，就是拙劣地表达对作者的喜爱。因而，请允许我和您交流阅读时的思考。您基于一定原则建立了您的体系，我的思考大都进一步肯定了这些原则。引文来自日内瓦四开本。

第一卷。第 26 页第 3 行的观点新颖，令人印象深刻。① 也许您不会介意得知，英格兰议会通过近来的事情发现，苏格兰并没有充分的共和体制，从而得出结论：苏格兰对君主制有强烈偏好，是因为其贵族保留了哥特式的封建审判权。正因为此，议会在两年前废除了这一审判权。由此可见，英格兰人在这一问题上的思路是多么连贯一致。一旦我们的政体发生变革，一定会出现您预言的后果。

---

[*] 本文译自 The Letters of David Hume, Vol. 1, ed. J. Y. T. Greig, Oxford: Oxford University Press, 1932, pp. 133—138. 注释由本刊助理编辑肖京添，给出了休谟可能指涉的文本，以供读者参考。孟德斯鸠的引文取自《论法的精神》，张雁深译，北京：商务印书馆，1961 年。

[**] 李雪菲，美国纽约大学博士研究生。

① "英国人，为着维护自由，把构成他们君主政体的一切中间权力都铲除了。他们保存这个自由是很对的，如果他们失掉了这个自由的话，他们便将成为地球上最受奴役的人民之一了。"孟德斯鸠：《论法的精神》（上），第一卷第二章第四节，第 17 页。

在第56页,您认为斯巴达的法律起源于克里特岛。① 您的依据是柏拉图和亚里士多德两位权威,但我记得波利比乌斯有段话仔细研究了他们的观点,并试图反驳其说法。我手头没有这位作者的书,只能凭记忆说了。这位历史学家拥有深刻的洞察力,这使他的看法分量很重,虽然我已基本忘记他是如何论证其观点的了。②

您在第111页第1行给出的评论③,可以通过我们内战的著名案例得到确认:1646年,长期议会颁布了自抑法,他们由此放弃了对自己军队的一切掌控权。这一条令的直接后果是,军队和议会分离,我们彻底丧失了自由。

您在同一章提到,所有法国的批评者都运用修辞术反对卖官制度,而您则根据更为确定也更为深刻的原则作出评判。④ 我能否冒昧补充以下这点?

---

① "克里特的法律是拉栖代孟法律的蓝本。柏拉图的法律不过是它的改订而已。"孟德斯鸠:《论法的精神》(上),第一卷第四章第六节,第35页。
② "我们现在转到克里特政体的问题上来,这里有两个问题需要我们注意。首先,为什么古代最博学的作家——埃弗鲁斯、色诺芬、卡利斯提尼和柏拉图——会认为,克里特的政体同斯巴达的政体相同? 其次,为什么他们会认为,克里特的政体值得称赞? 在我看来,这些观点全都是错误的。下面的事实就会表明,我的看法正确与否。首先,克里特政体不同于斯巴达政体。我们可以列举斯巴达政体的三个独特特征,第一,斯巴达的土地法,根据他们的土地法,没有任何一位公民拥有比其他公民更多的土地,而是所有的公民都持有相同份额的公地产;第二,他们的金钱观,他们认为金钱没有任何价值,因此,财富不均而引发的嫉妒和冲突完全被清除出了城邦;第三,国王是世袭的,元老院的元老则是终身选任的,整个国家的行政都由他们直接控制或者由他们相互协作来控制。在所有这些方面,克里特恰恰同它们完全相反。克里特的法律尽可能地让他们像谚语所说的那样,无限地拥有土地,他们如此地重视金钱,以至于拥有金钱不仅是必要的,而且非常荣光。事实上,贪婪和欲求如此地深入克里特人的骨髓,以至于克里特人是世界上唯一一个觉得没有任何一种利润是羞耻的民族。除此之外,他们的官员是一年一度通过民主制度选举出来的。因此,让我百思不得其解的是,为什么这些作家会说,这两种完全不同的政体彼此之间却是相似的和相关的。"波利比乌斯:《通史》,杨之涵译,上海:上海人民出版社,2021年,第489—490页。
③ "有一个国家,外表是君主政体,实际上却是共和政体。在那里,我们看到,人们是如何害怕军人成为一种特殊的身分,人们如何把军人的身分和公民的身分,甚至和官吏的身分结合为一,使这些身分成为国家的保证,使人始终不忘掉国家。"孟德斯鸠:《论法的精神》(上),第一卷第五章第十九节,第70页。
④ "公职是否可以买卖? 在专制的国家里,是不可以的;那里的国民在职或去职,应由君主迅速处置。但是在君主国里,出卖官爵却是好事,因为它诱导人从事人们不愿意为品德而从事的事业,并把这事业作为一个家族的职业;它使每个出钱买官的人尽其职责,又使国家的各等级较为稳固持久。隋达很好地指出,阿纳斯塔西乌斯把所有的官职都卖掉,因而帝国变成一种贵族政体。……在君主国里,出卖官职虽然有时没有公开的条例,但由于朝臣的贫穷与贪婪,也仍然是要卖官职的。偶然的卖买可能比君主的选拔得到更好的人才。简言之,由财富而致显贵,这种方法可以激励并培养人们的勤劳。而勤劳正是这种政体所急需的。"孟德斯鸠:《论法的精神》(上),第一卷第五章第十九节,第71页。

为了少许进项,宫廷大量增加了初等法院和高等法院的职位,这使你们的司法庭更平民化,类似我们的陪审团。强行夺去高价买来的职位,要比夺去从宫廷免费得到的职位更可厌、更专断,所以,这类夺职十分罕见,法官也因此享有自由和独立。一位大领主的附庸借由保护人的势力得到职位,并依赖其保护,可能会带来许多麻烦;但你们的法官和宫廷成员很少有紧密的关系,这主要是由于卖官制度。

至于您在第121页提到了英格兰的陪审员①,我认为实情是这样:陪审员不仅判定事实是否成立,还判定是否有罪,由法律判定惩罚。在十二年或十四年前,有新制度开始限定陪审员只能判定事实,但大家视之为危险的发明,这项制度便被抛弃。在涉及某诽谤文章的诉讼中,宫廷律师提议陪审员只判断被告是否写下了特定词汇,随后由法官判定这些词汇是否构成诽谤;但陪审员强烈坚持按惯例宣布有罪或无罪,而没有遵从提议中的证实或未证实。在苏格兰革命之前,几近专制的宫廷迫害长老会信徒,陪审员只允许判定能否证实被告参加了某处的集会或秘密聚会,随后由法官判定惩罚。但后来,这个国家的陪审员恢复了更常见的做法,宣布有罪或无罪。

您在第357页提到直接征税而非通过包税人征税的好处②,想有理有据地反驳是万万不可能的。我仅告诉您近来听到的一条相关评论:如果一个国家不从包税人出发,就不可能获得税收的全部好处。考虑到自身利益,包税人会想出成千上万种阻碍个体骗税的手段和发明,而直接征税官从不会想到它们;但是,一旦直接征税官从包税人那里学到这些手段,就可以运用它们了。在英格兰,消费税首先由包税人征收,我们税收的这一分支受到他们的启发,得到了良好的管理。

---

① "在英国,由陪审员根据向他们提出的事实,认定被告是否犯罪。如果他们宣告犯罪属实,法官便按照法律的规定宣布刑罚。做这件事,法官只要用眼睛一看就够了。"孟德斯鸠:《论法的精神》(上),第一卷第六章第三节,第77页。据书信集编者注,这段话在初版中为:"在英国,由陪审员来判断向他们提出的事实能否证实,如果他们宣告属实,法官便根据这个事实来作出判决。"

② "由国家直接征税的话,该催该缓,由君主按照自己或人民的需要自行决定。直接征税,君主可以把包税人所获厚利节省掉。包税人用无数的手段使国家穷困。直接征税,君主可使人民不致因看到一些暴发横财的景象而感到苦恼。直接征税,征收的税银经手人少,可以直接落到君主手里去,结果也就能够更快地回到人民手里来。直接征税,君主可以为人民免去无数恶劣的法律。这些恶劣法律通常是包税人贪婪无厌而强求君主颁定的。包税人让人们看到一些法令规章的眼前利益,但这些法令规章却是要给将来带来不幸的。"孟德斯鸠:《论法的精神》(上),第二卷第十三章第十九节,第225页。

第二卷。第 10 页，第 9 章。银行提供便利①，但它们是否大有裨益，还值得怀疑。在 1706 年以前，我们的殖民地拥有足够常规使用的金银；引入信用券或流通纸币后，所有金银货币都停用，造成了严重后果，议会于本届会议决定终止这项做法。大约在同时，你们在加拿大的殖民地也这样做，但刚一开始就被审慎地叫停了。实际上，这些银行与欧洲的银行有很大区别：它们发行不对应等价金属的纸币并使其流通。以下是我大致的思路，由您来评判：如果考虑到周边国家，拥有大量金银对一个国家则会十分有利，因为外国人会用劳务和商品换取金银；但是，在内部贸易上，大量的金银并无益处；恰恰相反，它使劳务价格高昂，并阻碍出口；纸币拥有金银货币的缺点，却丝毫没有金银货币的优势。

第 12 页，第 11 章。似乎在英格兰，我们极度渴望贸易平衡。② 实际上，就算平衡被打破，也很难达到对国家造成重大损害的地步。如果英格兰的半数金银货币突然消失，劳务和商品一下子变得十分廉价，就会马上导致大量出口，将周边国家的金银货币都吸引过来。如果英格兰的半数金银货币突然增加一倍，商品一下子变得十分昂贵，进口就会增长并损害出口，我们的金银货币就会流入周边国家。看起来，金银货币和水一样，不可能过于高出或低于自由流通时的水平，但会一直基于每个国家拥有的商品和劳务而相应地升值或贬值。

第 116 页，第 17 章。您列举的公债的缺点十分正确。③ 但是，公债难道没有任何好处吗？在公共财政中投入资本的商人只会在私人钱箱保留极少量用于自己贸易的金银货币；他们什么时候乐意，就可以用这些资本满足各种需求。因此，这些资本达到了两个目的：首先，为他们带来固定收入；其

---

① "在经营节俭性贸易的国家里，人们已经建立了银行，这是幸运的。这些银行以它们的信用为基础，已经发行钞票——新的价值标记。"孟德斯鸠：《论法的精神》（下），第四卷第二十章第十节，第 20—21 页。
② "英国禁止毛货出口；规定煤要由海路运到京城；禁止没有阉割的马出口；英国殖民地的船只在欧洲进行贸易时，必须在英国抛锚。英国限制了商人，但却有利于贸易。"孟德斯鸠：《论法的精神》（下），第四卷第二十章第十二节，第 22 页。
③ "1. 如果外国人拥有大量这种债券的话，他们每年将从国家取得巨额的利息。2. 这样长期负债的一个国家，兑换率必定是很低的。3. 为支付公债利息所征的税，将使工人的劳动价格增涨，因而损害了工业。4. 国家真正的收入竟是取自活动和勤劳的人而给与惰民；这就是说，把劳动的便利给与不工作的人，而把劳动的困难给与做工作的人。上述债券有这些弊害；而我看不出它有什么好处。"孟德斯鸠：《论法的精神》（下），第四卷第二十二章第十七节，第 97 页。

次，使他们的贸易得以运转。这样，商人只需要极少的商品收益就可以维持贸易，这对贸易是有益的。我向富有见识的朗斯代尔大人谈到这点，他让我注意到另一个好处，但我对此表示怀疑：他说，人们投入公共财政的资本会持续地流通，形成某种货币；充裕的货币可以降低利息，有利于促进商业。

您关于公债的看法已经由巴斯伯爵在贵族院引述，他[受封伯爵]以前是普特尼先生，是一位颇为显赫的贵族议员，现在属于反对派政党。您知道，在我们之中，这种显赫通常不会持续很久，得来也十分偶然。

我的同胞因为您对我们政体的赞许而飘飘然①，他们十分珍惜这一政体，也有理由如此。不过，人们难道没有注意到，一方面，形式简单的政体缺乏平衡力量，本身就容易产生弊病；另一方面，形式复杂的政体中一个部分压制了另一个部分，也容易像复杂的机器一样，由于不同部分的对立和互相抵抗而出现问题。

我发现许多人和我一样，揣摩不出您作品最后一段的含义："意大利，意大利……"②，显然是因为不知道您在暗指什么。

先生，您看到我是怎样迫切地抓住机会，在它第一次出现时就让您认识我。我钦佩您的天才，热爱并尊崇您的仁善、您灵魂的伟大。我将一生献给哲学和文学，这份平和的志向并无任何孜孜以求的热望，希望它能为我带来您的宽容与好感。

先生，您的[谦卑与忠顺的仆人]
大卫·休谟
伦敦，1749 年 4 月 10 日

---

① "世界上还有一个国家，它的政制的直接目的就是政治自由。……这就是英格兰的基本政制：立法机关由两部分组成，它们通过相互的反对权彼此箝制，二者全都受行政权的约束，行政权又受立法权的约束。这三种权力原来应该形成静止或无为状态。不过，事物必然的运动逼使它们前进，因此它们就不能不协调地前进了。……探究英国人现在是否享有这种自由，这不是我的事。在我只要说明这种自由已由他们的法律确立起来，这就够了，我不再往前追究。我无意借此贬抑其他政体，也并非说这种极端的政治自由应当使那些只享有适中自由的人们感到抑郁。我怎能这样说呢？我认为，即使是最高尚的理智，如果过度了的话，也并非总是值得希求的东西，适中往往比极端更适合于人类。"孟德斯鸠：《论法的精神》（上），第二卷第十一章第五、六节，第 155、163—166 页。

② "'意大利！意大利！……'，我写完了关于采地的论文；我的论文结束的时期正是大多数著者的论文开始的时期。"孟德斯鸠：《论法的精神》（下），第六卷第三十一章第三十四节，第 414 页。

"新名学"再议*

苟东锋**

提　要：先秦以降，中国学术史上先后诞生了两个与"名"相关的重要术语："名家"和"名学"。前者是在与先秦诸子的比较中产生的，后者则是在与西方文化的对比中出现的。因此，"名家"一般特指先秦诸子中那个凸显出"苛察缴绕"和"专决于名"特质的学派。"名学"一词则包含着统摄先秦诸子以至中国思想的意味，是为了使中西之间的比较成为可能，而重新纵观中国思想从而找到的一个可与西方语言和文化中逻各斯（Logos）相提并论的词——"名"，进而造出的学术术语。然而，由于近代以来的"名学"研究大多自限于"名学逻辑化"的范式，因而在很大程度上遗忘了"名"所具有的统摄中国思想的意义。不过，随着对20世纪90年代中国古代逻辑学合法性以及2000年以后中国哲学合法性问题的讨论和深入研究，一种希望通过多元的方法、多维的视角和更广的范围来探讨中国古代思想中"名"的丰富内涵的"新名学"的研究开始蓬勃发展。由于"新名学"要求回归"名学"诞生之初那种中西比较的视野，可以预见，其将在沟通诸子、对话中西和连接古今等方面发挥实质和具体的作用。

关键词：名　新名学　名家　名学　底本

近些年来，在深化孔子"正名"思想研究的过程中，笔者逐渐萌生了一个学术自觉：未来以探究中国古代思想中"名"的问题为自己的学术志趣，并将

---

* 基金项目：国家社科基金一般项目"以'名'为考察背景的儒家知识论研究"（17BZX124）。
** 苟东锋，1982年生，华东师范大学中国现代思想文化研究所暨哲学系副教授。

这项研究归拢在"新名学"的旗帜下。2015年，笔者撰写了《"新名学"刍议》一文，率先在学界明确提出"新名学"一词。① 文章发表后，"新名学"的提法开始受到部分学者的关注和认同，却尚未引起更大范围的讨论。② 其中一个原因或许在于笔者当时尚未将三个重要问题完全讲清楚：其一，促使"新名学"产生的那种历史必然性是什么？其二，当代"新名学"的发展有哪些引人注目的成果？其三，如何看待"新名学"研究面临的问题及其前景？有鉴于此，笔者后来一直想就"新名学"的概念再予辨析。为此，笔者陆续搜集了大量现当代学者论"名"的材料，在研读过程中，一直萦绕在头脑中的上述问题渐次有了眉目。以下笔者将从三个方面回应上面的问题，以期进一步展示"新名学"的丰富内涵及研发潜能。

一 "名家""名学"与"新名学"

学术术语作为一种"名"，其产生一方面固然决定于特定的学术活动之"实"，另一方面则与命名者的诉求及其时代的学术风貌有关。中国古代思想中有关"名"的话题的讨论作为一种学术活动主要与"名家"和"名学"两个术语有关。③ 通过分析这两个术语之得名过程以及其间呈现的问题，"新名学"的提法自然呼之欲出。

---

① 苟东锋：《"新名学"刍议》，载杨国荣主编《思想与文化》（第17辑），上海：华东师范大学出版社，2015年，第6—19页。
② "新名学"的提出所引发的关注和讨论主要有：晋荣东：《伍非百的先秦名学研究与新名学的可能性》，《社会科学》2015年第12期；胡传顺：《"新名学"研究之洞识、疑难和展望——关于苟东锋名学新观点的释义学考察》，载杨国荣主编《思想与文化》（第17辑），上海：华东师范大学出版社，2015年，第271—296页；刘梁剑、郭潇：《2015—2016上海中国哲学学科发展评议》，载《上海学术报告（2015—2016）》，上海：上海人民出版社，2017年，第375—383页；江向东：《"先秦名辩思潮研究"主持人导语》，载《学灯》（第2辑），上海：上海古籍出版社，2017年，第47—48页；曹峰：《中国古代"名"的政治思想研究》，上海：上海古籍出版社，2017年，第316—318页；Jane Geaney, *Language as Bodily Practice in Early China: a Chinese Grammatology*, Albany, NY: State University of New York, 2018, p. 7; Carine Defoort, Confucius and the "Rectification of Names": Hu Shi and the Modern Discourse on Zhengming 正名, *Dao: A Journal of Comparative Philosophy*, 20 (2021), pp. 613-633。
③ 与"名"相关的重要术语还有"名教"一词，从某种意义讲甚至更重要，因为"名教"涉及儒家"名学"以及"名"的话题在先秦以后的形态。此问题所涉复杂，不便在此展开，可参见苟东锋：《名教的内在理路——由此而论儒家的价值理想如何落实》，《社会科学》2015年第12期。

"名家"之说是在学术史的书写过程中应运而生的。学术史作为一种历史书写具有后发性，其发生主要与书写者的学术史关怀有关，这种关怀的核心是一种比较和评判的意识。通常认为司马谈在《论六家要旨》中第一次明确提到"名家"这个词：

> 夫阴阳、儒、墨、名、法、道德，此务为治者也。……名家使人俭而善失真，然其正名实，不可不察也。……名家苛察缴绕，使人不得反其意，专决于名而失人情，故曰："使人俭而善失真。"若夫控名责实，参伍不失，此不可不察也。(《史记·太史公自序》)

《论六家要旨》是一篇典型的学术史文献，其基本写法就是在撮要六家主旨的基础上比较和评判各家学术，裁定其优劣长短。在这一意识的指引下，虽然此前并未有任何一个学派自称或被称为"名家"，却也并不妨碍"名家"之说的成立。因为在比较中，有一波学术活动以其"苛察缴绕"和"专决于名"之特点而超绝六家。为了讨论方便，因这一流派对"名"的关注尤为突出和特别而谓之"名家"。正因如此，司马谈的发明被历代史书的学术史部分继承下来，如《汉书·艺文志》和《隋书·经籍志》等，不仅保留了"名家"之说，还考察了这一学派的起源并罗列了其代表人物及著作。

司马迁所在的汉代正处于一个新王朝大一统的时代，总结前代历史成为一种时代之精神，"名家"一词的产生，实出于此。然而，名家既为一事实上的学派，在先秦时期难道未曾有人予以讨论吗？确实有过讨论。第一份材料来自《尹文子》，其中提道：

> 大道治者，则名、法、儒、墨自废。以名、法、儒、墨治者，则不得离道。(《尹文子·大道上》)

今本《尹文子》上下篇，明代宋濂开始怀疑其真实性，在近代疑古思潮中也被很多人疑为伪书，然而当代学者多倾向认为其确为尹文遗著，虽残而真。[①] 若此篇果为战国材料，那么其中将"名、法、儒、墨"四家并列，应当看作"名家"的最早出处。当代学者一般将《尹文子》视为稷下黄老形名学的代表，而黄老形名学作为战国中后期之显学具有综合融贯百家之长的气概。可

---

① 参见董英哲：《〈尹文子〉真伪及学派归属考辨》，《西北大学学报（哲学社会科学版）》1997年第3期。

想而知,在这种综合意识中,"名家"的说法也就产生了。值得注意的是,《尹文子》将"名"置于"法、儒、墨"诸家之先,这说明其对"名家"的理论极为重视,却又自持一种比"名家"更高明的有关"名"的看法。因此,不管古代还是当代,都不乏将尹文子划为"名家"者,只不过是性质不同的"名家"。

《尹文子》是以综合的立场从另一套"名家"的视角审视那种"苛察缴绕"和"专决于名"类型的"名家"。另一种以综合立场评判名家的是荀子。荀子虽然没有提到"名家"之名,却将两位后来公认为"名家"的人物并列起来,并在与其他学派的比较中总结其特质,评判其得失。以《非十二子》中的表述为典型:

> 不法先王,不是礼义,而好治怪说,玩琦辞,甚察而不惠,辩而无用,多事而寡功,不可以为治纲纪;然而其持之有故,其言之成理,足以欺惑愚众。是惠施、邓析也。(《荀子·非十二子》)

剔除掉荀子强烈的儒家立场,这篇文献也可以视为一篇学术史。其对"惠施、邓析"一派的描述与司马谈所讲的"名家"基本符合。其中,"好治怪说""玩琦辞""甚察""辩"和"多事"相当于"苛察缴绕,使人不得反其意",是说这一派的研究风格注重分析和思辨;其过程常常使一般人觉得复杂难懂,结论往往偏离社会常识。在《解蔽》中,同样是评论诸子,荀子又提出"惠子蔽于辞而不知实",这相当于"专决于名而失人情",是讲这一派的思维特点是脱离实而专言名,恐有不切实际、脱离人情之失。

这样的一群人主张一种特别的学说,其学说之名字虽然未定,却并不妨碍同时代的人将其与其他人区别开来。《庄子·天下》作为一篇同样带有学术史关怀的文献,在分别讨论了诸家之学包括庄周之后,特别评价了惠施,其中提到:

> 惠施以此为大,观于天下而晓辩者,天下之辩者相与乐之。……辩者以此与惠施相应,终身无穷。桓团、公孙龙辩者之徒,饰人之心,易人之意,能胜人之口,不能服人之心,辩者之囿也。惠施日以其知与之辩,特与天下之辩者为怪,此其柢也。……惠施不能以此自宁,散于万物而不厌,卒以善辩为名。

作为惠施的好友,庄子对惠施了解最深。在庄子(或其后学)看来，惠施之学的最大特点(名、柢)是"善辩"，惠施与桓团、公孙龙等辩者之徒为伍，也是一位辩者。这群热衷于"辩"的人有时也被称为"辩士"或"察士"。① 此外，根据《战国策·赵策》记载，苏秦曾说："夫形名之家，皆曰白马非马也。"这是以"白马非马"的奇怪辩题为共同标识而称这群人为"形名之家"，说明当时确实存在这样一批学术特点突出的学者，只是还没有形成统一的说法而已。

综上所述，在中国古代学术史的背景下，"名家"的说法大致是成立的。所谓"名家"是指在与诸子的比较中显出"苛察缴绕"和"专决于名"特质的那一派。这里事实清楚，因其特点而谓之"名家"是没有问题的。因此，古典时代有关"名家"的争论是较少的。② 然而，这种情况自近代以来发生了变化。自中西文化开始触碰和交流，就有人敏锐地发现中国传统思想缺少逻辑学和认识论。一些人更是将中国在中西碰撞过程中的劣势归结于此。于是在弥补文化短板之心理的驱使下，一方面，部分中国学人积极翻译西方的逻辑学(Logic)著作。以严复为代表的翻译家发现 Logic 一词源于希腊语 Logos(逻各斯)，而要在中国文化中找一个与逻各斯相应的词，当为"名"字：

> 盖中文惟"名"字所涵，其奥衍精博与逻各斯字差相若，而学问思辨皆所以求诚、正名之事，不得舍其全而用其偏也。③

由此，逻辑学就被翻译为"名学"。另一方面，一些学者循此翻译的线索注意到在中国传统思想中，名家和后期墨家等作品中不乏与逻辑学和认识论相关的内容，而这些内容往往与"名"的问题相关，于是一门"中国古代逻辑学"被建构起来，这门学科也被称为"名学"。在此背景下，"名家"之说开始受到异议。

最早质疑"名家"的是胡适。胡适在《诸子不出王官说》一文中反对汉儒将先秦诸子分为"九流"的说法，尤其反对"名家"之说。他指出：

---

① 如《吕氏春秋·不屈》说："察士以为得道则未也。虽然，其应物也，辞难穷矣。"《公孙龙·迹府》载："公孙龙，六国时辩士也。"
② 古代也有关于"名家"的争论，不过主要限于两方面：其一，涉及对名家的评价，大部分学者持负面评价或貌似公允的评价，如荀子和司马谈；也有评价很高的，如鲁胜在《墨辩注叙》中说："孟子非墨子，其辩言正辞则与墨同。荀卿、庄周等皆非毁名家，而不能易其论也。"其二，涉及对名家到底包括哪些人物及作品的争论，如《汉书·艺文志》《隋书·经籍志》和《四库全书》对于名家及其作品的记载都是不同的。可见，古时虽有这些不同意见，但还没有达到要否定和怀疑名家的程度。
③ 《严复集》第五册，北京：中华书局，1986 年，第 1028 页。

其最谬者,莫如论名家。古无名家之名也。凡一家之学,无不有其为学之方术。此方术即是其"逻辑"。是以老子有无名之说,孔子有正名之论,墨子有三表之法,《别墨》有墨辩之书,荀子有正名之篇,公孙龙有名实之论,尹文子有刑名之论,庄周有齐物之篇:皆其"名学"也。古无有无"名学"之家,故"名家"不成为一家之言。①

胡适此说一出便激起千层浪。虞愚、谭戒甫等人支持胡适的意见,当然,也有大量学者秉持传统看法,如郭湛波、庞朴等人。这场争论至今余波未了,仍有很多人在做非此即彼的选择。然而,如果从学术史的发展看,这两种观点都有其合理性,只是两方的眼光和所持的参照系不同而已。支持有"名家"存在的一派是站在中国的学术视域特别是在先秦诸子的范围内进行比较,此时,讲究"苛察缴绕""专决于名"那一系的思想自然就跳了出来。而主张"古无名家之名"的学者则主要从中西思想比较的视野来审视"名"的问题。在他们看来,"名家"至少就其字面意思而言是"'名学'之家",而"名学"一词似乎不能专属于"名家"。② 因为先秦几乎每家都关注和思考"名"的问题,所以可以说都有一套自身风格的"名学"。既然每家都是"'名学'之家",自然也就无所谓"名家"了。

可见,由于参照系的不同,古今学者发明了两套与"名"相关的术语。古人所谓的"名家"涵义较为单纯,就是那个在与诸子的比较中注重从"名"的分析入手,强调思辨因而往往得出不切实际结论的另类学派,主要指邓析、惠施、公孙龙和墨辩学派,有时还加上《尹文子》。现代学者所讲的"名学"则复杂多了。"名学"一词的出现一开始就与中西思想的比较有关。最初是出于"格义"的需要,由于 Logic(逻辑学)及其词根 Logos(逻各斯)涉及西方思想最核心的内容,这就促使翻译家以思想家的眼光重新审查和抽绎中国思想是否也有这样一个核心。关于考察的结果,不管是明末李之藻翻译的《名理探》

---

① 耿云志主编:《胡适论争集》,北京:中国社会科学出版社,1998年,第641页。
② 中国古代有"名学硕儒"(《三国志·华歆传》)之类的用法,但这种"名学"显然并不指"名家"之学。鲁胜在《墨辩注叙》中说"墨子著书,作《辩经》以立名本",下文接着说"惠施、公孙龙祖述其学,以正别名显于世",从上下文意来看,这里的"其学"就是指关于"名"的学问,也可以指"名家"之学。只可惜"名学"的叫法最终还是没有出来,鲁胜的思想后来也湮没了。因此可以说,古无"名学"之名。相比于儒家有儒学,墨家有墨学,这是一个很值得注意的问题(道家很少说道学应当另说)。其中一个重要的原因就在于每家都有"名"的见解,因而"名学"不能专属一家。

还是后来严复的《穆勒名学》《名学浅说》等译著,都不约而同地从中国的语言和思想中拈出"名"字,最后造出"名学"的译名。此译名曾流行时间颇长,直到 1949 年后才为其音译"逻辑学"所取代。后来,当人们对"名学"(逻辑学)有了一定了解后,再以其框架"反向格义"中国思想,发现可以筛选出若干相关内容,这些内容与传统的"名家"高度重合,但也并不局限于"名家",此即作为"中国古代逻辑学"的"名学"。

就此而言,"名学"一词自诞生起就隐藏着一个矛盾:一方面,从"名学"的造词本意来看,是指关于"名"的学问,此"名"除了对译为 Logos 之外,自然可以用来指中国文化中所有与"名"相关的思想内容。因此,"名学"一开始就超出了传统的"名家"之学的范围,事实上,多数"名学"研究者都承认先秦几乎每家都有各自的"名学",比如胡适的《先秦名学史》、郭沫若的《名辩思潮的批判》、伍非百的《中国古名家言》等都是如此认为的。另一方面,从近代"名学"研究的具体发展来看,其涵义却是有所侧重的。学者们关注的重心仍是传统"名家"之学及其相关的内容。这与"名学"采取的"反向格义"的研究方法有关,晋荣东教授将这种以西方逻辑学作为方法和视角的"名学"研究范式概括为"名学(名辩)逻辑化"。"名学逻辑化"的实质是"据西释中",其问题在于一味求同,如此则必然抹杀"名学"一些本有的特质。因此,早在 20 世纪 90 年代,中国逻辑史领域就集中出现了对"名学逻辑化"的反思,提出和讨论了所谓中国逻辑史的学科合法性问题。[①]

综合上述"名学"两个方面的动向可以发现,"名学"研究有一个回归方向,即回到早期翻译家以思想家的洞见对中西思想比较的视野。Logic 的翻译,不仅是找到一个译名这么简单,考虑到其在西方思想中的本质重要性,这就促使翻译家重新审视中国思想,看其是否有一个统摄性的观念,用以比拟 Logic。严复为此颇费心思,他说:

> 逻辑此翻名学。其名义始于希腊,为逻各斯一根之转。逻各斯一名兼二义,在心之意、出口之词皆以此名。引而申之,则为论、为学。故今日泰西诸学,其西名多以罗支结响,罗支即逻辑也。如斐洛逻支之为字学,唆休逻支之为群学,什可罗支之为心学,拜词逻支之为生学是已。精

---

① 晋荣东:《中国近现代名辩学研究》,上海:上海古籍出版社,2015 年,第 395 页。

而微之,则吾生最贵之一物亦名逻各斯。此如佛氏所举之阿德门,基督教所称之灵魂,老子所谓道,孟子所谓性,皆此物也。故逻各斯名义最为奥衍。而本学之所以称逻辑者,以如贝根言,是学为一切法之法,一切学之学;明其为体之尊,为用之广,则变逻各斯为逻辑以名之。学者可以知其学之精深广大矣。①

严复一方面明白,严格来讲 Logic 是没法翻译的,所以先以音译法将其译为"逻辑"。另一方面,若仅以"逻辑"示人,则使人不明所以。因此还必须对逻辑及其词根逻各斯在西方思想中的重要性做一种中国读者能够理解的提示,于是他在中国传统思想中发现了"名"的观念及其独特价值。言下之意,如果西方思想有一种"逻各斯中心主义"的话,那么中国思想中的"重名主义"恰好与之相应。更能鼓舞人心的是"逻各斯中心主义"的代表学科逻辑学和"重名主义"的代表学派"名家"或广义的"名辩学派"的内容有很多相通之处。然而,相通毕竟不是相同。因此,当"名学逻辑化"的研究范式开始广受怀疑之后,一种希望通过更加多元的方法审视"名家"及"名辩学派",进而重新考察和探讨中国古代思想中"名"的问题的时代开始了。这个时代依然走在"名学"的延长线上,只是相比于此前"名学"的研究方法和范围有明确的反思和实质的拓展。为了与此前的"名学"研究加以区分,只好在其前面加一个"新"字,于是就有了"新名学"。

二 "新名学"研究的新进展

就"新名学"与"名学"的区别而言,首先是研究方法的改变。"新名学"要求反思"名学逻辑化",从而主张以多元的方法和视角关注中国古代思想中"名"的问题,于是其研究范围也就扩展开来,其重心由"名家"及其周边学派扩展到所有学派,从"名辩"及其周边问题扩展至所有可能与"名"相关的问题和领域,时间上也不再局限于先秦时期。"新名学"的研究自 20 世纪 90 年代中国逻辑合法性问题的讨论开始,中经 2000 年以后的中国哲学合法性问题的推波,至今已有三十年的历史。如果要对"新名学"的研究进展做一种刻

---

① 《严复集》第五册,第 1027—1028 页。

画,笔者认为可以通过以下三个方面呈现:多元的方法、多维的视角和更广的范围。

第一,关于多元的方法。通过反思"名学逻辑化","新名学"开始在形式逻辑和认识论之外寻找更适合的研究方法。这些研究从研究主体来看分为两个群体:一是原来的中国古代逻辑学科的从业者,二是这一学科之外的研究者。

就前者而言,当这一学科经历了20世纪90年代的"去逻辑中心化"之后,逐渐发现其研究对象似乎并不是一种叫"名辩逻辑"的逻辑学,而是一种可以称为"名辩学"的中国学问。于是学者们开始自觉围绕"名辩学"展开研究,其研究的方法可以分为两类:一种依然坚持"以西释中",认为既然形式逻辑的问题太大,就改换一种更合适的方法;另一种则要求回到"名辩学"的本来面目,从历史角度还原其真实和丰富的内涵。

第一类方法主要包括符号学、语用学、语义学以及现代逻辑等。在"名学"研究中,如何对"名"进行界定是首要问题。此前人们一般将"名"等同于逻辑学的"概念"。然而,古人所使用的"名"虽有"概念"之内涵,却不能等同视之。20世纪80年代末以后,兴起于19世纪的西方符号学理论传入中国,逐渐加入了反思"名学逻辑化"的大军中,于是20世纪90年代后,就间有学者从符号学角度解读中国传统思想。1998年,李先焜发表《名辩学、逻辑学与符号学》,反对将"名辩学"称之为亚里士多德那样的形式逻辑,而提出应当从非形式逻辑的角度重新考察"名辩学"的特点。他认为:"名辩学中包含着丰富的语义学与语用学的内容,因此说它属于符号学研究的范围。"[1]此外,陈宗明、曾祥云、刘志生、林铭钧和陈道德等学者都主张以语言符号学的方法来研究"名辩学"。[2] 与此同时,一些学者主张引入现代逻辑的工具。以现代逻辑如数理逻辑的方法研究"名辩学"早已有之,但此前还谈不上自觉。[3] 20世纪90年代以后,现代逻辑的研究者开始与语言符号学的信奉者

---

[1] 李先焜:《名辩学、逻辑学与符号学》,《哲学研究》1998年增刊,第17页。
[2] 陈宗明主编:《汉语逻辑概论》,北京:人民出版社,1993年;曾祥云、刘志生:《中国名学——从符号学的观点看》,福州:海风出版社,2000年;陈道德:《试论"名"的符号性质》,《"回顾与前瞻:中国逻辑史研究30年"全国学术研讨会论文集》,2010年;林铭钧、曾祥云:《名辩学新探》,广州:中山大学出版社,2000年;曾祥云:《"名":在语言符号理论的视阈中》,《学术界》2011年第4期。
[3] 例如沈有鼎曾应用现代逻辑来研究墨辩,使其中包含的逻辑内容得到了更清楚地展现。参见沈有鼎:《墨经的逻辑学》,北京:中国社会科学出版社,1982年,第15—16、26—27、33—34页。

会师,共同应对"名辩逻辑化"因固执于传统逻辑所引发的问题。只不过,此派学者相信这些问题通过现代逻辑就能得到解决。例如杨武金教授就曾自信地讲:"《墨经》中所讨论的许多逻辑问题,也许在西方传统逻辑或者亚里士多德逻辑中得不到解释,但它可以在现代逻辑中得到解释,有些问题也许在今天还得不到完满的解释,但总有一天会得到解释。"①

第二类方法主要指崔清田提出的"历史分析与文化诠释"的研究进路。1997年,崔清田在其主编的《名学与辩学》中提出:"名学与辩学是中国古代文化的有机组成部分;它们有自己的对象、内容和特质;对于这些的认识与说明,仅仅依靠向西方传统形式逻辑认同是不能解决问题的,应当对之做历史的分析与文化的诠释。"②这是强调名学和辩学并非西方传统形式逻辑的中国型,而是关于"名"与"辩"的本土学问,因而应当通过具体的历史分析和文化诠释判定其性质,分析其特点,评价其优劣。此后,张晓芒的《先秦辩学法则史论》、翟锦程的《先秦名学研究》等论著均可以看作这一方法指引下的书写。③ 总之,崔清田等人对于"以西释中"十分警惕,认为这种方法忽略了先秦名学的特质,因而主张应对名学的内涵及发展的实际情况做一种历史和文化还原。

就研究主体的后者而言,中国古代逻辑史之外的学者近年来也越来越多地参与到"名"的话题中来,并尝试了各种别具风格的方法。这些方法大致也可分为两种,一是从逻辑学以外的学科来透显"名"的丰富内涵,另一种是采取比较哲学的方法。

第一种方法中最突出的是政治学(哲学)和语言学(哲学)的方法。前者的代表人物是曹峰教授。曹氏早年留学日本,受其导师池田知久的影响而对出土文献尤其是《黄帝四经》产生兴趣,发现其中对"名"的观念尤为重视,后遂以《中国古代"名"的政治思想研究》为题撰写了博士论文。该文以黄老之学的研究为契机,自觉意识到中国古代对"名"的关注主要有两个方面,一是语言、逻辑意义的,二是伦理、政治意义的。两相比较,他认为后者才是先秦

---

① 杨武金:《墨经逻辑研究》,北京:中国社会科学出版社,2004年,第10页。
② 崔清田主编:《名学与辩学》,太原:山西教育出版社,1997年,第354页。
③ 张晓芒:《先秦辩学法则史论》,北京:中国人民大学出版社,1996年;翟锦程:《先秦名学研究》,天津:天津古籍出版社,2005年。

名学的主流并且更有研究价值。① 后者的代表人物为郑吉雄教授。郑氏以语言和观念的研究为进路，近年来特别关注中国古代"名"的问题，先后撰写了《名、字与概念范畴》和《论先秦思想史中的语言方法——义理与训诂一体性新议》两篇论文。在后一篇文章中，郑氏提出了一套完整看法，主张应当从方法的意义来理解语言，而中国古代经典中的"名"正是这种作为方法的语言；以此观之，"名"实际上"形塑"了先秦思想史。具体而言，孔子确立的"名教"奠定了语言的礼教伦理作用，此举引起了墨、道、名诸家的批判和解构，直到荀子提出了一种"新名学"，全面回应各种反"名教"的名学，这就构成了一个先秦思想的回环。以此视角来看，作者认为传统的义理、训诂之争并无必要。②

除了上面两种方法，还有一些方法值得注意。比如林远泽教授提出的"道德文法学"，林氏注意到儒家的正名思想涉及"政治正当性"问题。他提出："正名论并非在知识论上，词语（名）与事物本身（实）是否相符应的问题，也不是在逻辑概念中，概念的内涵（实）与外延（名）是否能相互涵摄的问题，而是对于词语（'名'）在道德文法学中所约定的行为道德价值或社会秩序，能否透过正名的公开肯否表态，并在取得他人的认同下，达成行动协调之言顺事成的语言'实'用（语用学）问题。"透过这种正名的"道德文法学"，儒家使人们在沟通过程中达成了一种"规范共识"，以此规范为根据的礼乐制度也便具有了正当性。③ 又如陈少明教授通过历史哲学对"名"的研究。陈氏认为"名"是儒家"历史形上观念"中重要的一个。他指出，孔子正名的"名"既是一种称谓或标签，也包含着价值和理想之意，其中就涵盖了"名声"义，它涉及空间尤其是时间的延伸，因此事关"不朽"问题，而此问题既是道德的，也是宗教的。④ 再如张涅教授从认识论角度对先秦名学的重新梳理也很有启发性。张氏认为名学本质上是关于"人的认识的认识"，这种认识有个体和群体

---

① 曹峰：《中国古代"名"的政治思想研究》，上海：上海古籍出版社，2017年。
② 郑吉雄：《名、字与概念范畴》，《杭州师范大学学报（社会科学版）》2017年第4期；郑吉雄：《论先秦思想史中的语言方法——义理与训诂一体性新议》，《文史哲》2018年第5期。
③ 林远泽：《礼治与正名——论儒家对于政治正当性之伦常奠基的道德文法学构想》，《汉学研究》2013年第1期。
④ 陈少明：《儒家的历史形上观——以时、名、命为例》，《华东师范大学学报（哲学社会科学版）》2012年第5期。

两个方向："个体性方向的发展可能由感性经验而趋向直觉主义，群体性方向则从实践的理性化而走向逻辑主义。……前者以《公孙龙子》和《庄子·天下》所载惠施'历物十事'、辩者'二十一事'为代表，后者在《墨经》《荀子·正名》中最为典型。"在他看来，此种梳解不仅可以使我们更准确地评价先秦名学，还可以与西方哲学如康德哲学和胡塞尔的现象学进行深入的对话，此点尤其体现于注重直觉主义这一派中。① 此外，还有从美学、法学和兵法等方面研究"名"的学者，都获得了有价值的成果。②

第二种方法涉及哲学及文化的比较。近年来，一些学者从中西比较视野重新发现和诠释了"名"在中西思想沟通中的价值。比如陈声柏教授将先秦的"名"与亚里士多德的"范畴"进行了深入比较。在陈氏看来，自19世纪晚期开始，人们就习惯将先秦的名学视为中国古代逻辑学，此中关键在于"名"与"范畴"被轻易画上了等号。通过比较可见，"名"和"范畴"虽然都涉及语言分析，因而有相似之处，但后者"注重词形和语法的纯粹语言分析"，前者则"注重词意和语用，进行'名实'关系的讨论，即关注语言和实际现实的关系"。也就是说，主流的中国思想家总认为语言（名）需要符合实际（实），不应脱离实际而做纯粹的语言分析。③ 又如赵奎英教授的中西诗学比较研究。在中西思想及文论的比较中，常见的做法是将"道"与"逻各斯"相提并论，此点在张隆溪的《道与逻各斯》一书中得到了全面而系统的表述。④ 赵氏对此一通行观点发出挑战，提出了"名与逻各斯"的构想，她认为就像西方传统中存在一种"逻各斯中心主义"，中国传统中也有一种"重名主义"（正名），同样，西方的"反逻各斯中心主义"与中国的"无名"主义相呼应。这种比较更

---

① 张涅：《先秦名学发展的两条路向》，《哲学研究》2018年第2期。
② 例如以下的研究，仅通过题目就能看到其对"名"的关注及其方法：朱路昕：《"名符其实"与"倒名为实"：中西美学的思维出发点》，《酒城教育》2017年第2期；马腾：《先秦法思想之名学框架略诠——从孔子的正名主义到申韩的刑名之论》，《北方法学》2012年第6期；秦飞、黄朴民：《〈奇正〉之作者考——以〈奇正〉所透露的"名"的自觉为线索》，《浙江学刊》2014年第2期。
③ 陈声柏：《先秦名学与亚里士多德的范畴》，《兰州大学学报（社会科学版）》2003年第2期。早于陈声柏而得出了相似结论的是姚小平教授，姚氏对"逻各斯神秘主义"和老子"名说"进行了比较，认为两者都基于本质论的认识，以为名称与事物同生同在，但前者始终不出哲学-宗教的范围，后者则为"正名说"的发生提供了契机，而"正名说"使中国古代语言哲学观与社会政治紧密地维系了起来。姚小平：《Logos与"道"——中西古代语言哲学观同异谈》，《外语教学与研究（外国语文双月刊）》1992年第1期。
④ 张隆溪：《道与逻各斯》，冯川译，成都：四川人民出版社，1998年。

容易通向中西文化之间的"求同存异"。① 再如比利时汉学家戴卡琳教授的"正名"研究,戴氏近期发表了《名还是未名,这是问题》一文,从中西思想翻译和比较的角度探讨了早期中国文献中的命名及称谓问题。在她看来,先秦文献中的命名性和称谓型语句如"谓之"常被西方人翻译为系动词"to be",这种翻译实则"失去了原文当中的命名或称谓方面的味道"。究其原因,是由于西方哲学家受到其语言中无处不在的系动词"是/存有"(英文中的"to be"、拉丁文中的"esse")的影响而强调一切概念皆有其本质。实际上,从汉语思想来看,"'名'还是'未名',以及更加重要的'如何命名',这些才是先秦诸子所真正关注的问题"②。

除了中西比较,也有学者从中日思想的比较中来关照"名"所体现的价值。早在 1971 年,日本学者森三树三郎就在其著作《"名"与"耻"的文化》》中对中日语言共同使用的"名"进行了比较和分析,并从伦理思想角度得出结论,认为中国伦理思想以"名"为核心价值,日本伦理思想则以"耻"为核心价值。③ 其中,作者特别注意到汉语中包含着一种"有名的东西必然是优秀的东西"的内在逻辑,他将此现象归结为两个原因,一是"名称"与"事物"为一体的原始巫术观念和信仰;二是有德必获名声的古代因果报应信仰。④ 沿着这种以"名"为线索对中日伦理思想进行探索的路向,近年来,王小林教授又向前推进了一步。王氏一方面对中国语言哲学中重"名"的特点进行了更为深入的探索,另一方面则着重指出日本语言哲学中对"言"的强调,两者的具体差异表现为"名与体"和"言与魂"之别。由此就可回应近代以来"面对新的历史契机,中日两国的文化人都试图通过语言文字的变革振兴彼此的民族自信"这一看似相同的应对方式之成败与得失的问题。⑤

第二,关于多维的视角。视角可以理解为一种宽泛意义的方法,如果我

---

① 赵奎英:《中西语言诗学基本问题比较研究》,北京:中国社会科学出版社,2009 年。
② 戴卡琳:《名还是未名,这是问题》,崔晓姣、张尧程译,《文史哲》2020 年第 1 期。戴卡琳特别强调了"名"和"存在"的不可通约性并说:"to name or not to name, that is the question,我在此挪用了哈姆雷特的经典名句'存在还是不存在,这是个问题'(To be or not to be, that is the question),来形容西方哲学家往往关注于存有及本质方面的问题。"
③ 参见森三树三郎:《〈名〉と〈恥〉の文化》,东京:讲谈社,2005 年。
④ 同上书,第 104—108 页。
⑤ 王小林:《"名"与"言"——中日语言哲学之演绎及启示》,《台大文史哲学报》2008 年第 69 期,第 39—77 页。

们将视野扩大还会发现一些很有特色的"名"的研究,这些研究或者从不同角度关注"名"的内涵和意义,或者将"名"引入一些新的话题中。

就前者而言,引人注目的研究有以下内容:其一,从训诂学尤其从"声训"角度来探讨儒家"正名"问题。张以仁先生在1981年的文章《声训的发展与儒家的关系》中就深入分析了正名与"声训"这种训诂方法的关系,认为"儒家利用声训之法作为其宣传手段"。① 后来郑吉雄作为张氏弟子继承了这一看法,也认为"孔子藉由同源的字义、相同的语音,建立了'政'与'正'之间的一个绝对关系,由是而推论出'子帅以正,孰敢不正'的训诲。孔子这样一讲,便等于认真地将'声训'手段,变成了儒家治术的原理"②。另据笔者所见,以训诂和名学为主题的研究还有不少,如孟琢教授将秦汉的训诂学分为正反合三阶段:先秦时期在正名思想的推动下出现了声训、形训的滥觞;汉代则出现了训诂经学化倾向,进而导致了解释的随意化和名实混淆;直到汉末以许慎为代表的古文经学家纠正流弊,才实现了正名的复归。③ 又如赵中方教授分析了先秦名学对声训的影响,将其分为"求故、类同、坚白相外和正名"四种。④ 这些见解都很有见地。其二,有关"名"的名声义,如袁阳教授《名的高扬》和《名的消解》二文,前文关注中国人对"名"的崇尚和高扬的现象,认为这与儒家将"名"与终极关怀问题连接有关,而此种连接的前提在于"名"具有一种文化心理的动力功能;后文则关照"名"的高扬所带来的问题,即"终极价值的非本体性、超越精神的非纯粹性、不朽境界的虚玄性三大缺陷"⑤。又如以色列汉学家尤锐注意到"名声"观念与中国古代士人的行为动力之间的关联,进而撰写了《为圣名而死》一文,也极为精彩和深入,包含了很多前人未发的洞见。⑥ 其三,有关"名"的名分义,如陈继红教授对儒家名分

---

① 张以仁:《声训的发展与儒家的关系》,载《中国语文学论集》,台北:东升出版事业公司,1981年,第53—84页。
② 郑吉雄:《论先秦思想史中的语言方法——义理与训诂一体性新议》。
③ 孟琢:《论正名思想与中国训诂学的历史发展》,《北京师范大学学报(社会科学版)》2019年第5期。
④ 赵中方:《声训与先秦名学思想》,《扬州大学学报(人文社会科学版)》2003年第4期。
⑤ 袁阳:《名的高扬——儒家终极关怀与名的文化心理动力功能》,《中华文化论坛》2006年第01期;袁阳:《名的消解——名的文化心理动力功能弱化分析》,《社会科学研究》2006年第6期。
⑥ Yuri Pines, To Die for the Sanctity of the Name: Name (ming 名) as Prime Mover of Political Action in Early China, in *Keywords in Chinese Culture*, eds. Wai-yee Li, Yuri Pines, The Chinese University of Hong Kong Press, 2019, pp. 167-215.

思想的解读,认为"'名'与'分'是解读先秦儒家名分思想的两个基本维度,基于以等级分殊为内涵的秩序建构这一价值目标,先秦儒家以'名'作为秩序构建的原点,以'分'作为秩序认同达成的一种价值路径"①。其四,有关"形名"认识论,贡华南教授通过梳理中国古典思想"名"之演变脉络认为,先秦形名家以"形"为"名"的根据,儒家自觉超越"形名"而走向"形而上",汉儒以"声"作为"名"的根据,魏晋玄学则发展出以"味"为"名"的根据的路向。② 其五,有关人"名"的研究,如侯旭东教授通过对古代称名与不称名、"策名委质""名籍""物勒工名""名田宅"等制度和文化的分析认为,研究"名"如何使用"有助于从内在脉络认识中国古代国家的形态"。③

就后者而言,有的学者将"正名"与意识形态的问题联系起来,重新加以思考。④ 比如杨晖教授将法兰克福学派有关意识形态的理论引入孔子正名思想的研究,认为就意识形态的操纵性、虚拟性、辩护性三种功能而言,正名理论同样具备,因此正名作为一种意识形态学说实际上"是一种'想象的生活',是一种话语的霸权"⑤。又如祝东教授从符号学思想分析儒家的"名与礼",认为"正名表面上是要求实返回到固有名的状态之下,而实际上是用传统的意识形态内容去规范新的事物,使之回到原有的既定轨道上来"⑥。此外,有学者将"正名"问题与身体哲学联系起来,如美国学者简·珍妮教授在其著作《作为身体实践的早期中国语言》中提出的观点,在她看来,不同于西方哲学传统将语言视为抽象的二元构造(例如"真实/表象"和"一/多"),早期中国语言由"名"与"言"构成,而"言"从口出,"名"从耳入,两者可以视为

---

① 陈继红:《名分·秩序·和谐——先秦儒家名分思想的一种解读方式》,《南京大学学报(哲学·人文科学·社会科学)》2010年第5期。
② 贡华南:《从形名、声名到味名——中国古典思想"名"之演变脉络》,《哲学研究》2019年第4期。
③ 侯旭东:《中国古代人"名"的使用及其意义——尊卑、统属与责任》,《历史研究》2005年第5期。
④ 自马克思主义传入中国,并以自身为尺度而评判中国传统文化,就开始以其意识形态的观察视角理解传统文化了。其中一个核心环节就在于如何评价儒家的正名学说。以孔子正名思想的评价为例,马克思主义学者的主流观点认为正名的以名正实观念中包含着以旧的意识形态来匡正已经发展变化了的社会现实,因而是一种唯心主义。然而自20世纪90年代以来,这种观点开始受到怀疑。参见苟东锋:《孔子正名说的马克思主义诠释考论》,《中国石油大学学报(社会科学版)》2014年第2期。
⑤ 杨晖、杨逻:《试论名正思想的意识形态建构》,《兰州学刊》2010年第10期。
⑥ 祝东:《名与礼:儒家符号思想及其深层意识形态分析》,《兰州大学学报(社会科学版)》2018年第3期。

一种身体实践,因而具有非抽象性的特点。① 有的学者如倪培民教授将孔子"正名"放在全球性文明对话的背景下,认为"'正名'说可以帮助我们更有效地进行交流从而来达到'和而不同'的境界,既可避免追求所谓的绝对真理而带来的独断,又可以克服相对主义和文化虚无主义"②。除了这些,还有学者明确将"名"与释义学联系起来,如胡传顺教授对"新名学"的评论就以此为视角。③

第三,关于更广的范围。随着多元方法和多维视角的应用,有关中国古代思想中"名"的问题的研究范围也得到了极大扩展。这种扩展可以从两个方面来看:一是时间上由原先集中于先秦"名辩思潮"而向前后延伸,二是内容方面的扩容。

就前者而言,以往的"名学"研究往往集中在所谓先秦"名辩思潮",这种影响直到晚近仍有市场,比如曹峰教授说:"汉以后,有关'名'的论述逐渐减少,名学成了一门绝学。"④晋荣东教授也讲:"历史地看,名辩自秦汉以降即已衰落,直至明清之际诸子学的兴起,才被重新发现。"⑤然而,近些年来有关"名"的研究已经突破了这种看法,就"名辩思潮"之前而言,比如丁亮教授的《论中国名学天命的历史根源》一文,从周代礼乐文化乃至天命的角度追溯中国名学的历史根源,并以此为根据试图建立从"名实指称领域"到"符号操作领域",再到"操作图式领域"的"立体的名学架构"。⑥ 又如周晓露近期发表《从"名"看〈老子〉的哲学突破》,认为"'名'可用来表征春秋中期以降的社会危机,对'名'问题的回应从某种程度上反映了诸子的'哲学突破'",并在此基础上分析了老子如何从"无名"到"常名"进而建构出"道"的思想,实现了对前轴心时代思想传统的继承和突破。⑦ 再如贡华南教授指出,春秋时期的思想界存在两股思想力量,"一是《诗》、《书》、《礼》、《乐》代表的老传

---

① Jane Geaney, *Language as bodily practice in early China: a Chinese grammatology*.
② 倪培民:《对话的语言与儒家的"正名"》,《社会科学》2008年第3期。
③ 胡传顺:《"新名学"研究之洞识,疑难和展望——关于苟东锋名学新观点的释义学考察》,载《思想与文化》(第17辑),上海:华东师范大学出版社,2015年,第271—296页。
④ 曹峰:《对名家及名学的重新认识》,《社会科学》2013年第11期。
⑤ 晋荣东:《近现代名辩研究的方法论反思》,《社会科学》2012年第5期。
⑥ 丁亮:《论中国名学天命的历史根源》,载《思想与文化》(第17辑),上海:华东师范大学出版社,2015年,第40—84页。
⑦ 周晓露:《从"名"看〈老子〉的哲学突破》,《哲学研究》2020年第3期。

统,另一个是齐桓-管仲的形名-事功思潮"①。并在此基础上对于孔子和老子思想的产生进行了分析,这是对"名"在前孔子时代之意义的一种新刻画。此外,笔者所撰《前孔子时代的名学》也是尝试从孔子及其之前有关"名"字的使用中解释儒家名学的起源问题。② 就"名辩思潮"之后而言,笔者在《名教的内在理路》一文中提出先秦以后"名"的话题并未消失,而是由此前的名辩的理论形态转变为围绕"名教"问题的实践形态。这样来看,先秦以后有关"名"的问题也应纳入"名学"的范围,而这方面也有不少研究。牟宗三和唐君毅有关魏晋名理、名学及先秦名家的探讨可以视为这方面的代表性成果。③ 此外还包括张新国教授对于张载哲学中有关"名"的问题的讨论④,贾新奇教授等人对于顾炎武"以名为教"理论的研究。⑤ 另外,还有人讨论《刘子》一书中的"名"说,有人关注贾谊《新书》中的正名方法,有人注意到司马迁《史记》中所表现的"立名"的观念等。⑥

就后者而言,"新名学"研究内容的增加首先是研究对象的扩展。自"名学"一词诞生以来,虽然人们大都承认各家都有其"名学","名辩思潮"的阵营中也包含了先秦各派,然而其重心仍是传统的"名家"之学或者广义的"名辩学派"。这种局面近年来得到了彻底改变,其中一个重要的表现是儒家尤其是道家名学的研究受到高度重视,呈现出蓬勃发展的态势。对道家"名"的问题的关注向来不乏人,可是将其上升到"道家名学"高度的研究却是近来才有的事情,曹峰教授的论著由黄老名学而推及先秦"名"的政治思想的研究,为开风气之先者。此外,郑开教授的论文《道家"名学"钩沉》以及周晓东的博士学位论文《先秦道家名思想研究》则为此方面的代表作。⑦ 与此相关

---

① 贡华南:《春秋思想界的张力:论新思潮与老传统的关系》,《复旦学报(社会科学版)》2017 年第 5 期。
② 苟东锋:《前孔子时代的名学》,《哲学与文化》第 513 期,2017 年。
③ 牟宗三:《才性与玄理》,台北:台湾学生书局,1989 年;唐君毅:《中国哲学原论·导论篇》,北京:中国社会科学出版社,2014 年。
④ 张新国:《张载哲学的"名"观念析论》,《宝鸡文理学院学报(社会科学版)》2015 年第 3 期。
⑤ 贾新奇、窦新颖:《论顾炎武的"以名为教"理论及其当代意义》,《理论学刊》2018 年第 2 期。
⑥ 王伟凯:《论刘子的"名"说》,《衡水学院学报》2018 年第 6 期;戴宁淑:《论贾谊〈新书〉中的正名方法》,《郑州航空工业管理学院学报(社会科学版)》2004 年第 2 期;阮忠:《司马迁"立名"及其〈史记〉的史性与诗性》,《高等函授学报(哲学社会科学版)》2003 年第 2 期。
⑦ 郑开:《道家"名学"钩沉》,载《哲学门》(总第十一辑),北京:北京大学出版社,2005 年;周晓东:《先秦道家名思想研究》,博士学位论文,山东大学文学院,2012 年。

的是"道法家"或"法家名学"的研究,近年来,翟玉忠先生在"新法家"的旗帜下逐渐建构起一套从法家视域出发的"名学"理论,其作品《正名:中国人的逻辑》就是这方面的一种尝试。① 至于"儒家名学",除了笔者围绕孔子正名思想的系列研究以外,②还有林翠芬教授的《先秦儒家名实思想之研究》以及刘世宇先生的《命名与秩序——先秦儒家"名"思想引论》等③,这些研究均将"名"视为儒家学说中最重要的组成部分并对"名"进行了儒家式的解读。随着研究对象的扩展,很自然地,"名学"研究的问题也由原来主要集中于逻辑学和认识论,进而扩展到伦理、政治和道德等领域。因此在此一阶段,不仅出现了"两种名学"(即逻辑认识与伦理政治的名学)的强音,还出现了若干围绕政治问题的名学研究,除了曹峰教授的论著,胡红伟的博士学位论文《"名"的追寻——名实关系视域下的先秦政治哲学》亦是其中重要一种。④

三 "新名学"的反思及前景

以上所勾画的"新名学"研究现状,若从方法上再做一个简单归类,可分三种:第一种是宽泛意义的"以西解中",这当然是相对于此前以形式逻辑破解"名学"的那种狭窄的研究范式,其中既包括在中国古代逻辑学领域运用符号学和现代逻辑的做法,也包括此领域外的学人所采用的政治学、语言学、认识论等方法。第二种可以理解为一种狭义的"以中解中",这里的典型是崔清田教授的"历史分析与文化诠释"和曹峰教授采用的思想史的研究路径,两者都希望还原历史上有关"名"的思想的本来面目,反对以西方及后人的眼光审视中国思想史上这一本土精神现象。第三种为"中西比较"(或"中日比较")的方法,包括上文提到的陈声柏、赵奎英、戴卡琳、姚小平、森三树三郎及王小林等人通过语言和文化的比较而对"名"在中国思想中之特殊性和重要性的强调。

---

① 翟玉忠:《正名:中国人的逻辑》,北京:中央编译出版社,2013年。
② 苟东锋:《孔子正名思想研究》,上海:上海人民出版社,2016年。
③ 林翠芬:《先秦儒家名实思想之研究》(上),台北:花木兰文化出版社,2011年;刘世宇:《命名与秩序——先秦儒家"名"思想引论》,《北京大学学报(哲学社会科学版)》2018年第5期。
④ 胡红伟:《"名"的追寻——名实关系视域下的先秦政治哲学》,博士学位论文,首都师范大学历史学院,2013年。

这三种方法,前两种方法的运用极大拓展和丰富了"名"在中国古代思想中的价值和意义,这是此前的旧"名学"研究所不可企及的;后一种方法则在相当程度上解释了这种拓展和丰富是何以可能的,这是此前的"名学"包含却并未充分开发的一个维度。这样的两个方面共同预示了"新名学"研究的未来方向,即一方面充分挖掘"名"在各方面的丰富内涵,进而由此发现"名"在中国思想中的某种统摄作用;另一方面则为自觉反思"名"在何种程度上发挥这种统摄作用及其何以具有统摄效用。以下再就这两个方面的研究做一个简要评价以疏通未来"新名学"的研究方向并衡定其学术价值。

就前者而言,宽泛意义的"以西解中"和狭义的"以中解中",这两种"名学"研究进路都是为了回应近代以来"名学逻辑化"的研究范式,两者都有纠偏之功并从实质上将"名学"推进到了"新名学"的阶段。从其研究范围来看,可谓包罗万象,学者们几乎探讨了"名"的各种维度以及"名"在各种学派的不同理解和意义。然而,从研究的角度和深度来看,儒、道二家的名学研究虽然在此一阶段异军突起,却依然有待深入。而且比较而言,"道家名学"由于受到以马王堆帛书《黄帝四经》为代表的出土文献中对于"名"的问题的高度重视而得到相对广泛的重视,"儒家名学"则由于缺乏相应的刺激而导致其研究就相对冷清。可是,较之儒家在中国文化及思想中的重要地位以及"正名"思想在儒学中的重要意义,目前的"儒家名学"研究仍有极为广阔的推进空间。再从研究者对于"名"的认识来看,这两种方法贯穿下的各种研究虽然丰富了"名"的内涵,但其对于"名"的理解却多限于各自的领域或视角。例如中国古代逻辑领域的研究虽然不再固执于"名辩逻辑"的构造,却又自限于所谓"名辩学"之中,而这种"名辩学"显然有自身的限度。又如思想史类的研究虽然注意到"名"的话题的广泛性,却仅将其研究定位为说明思想史上"名"的问题的所谓事实。总的来说,虽然学界已经注意到先秦各家都涉足"名"的话题,却始终没有明确提炼出"名"从某种程度是统摄先秦乃至中国思想的一条线索的结论。

就后者而言,通过中西以及中日比较方法研究"名"的问题有个前提,即统一两个比较项各自表现为杂多的思想,以使比较成为可能。在这种统摄意识的笼罩下,"名"作为通约中国思想的一个选项重新映入人们的眼帘。之所以说"重新"是因为"名学"一词本身就是严复等人在中西比较的视野中从中国思想中拈出"名"的观念与西方 logos 观念比较的产物,只是随着"名学逻辑化"的发展,此点逐渐被人们遗忘。近年来出现的有关"名"的中外比较研究重新激活了"名学"的这个维度。这些研究或者指出中国思想中呈现出"重名主义"的特点,或者分别指出中国重"名"而西方重"逻各斯"(Being、范畴、概念,日方则为耻、言),或者分析"名"与"逻各斯"的异同,总之,都已意识到"名"在中国思想尤其是先秦诸子中具有统摄作用的现象。然而,多数研究仅仅止步于指出这种现象,而对于为何出现这种现象却没有进一步追问。

那么,这是不是一个可以继续追问的问题呢?另一些学者的研究表明答案或许是肯定的。比如俞宣孟教授通过研究西方哲学"本体论"问题,进而提出存在(Being)问题是西方哲学的"底本",研究西方哲学尤其是其"本体论"应当从"底本"观念下手。不仅如此,孟氏还以西方为例指出"底本"的三个特征:"语言的特征、与语言密切相关的哲学问题的方向和表述方式,以及围绕着哲学问题的争论而产生的哲学分支或流派。"①沿此思路,我们不禁想问中国哲学是否也存在某种"底本"?这种底本是否与"名"相关?又如陈声柏教授在比较了先秦的"名"与亚里士多德的"范畴"之后指出,两者都是在语言的意义下所进行的语言分析,因而具有可比性;然而与"范畴"可以进行词形和语法的纯粹语言分析不同,"名"的语言分析与"名"由"实"定的观念紧密联系,这就导致汉语言哲学主要以语言的实际应用为导向,此种倾向尤其表现在荀子和墨子思想中。陈氏的分析使我们注意到"名"的统摄性及其对于中国思想的某种形塑作用与"名"背后更为深层的"名实相依"的语言和思维结构密切相关,这也可以视为对上述问题的一种回应。再如赵奎英教授指出中国古人所理解的"名"的本质属性和基本功能是"名-分",由此出发可以发现"中国传统中的'名'(name)这一概念,实际上与西方哲学中的逻各斯 logos 类似,是一个取得了统治地位的概念"②。在这里,中西哲学"底本"的概念也呼之欲出。然而,所有这类讨论的问题意识都还不够明确,所论也有待深入。"新名学"研究如果需要从一种"自在"状态发展为一种"自为"状态,必然有赖在这一问题上的推进。

进而言之,如果"新名学"并不满足于只是阐发和还原"名"在中国古代

---

① 俞宣孟:《西方哲学底本中的 Being 问题》,《哲学分析》2013 年第 2 期。
② 赵奎英:《中西语言诗学基本问题比较研究》,北京:中国社会科学出版社,2009 年,第 60 页。

思想中的丰富内涵,还要进一步追问"名"何以与中国古代思想有如此深入广泛的联系,进而从中外思想比较的视角发现:"名"对于汉语言哲学而言具有某种"底本""底色"或"母体"的统摄意味;那么"新名学"的学术价值就可以从以下三个方面加以之初步的衡定:

其一,沟通诸子。中国学术大致经历了从先秦诸子阶段、经学阶段、中西汇通背景下的子学阶段、以马克思主义为意识形态的时代等这样几个阶段。目前的阶段如何定性仍有待历史的沉淀,但所遭遇的问题是显而易见的。其根本问题是随着清末以来章太炎力倡诸子学,胡适平视各家,中国学术进入了冯友兰所谓"经学时代之结束"的新时代。然而,此新纪元同时也意味着一种新的且更加难以收拾的"道术将为天下裂"的局面形成,即重新复归于子学的儒学、传统诸子学与西学一起相互争鸣和厮杀的状况。这一局面直到后来现代"新儒家"的登场以及近些年来"新道家""新法家""新墨家"等名号的喊出依然未能改观,甚至愈演愈烈。2012年,方勇教授提出"新子学"的构想,引发广泛讨论。"新子学"一方面固然是针对经学虽退场,其一元化之思维仍有影响以及近年来"新经学"的兴起等现象,另一方面则是有见于当今世界各方意见纷呈的局面,因而主张回到所谓"多元共生"的"子学精神"。① 然而,所谓"多元"和"整体"的子学精神具体如何落实?如果此问题无法解决,"新子学"就容易沦为一种形式甚至口号。在笔者看来,"新名学"恰好可以成为落实"新子学"精神的一个切入口,"名"作为诸子之间的一个共有话题,既可呈现诸子之异,又能将诸子凝练为一种整体上具有中国底色的思想共同体。

其二,对话中西。自近代中西交通以来,中西文化和思想之间的对话便开始了,其基本形式有两种:一种侧重于吸收西方文化之长,这既包括引进西方的自然科学,也包括吸纳西方的哲学社会科学及其方法。这一对话方式的典型是以寻求"一切法之法、一切学之学"为初衷的"名学",这既包括翻译和引进的西方名学(西方逻辑学),也包括人们构造的中国古代逻辑学(中国名学)。另一种则倾向于弘扬中国文化之长,这主要指五四时代的"文化保守主义"以及后来的所谓"现代新儒家"和"港台及海外新儒家",当然也包括与其对立而起的"大陆新儒家"及"新道家"等"新X学"。这些学说都意在阐发中

---

① 方勇:《再论"新子学"》,《光明日报》2013年9月9日第15版。

国立场,但这种立场本身就是基于对全盘西化的某种扭正,也是中西对话的一种形式。况且其中一些学派如现代"新儒家"并不排斥西方思想,只是反对一味比附。这两种中西对话的路向各自取得了长足的进步,但如果回到对话这件事情本身来看,则仍有问题。其最大问题是最终都不约而同地落入某个具体西方学科的引进和推广或中国的某个学派或精神的弘扬,而真正的中西对话难道首先不是一种整体与整体的比较吗?如果目前这两条路向继续沿着各自的惯性向前发展,能否顺利走下去仍是存疑的。"新名学"视角的引入可以使我们回到中西文化对话之初的那种意识中去,即寻找东西方思想各具统摄性的观念加以比较,并在此基础上重新梳理中国思想以与西方思想进行更有效的沟通。

其三,连接古今。随着中西文化沟通的开展,侧重于吸收西方文化之长这一路向取得了压倒性的优势,中国一方面全面引进包括科学技术和政治制度在内的西方文化,另一方面则以之指导中国社会的全面改造。于是,我们创造了一个与古代中国完全不同的现代中国。可是,这样的现代中国与古代中国之间是割裂的,因为它并不是直接从古代中国文化的根系上生长出来的。这引发了一些人的质疑,何不全面西化呢?如此也就能够解决西方科学技术面对中国传统人文精神所造成的水土不服现象以及由此造成的种种问题。可是,这样一来,当我们在讲"中国"二字时就再也不名正言顺了。因此,如何将我们一百多年来已经建成的新传统与老传统连接起来就成为一个时代问题而横亘于人们面前,有学者将此称为新时代的"通三统"问题。① 这也是当代新儒家尤其是港台新儒家的主要问题意识,即如何理解科学和民主这一新传统和传统儒学的关系,其中牟宗三以"良知坎陷论"加以疏通。然而,"良知坎陷论"一方面只是一种儒家视角,另一方面则仅能说明儒学就其内在逻辑而言可以做到正视知性的独立地位,从而不至从根本上影响科学和民主精神在中国文化生命中的生长。这种说明只建构了古今之间的一种局部的弱相关。如果从全面的强相关角度看,中国文化的知性一面并非毫无表现,而是得到了较高程度的发展,此即中国古代"名家"一系。因此,我们完全可以在两种"名学"的架构下重新理解古今关系。逻辑认识意义的"名学"与我们以西方为榜样所建构的新传统有内在的关联,而伦理政治意义的"名学"

---

① 甘阳:《通三统》,北京:生活・读书・新知三联书店,2007年。

则在儒、道、法诸家的传承中构成我们的老传统，两个传统的沟通可以转化为两种"名学"的关系问题。而要疏通两种"名学"的关系，就需要回答"名"何以在中国思想中具有某种统摄的意义因而是中国哲学的"底本"或"母体"等问题，而这正是"新名学"要讨论的。①

综上所述，"新名学"绝非根据"新 X 学"的流行公式随意造出的一个空洞的学术名词，而是依据中国学术史的脉络将一个呼之欲出的词说出来而已。概而言之，"新名学"是"名学"的一种新发展阶段。"名学"是在中西交流和对比的视域中应运而生的，其造词之初衷是希望从中国的语言文化中寻找一个堪比西方的逻各斯(logos)那样的具有统摄性的观念，由于所找到的观念是"名"，于是就有了"名学"的说法。不过，由于早期"名学"受到"名学逻辑化"研究范式的禁锢，导致我们对于这个可以统摄中国思想的"名"的观念的丰富内涵始终无法正确认识。随着 20 世纪 90 年代中国古代逻辑学合法性问题以及 2000 年以后中国哲学合法性问题的讨论，一种通过多元的方法和多维的视角关注中国古代思想中"名"的话题的研究潮流终于凝聚成形，成为学界不可忽视的一股力量。笔者将"名学"的这一新的研究阶段称为"新名学"。在"新名学"阶段，学者们一方面充分挖掘了"名"在各个方面的丰富而深刻的内涵，另一方面则进一步注意到"名"在中国思想中的统摄作用。未来"新名学"也将继续沿着这两个方向继续推进，并且可以预见，随着"新名学"研究的深入，将在沟通诸子、对话中西和连接古今等方面发挥实质和具体的作用。

---

① 关于"名"在何种意义可以作为中国哲学的"底本"、中西哲学"底本"之间的异同以及"底本"观念的价值和限度等问题，笔者另有专文《生生与名名——论中国哲学的"底本"》(《哲学分析》2022 年第 6 期)，其核心观点认为中国哲学的"底本"在"名实相耦"的原则下表现为"生生"和"名名"两组观念，而西方哲学的底本则表现为以"存在"为核心的，包括了"真理""概念""知识""本质""理性"以及"逻各斯"等在内的一组家族相似性的观念。"名"的"底本"意义可以在这一架构中得以理解。

"Neo-Ming(Name) Theory" Restatement

Gou Dongfeng

Abstract: After the Pre-Qin Period, there were two important terms related to "Ming (Name)" in the academic history of China, one was "School of Ming", the other was "Theory of Ming". The former is produced in the comparison with the Pre-Qin scholars, while the latter appears in the comparison with western culture. Therefore, "School of Ming" generally refers to the school among the Pre-Qin scholars, which highlights the characteristics of "complicated and tedious" and "determined by Ming". While "Theory of Ming" is the product of the comparison between Chinese and Western cultures and was invented to find words compared with Logos. However, due to the limitation of the study of "Theory of Ming" in modern times, the role of "Ming" in controlling Chinese culture has been largely forgotten. With the discussion and deepening of the legitimacy of ancient Chinese logic in the 1990s and the legitimacy of Chinese philosophy after 2000, the study of "Neo-Ming theory", which hopes to discuss the rich connotation of "Ming" in ancient Chinese thought through multiple methods, multi-dimensional perspectives and a wider range, began to flourish. Because the "Neo-Ming theory" requires a return to the perspective of the comparison of Chinese and Western thoughts at the beginning of the studying of "Theory of Ming", it can be predicted that it will play a substantial and concrete role in the communication between the scholars, the dialogue between the Chinese and the Western, and the connection between the ancient and the modern.

Keywords: Ming (Name), Neo-Ming Theory, School of Ming, Theory of Ming, Foundation

儒学地域性研究存在的几个认知问题

甘祥满[*]

提　要：在当前开展得比较热烈的儒学地域性研究中，还存在一些认知问题，值得再思考。作为儒学的区域性存在，地方儒学归根结底是儒学总体思想形态的特殊性表现，二者在逻辑上是属与种或普遍性与特殊性的关系。任何地域性儒学，既要有儒学的一般性、同质性，也要有其自身所独有的异质性。地域作为一个空间概念，只是地方性学谱撰写或学派建构的一个必要条件，而非充要条件，因此要区分某种思想学说的地域性特色研究与以某地域为界限的思想学说的研究之间的差别。为突出师承授受关系而编织出的人物谱系，目的在于表明其道统的合法性和连续性，实则师承关系并不是学统连续性的必然保障和证明。换言之，师承关系及其人物谱系也并非地域性学派构建的关键因素或充要条件。

关键词：儒学　地域　学谱　同质性　异质性

20世纪八九十年代以来，儒学地域性研究得到了较为充分的展开，取得了很多学术成果，体现出当代儒学研究的某些特征和趋势。但在这些研究中，也有一些问题值得思考或再斟酌。这些地域性研究存在一些共同的特征，诸如：圈定某个时段内某地域的几个学者进行地方文化特色研究，或径直以某地名为某学派命名，在"学派"的光环下进行地方性儒学研究；分析或归纳某学派或其中个人的思想特点作为该学派的特点，而这些特点究竟是该学派本身独有的品质还只是它所归属的上一级儒学派别的一般性特点，抑或根

---

[*] 甘祥满，1970年生，男，北京大学哲学系、《儒藏》编纂与研究中心，副研究员。

本上只是该地域儒学的某些偶然性质,对于这些往往还缺乏精确的分析;最后还有勾连学者之间的师承关系,编织一张学脉传承谱系图。这些特点涉及地方儒学与一般儒学的关系问题、以地域命名某学派的概念问题以及地缘与师承关系在地域性儒学构建中究竟起到何种作用等问题。这些问题本质上属于认知问题,但认知与实践密切相关,因而有必要对这几个认知问题做出澄清,以利于更好、更深入地开展儒学的地域性研究。

一 逻辑地看:同质性与异质性

中国文化在春秋战国时期表现出百家争鸣的异质性和多样性发展特点,秦汉以后,文化的统一性和同质性趋势则较为明朗,尤其在经过儒学定于一尊的政治行为后,儒学的统一性面貌无论在官方地位层面还是在经典研究层面都是不争的史实。宋代以后,文化的同质性更是大大提高。以往的儒学地域性研究多以宋代以后的儒学发展为对象,这种研究局面是从清代开始的。宋明儒学作为"儒学的第二期发展"阶段,其理论的高度和思想的丰富性的确很容易使人产生一种它是儒学地域化繁荣的错觉。关学、洛学、濂学、闽学、湖湘学、蜀学等名称纷纷出现。这种以"地名+儒学"为构词法所造出的地域儒学概念,容易混淆实质性地方儒学与表面性地方儒学之间的差别。从概念的指谓关系来说,我们可以把真正标示出某地域与该地域儒学有着必然的、内在的、本质性关系的地域儒学概念称为"实指性概念",而把只是表现了地名与其所指区域内出现的某种学说内容之间存在的偶然性、外在性关系的地域儒学概念称为"借代性概念"。

地名只是一个空间或位置概念,若要用此地域概念作为与某学派同构性的概念而命名为"某某(地名)学派",须在逻辑上满足至少两个条件。其一,此空间或地域中的主体(学者)其学术活动、学说思想与此空间有本质性的关联,而非外在的纯物理性的关联。其二,此空间内的学者群体所构成的学派性学术内容,乃是该群体的学术共性,且此共性与此空间之外的学术思想有着很大的差异或根本不同,即,此共性(一般性)相对于此空间之外而言乃是个性、殊性。不满足于这两个条件的地域性学派概念,则只是一个借代性概念,如所谓"稷下学派""法兰克福学派",都不是一个真正的地域性学派概念①。同样,"濂溪"之于周敦颐,"关"之于张载,"洛"之于二程,"考亭"或"闽"之于朱熹,"象山"之于陆九渊,"姚江"之于王守仁,都只是这些著名学者出生地或活动地的一种标识,并不说明这些学者的学说思想具有此地域性特质。

作为实指性概念的地域儒学,归根结底是儒学这一总的思想形态的特殊性或局部性表现。研究这种特殊性,当然必须同时注意到儒学的总体性和普遍性。从逻辑上说,儒学是个大类,是共名,是"属"(genus),是古往今来、东西南北各种儒学的最一般共性;由此往下,可以有不同派别、不同区域性特点的儒学,它们是小类,是别名,是"种"(species);在这些"种"之下,还可以有更小的、更多的儒学分支,这些分支既可以是地域性的,也可以不是地域性的,它们又是前一个"种"之下的"种"——前者是它们的"属"。在这一系列的属种关系或一般性与特殊性关系中,各平行的"种"必然共有一些相同的性质,这些共性属于"属",或者说正因为有此共性,这些"种"才共属于一个"属"。同时,平行的各"种"之间必然具有不同于彼此的一些殊异的性质,这些殊异性则只专属于彼此不同的"种",这是区别某种、某派之不同的根据所在。那么,在儒学地域性研究尤其是以某某地名命名某某学派的研究中,我们必须区分这些地方性儒学的共性和殊性,不可把属于上一级"属"的一般性作为下一级某地方性学派"种"的特殊性,因为一般性只表明它所属的"属"的儒学性质,而不表明它自身作为"种"的性质;同样地,也不能把不属于一个"种"的某学派成员之间的非本质性属性视为此"种"之为种的本质性。

儒学与地域性儒学是属种关系,作为"种"的地域儒学,唯有当其具有作为"属"的共性时,才能成为儒学总学派之下的分支学派;也唯有其具有与其他地域儒学(除去作为共性的总体儒学性质之外的)不同性质时,才能称之为学派。因此,一种地域儒学,既要有儒学的一般性、纲领性思想,也要有其自

---

① 稷下学派,不是由"稷下"这个地域名所具有的特定内涵而自发产生出来的一种有着共同的学术宗旨或学术方法的原生学派,而是其他地方已有学术成就的学者汇聚于稷下这个地域进行较长时间的学术交流活动的一种形式。故此,"稷下"并不构成学派的内在必然因素,稷下之学也不能称之为严格的"学派"。同样,法兰克福学派是指以德国法兰克福大学的"社会研究中心"为中心、来自不同地方、学术观点和方法都不甚相同的一个学术社群,它的存在时间被限定在20世纪30至70年代,他们的工作地点也有变迁。完全可以说,作为地名的"法兰克福(大学)"只是该学派的一个偶然属性,它真正的本质属性是社会批判理论,而且,该学术社群之间并不存在类似家谱性的师承关系。

身所独有从而构建起作为地方儒学学派的基本义理、思想或方法体系。没有前者,则不能称为儒学;没有后者,则不能称为学派。前者可称为儒学总体的"同质性",后者可称为地域儒学的"异质性"。在某个特定的地域儒学中,这种异质性对于该地域儒学自身而言,恰恰又是所有成员之间的"同质性"。(当然,这里的"同质性"和"异质性"也要做开放的、发展的理解,而不可视为铁板一块。就儒学总体的"同质性"而言,不同时期、不同学派的理解必然存在差异,但这种差异依然是大同小异的,比如内容上对人伦日用的强调,对"道不远人"的"入世"性的坚持,对中庸之道的追寻;形式上对尧、舜、文、武、周公、孔、孟在儒家历史上的地位的一致肯定,始终都是儒学的基本共识。而在地域儒学的"异质性"方面,这些不同的异质性内涵,不单起着标识其作为"种"的儒学派别特质的作用,同时也会随着历史的发展以及不同地域间学说的互动交流而不断起着拓展儒学普遍性内涵的作用,即曾经的"异质性"也可能逐渐发展融合为儒学总体的"同质性"。)地域性学派之能成立,必须突出勾勒出其异质性,并对这些异质性予以恰当的评定。比如同时期、同地域的某几个学者之间,其思想大旨的异质性可能大于其地域间的同质性,我们就很难将他们作为同一地方性学派来处理;反之,同一时期、不同地域的几个学者之间,其学说大旨的同质性可能大于其地域间思想的异质性,则我们更不可以二者的地域性不同而分别标以不同学派之名。

在以往的一些地域性儒学研究作品中,往往存在把属于上一级"属"的共性误当作地方学派"种"的特性的现象。如以重视"理""道"等范畴作为"闽学"或"湘学"之特质,实则对"理""道"这些范畴的研究乃属于一般性宋明儒学的基本特征。也有尚未通过仔细的分析解读而把一些非本质性、无关宏旨的属性处理为某地方学派的共同特性这样的儒学地域性研究,比如把凡是"沾亲带故"的学者都归列为某个学派的成员,把不懂该学派大义、没有自觉地对该学派大义宗旨有过明确阐释或表达的某学者及其思想,也视作该地方学派的一般性特点。这种研究就好比我们本来是要搜集"椅子",但却把那些椅子旁边的凳子,或者还没有组装成椅子的零部件都搜集起来,名曰"椅子"。把一般性当特殊性,把特殊性当一般性,都属于逻辑错误。

当我们有目的地对某个地域性儒学或地方性学派进行深入研究时,我们的目的主要是揭示该地方儒学的异质性,即特殊性。由于这种特殊性对外而言是异质性,对内而言又是同质性,那么就在逻辑上为地方性儒学的研究预设了两个任务,即通过与平行的其他地方性儒学的比较研究来获得其特殊性、异质性;又通过在内部各成员之间的比较研究中获得其一般性、同质性。这两个任务虽然不是可以简单地分判为二的,但却是不可或缺的。重要的是,在第一个任务中,我们要甄别出真正的"异"之所在,而在第二个任务中,又要甄选出真正的"同"。

在所有这些对外的横向比较而寻出异质性和对内的比较而获得同质性的研究中,必不可少且最为核心的任务是揭示出"地域性"这个要素在这些性质特点的形成或构成中起到了怎样的作用。既然进行的是儒学地域性或地域化研究,是地方学派的研究,那么"地域"这个融会了自然、人文、政治、经济、历史、风俗等众多内涵的空间概念在其中的构建作用必然是基础性、决定性的。揭示或呈现这种地域性作用,理应成为地域性儒学研究的前提任务,或者是核心任务。我们从以往的地域性儒学研究成果中,似乎很少能获得这一期望的满意效果,有的是省去这种前提的研究,有的是浮于表面的一些描述,这主要是因为在认知上还缺乏对实指性地域儒学概念以及地方儒学与一般儒学之逻辑关系足够深入且准确的认识。假若我们对上述概念和逻辑关系有了重新的认识,加以掌握更多更科学的方法,以及求真务实的主观努力,这些地域因素的作用是能够被不断地揭示出来、呈现出来的。即便当我们预设当前正在进行的某个区域性儒学研究一定具有某种地域性特征或者已经可以判为某种地域性学派后,无论我们如何努力,根本无法真正获得其所谓的"地域性"特质来,即我们根本无法找出"地域性"究竟如何实质性地影响了该地方儒学或地方学派的形成;即便如此,这种努力仍是有意义的,而不是徒劳的,因为它至少为借代性地域儒学概念做出了澄清,即为一般儒学在某地域、某时段的展开做了区域性、阶段性的说明。

二 地缘与学谱关系之检讨

为进一步探讨地域空间在儒学的地域性构建中所起到的作用,我们不妨从地缘与学谱之间的关系入手做出检讨。按费孝通先生《乡土中国》的观点,在中国传统的社会结构里,血缘关系是其中最基础、最核心的关系。血缘亲疏及其权力关系的文字形式,其直接的表现即是家谱或族谱。有趣的是,中国历史上很多学术传记的撰写,其形式与家谱可谓如出一辙,万斯同的《儒林宗派》最具此典型性。正如费孝通先生所言,在传统的乡土社会里,地域与血缘是合一的,"地缘不过是血缘的投影"①。家谱记载血缘关系,同时兼注地缘关系,学谱式著作同此原理:一面以师承关系作纵向线,一面以地缘关系作横标线;虽然最终以地缘关系来命名此"学派",实则师承关系才是其真"血脉"。然而,以"地"相从而不是以"学"相从却是传统学谱著作或地域性研究的基本原则。进一步的问题是,如果说地缘、血缘与家谱有着必然的、内在的关系,那么地缘、师缘②与学谱或地方学派之间是否也存在着这种内在而必然的关系呢?命名一个地方性学派,对儒学做地域性研究,是否只需要标划出其中的地缘或师缘就够了?以下两节将分别从地缘和师缘角度进行考察。

思想或学术的历史研究,其宗旨与目的当如章学诚在《校雠通义序》中所说"辨章学术,考镜源流"。考源流当以辨学术为前提、为归宿。先秦至两汉时期,这一学术宗旨是非常明确的。如《庄子·天下》对当时天下学术的分析与评判,《史记·太史公自序》之《论六家要旨》,《汉书·艺文志》对十家九流的叙述与点评,无不以学术要旨为中心,精深确当,要而不繁。这些典范性的学术分类和述评著作,都不曾以地域或地名为要素。宋明以后,一些学术史编纂学家舍弃学术宗旨概念而代之以地域性名词进行分类和叙述,于是有濂、洛、关、闽等概念的出现和反复使用。濂、洛、关、闽这些名称起初只是一种借代性概念③,后来则有不断被实指化的趋向,俨然宋明以后的学术就是沿着这个地方性学术而不断衍生、分化发展的。《考亭渊源录》《道南源委》《闽学源流》《闽中理学渊源考》等著作,都是这种思想观念下的学术成果。至黄宗羲《明儒学案》《宋元学案》,以地域划分、评述学术几乎成为一种学术史编纂和研究的模式。当然,其中也有一些"学案"只是把地域分类当做学术

---

① 费孝通:《乡土中国》,北京:北京大学出版社,2012年,第116页。
② 为与"地缘""血缘"概念相对应,本文有时把师承关系或师弟关系简称为"师缘"。
③ 如陈来先生所说:"这些名词在一定程度上可以提示不同学派的发源地和活动中心,但不能理解为这些学派只是地域性的学派。如濂学绝不是湖南道县的地方知识,关学也绝不是关中地方利益的表达,伊川学和朱子学更不能归约为洛阳或闽北某种地域的需要或地方社会结构的反映,它们都是具有普遍性的哲学思想和伦理思想。"(陈来:《儒学的普遍性与地域性》,《天津社会科学》2005年第3期)

叙述的方便法门,如《明儒学案》把阳明后学按浙中、江右、南中、楚中、北方、粤闽及泰州诸派进行分类叙述,是基于王学之繁盛和分布之广而不适合以学术宗旨进行简单的分疏,因此按区划叙述则更为方便。到全祖望续修黄宗羲《宋元学案》时,则加强了地域性概念。"他总是将这个具有鲜明时间性(学脉传承)的'学统'概念,纳入到具有空间性的地域概念之中。"①在《宋元学案序》中,全祖望认为"庆历之际,学统四起",地域性学派如齐鲁、浙西、湖湘、闽中、关中、川蜀均已具有明显的"学统"性质和规模。而像《道南源委》《闽中理学渊源考》等著作则自觉地、有目的地要把某种学说思想进行实质性的地域化。

我们当然承认,任何思想或学术都与特定的地域有一定的内在关联,地域性思想学说是存在的,地方性知识是有的,某种思想或知识分化发展为地方性特色也是完全可能的。但我们要区分某种思想学说的地域性特色研究与以某地域为界限的思想学说的研究,也就是说,要区分如上文所说的作为实指性概念的某地域儒学和作为借代性概念的某地域儒学,因为如果把后者混同为前者,就会产生泛地域性研究的假象。判断一种思想文化是否为地域性思想文化,即它是否具有不同于它所属的上一级"属"及同一级其他地域"种"文化的异质性,关键是看它这种特有的异质性文化内涵是否与其地域因素存在着本质的、内在的、有机的关联。

传统家谱将血缘和地缘融为一体,因为这是确凿无疑的事实。仿照家谱的形式而编纂出来的学谱,则以地缘和师承这两个维度而构建。地缘之于家谱,正如血缘之于家族,是生物性的自然存在,它们之间的内在必然关联是无从杜撰的,也无须再做鉴定。而地缘之于学谱或学派,则只是地域性学派建构的必要条件或地理条件,而非充要条件。唯有采用科学严密的方法,从地缘的各种要素中勾连出与该地域性学派之间的内在关联,地缘才能成为地方性学谱的充要条件。这种工作的困难是可想而知的,因而迄今为止还未见到能把这项实验性工作做成功的著作。这项工作的困难程度还会随着社会交往程度的密切化或跨地域性学术交流互动的多样化、频繁化而增大,因为在考察地缘与学派的内在关联时,它要求的是对地域性人物及其思想做封闭的、孤立的数据分析,而上述开放性和互动性因素却作为诠释学意义上的历

---

① 朱汉民:《宋代的理学学派与地域学统》,《中国社会科学报》2014 年 9 月 10 日第 5 版。

史境域或前见而存在其中,悬置它们几乎是不可能的,要把它们从地域性的复杂数据系统中剔掘出来又是极其困难的。

考诸历史上众多以地域为名的学案体著作,往往都未能把地缘与学谱之间的内在关联性揭示出来,或者根本就没有要揭示出这种关联性的学术动机。以"闽学"为例,现代学者认为"闽学作为一个独特的学术思想流派,是相对于宋明理学中其他地域学派而言的",而且,"朱熹是闽学的核心,朱熹的学术思想是这个学派的基本学术主张,所以闽学又称朱子学。由于朱熹晚年在考亭讲学,闽学学派又称考亭学派"。① 这里既说闽学是一个地域性学派,又说"闽学又称朱子学",一个指地名,一个指人名,逻辑上是不相洽的。以朱子学作为地域性学派——考亭学或闽学,实有其历史的渊源,即由明宋端仪、薛应旂编纂的《考亭渊源录》,到朱衡的《道南源委》,再到清代李清馥的《闽中理学渊源考》,这些文献不断地强化了朱子学及其后学的地域性。三部著作大同小异,都是以闽地学者为主体,以朱子为核心,由宋迄明,叙其师友渊源,"寻端竟委,若昭穆谱牒,秩然有序"(《四库全书总目提要·闽中理学渊源考》)。然而无论是"道南""考亭"还是"闽中",这些地域性概念在三书中均只是作为一个空间概念而存在,只起着地域区划的分界作用,丝毫没有揭示出此地域与此"学派"之内在关联性的内容和意图。不仅如此,《闽中理学渊源考·凡例》甚至还强调:"近世论学,大都分别门户,异同之论究非。众言淆乱折衷于圣之归,《语》载四科之目,'逸民'数章亦备人品学术差等,孟氏论伯夷、伊尹、柳下惠而愿学孔子,此方是志学论道准的。"按这个说法,此书虽名"闽中理学",但没有要立门户、断是非之意,而是要折中于圣学,以孔孟之道统为归依。虽然此书的潜在目的仍然可能是立门户、争正统,但不拘囿于一"闽"之地,不惟"闽"地之学为是,这也是李清馥公开的态度,表现出他超地域性的学术追求。简而言之,《闽中理学渊源考》,只是叙述"理学"在闽地的师承传授与分布流传,并没有明确界定此地之学为"闽学"。同样作为学案体的著作,《考亭渊源录》以及叙述宋代理学源流的开创之作《伊洛渊源录》,也是强调某一思想学说的源流关系,旨在说明学说传布之广、师承有授受之传以及学术繁荣的表现,而地域只是此关系中的一个"偶性"成分,而非本质性因素。认为这些按地域编纂的学案就是以地域判别学派,这

---

① 黎昕:《闽学的理论特征与文化意义》,《哲学研究》2013 年第 11 期。

反倒是现代学者较为常见的一种观点,这种观点反映了一些学者满足于外在的、表面的研究而惮于做深入、细致探讨的心态。

以地域为界限进行某种区域性的学术研究当然是可行的、合理的,但要对"地缘"在此学说思想中所起到的"界定"作用有清醒的认识,并做出恰当的评估。因为,望文生义地说,"界定"既可以是"以界为定",也可以是"因界而定"。以界为定,就是外在地划出一个边界以作为范围取舍的标准;因界而定,则是由地界之诸多特殊因素而内在地规定着此区域某事物的特殊性。而且,由于地域概念本身是相对的,即地域范围的大小是可以随意划定的,小而至一乡一邑,中而至一州一郡,大而至一方一国,都是一种地域划分。那么,这样的地域性分别,与学者本身学说思想的个体性差别又该如何分别呢?比如说,按照地域性划分的原则,孔子和孟子的思想差异也可以冠以地域性差异,因为邹、鲁的差异也是地域差异。那么,我们还能说孔孟之别主要是思想的个体性、创造性差异吗?换言之,孔孟思想的差异能转换为地域性的差异吗?显然不能。孔孟思想的差异,是儒学发展过程中的逻辑性差异,而并非邹、鲁地域间的差异。可见,不是任何人物之间的思想差异都可以适用于以地域性作为研究标杆的差异。总体上说,宋明以后涌现的诸多以罗列某地区学者及其师承关系的谱牒性学案体著作,虽然多以地名为名,实则很少能作为地域性学派研究的典型案例。而这就意味着,我们可以继续从这些学案体著作中寻绎出各区域内的思想学说与其地缘因素的种种关联,不管是内在的、必然的关联,还是外在的、偶然的关联。

三 道统的连续性与断裂性

儒学流派的地域性叙述或研究,有一个共同的特点,即其中贯穿了两条"线"。一条线是溯源,即按照师承关系,向前寻出某学派或支派开创者、奠基人的师承渊源所在;另一条线是穷流,同样也按照师承关系,向后展开该学派门人弟子的谱系。溯源的一线,可以不断向前追寻,甚至可以无限追寻;同样,穷流的一线也可以不断续写,不断延伸,只要事实上存在着师承关系。于是乎,有《伊洛渊源录》,又有《伊洛渊源续录》;有朱衡的《道南源委录》,又有张伯行重订续补的《道南源委》①；前有《考亭渊源录》，后有《闽中理学渊源考》。更有以时代为经，以师承关系为纬，将春秋战国以迄明代诸朝的儒家学者一一列表，标明各流派之源流关系的《儒林宗派》。两条线实际上是一条线，即以师承授受关系编织起来的一条时间线。建立师承关系的时间线，也就是以师缘为血缘而建构起学派的谱系，以此证明该学派的成立渊源有自。对于这种研究或编写来说，这两条线是必不可少的，换言之，没有这两条线则似乎不能给某学派以合法性的身份。

所谓学派的合法性，也就是指该学派的儒家正统性，即以传承儒家道统自许。道统之说源于韩愈，大倡于程朱，盛行于宋明。以学说的形态和学术的形式而承载的道统，就是学统。无论是道统还是学统，都有着内容和形式两个方面：道是其内容，统是其形式。"道"的内容虽然各家之说不尽相同，但大抵是指自尧舜周孔以来儒家所奉承的根本宗旨和基本原则；而"统"（即传承此"道"的人物谱系）的线索和名单则各家各派之说出入较大，这种出入的一个重要原因在于门户之争、正统之争②。

儒学地域性学派谱系的编纂，突出师承授受的传承架构，目的在于表达该学派之所以传承了儒家道统，乃在于有其实实在在的道统流传的实体根基——人物谱系。这种传承谱系是实际存在的，不是虚构的。而且这条传承谱系的源头一定有至少一位奠定其学派根基的领袖性人物，他在儒家道统中的地位是公认的、显著的。由此奠基人物而下传至弟子及数代再传弟子，于是就构成了一个学派。在家谱式的学谱书写或研究里，师承授受的关系被默认为一种线性的、只有遗传没有变异的稳定关系，"同一性"或"同质性"是这种稳定关系的内容和保障。唯其是同一的、同质的，才可以被视为享有此师承关系而录入谱系中；唯其是同一的、同质的，才能构成同一学派。按这种逻辑，某某地域性学派，其实就是此学派开端的那位学有成就的学者的某人学派，即由某人为学术领头人、其弟子以及弟子之弟子为传承而组成的一个或有血缘关系或无血缘关系的血缘性、族谱性人员列表。这份谱系列表之于道统传承的合法性即在于师承关系的可靠性、真实性。因此，溯源和穷流的

---

① 清张伯行《道南源委》六卷，系据明朱衡所撰《道南源委录》重订而成。重订之《道南源委》"名虽因旧，实出新裁"，全书改变旧本史料丛脞之形式，又增加元明之后百余人。
② 参见甘祥满：《何种"道"？谁之"统"？——儒家道统说的建构与变迁》，《云南大学学报（社会科学版）》2019年第4期。

"线"一定要可靠,换言之,这条线必须是"实线"而不是"虚线"。"实线"俨然就是学问宗旨的递相授受的保证,是道统或学统延续的证明。实线相当于水管,源头之水和流脉之水通过这条水管流传的是同一种水。水管间的相连是绝对连续的,不是跳跃的。学统谱系的编纂正是试图展示这种连续性,从而表明其合法性。

这种思维的问题在于只注意到道统或学统在师承关系之间可能的连续性,而没有注意到师承之间可能的断裂性。历史的经验表明,道统的传承并不一定通过面传亲受,而即便有同世之"见"或隔世之"闻",也不一定能真正继承到道统或学统。朱熹就曾有相关说法,他说:"大抵前圣说话,虽后面便生一个圣人,有未必尽晓他说者。盖他那前圣,是一时间或因事而言,或主一见而立此说。后来人却未见他当时之事,故不解得一一与之合。"①前圣后圣且有不能尽晓者,何况一般先师与弟子之间? 书面著述与解读如此,口头授受也如此。即便是父子,受业于同一个老师,也会有不同学问特征,如朱子所说:"(曾点)与曾参相反。他父子间为学大不同。"②每个主体的学问兴趣和智识水平都存在差异。孔子授学虽有教无类,但孔子殁后,儒分为八,四科之贤也不都完全继承了孔子的学问宗旨。

从性质上说,儒家的道统不能类比于佛教的"法统",儒门师友渊源也不是禅宗的"传灯"。师承关系的真实性、延续性并不等于道统或学统继承的连续性。我们可以杨时为例。明清以来,乃至当今学界,多认为杨时乃"道南学派"的开创者或闽中理学的枢纽人物。这种观点的依据大抵源于程颢送杨时南归时所说的一句话:"吾道南矣。""吾道南矣"或许只是随意的一句话,并不像是禅宗六祖惠能夜潜岭南时背上的那件袈裟那么"沉重"。但后人却奉此语为圭臬,而杨时的地位也就逐渐被抬高,一时推为"程氏正宗""闽学鼻祖"。对于"吾道南矣"一语的出处以及杨时历史地位的人为构建的质疑和考辨,已有学者做出了颇有说服力的澄清③,这里不再赘述。本文单从朱熹的观点做几点申述。

---

① 黎靖德编:《朱子语类》,卷一〇五,中华书局,1986年,第2625页。
② 黎靖德编:《朱子语类》卷四一,第1048页。
③ 参见顾宏义:《"吾道南矣"说辨析》,载《宋事论考》,武汉:华中科技大学出版社,2017年;朱学博、和溪:《杨时身后形象的人为塑造——兼论杨时墓志撰写的风波》,《复旦学报(社会科学版)》2020年第3期。

我们知道,《大学》"格物"说不仅是朱子学与阳明学分歧的一个重要方面,也是程朱理学发展传统儒学的一个重要内容,二程则是重新发明和推崇格物穷理说的开创者。因此可以说,对二程"格物"义的领会和继承是判断程门弟子是否真正传承了二程学统的一个依据。而朱子《大学或问》对此早有明确的判断:

> 曰:自程子以格物为穷理,而其学者传之,见于文字多矣,是亦有以发其师说而有助于后学者耶?
>
> 曰:程子之说,切于己而不遗于物,本于行事之实而不废文字之功,极其大而不略其小,究其精而不忽其粗,学者循是而用力焉,则既不务博而陷于支离,亦不径约而流于狂妄,既不舍其积累之渐,而其所谓豁然贯通者,又非见闻思虑之可及也。是于说经之意,入德之方,其亦可谓反复详备,而无俟于发明矣。若其门人,虽曰祖其师说,然以愚考之,则恐其皆未足以及此也。……又有以为天下之物不可胜穷,然皆备于我而非从外得也,所谓格物,亦曰反身而诚,则天下之物无不在我者,是亦似矣。(引者注:此杨时之说)然反身而诚,乃为物格知至以后之事,言其穷理之至,无所不尽,故凡天下之理,反求诸身,皆有以见,其如目视、耳听、手持、足行之毕具于此,而无毫发之不实耳,固非以是方为格物之事,亦不谓但务反求诸身,而天下之理,自然无不诚也。《中庸》之言明善,即物格知至之事,其言诚身,即意诚心正之功。故不明乎善,则有反诸身而不诚者,其功夫地位固有序,而不可诬矣。今为格物之说,又安得遽以是而为言哉?①

对于程子的格物说,朱子认为已经"反复详备""无俟发明"了,而程门高足之说"皆未足以及此"。《或问》中详细列举了吕大临、尹焞、杨时、胡安国、胡宏的说法,并一一加以辨正。这里引述的是杨时的观点,朱子也做了深入的辨析,最终认为杨时之说似而非是。以至于朱子最后还感叹说:"呜呼!程子之言,其答问反复之详且明也如彼,而其门人之所以为说者乃如此,虽或仅有一二之合焉,而不免于犹有所未尽也,是亦不待七十子丧而大义已乖矣,尚

---

① 朱熹:《四书或问·大学或问》,载《朱子全书》(陆),上海古籍出版社,2002年,第529—531页。

何望其能有所发而有助于后学哉！"①对程门弟子的失望之情可谓溢于言表。

《朱子语类》卷一〇一论及程门弟子时，还有这样几条记载：

> 问："程门谁真得其传？"曰："也不尽见得。如刘质夫、朱公掞、张思叔辈，又不见他文字。看程门诸公力量见识，比之康节、横渠，皆赶不上。"②

> 必大录云："程门诸先生亲从二程子，何故看他不透？子澄编《近思续录》，某劝他不必作，盖接续二程意思不得。"③

> 问："程门诸公亲见二先生，往往多差互。如游定夫之说，多入于释氏。龟山亦有分数。"曰："定夫极不济事。以某观之，二先生衣钵似无传之者。"④

从这三条语录来看，朱熹不认为二程的门人弟子中有能真正继承二程衣钵、领会二程道学精义者，杨时也不例外。朱熹的这些观点固然只能代表一家之说，但比之后人故意虚构、人为塑造杨时的形象来说，朱子的观点应该更接近史实。然而本文的目的并不是借朱子的说法来贬低杨时或二程其他弟子的学问与地位，而只在说明，即便有名副其实的师承关系，在师弟之间，学问大旨或学统并不一定能做到如管道中的水流那样完整无缺、本质不变地流传。师承关系不是连续性的必然保障，更不是连续性的证明。师弟之间，断裂性是常有的，变异、歧出是正常的，某些时候甚至是必要的。故此，一张跨时几十载或数百载的师承关系谱系图，并不能说明这是一张有内在关联的学统传承图。师缘不是血缘，学脉不是血脉。

以地缘和师承关系构筑成的学案或学谱，其正面的逻辑预设是：有相近地域空间则有相近的学说宗旨、学术旨趣，有师友渊源关系则有学统传承路径；其反面的预设则是：没有空间的相近和交汇，或没有师承传授关系，则难以有学派的构建和学统的传承。实际上，道统或学统的传承完全可以是跨时间、跨地域的，也可以是在时间或空间的断裂带之后再出现连续性、继承性。否则韩愈谈道统就是没有意义的，程子、朱子、阳明以接续孟子的儒家道统为

---

① 朱熹：《四书或问·大学或问》，第532页。
② 黎靖德编：《朱子语类》卷一〇一，第2555页。
③ 同上。
④ 同上书，第2556—2557页。

己任也将是不可能的。道统之为"统",前提是要有相同的"道",即共同认可的该学说派别的根本宗旨或原理。学统本是表彰道统的,学统如果没有共同的"道",那就只剩下空洞的"统",即只有一套看似都在围绕此学术进行活动的人员列表。有一群主体,有一套学术的家族谱系,并不一定就能构成真正的学统,因而也就不能称为真正的学派。这就是说,师承关系不必成为地域性学派的关键因素或充要条件,这是从事儒学地域性研究时又一个需要避免的认知误区。

与历史上某些标注地域性名称的学案、学谱著作不同,另有一些著作完全是以义理宗旨为核心,为线索,打破地域性人物关系界限,采择思想观点有某种共同性的诸学者汇集一体,彰显该种学说的统绪、宗旨,这是儒学的主流学术形态。这些著作的形式为六经集注体。如朱子作《四书章句集注》,明代胡广等人编的《四书大全》是在《四书集注》的基础上增加更多学者的注释,到清代陆陇其作《三鱼堂四书大全》,继续沿此方式增补注疏。这些注释采自不同时期、不同地域的学者。这类集注体著作,突出了儒学思想的普遍性、传承性,既体现出儒学的时间性发展脉络,又展示了儒学义理的超空间性以及儒学发展、传布的广泛性。换言之,这类著作和研究,不管是出于有意还是无意,都是基于这样的学理认知,即学说思想的交流和发展完全可以跳出地域之限,道统的传承也可以突破师承授受的封闭体系。这也是儒学地域性研究中值得借鉴和发扬的一种方式和方法。

总而言之,对儒学地域性分布特点及其衍化发展的研究是完全必要的,也是很有意义的。但在这种研究中,我们要避免简单化、表面化的做法,不能简单地认为选定一个区域或者按籍贯圈定一个区域的学者进行研究,又或者仿照家谱的形式编制一份师承关系图表,就是在进行儒学的地域性研究。也不宜盲目信前人的既定说法,以为在某时、某地确然存在那么多地域性学派,实则这些以"地名"为称谓的某某学派可能只是一个"人名"的代称,或者对某些"地名"学派何以能称之为地域性学派根本还没有给出充分有效的证明。因此,我们首先要注意区分具有严格意义的地域性学派和广义上笼统称谓的地方儒学之间的差别。在此基础上,就前一种地域性儒学而言,我们应该更深入、更仔细地研究这些地域中同时代学者群著述中主要而独特的思想、命题、概念、方法、体系结构及其在儒学发展某个特定历史阶段上的逻辑延续性,从众多看似相同的话语体系中分辨出可能存在的理论异质性,从与其他地域学者的比较中揭示出本地学者的独特性及两地、多地间的互动性、关联性等。就后一种借代性概念的地方儒学而言,我们不仅应当深入挖掘该地区儒学在思想义理上所展现的深度和丰富性,更应当留意外来学者与本地学者之间的学术交往和思想交流,从而既综合出他们的趋同性,又分辨出其差异性。

Some Cognitive Problems in the Regional Research of Confucianism

Gan Xiangman

Abstract:There are still some Cognitive problems need to be rethink, while the regional research of Confucianism are carrying on extensively. As a regional form, the local Confucian thoughts are at all the special representation of the general Confucianism. Logically, the former is species and the latter is genus. Every local Confucian thought must have homogeneity which shows the Confucianism characters, and heterogeneity which shows the regional peculiarity. The spatial conception of region is just a necessary but not sufficient condition to the construction of regional school. The aim to compile a scholarship genealogy of master-apprentice is to prove their validity and continuation of Confucian orthodoxy. Actually, the logical connection between master-apprentice and orthodoxy continuation is insufficient.

Keywords:Confucianism, Regional, Scholarship Genealogy, Homogeneity, Heterogeneity

论《庄子》思想中的"性命"问题

王一鸣*

摘　要："性命"这一语词在战国中期已经成为儒道二家专论的主题,但是相对于已备受方家关注与阐释的儒家"性命"观念,由道家所开创的"性命"观念却由于其复杂的语文问题并没有得到很好的阐释。本文试图通过对文本的分析,揭示作为成词使用的"性命"是对道家"自然"观念的心性术语表达。其次,本文将指出,"性""命"在《庄子》文本中又存在各自作为独立概念使用的情况,二者在心性论的语境下都呈现出形上与形下的思想层次,且具有不同的理论含义。最后,借由这种思想方法得出的结论,重新检讨与反省"性命"这一语词涉及的语文学问题。

关键词：道　物　性　命　知

"性命"一词在先秦思想中的地位不可谓不重要,儒家"天命之谓性"与"性自命出"等命题已经显现了儒家对此观念的重视,孟子于《尽心》篇中对性命的辩证说明更是揭示了"性"与"命"之间藕断丝连的复杂关系。① 这种复杂的关系呈现了"性命"所能容纳的不同层次和丰富内容。这种情况在

---

* 王一鸣,1995 年生,北京大学哲学系博士生。
① 蒙文通先生就曾针对性命含义的迭代问题有所专论:"《易·乾·彖》曰:'乾道变化,各正性命。'《中庸》曰:'天命之谓性。'命与性恒并言之。……始之言命、性,犹后之言性、情,此说之可求者。《周易》卦辞、爻辞言命不言性,命即后世所言之性也。"(蒙文通:《蒙文通全集》(第一册),成都:巴蜀书社,2015 年,第 31 页)此则明命、性、情三观念含义之区别,以及区别含义的接续关系。就此而言,庄子"性命之情"的术语将性、命、情三者连用恐怕亦不是出于偶然,而是显示了复杂的思想关联,然其含义则需辨析,所以这也构成了本文所要讨论的主题之一。傅斯年先生亦看到"性命"观念的复杂与重要性,更撰《性命古训辨证》一书来专门讨论这些,其中虽然将"性"统一读作"生"的看法有些激进,但是其中一些观点,尤其是关于《孟子·尽心下》中性命的论述仍然颇有见解。(傅斯年:《性命古训辨证》,上海:上海三联书店,2018 年,第 71—78、185—198 页)

《庄子》对于"性命"的相关论述中也可以得到体现，而且这种论述向我们展现了一种不同于《孟子》的侧重与内容。① 更为基础的是，"性命"在《庄子》那里还涉及更为复杂的语文问题。

"性命"与"性"字一样，并未出现在《庄子》内篇②，它是出现于《庄子》外杂篇中的一个术语。但比单纯的"性"字更复杂的是，"性命"牵涉了更多的语文和思想问题。首先是语文上的解释问题，"性命"应当作何理解？具体而言，"性命"应当被理解为表示统一含义的"成词"，抑或是表示不同含义的"词组"？语文的可能性直接关涉着思想的理解：如果是第一种情况，那么"性命"的统一含义是什么？如果是第二种情况，那么"性"与"命"又分别表示什么含义？这两个不同含义的语词又为何可以放在一起谈，以至于外、杂篇会出现"性命之情"这种用"情"修饰并统括二者的表达？

至此，我们看到，单单的语文学方法已经不能回应这些问题，而必须借助于思想的方法才能理解这种复杂的情形。因此，语文与思想的结合将成为我们处理"性命"问题的基本思路。

一 "性命之情"与"性命"辩证

关于《庄子》文本中的"性命"观念，近几十年来比较具有代表性的研究之一是利用"性命"定位《庄子》内、外、杂篇的文本年代。比如刘笑敢先生提到诸如"道德""性命"与"精神"这类出现于《庄子》外、杂篇的复合词都不见于《庄子》内篇，这可以作为外、杂篇晚出的一个佐证。因为按照语文学的规

---

① 徐复观先生虽然对此有所疏释，但限于篇幅却没有完成系统的梳理。（徐复观：《中国人性论史·先秦篇》，北京：九州出版社，2014年，第338—344页）学界近年来虽然从"命"或者从"性"的研究出发对"性命"这一个词有所涉及，但更多是将之当成已经自明的成词，仿佛其自身的疑团已不存在。甚至有的学者竟然不解释"性命之情"的含义，就直接使用这一语词（参见吴鹏：《〈庄子·骈拇〉篇"仁义"与"性命之情"探微》，《河北科技师范学院学报（社会科学版）》2016年第3期，第32—37页；罗祥相：《"达命"还是"安命"？——庄子"命"论精神新探》，《中国哲学史》2016年第1期，第22—26页）。对这些情况的某种不安构成了笔者决定对《庄子》文本中的性命问题进行梳理的动力。

② 徐复观先生、张岱年先生以及郑开教授都不约而同地指出，《庄子》外篇所用的"性"字与内篇所用之"德"字含义接近（参见徐复观：《中国人性论史·先秦篇》，第336、339页；郑开：《德礼之间：前诸子时期的思想史》，北京：生活·读书·新知三联书店，2009年，第14页）。本文大体上同意这一论点。不过"性命"这一术语确比单独论述的"性"更为复杂，文本着意处理的是这一问题。

律，复合词的出现一定晚于单个字词的使用。① 由于刘先生将"性命""道德"与"精神"一并称为概念，加之他对概念做出了明确统一含义的定义②，他似乎将"性命"理解为一个"成词"。③ 但是如果所谓的复合词实际上不过是单个字词如"性"与"命"的拼凑，那么这个结论甚至于这种方法的可靠性就大打折扣了。④ 不过本文将搁置刘笑敢先生用"性命"证明文本先后的做法⑤，而专注于分析"性命"在《庄子》文本中是作为一种概念，还是作为两个具有具体含义的概念的并置，并进一步探讨其中的理论含义。

"性命"于《庄子》中总共出现12次，其中9次均作为"性命之情"的表达出现，3次则单作为"性命"出现。⑥ 那么一个直接的问题就是，"性命"与"性命之情"是否存在差异，如果具有差别，那么这种差异何在？

在先秦道家的语境里面，"性命"与"性命之情"在含义上并没有根本的差异。首先，在强调不该因对富贵外物的贪求而损伤个体性命的前提下，"性命"与"性命之情"往往可以互用，《庄子·骈拇》言"不仁之人，决性命之情而饕贵富"，而《文子·守易》语"岂为贫富贵贱失其性命哉"。其次，就君主治理天下所应该实现的百姓理想状况而言，"性命"与"性命之情"依然可以转用，如《庄子·在宥》言"故君子不得已而临莅天下，莫若无为。无为也，而后安其性命之情"；与之相对，《文子·上仁》则从君主有为的反面论述道"故人主畜兹无用之物，而天下不安其性命矣"。以此为例，我们可以看到，"性命"

---

① 刘笑敢：《庄子哲学及其演变》，北京：中国人民大学出版社，2010年，第29—30页。
② 同上书，第137—139页。
③ 这种看法在学术界相当流行，即便是新近的研究也仍然没有摆脱这一窠臼。这在关于庄子之"命"的研究那里表现得尤为突出。值得指出的是，除了把"性命"当成不言自明的成词的做法，还有一种做法认为性命表示了同一含义，如"物的本真性情"或者"事物自然性情"（参见肖云恩：《忘情之情——庄子"真性"思想研究》，《重庆科技学院学报（社会科学版）》2010年第13期，第13—15页；向丽：《庄子"安命"思想浅析》，《成都师范学院学报》2014年第8期，第92—93页）。这类说法虽然原则上不错，但失于粗疏，仍需进一步的辨析，详见下文。
④ 关于这一点的梳理与辨证，李锐教授已经做出非常详细而有力的说明。参见李锐：《郭店简〈唐虞之道〉中出现的"性命"与〈庄子〉内篇早出的问题》，《人文杂志》2011年第4期，第41—45页。
⑤ 关于这一做法的困难，李锐教授已经做了较为有力可靠的论证与说明。参见李锐：《"重文"分析法评析》，《清华大学学报（哲学社会科学版）》2008年第1期，第131—134页。
⑥ 刘笑敢先生对这一现象已经做出扎实的检讨（刘笑敢：《庄子哲学及其演变》，第27—29页）。此外，也不能排除"性情"是"性命之情"缩写的可能性，诸如"性情不离，安用礼乐"与"无以反其性情而复其初"的说法都可以被认为强调指向的是"性命"之本真状态。但是，这种说法也可能指向的是"性"的本然状态，即以"无欲""无知"为前提实现的"素朴而民性得矣"。

与"性命之情"的含义应该是接近的,所以可互用来表达相同的意思。

但是另一方面,既然存在用"情"来修饰乃或强调"性命"的情况,那么"性命"与"性命之情"的含义就还并不完全相同。实际上,"性命之情"与"性命"的不同之处在于前者肯定并强调性命的本真含义。虽然均言对外物的嗜欲与好恶会造成"性命"的损害,《庄子·徐无鬼》所言"性命之情病矣",而《文子·上礼》则言"性命失其真"①。以此,"情"与"真"则可以相参理解。由于"性命之情"或"性命"之"真"所强调的性命是未被外物干预累赘的状态,所以"情"与"真"指向的是性命原初的质朴状态。上文提到君子或君主以无为成就百姓的"性命之情",也仍然具有性命的质朴之义。但相较于"情"在字面上表现出的情实意义而言,"真"在语文表现上更加突出了价值肯定的含义,因而从根本上肯定了性命质朴状态的内在价值。② 此外,这种性命的质朴状态还具有一定的秩序,《德充符》对"自然"的阐释呈现了这一点:

> 惠子谓庄子曰:"人故无情乎?"庄子曰:"然。"惠子曰:"人而无情,何以谓之人?"庄子曰:"道与之貌,天与之形,恶得不谓之人?"惠子曰:"既谓之人,恶得无情?"庄子曰:"是非吾所谓【无】情也③。吾所谓无情者,言人之不以好恶内伤其身,常因自然而不益生也。"惠子曰:"不益生,何以有其身?"庄子曰:"道与之貌,天与之形,无以好恶内伤其身。今

---

① "嗜欲达于物,聪明诱于外,性命失其真。"(《文子·上礼》)
② 实际上,《庄子》文本中使用的"真"除了具有价值肯定的意味之外,更有最高价值的含义。参见徐克谦:《论庄子哲学中的"真"》,《南京大学学报(哲学·人文科学·社会科学)》2002年第2期,第93—98页。
③ 郭象本作"是非吾所谓情也",但依王叔岷先生对文本的疏释,此处应作"是非吾所谓无情也"。王叔岷先生的判断有其道理(王叔岷:《庄子校诠》,台北:"中研院"历史语言研究所,1988年,第201页)。因为庄子一开始所持即"人故无情"的论点,并不断申论之"道与之貌,天与之形,恶得不谓之人?"就此而言,庄子在此所论不应偷换主题,而应仍然以"无情"为其论点,而且"吾所谓无情者"亦可证实此处应为"无情",而非"情"。但是,庄子与惠施所论人之"有情""无情"的分歧点,仍然在于二者对"情"理解不同。惠子所论"无情"之"情"乃是指好恶喜怒哀乐等人之生命存在的情绪事实。但庄子所言的"无情"则更涉及对好恶喜怒哀乐等情绪事实对生命负面作用的否定与批评。以此而论,"情"在庄子这里便不是价值中立的,而是具有一定的消极性意义的,但这种消极性并不是针对情绪事实本身的存在而言,而是针对放任这些情绪支配乃至损害生命的行为者。基于这种考虑,另一种不改字的考虑也仍然是可能的,即"是非,吾所谓情也",郑开教授指出庄子在此所谓的"情"即"是非善恶",故"无情"即无以是非善恶内伤其身(郑开:《庄子哲学讲记》,南宁:广西人民出版社,2016年,第189页)。这种说法在不改字的情况下或是更可取的。

子外乎子之神,劳乎子之精,倚树而吟,据槁梧而瞑。天选子之形,子以坚白鸣!"(《庄子·德充符》)

惠子以人是否有情诘问庄子,而后庄子与惠子的辩论则呈现了"情"的不同含义,从而突显出了庄子本人所着重强调的含义。惠子所举乃是好恶喜怒哀乐是非之类的情感与思虑,庄子对情感与思虑并不直接持一种否定的态度。他对"无情"补充道的"不以好恶内伤其身",乃是预设并肯定了好恶之情的存在。进而,他所否定的"情",并非好恶之情的存在本身,而是指对生命造成损害的情感与行为,即"以好恶内伤其身"与"益生"。与此同时,他提示了情感与行为的发动在生命本身的质朴状态中有一种内在的秩序与和谐,以至于这种秩序与和谐可以作为裁断"益生"与"好恶内伤其身"的尺度与标准,即庄子所谓的"常因自然"①。我们知道,"自然"在道家的理论视野下本身同时兼具了质朴与秩序的含义,因为"自然"作为一种包容性的状态语词,已经包含了"自正""自朴""自化"与"自定"等含义。所以,"真"从价值上所肯定的正是事物的质朴状态所具有的内在秩序,而这种内在的秩序具有最高价值之义,以至于君主为治的最终目的仍然在于成就百姓的性命之情(前引文)。

就"性命之情"与"自然"乃是"无为"所要实现的目的而言,"性命之情"可以说是对物或者百姓之"自然"更为具体的刻画。庄子在此引文中所谈及的自然秩序,也仍然与"生""身"("形")"精""神"相关,这些都是与"性命"紧密关联的。② 因此,"性命之情"乃是在自觉明确了"自然"与物之具体存在特性("精""神""形")关系的基础上提出的概念。"情"则是在情实的意义上,对存在者"性命"之自然秩序的刻画。而且,如果考虑到"自然"一词意味着事物合秩序的整体状态,那么"性命之情"与"性命"都是在这一整体状态下,对此一状态的心性论说明。就此而言,"性命"便与"性命之情"在强调生命本真有序的整体状态下是含义相近的,如"大德不同,而性命烂漫矣"与"轩冕在身,非性命也"。这里的"性命"都可以被理解为"性命之情",因而

---

① 王博教授以"自然之理"理解"自然",这一做法已经透露出"自然"所具有的秩序意味(王博:《庄子哲学》,北京:北京大学出版社,2020年,第166页)。
② "性命"与生、性(形)、精、神的密切关联已经在《天地》篇被庄子揭示出来,对相应段落文本的分析详见下文。

"性命"也依然以身心精神之朴素的自然和谐状态为内容。

二 "性命"二重层次辩证

(一)形上之"命"与"自然之性"

前文我们已经指出"性命之情"或"性命"指向了生命诸要素间具有一种朴素内在的秩序,这是暂且将"性命"作为一个整体而处理,但是,一旦追问这种内在秩序所牵涉的生命现象究竟是什么,那么这种"暂且的做法"就必须被搁置。我们必须要直面这一问题:"性命"是作为一个概念成词还是两个并列的概念?

虽然庄子将"性命"并列在一起谈论,但这并不意味着"性命"就一定具备概念或成词的特性,这可以从刘笑敢先生所举的其他概念,如"道德"而看出。因为,"道德"首先并不作为一个成词出现,而作为两个并列的概念。《老子》五十一章言:"道生之,德畜之……是以万物莫不尊道而贵德。"显然是将"道"与"德"作为两个概念分开而论,尽管我们不必否认"道"与"德"具有一种内在的关联。如果爬梳文献,这种将"道"与"德"分开,而又肯定二者具有密切关系的做法在《庄子》中依然可见。《徐无鬼》一篇便清楚明白地论述了"道"与"德"之关系:"故德总乎道之所一……道之所一者,德不能同也。"这一说法与《天地》篇"德兼于道"的阐释可谓同心之言,均认为"德"部分地呈现了"道",但"道"与"德"仍然存在差别。由此可见,《庄子》外、杂篇也不是把"德"与"道"视为一个成词。此外,即便我们认为"道德"并言之"德"并非一种形下之"德",因而与前引文所牵涉的"德"并非同一种"德",但作为形上之"德"的"玄德"与"道"组合在一起,也并不意味着"道德"就有了概念上的统一意义,而只能说从成就万物的作用与方式上来看,"道"与"德"处在相同的形而上层次,即"万物莫不尊道而贵德"。①

以此对观,我们似乎并不能认为"性命"已经作为一个成词或概念在《庄子》中得到普遍使用,这在考虑到《庄子》对"命"与"性"区别界定的情况时就更为明显。兹举两例:

> 一之所起,有一而未形。物得以生,谓之德。未形者有分,且然无

---

① 叶树勋老师专撰一文阐明了这一点。参见叶树勋:《从形而下到形而上——先秦道家物德观念的多层意域》,《哲学动态》2018年第2期。

间,谓之命。留动而生物,物成生理,谓之形;形体保神,各有仪则,谓之性。(《庄子·天地》)

吾始乎故,长乎性,成乎命。与齐俱入,与汨偕出,从水之道而不为私焉,此吾所以蹈之也。……吾生于陵而安于陵,故也;长于水而安于水,性也;不知吾所以然而然,命也。(《庄子·达生》)

这两段话分别呈现了对"性""命"的不同理解。就《天地》篇而言,"命"在物"未形"时已经发挥作用并且为物形奠定了基础,因而可以将这里的"命"理解为形上意义上的"命"。"性"在这里相当于前《德充符》引文所涉及的"自然",因为二者都涉及了形神二者和谐的秩序,所谓"形体保神,各有仪则"。也正因如此,这里的"性"显然是在物形以后的形而下者。由此,"命"与"性"就分别是在形上与形下对言的,这一点与儒家"性自命出,命自天降"的说法有些相似,"性"乃是"命"在形下的落实。问题在于怎么理解道家意义上的"命",或者说如何理解"未形者有分,且然无间"。

就"未形者"是对"一"的形容而言,可以认为"一"是没有区分的混一状态。但这种混一的状态,原则上可以具有两种不同的指向。其一是指向作为一切规定性根源的无形者——"道",这种无形者从根本上超越了"有"的层次;另一种则是指向不具备具体规定性的混元一气,即作为具有一切可能性的"有"。就文本而言,由于物需要某个东西的动静("留动"①)配合而成,而物又有形,那么未形者就通过自身的动静形成了有形之物。因此问题就更为具体,是超越"有"之层次的无规定者奠定了有形之物,还是在"有"之层次的无规定者构成了有形之物?

回答这一问题的突破口就落在"留动",也就是动静上面。如果考虑到动静的差异,那么便最好将"一"理解为元气而非"道"。这可以从以"道"理解"一"的理论不适用性与以"气"解"一"的思想与语词使用之合理性两方面得到论证。

首先,虽然道家主张"道生万物"乃至于"道生气",甚至老子也直接言"反者道之动";那么,尽管"道之动"的"动"首先要被理解为"道"的作用,但这种作为作用的"动"是否可以被理解为与静相对之动却依然是悬而未决的

---

① 成玄英注"留"曰"静也"(曹础基、黄兰发点校:《南华真经注疏》(上),北京:中华书局,1998年,第243页)。则"留动"即为动静。

问题。因为动静首先是一种区分与规定,而道家一贯反对用区分与规定来认知"道"。在《知北游》篇,无始认为无为以对立(贵贱、约散)来理解"道"之数的做法为不知"道"已经向我们提示了这一点。而且,从理论上看,万物的生长存在都依赖于"道",如果"道"的"动"或者作用只是与静相对的动,那么当"道"不动或不作用时,万物就会消失,这显然与道家以"道""空虚不毁万物为实"的主张相悖。

看来,所谓的"道"之"动"或者作用应该是超越动静的所以动静之"动",唯此绝对之"动"或作用方可时时刻刻都保证事物的存在与生长。《庄子》"杀生者不死""生生者不生""物物者非物""形形者不形"诸命题一方面显示了道对万物(生、死、形)的作用("杀生""生生""物物""形形"),而"不死""不生""非物""不形"等补充又将"道"与物在存在的意义或层次上截然地区分开来。

此外,虽然我们的叙述似乎将"道"刻画为一种"不动的推动者"的形象,但值得指出的是,即便二者在为万物奠基的存在理论上具有理论相似性,这也并不意味着"道"对万物有一种宰制的作用。宰制实质上预设了"道"具有一种带有目的的意志,但"生天生地"之"道"具有的"无为无形"之特征已经否定了这一点。因为"为"即具有明确目的的行动或治理①,而"无为"则是通过对"为"的否定显示了"道"作用的无目的特征。因此,即便"道"起到为万物奠基的作用,但其不会成为万物的主宰者。无论如何,超越动静之"道"并不适合被理解为自身就能动静的"一",尽管其在无形的特征上与"一"相同。

而且,动静以成就万物的理论一般都会牵涉阴阳二气流行以成就有形之万物,如《鬼谷子》即言:"以阳动者,德相生也。以阴静者,形相生也。"②如此,则万物之形乃是阴阳配合以阴主导时的产物。③ 同时,阳动阴静的区分与规定可以承担从混一元气演化为具体万物的功能。这样看来,将留动而生物

---

① 参见郑开:《道家形而上学研究(增订版)》,北京:中国人民大学出版社,2018年,第19页。
② 实际上,成玄英疏"留动而生物"正继承发挥了阳动阴静以化生万物的方式,"阳动阴静,氤氲升降,分布三才,化生万物。"(曹础基等点校:《南华真经注疏》,第243页)
③ 这与《易传》的阴阳阖辟之说颇为相似,《系辞上》言:"阖户谓之坤;辟户谓之乾;一阖一辟谓之变;往来不穷谓之通;见乃谓之象;形乃谓之器。"即乾坤的阖辟造就了生生不息的变化,最终形成了形下的器物。

的无形者理解为混一元气或更为可取。①

因此,未形者的"有分"与"无间"强调的就是对具有具体规定的物(有形之物)的奠基作用。由于无形者通过自身运动形成了具有规定性的物,所以未形者其实已经蕴含着万物不同规定的可能性,因而是"有分";就未形者自身未区分的混一状态而言,这种区分还没有呈现出来,而是统一在这种状态中,所以是"无间"。这种为"有分"的有形者奠基但尚未分化("无间")的无形者之作用,就是"命"。

就此而言,即便我们承认在《庄子》中也存在"天命之谓性"的性命关系,但是这种性命关系也绝对不同于滥觞于思孟且为宋儒津津乐道的性命同一关系②,而形上形下的差别在这里则表现为整体与部分的不同。③ 在这种情况下,性命并言就是侧重从形上为形下奠基的角度强调"性"来源于"命"的本真质朴性以及作为"性"自身内容的形神自然和谐之序。这种意义上的"性"其实就是我们上文所分析的"性命之情"的含义,由于"性命之情"所具有的内在秩序实际上也就是物的"自然",所以这里的"性"可以被称之为"自然之性",是要被肯定的最高标准。

《骈拇》已经声明,将自己之性系属于外在的标准(如"仁义""五声""五色""五味")是"残生伤性"之行为,并指出这种对外在于自己本性的标准的依归都不足以称之为"善"。"善"乃是安于自己的本性("臧于其德""安

---

① 郭象注无形者,以作为混一状态的无形者为有之层次的"一",即相当于《庄子》之"一气",言:"一者,有之初,至妙者也。……夫一之所起,起于至一,非起于无也。"但成玄英注就有些张力,一方面他以太初为"元气始萌","言其气广大,能为万物之始本,故名太初",如此则最初存在的只是"元气",注"有一而未形"则又言"一应谓道",但在下面解释未形者以动静生物的问题上,则又回归阴阳二气的传统(曹础基等点校:《南华真经注疏》,第242—243页)。但他无疑向我们呈现出了用"道"来解释"一"的面向。在这样的可能性敞开的情况下,我们就必须给出以气解释"一"或"未形者"的理由。
② 《中庸》言"天命之谓性",孟子又言"尽心知性知天",宋儒则将之此性与天命等同起来,又将天命解释为天理,即性即理(朱熹撰:《四书章句集注》,北京:中华书局,2011年,第17、356页)。此则以性与天命为同一于形上之理。
③ 这一点也可以类比于前文我们分析的道德关系,"故德总乎道之所一……道之所一者,德不能同也"。

其性命之情")①与自己的耳目之能力("自闻""自见"),而"自闻""自见""任其性命之情"等术语一方面表现了"自然之性"的意味,另一方面则又显示出这种"自然之性"的个体性特征。"得人之得而不自得其得者也,适人之适而不自适其适者也"的这一说法,更加明确地申明了这一特征。

需要补充的是,"自然之性"在内容上也包含了对类属性的指涉。"凫胫"与"鹤胫"都各属于一类事物的特性。但无论哪一类事物,都有其自己的特性,在自然的意义上不可损益。所谓"故性长非所断,性短非所续",这即是就一类事物的自然之性不可以他类事物之标准予以损益而言。而且,动物也可以同人一样具有"神",如《养生主》所言"雉"之"神",以及用以比拟形神和谐的"呆若木鸡"与"天下马"或者"天下狗"等。因此,在形神秩序的和谐的理论背景下被理解的"性"似乎也同样适用于动物,尽管借助于动物的论述之最终落脚点也还在人。

总而言之,"自然之性"侧重强调人物各自属己的天然本性,这一说法仍然在于肯定每一类事物与每一个事物本性自身的价值自足性。而且,我们也发现,这种"自然之性"从根本上肯定的是每一个个体存在价值的自足性与合理性,当自己存在的方式与属于同一类事物的普遍价值或者规范有冲突时,《庄子》仍然毫不犹豫肯定了前者的价值。明此,如果审视《庄子》外、杂篇所言大部分的"物性"(如《马蹄》所言"民性""马之真性"与"埴、木之性",又如《胠箧》《天运》言小虫小兽之性,《天道》所言"人性",《在宥》《缮性》与《天地》篇结尾所提到的"民性"与《秋水》中"鸱鸺之性",又或是邯郸学步的例子),目的均在论述各自"自然之性"的价值自足与不可戕害。用《天运》里的一句话概括,即"性不可易"。

(二)无为心性

与之相对,庄子在《达生》篇中则向我们呈现了"性"与"命"的另

---

① 值得注意的是,《庄子》外、杂诸篇关于复归本性与背离本性的两种论述也是最终肯定"自然之性"的价值,兹例举如下。关于复归本性的论述有"反其性情而复其初""危然处其所而反其性已"(《缮性》),"汝欲反汝情性而无由入"(《庚桑楚》),"无以人灭天,无以故灭命,无以得殉名。谨守而勿失,是谓反其真"(《秋水》)等,而背离本性的论述颇多,"削其性""易其性""残生损性""失其性""易其性""淫其性""乱人之性""去性""驰其性""离其性"等。无论是复归还是背离,标准仍然是天命不可易的"自然之性"。

一种关系①,即通过一种终始的生成过程——"始""长"和"成"来描述"性""命"联系而又区别的关系。需要指出的是,"故"在当时与"性"具有密切的关联,孟子言"天下之言性,则故而已矣",而"故"即习俗、习惯之义。② 如果具体到《达生》的文本,"故"或者"习"在这里主要指吕梁人对所处环境的熟悉与安顺,"生于陵而安于陵"。从这里可以看到"性"与"故"的紧密关联,因为"性"也同样是诉诸与外部环境"水"的联系而得到说明。这显然与《天地》从形神之内在和谐秩序的角度考虑的"性"有所不同③,因为《天地》篇提及的"性"还没有涉及外在环境的内容,而对外部环境的引入无疑为生命的内在秩序增添了具体的要素。

具言之,在《天地》篇中作为形神和谐秩序的"性",借助于"水"的外在环境,在"游"的行为中被具体地呈现了出来。这种"游"所体现的生命秩序之所以能够实现,乃是由于吕梁丈夫与水无间,"从水之道而不为私焉",因己之性又因水之性。成玄英更是借助于"习以成性"或"习而成性"的理论指出了这一点,"我出生于陵陆,遂与陵为故旧也。长大游于水中,习而成性也。既习水成性,心无惧惮,恣情放任……与水相宜"。"习水成性"这一说法指出了游水这一实践活动已经成为生命的一部分。而心在游水时的逍遥自在已经显示了自己与水相宜的和谐状态,这则进一步展现了己性与水性在"游"中的相得。因而,己性与水性也在这种相得中不分彼此,这也正是"无私"的理论作用所在。因此,生于水而长于水的"长乎性",实际上是自己形神的自然秩序或者某些方面的自然禀赋④与具体的环境遭遇相协调而成就的,二者缺

---

① 向丽以为《达生》之"性命"与《天地》之"性命"含义一样,均强调物的本然性情,这显然忽略了"生于陵""生于水"的外部环境与性命的紧密关联,这也要求我们进一步澄清《达生》篇性命的义含。参见向丽:《庄子"安命"思想浅析》,《成都师范学院学报》2014年第8期,第93页。
② 《庄子·达生》中吕梁游人自言"吾始乎故,长乎性,成乎命",以"故"与"性"并称,成玄英以"习以性成"理解之,王叔岷先生引刘师培言"故当训习",更引战国策与史记关于"故"与"习"互相通用("常人安于习俗(故俗)")以证故、习相同。(王叔岷:《庄子校诠》,第705页)
③ 这种"性"的观念更切近于《庄子·庚桑楚》里的"性者,生之质",即将"性"理解为生命质朴自然秩序的观念。
④ 才能与形神(因而与"性")的密切关系已经在《德充符》篇由郭象、成玄英更为具体地指出,成疏"非爱其形也,爱使其形也"一句言:"郭注云'使形者,才德也',而才德者,精神也。豚子爱母,爱其精神;人慕骐骥,慕其才德也也。"(曹础基等点校:《南华真经注疏》,第122页)才德与精神都是"使形者",是形体表象得不同非凡的内在原因,就此而言,二者差异不大。二者之间的差异,主要应是在理论切入点的不同,才能是将这种内在的原因视为一个整体的称谓,而精神或是对这一内在进一步理论分析的结果。

一都不能达成此性。但要达成此性,除了二者之外,还必须有协调两者的实践行为。必须通过一定时间的习练,才能同时兼容内在之性与外在环境,最终铸就自己之性。就此而言,"习以成性"之"性"确为"长乎性"的谛解。

但值得再次强调的是,"无私"在实现"习水"成就之"性"上的理论作用,即让吕梁丈人如此之蹈水行为如"性之自为",没有丝毫的勉强,没有背离本性的方面①,这又是"无为心性"的效果。《天地》篇在谈及道家理想中的圣人治理天下表现在百姓身上的效果时谈道:"使之成教易俗,举灭其贼心而皆进其独志,若性之自为,而民不知其所由然。""性之自为"明显是对《老子》十七章"功成事遂,百姓皆谓我自然"这一说法的改写。《庄子》的补充也很关键,"不知"与"灭贼心"乃是与外物相涉时(在《天地》篇只是一般地与教化和习俗有关,而在《达生》篇则更为具体地涉及与环境的关联),使行为像出于己性的行动的原因。这与《马蹄》以"无知""无欲"实现"民性"的说法也正相符合。此外,考虑到《马蹄》以"无欲"理解"素朴"的说法("同乎无欲,是谓素朴"),而"素朴"被道家理解为对民性的描述("我无欲而民自朴"),那么"无欲""无知"及其无类词汇组也就被根植于"民性"之中了。以此而观,郑开教授以"自然人性论"与"无为心性论"概括道家人性论可谓不刊之论。②

需要注意的是,《马蹄》篇"无欲""无知"使外物不能干预"自然之性",被成全的"自然之性"在内容上似乎与外物无关,但在《达生》这里涉及的是与外物相宜之"性",因而是以与外物相处为内容之"性"。在这种同外物的交涉中,"无欲""无知"便使"性"显露出更加积极的含义,亦即"神"之作用的发显。同为技艺篇章的"庖丁解牛"在描述庖丁解牛之技艺精湛时已有"官知止而神欲行"的说法。由于"官"为具有欲望的五官,所以"官"与"知"的作用终止就可以被理解为"无欲""无知"的同义表述。"神"的呈现即以"无欲""无知"为前提。③ 成玄英还特别勾勒出了"神"与"从理"的关系,说"既而神遇……从心所欲,顺理而行",这正是"从水之道而无容私焉"

---

① 此处参照了《庚桑楚》的说法,"性之动谓之为,为之伪谓之失"。
② 郑开:《庄子哲学讲记》,第188、191页。
③ 《天地》篇中"无为复朴,体性抱神"的说法也颇值得注意,因为"无为复朴"依照本文的解读完全可以被理解为"无知""无欲",而"体性抱神",则揭示了"无为"对"神"之保守的必要作用。

的同心之言。可见,"神"之能力的发显在实现"从水之道"而无所违的行为方面起到了关键的作用。而且,这种"神"之发显使与外物打交道的技艺成为自己本性的一部分,以至于在施行此行为时,施行者对此行为竟没有意识,所谓"不知其所以然而然"。

《则阳》说"圣人达绸缪,周尽一体矣,而不知其然,性也",也当作如是观。虽然"绸缪"可以从"玄通""深奥"与"结缚""缠绵"两个方面得到理解,但结合"周尽一体"透露出的泯灭差别之含义,"绸缪"无疑具有一定的内容。"不知其然"的说法显示出要将之视为某种行为或结果,而"不知"又正是"无为"的内涵之一,再加上"性也"的判断,可以认为《则阳》对圣人的这一描述正与"性之自为"的含义相通。《则阳》接下来论述的"生而美者"与"圣人爱人"也应当被理解为"无为心性"的发用,因为这里的论述也以"不知"为其应物的行为特征,并将其行为属于"性"。

因此,"无为"方面的人性所起到的作用就是使己与万物交流时不失其性,并将这种物连同其技艺或者行为变为"性"的一部分,这一方面使万物不扰乱自己的自然之性,另一方面使得自己在人间世的生存得以自在。这与不与万物相交或者不以外物为内容的、先天的自然之性相较,显然属于更为具体的形下层次。

此外,同样明显的是,这里所涉及的"命"与《天地》篇所涉及的形上之"命"更是存在着层次上的不同,因为这里所涉及的"命"乃是将吕梁丈人的"故"与"性"包含在自身之内,并且是作为吕梁丈人具体生命展开过程中的一个具有完成意味的节点。因此,这里的"命"是"性"在形而下的层次展开的结果。

以上我们借助于《庄子》中的两个典型文本系统地分析了"性"与"命"在《庄子》中的两种层次。依照我们的讨论,在反对欲望与欲望的对象成为"性命"或"性命之情"的负累时,《庄子》侧重《天地》篇所讲的"性",即侧重从具体的生命诸要素及其形上依据——"命"来突出与外物无关的、存在者本身固有的和谐秩序("性")。"性"虽然是与"形"一起出现的,但就其直接来源于"命"以及其对外物的独立价值而言,这种"自然之性"具有很强的形上意味,我们从其形上根据方面也可以将之理解为具有形上意义的"性"。另一方面,《达生》通过一种物之生成的时间序列向我们呈现了"性命"在形而下层面的具体呈现,"性"在这里虽然与外物相关并以外物为内容,但又不失其形神之序("自然之性")。由于这种"性"以"无欲"与"神"为特征,我们通过分析指出这种不同于"自然之性"的"性"可以被称为"无为心性"。"命"在这里把与外部环境相关的"故"与"性"包含在自身之内,因而在内容上包含了具体的环境要素,已经不同于形上意义的"命"。

如果我们通篇审视《庄子》一书,那么这种形下意义上的"命"甚至占据了庄子论"命"的主要部分。实际上,《达生》篇"达生之情者,不务生之所无以为,达命之情者,不务知之所无奈何"的说法已经显示了"命"与现实的具体情境密不可分的联系。① 这就要求我们进一步考量形下时间序列中的性命的思想含义与哲学意义。

三　性命的形下层次

(一)"命"的可知与不可知

前文已经指出,庄子于《达生》篇所使用的"性命"侧重的是生命在具体环境下的展开,而且"命"作为生命发展的一个终点实际上可以把作为生命发展起点和过程的"故"与"性"囊括到自身之内,这也与《庄子》以终始来讨论"命"相合。因此,对形下含义之"性"的检讨实际上可以被囊括在形下之"命"的探讨中,我们下文也将秉此而行。

除了形下之"命"所蕴含的"终始"特征外,《庄子》在"终始"的背景下还反复申斥"命"的"不可知"特征。《寓言》言:"莫知其所始,若之何其无命也,莫知其所终,若之何其有命也!"庄子于此并不是简单肯定"命",也并非直接否定"命",而是根据不能知道的终始对"命"的存在持一种怀疑的态度。这也默认了要从终始的时间过程来理解"命"的传统。

但是,问题马上就暴露出来,如果"命"是不可知的,那么庄子提出"命"的依据何在?而且《庄子》中充斥着不少关于"命"的论述,这些充斥着对命之内容理解的论断难道不正是对命的"知"吗?这是否意味着《庄子》对"命"

---

① 孙休以自己的遭遇不当如此而问扁庆子,正以自己的不幸遭遇为"命","休居乡不见谓不修,临难不见谓不勇,然而田原不遇岁,事君不遇世,宾于乡里,逐于州部,则胡罪乎天哉?休恶遇此命也?"(《庄子·达生》)

的论述是矛盾的?

首先,在《庄子》中确实存在对"命"之内容的论述,这些论述在一定意义上可以被视为对"命"的知。兹枚举几例文本如下:

> 子之爱亲,命也,不可解于心。(《人间世》)
> 死生存亡,穷达贫富,贤与不肖,毁誉、饥渴、寒暑,是事之变,命之行也。(《德充符》)
> 死生,命也,其有夜旦之常,天也。(《大宗师》)
> 察其始而本无生,非徒无生也,而本无形,非徒无形也,而本无气。杂乎芒芴之间,变而有气,气变而有形,形变而有生,今又变而之死,是相与为春秋冬夏四时行也。(《至乐》)

无论是《人间世》《德充符》与《大宗师》的说法,还是《至乐》篇的论断,这些论述都以一种语义上的主谓判断的形式,通过将"命"归给以上诸现象,进而展示了"命"丰富的内容,而且这些内容都带有"命"之不得不然的普遍必然性。析言之,"子之爱亲"这类自然的内在情感,以及生老病死这些自然的生理现象,甚或是穷达贫富等人为的社会现象,都构成了命之内容的一环,并且这是每个人都必然会具备或遭遇的内容。① 就《庄子》明确将这些内容置于"命"之下来看,不能不说其对"命"有一定的理解。《至乐》篇"察"所具有的察识之义,已经显示出一定的认知或知识的意味。

但无论是《德充符》还是《至乐》,它们还同时以"变"与"行"等术语刻画了"命"之流行的特征(这一流行以以上诸内容为其构成要素),这一特征即从根本上奠定了《庄子》言"命"之不可知的判断。《德充符》在勾勒了"命"的内容与特征之后,马上就将之与"不知"联系了起来,言"日夜相代乎前,而知不能规乎其始也"。无论是将"日夜相代乎前"理解为对"命"之流行不止息特征的强调,还是理解为对"命"之流行特征的具体比喻,而其以"命"之流行为主语则无可疑问。知不能谋虑其始,则一方面揭示了"终始"与流行之命

---

① 《大宗师》已经明确地将阴阳对人之生化作用与子之爱亲关联起来:"父母于子,东西南北,唯命之从。阴阳于人,不翅于父母,彼近吾死而我不听,我则悍矣,彼何罪焉!夫大块载我以形,劳我以生,佚我以老,息我以死。"由于子听于父母可以被视为"子之爱亲"的表现,所以可以将子之爱亲的情况视为"命"之流程的一环。

的关系①,另一方面又揭示了流行之命的终始在根本上的不可知性。而且,既然这种流行以"死生存亡"等现象为内容,所以流行之命的不可知就是这些自然现象、社会现象以及伦理现象的来临与显现的不可知,《大宗师》结尾子舆之言思之不可得之"命"②,《秋水》孔子言"吾命有所制",《达生》孙休言"恶遇此命"等文本都指示出不可知的乃是具有具体内容的"命"(生活之贫苦、行道之穷困与他人之称誉与举用)之原因。

此外,《至乐》虽然在"察其始"之后勾勒了"芒芴""形"以及具体生命的"生""死"这些形态的转变循环过程,并说明了不同形态之间奠基与被奠基的关系,虽然这被视为关于"命"之流行的知识,但是这与《德充符》的论述并不矛盾。因为这里的"察其始"只是交代了生命流程变化的一般过程,而没有交代这个过程在何时与以何种方式出现。《田子方》同样谈到生命的转化与终始问题,说法便与《至乐》不同:"吾一受其成形,而不化以待尽,效物而动,日夜无隙,而不知其所终,薰然其成形,知命不能规乎其前,丘以是日徂。"在这里,"薰然""成形""待尽"作为"命"的内容,同样勾勒了从成形以前到成形有生之后,以至于死亡的变化过程,但是孔子却认为其终始不可知。究其原因,这里交代的并不是一般性的、对每个人都适用的"命"之流行,而是以孔子自身生存的具体性为内容之"命",这从孔子"吾"之自称已经显示出来。如果进一步对照上文所言《大宗师》《至乐》《达生》等涉及"命"之文本,我们会发现,"吾命"正是与具体的境遇相应,"命"的一般性环节其实通过"吾"被具体化了。《庄子》所言的不可知之"命",实际上讲的正是这种被具体化的"命"。

而且,"命"之"不可知"在《庄子》中又会表述为"知之所无奈何"。前引《达生》便直接说"达命之情者,不务知之所无奈何",但这里的所言之"命"稍显抽象与晦涩。结合下文,这里的"命"涉及的内容依然是求之不可得的一种具体情况。《德充符》又进一步将之具体化:"自状其过,以不当亡者众,不状

---

① "终始"这一语词已经提示了"命"之流行的时间性维度,这可能也是《缮性》《秋水》诸篇将"时""命"并言,并以为同义或至少是近义的原因。
② 子舆在思考自己的贫困境遇最终所得的对"命"的理解与此相似,以"命"为思之不可得,而至此极者:父母不欲我贫,天地无私无为又不会使自己贫,那么到达如此贫困的境地,就只能是自身生命的可能性展开的结果。(《庄子·大宗师》)

其过,以不当存者寡,知不可奈何而安之若命,唯有德者能之。"①在这里"命"的具体内容又转变为具体个人身体的残缺的状况②,而"知"对于这种东西何时来临且以何种方式来临是不能提前规划或预知的。

(二)安之顺命及其理据

需要注意的是,《德充符》与《达生》除了描述"命"的不可知特征之外,同时标识出一种对待"命"的理想行为。"不务知之所无奈何"与"安之若命"即从正反两方面描述了有德者应命之方式。而且,这种应命的方式还与一种特殊的智慧有关,前引《至乐》篇本是庄子"鼓盆而歌"的名篇,庄子叙述自己止哭的认识原因即"通乎命"。"通"这一语词颇为醒目,《齐物论》即有"唯达者知通为一"的说法,而且"知通为一"的说法所直接承接的内容是万物的"成毁"。"成毁"毫无疑问属于事物之"化",因而也是属于"命"的内容。而且,《大宗师》正是以"同于大通"为"坐忘"的内容,更准确地说,为"坐忘"最终所达到的一种精神状态。由于这种精神状态乃是通过弃绝知的方式("离形去知")达到的,所以我们有理由认为"通"意味一种不同于一般认识的"知",由于"达者"与"真人"在理想人格方面的一致性,所以我们不妨用"真

---

① 关于"若命"之若字,存在着不同的理解,成玄英疏"安之若命"为"安心顺命"(曹础基等点校:《南华真经注疏》,第87页)。则以"若"为"顺";林希逸更承疏直接言"若命,顺命也"(林希逸:《庄子鬳斋口义校注》,北京:中华书局,1997年,第156页)。而且在这经典解释上亦有支撑,《尔雅》言:"若,顺也。"另一种解释可见于张岱年先生那里,张先生以为"到无可奈何的时候,只当安之若命。'安之若命'的'若'字最有意义,不过假定为'命'而已"(见《张岱年全集》第二卷,石家庄:河北人民出版社,1996年,第431页)。就理论上而言,两种说法均可以在庄子理论中找到根据,且二者说法本身就互相补充。既然命从根本上不可知,那么个人面对自己的人生遭遇而认为命冥冥之中有所注定或由天帝主宰的看法就不能得到落实,所以对于这种日常意义上的"天命",只能采取一种若有若无的描述,即仿佛有这么一种命。但是,如若明白道与天地皆无为以顺应万物之自然,那么就没有一种由天帝或者什么别的东西所决定的"命",一切遭遇都是从根本上属己的,且这些遭遇也造就了自己,如此就应该坦然开放地去迎接自己的遭遇,因为迎接这些遭遇就是在迎接与纳接自己,故又可以言"顺命"。二者的关系正如"不知"与"真知"在庄子那里一体两面的关系,因为在"不知其所由来"的时候,作为"真知"表征之一的"葆光"就已经紧随其后,乃至于同时现身了。但是,就《庄子》的文本而言,前引《庄子》诸篇以"不知"言"命"的做法,将《人间世》这里的"若"如旧注读为"顺",以肯定"命"的含义,而非以"好像"虚化"命"的含义,在文本具体解读上似更有根据,本文姑取此解。

② 请注意《大宗师》在以"夜旦之常"比喻或者修饰"生死"时,还特地使用"天也"的判断,《养生主》右师言自己之独足也以"天也"自称,足见《庄子》以具体的"命"为自然流行的结果并无丝毫外力的干涉。

知"来概括作为一种特殊精神状态或知识形态的"通"。① 值得强调的是,依照孔子对"同于大通""同则无好也,化则无常也"的疏解,"同"其实表示的是"无欲"的意思,而"通"则被理解为"化",或者至少以"化"为内容。

依照此种诠释,"同于大通"的含义即"无欲以化"的含义,这是不是有一点儿《老子》"我无为而民自化""我无欲而民自正"的既视感？但是不同于《老子》"无"类词汇与"自"类词汇分属于君主与百姓,"无欲"与"化"在这里都是属于脱离了政治身份束缚的颜回。因此,我们在这里所见到的"同于大通"强调的乃是普遍的、人之"无为心性"之发用。既然"命"也兼具流行之特征,所以无欲而化即"无欲"以"顺命",亦即"安之顺命"之意。此外,"大通"作为摒除了心知耳目之欲望的特殊精神状态,正与以同样方式出现的"神"意义相通。因此,"安之顺命"其实就是"无为心性"在具体环境下理想发挥的结果。

以"无为心性"为心性基础的"安之顺命"在心理行为上又可以表现为"观化"(《至乐》),而"观化"最终所通达的便是至德之境界。"观化"一语道出了有德者在面临不可预测的运命时,表现的一种不同寻常的应对自己生命际遇的态度。钟泰慧眼如炬,指出此处之"观化"与《至乐》上段文字之"通乎命"异名同实,②"又何恶焉"之"无欲"之含义,更透显了对命之流行"无欲以观"③的特殊观法。这种"无欲"之观法最终所实现的便是哀乐不入于心("无

---

① 据研究,"真知"本身具有实践与情感的意味,郑开教授进一步揭示了真知与神明的内在关联,而在感通神明时,我们的心灵往往进入一种特殊的精神体验状态,这种知识已经不再是纯然主客的知识,而是掺杂了包含诚敬和乐情感在内的实践性知识(郑开:《道家形而上学研究(增订版)》,第195—208页)。关于从"真人"到"真知"的递进关系,前贤已有研究,吴根友教授已经指出,"真知"以"真人"为基础,并且是"真人"生存的一种状态。苗玥以专题研究更明确地表示了类似的观点。贺敢硕更是基于二者的观点而指出,"真知"观念首先不是一种独立的知识视角,而是奠基于"真人"的状态之上而作为后者(可能表现在知识语境中)的"展示"。就此而言,由于道家理想人格的生存状态之根本一致性,所以基于其生存状态的"知"之不同表达也在根本上是相通的(参见吴根友:《庄子论真人与真知的关系——〈大宗师〉篇"且有真人而后有真知"命题的现代诠释》,《中国哲学史》2007年第1期;苗玥:《早期道家的知识和价值维度》,博士学位论文,北京大学哲学系·宗教学系,2019年,第116页;贺敢硕:《早期思想世界中的"精神"状态》,博士学位论文,北京大学哲学系·宗教学系,2021年,第335页)。
② 钟泰:《庄子发微》,上海:上海古籍出版社,2002年,第399页。
③ 这种说法与《老子》第一章"故常无欲,以观其妙"、第十六章"致虚""守静"以"观"万物复归根复命,在理论上也存在着微妙的联系与差异。

好""无恶",亦即"无欲")的理想境界①,所以《人间世》会把"心"与"德"结合在一起讲:"自事其心者,哀乐不易施乎前,知其不可奈何而安之若命,德之至也。"②

最终,《庄子》还面临的一个问题是,虽然生命中具体境遇之来临是不可知的,《庄子》又不断指出安顺于命运是最高之德行,但这种说法究竟只是一种面对命运无可奈何时类似于阿Q精神的自我安慰③,还是具有更进一步的理论支撑?对文本的进一步辨析将显示后一种看法的合理性。

前文已经指出,"不可知"的"命"在《庄子》中表现为个人具体境遇流行不得不然的必然性。在这种意义上,《大宗师》中"若人之形者,万化而未始有极也"与《秋水》中"物之生也若骤若驰,无动而不变,无时而不移。何为乎?何不为乎?夫固将自化④"的关于人物形态变化的说法,同样也可以被视为物之命。考虑到《庄子》中"形形者不形""物物者非物"的道物关系命题,则万物各自际遇之"化"、之"命"从根本上由无形无为的道保障。⑤

以道为保障,就意味着虽然人物的种种生命的遭遇之来临仍然是不可知的,但其同时也是"自然"的,排除了其他意志性因素与上帝干预的存在。因此,凡我们所遇即属于我们在人世间生存的具体性。

实际上,正是由于人物生命的具体遭遇或经历累积的不同,才使得作为每一个个体的人物区别开来,从而真正确立起人物存在价值的独特性。就此而言,如果孔子不围于匡,并且虽穷而不死,就绝非孔子,孔子让子路平定自己心绪时所说"吾命有所制"已经显示了这一点。基于此,我们不难推论,庄

---

① 《养生主》秦失往吊老聃三号而出,与众人悼念老聃之死因而转向对生死这一现象本身的畏惧忧伤这一鲜明对比,其实也可看作是与庄子鼓盆而歌妻死、滑介叔观化的同心之言,其摆脱逃离自身生命不可避免的过程("遁天倍情")的情况,而最终达成与自身生命的和解("帝之悬解"),而表现生理-心理上即身心在人间世中实现的和谐,"安时而处顺,哀乐不能入也"。
② 《德充符》所言心对"命之行"的态度,也可以视为对此句的书内注解:"故不足以滑和,不可入于灵府。使之和豫通,而不失于兑,使日夜无郤而与物为春,是接而生时于心者也。是之谓才全。"
③ 刘笑敢先生已经批评过这种将庄子思想与阿Q精神类比的做法的不合理性。参见刘笑敢:《庄子哲学及其演变》,第158—161页。
④ "自化"虽然属于"自然",但是一旦涉及事物自身具体的变化,"自化"也依然是不可知的,《则阳》言"鸡鸣狗吠,是人之所知,虽有大知,不能以言读其所自化,又不能以意其所将为"已经证实了此点。
⑤ 《韩非子·解老》明确说到道在根本上保证了事物的变化:"道者,万物之所然也,万理之所稽也。……稽万物之理,故不得不化;不得不化,故无常操;无常操,是以死生气禀焉,万智斟酌焉,万事废兴焉。"

子殚精竭虑阐述的各种人物形象,如果没有那些对他们具体遭遇的描绘,也就不能成就他们存在的独特性。①

既然生命的过程构成了自我与他者存在的差异,所以在面对自己的生死、穷约、贫富时则不必执着于这种自然遭遇的不同,而是所遭遇的一切都构成了自己性命必不可少的环节。②《德充符》刻画"圣人""命物之化",即以"死生""天地覆坠"等境遇之流行为自己之"命"③,正是借助于理想人格肯定了际遇流行为自身存在之内容的说法。圣人对于这些际遇的安顺也正是以"无为心性"铸就理想之"命"。

四 结语

综观以上的讨论,《庄子》向我们呈现了一套复杂但却层次分明的"性""命"系统,当"性""命"以"性命之情"或"性命"的形式并言时,其所言的层次乃是本诸道家"自然"概念的"自然之性"。依照《天地》篇的疏释,这一"自然之性"以形神的和谐有序为内容,并且直接来源于形上之"命"。而且,由于这一"自然之性"与物的疏离关系,我们可以借助其形上来源,称其为形上之"性"。

此外,《山木》等篇还向我们呈现了形下层次的"性""命",这一"性""命"直接与现实的环境相接壤并以之为内容。"性"所包含的习俗("习")加上"习以成性"的理论则说明了个体的生命如何可以与外部环境达成一种和谐,进而从生命自身的和谐过渡到生命与环境的和谐。对欲望的节制与"神"发用等属"心"的行为则是实现这种和谐的前提。在这里,"无为心性"就作为一种形下之"性"的方式出现了。进而,形而下层次的"命"作为形下之"性"的实现与完成,就向我们呈现了一种与众不同的生命或者自我观念。生命或自我的独特性并不是通过局限于在自身之内实现的,而是要通过

---

① 刘笑敢先生其实已经指出庄子的"安命论"是"没有客观意志主宰的命定论"与"无为论"的结合(刘笑敢:《庄子哲学及其演变》,第147—148页)。但可惜的是,他并没有继续沿着道家"无为"以尽"自然"的思路出发,将"命"视为人物之"自然",因而也没能发掘出这种结合的理论意义。
② 郭象正点明此点,注"知其不可奈何而安之若命,德之至也"言"知不可奈何者,命也。……故冥然以所遇为命,而不施心于其间,泯然与至当为一"(曹础基等点校:《南华真经注疏》,第86页)。
③ 郭象注"命物之化"说"以化为命,而无乖忤",已经提示了要以使动用法来理解"命"(同上书,第112页)。

不同的遭遇以及这些遭遇的积累最终才成就了生命自身的独特性,这与笛卡尔那种以封闭的自我为生命或者存在原则的那种看法迥然有别。依照这种观念,对于一些一般被认为不好的遭遇,不必过于执着,而是随遇而应、而安,因为这些遭遇是完全属己的,我们的生命就在这些或好或坏或无关好坏的境遇下实现出来。① 能明此以游世,此即道家所推崇之至德。

最后请让我们回循语文问题之本,根据以上的讨论,"性命"这一观念就不能以简单的成词方式理解,尤其不能当成一般的生命含义处理,因为这会遮蔽"性"与"命"更为深邃的理论含义。无论是形上还是形下的层次,"性"与"命"两个观念都向我们呈现了对生命更为具体且深邃的内容与理解。

On the Problem of "Xing" and "Ming" in *Chuang-tzu*

Wang Yiming

Abstract:'Xing' and 'Ming' have been important topics held by Confucianism and Taoism since the middle period of warring states period. Compared with the heated discussion of 'Xing' and 'Ming' in Confucian context, however, these terms in Taoism context have been overlooked to some extent because of their complex philological situation. Firstly, this paper wants to point out that the concept, 'XingMing', is the further understanding of 'Nature' of human-being in Mind-Nature context. Secondly, it will reveal the different levels of thinking in those terms and point out the theoretical meaning of their connection in this difference by means of analyzing context. Finally, the conclusion from this method will be applied into the reflection of philological problems posed by those terms.

Keywords:Dao, Things, Xing, Ming, Cognition

---

① 只有在这种意义上,我们才能更好地理解庄子为何可以倡导"'不怨天,以对父母之心对天地阴阳,自安于人生一切之境'之精神,亦即'人之无条件的承担人所遇之一切无可奈何之境'之精神"(唐君毅:《中国哲学原论·导论篇》,北京:中国社会科学出版社,2005年,第341页)。

试论《庄子》中的"形"

张　璟*

提　要："形"的概念在战国中期兴发出重要的义项,成为宇宙生成论、心性论、境界说以及政治哲学议题中的基础概念,为避免常识印象导致模糊笼统的看法,有必要详细梳理它的意涵。因此,本文聚焦于战国中期代表性的思想文献《庄子》,分析"形"在宇宙论、心性论、身体观以及形名学中的不同含义,展现一幅以规范意涵为内核的"概念图景"。

关键词：形铸　内外　形名

就"形"而言,它作为物的形质、人的形体以及由此申发的内外之别等含义几乎是在战国之后遽然出现的,此前的文献基本未见这些用法。无形与有形、心与形、形名等说法分布在宇宙生成论、认识论、境界说、心性论以及政治哲学的语境中,足见其基础性与重要性。选择战国中期具有代表性的思想文本之一的《庄子》为基础文本研究"形",是一种较为合理地收束式的个案研究。

以人之形为例,"形是形体,与肉体相关,重在指涉外形"这一较为笼统的看法几成讨论的共识与前提。"形"被认为是表达人的身体的概念,出现在多种哲学议题中,比如"自我"问题、心性境界理论、身体观等。司马黛兰详细分疏《庄子》中用以表达身体的诸概念,这很有意义并给人启发,"形"与"身""体""躯"等同作为与身体有关的表达,各自的倾向与特点并不相同,而针对不同概念本身进行梳理和研究以呈现其不同面向,对"形"的深入研究大有助益。不唯身体观,"形"还是其他诸多哲学议题的理论依据,那么,针对这个

---

* 张璟,1993年生,北京大学哲学系博士生。

"概念"本身以及相关的表达进行研讨就较为重要。比如这个哲学概念本身有什么特殊性,《庄子》赋予它的核心义理是什么,这有助于思考"形"在哲学议题中根本上是以何种理论面貌出现的,又串联着什么样的推论线索。基于这样的意图,接下来的讨论围绕着与宇宙论相关的"物形"、心性论内外问题的"人形"以及"形名"的线索铺陈开去,在此探讨过程中,一副以"规范"意涵为内核的"形"的"概念图景"①渐渐呈露出来。

一 物形:形铸譬喻与生成话语

史华慈曾指出:"中国高层文化对于人类起源或宇宙起源的论述中,占主导地位的隐喻是繁殖(procreation)或出生(giving birth);而不是赋予形状(fashioning)的隐喻或创造(creating)的隐喻。"②放在道家思想文献中,典型如《老子》"道生一,一生二,二生三,三生万物""道生之,德畜之",或频频见于传世和出土文献的"生""成"话语,似乎都印证了这种看法。《庄子》中有关"物形"(包括人形)生成的说法虽不足以颠覆这一判断,至少提供了可待反思和研讨的依据。

> 今之大冶铸金,金踊跃曰:"我且必为镆铘",大冶必以为不祥之金。今一犯人之形,而曰:"人耳人耳",夫造化者必以为不祥之人。今一以天地为大炉,以造化为大冶,恶乎往而不可哉!(《大宗师》)

这段大冶铸金的寓言可以视为一种"铸形譬喻",它不是典型的生成论表达,却以冶炼型范喻说造物过程和造化之功,生动地呈现出物形、人形的塑造。不惟此处,相近的"塑形"话语在其他篇章也层出叠见,如"陶铸尧舜"(《逍遥游》)"炉捶之间"(《大宗师》)"刻雕众形而不为巧"(《大宗师》)"日凿一窍"(《应帝王》)等。

虽然哲学讨论常常质疑那种追究文字的初文原义以说明思想演变的做

---

① 这里说"概念图景"并不是刻意炫技式的玩弄概念,而是希望通过"图景"来强调对内在理路的重视。也就是说,不仅仅是机械地罗列不同的理论讨论,比如"形"与自我、"形"与心性论、"形"与境界说等不同"理论",而是希望通过考察"形"这个概念本身的理论意涵是什么以及基于这种基质性的义理它如何参与到不同理论中,旨在反映它的"理路",不仅包含了不同层次的概括,更涵藏路向、走向的问题。

② 本杰明·史华兹:《古代中国的思想世界》,程钢译,南京:江苏人民出版社,2004年,第25页。

法,但若谨慎处理,不以文字原义"还原"思想,仅寻觅遗存线索,"刑"的字义的确有助于理解"铸形"之说。"刑"在金文中写作为"井",它同时也是"型"字的初文。① 隶定为"刑"的"井",用法之一便是通"型"字,意为"模型""模范",进而引申出"法"的义涵。换言之,"刑""型"的古体皆作"井",两者相通,"刑"包含了"型"的"模型"的原意。② 同时,依古人那种过程与结果同指的思维特点,"成形"的含义也自然附着在"模型"的说法之中。③ 因而,《庄子》中散见的"塑形语词"隐微地保留了"成形"与"模型"的关联。承此而论,文献中屡见"流形"的说法或许也是这一线索的流衍。《凡物流形》提出追问:"凡物流形,奚得而成?流形成体,奚得而不死?"参考《周易·乾·象传》"云行雨施,品物流形"的说法,"流形"常被解释成"流布",被认为是万物来源于"水"或"气"的思想痕迹,用以说明"物"的化生成形。④ 顾史考重考王连成的说法,认为读"凡"为"范/範"不失为合理,"范/範物流形"形象地把万物生成比作金属液体流入模型以造出器物的过程。⑤《淮南子·缪称》"金锡

---

① 据陈梦家考证,金文隶定作"井"的有两种字形,差别是"井"中有点与无点(陈梦家:《西周铜器断代》[上册],北京:中华书局,2004年,第324—325页)。学者指出周人原本试图利用这一点之差以分别二字,但未达目的,两种字形仍为"一字同构",尔后演变出从刀的"荆"与增从土的"人类型诸神(此)"两种字形。前者即"刑"字,后者即"型"字(张世超、孙凌安、李国泰、马如森:《金文形义通解》,京都:中文出版社,1996年,第1260—1262页)。
② 这点在传世文献中也有根据。《荀子·强国》:"刑范正,金锡美,工冶巧。火得齐,剖刑而莫邪已。"杨倞注说"刑"与"形"同,郝懿行驳之:"刑与型同,范与笵同,皆铸作器物之法也。杨注非。"(王先谦撰:《荀子集解》,沈啸寰、王星贤点校,北京:中华书局,1988年,第291页)相关说法还可参考李力:《追本溯源:"刑"、"法"、"律"字的语源学考察》,《河北法学》2010年第10期;王沛:《"刑"字古义辨正》,《上海师范大学学报(哲学社会科学版)》2013年第4期。
③ 戴家祥指出:"模型之型,字亦象形,近代手工冶铸者,尚以连接木板四块成井字形,用为翻砂框架。说文'型,铸器之法也。'《集韵·下平十五青》引旧说'以土为法曰型,以金为法曰范,以木为法曰模。'冶铸必用砂土,故表ш加旁作型。模具能使铸件成形,故型又有义成。"(李圃编:《古文字诂林》(第四册),上海:上海教育出版社,2004年,第577页)
④ 顾史考:《上博七〈凡物流形〉简序及韵读小补》,武汉大学简帛研究中心简帛网站,2009年2月23日,http://m.bsm.org.cn/? chu.jian/5196.html。郭静云:《上博七〈? 物流形〉篇名考》,复旦大学出土文献与古文字研究中心网,2010年2月17日,http://www.fdgwz.org.cn/web/show/1085。
⑤ 王连成则认为一般被隶定为"凡"的字当作"戜",本义是古人铸造铜钟所用的模具,此说较他说颇为新颖,但认为前三章是具体讲述铸造铜钟的过程,显然有误。顾史考的反驳值得参考(王连成:《上博七·〈同物流形〉:开篇释义》,简帛研究网,2009年01月06日,http://www.jianbo.org/admin3/2008/wangliancheny021.htm。顾史考:《上博七〈凡物流形〉上半篇试探》,《"传统中国形上学的当代省思"国际学术研讨会论文集》,台北:台湾大学哲学系,2009年5月7日)。

不消释,则不流刑"亦可印证此说。① 另可参看的还有马王堆出土的医书类文献《十问》与《胎产书》,都以"流形"说明人形初成的状态。凡此诸说,并不意在追溯"刑铸"意象是万物"成形"的某种"原型",只是试图通过"刑"的义项寻觅"成形"的思想线索与表达语簇。

回到《庄子》,种种塑形话语虽然最终导向的都是形之成,但这不是宇宙论或自然观所论的"生成"的成形,而是特别地针对一种意向所引发与作用的塑形。大冶铸金的故事里,最关键的要素是金的踊跃发言和强烈意欲,即想要被铸造成宝剑。与之类似,人在"形犯(範)"过程中想要成为"人"形,这里的"人"虽然字面上指人的形体,若从与"镆铘"对举的语境以及参照"陶铸尧舜"的说法来看,想要为"人"的诉求背后应当预设了人(比物)更优越、人形更好的观念。因此,金与人的成形聚焦点是意欲、要求的意向问题,它们本质上是价值判断与好恶之情。与这种价值塑形相对的是造化的大冶,郭象注"恶乎往而不可"说"所系之情可解,可解则无不可",点明大化的要义是割断由情、物绾合的藤蔓,造物者"炉捶之间"使得无庄失其美、据梁失其力、黄帝亡其知,正是经由"忘"字消解了意向的纠缠,这莫不就是"吹万不同,使其自已"的状态。总而言之,在刑铸成形的譬喻中,庄子展示了价值塑形和造化自形两种截然不同的层次,故事出现的语境是物化层次的"形化"(不是指人死的形化),迥异于无形到有形、生物与成形的典型宇宙论与自然观追问,转化了生成论的问题意识与表达,转向的目的地正是"心",从而是非之心与无心之心两个维度共同彰显了理论的张力感,一股力图突破宇宙论的思维方式在这一转向中涌现出来,以此突出意向、价值之塑形的问题。

然而,外篇中下引文段都以"生"贯穿整段论述,似乎又回转到宇宙论的思路中,但情况是否如此呢?

泰初有无,无有无名,一之所起,有一而未形。物得以生,谓之德;未形者有分,且然无间,谓之命;留动而生物,物成生理,谓之形;形体保神,各有仪则,谓之性。性修反德,德至同于初。同乃虚,虚乃大。合喙鸣,喙鸣合,与天地为合。其合缗缗,若愚若昏,是谓玄德,同乎大顺。

---

① 李哲明云:"汉魏丛书'流刑'注云:'流入型范。'"杨树达云:"'消'与'销'通。《说文·金部》云:'销,铄金也。'《说文·土部》云:'型,铸器之法也。从土刑声。'注训刑为法,读'刑'为'型'也。"(刘安编,何宁撰:《淮南子集释》,北京:中华书局,1998年,第739—740页)

(《天地》)

　　察其始而本无生,非徒无生也,而本无形,非徒无形也,而本无气。杂乎芒芴之间,变而有气,气变而有形,形变而有生,今又变而之死,是相与为春秋冬夏四时行也。(《至乐》)

　　夫昭昭生于冥冥,有伦生于无形,精神生于道,形本生于精,而万物以形相生。(《知北游》)

不得不承认,以上所讲的从无到有的"生"的过程,以及以"气"讲有形和变化,的确带有宇宙生成论的特点,但"道""德""命""理""性""精""神"概念的引入,意在追究物的根本原因或依据,是哲学思维对宇宙论的变形和超越。因此,上引文段实际上在生成论的表达中夹杂着对物物者(或形形者)的形而上追问。

在庄子哲学的具体论述中,"形"的重要性非常引人注意。公认地,从形、名两面理解道家哲学"道物""有无"关系理论是较为关键的,"无"即无名无形,"有"即有名有形。若细究之,《老子》首章讲"无名,万物之始也;有名,万物之母也"(汉简、帛书本),又有"非常名""绳绳不可名""未知其名,字之曰道""道常无名""无名之朴""道隐无名"诸多说法,"名"是理解《老子》论"道"的关键。① 之所以会认为"无形"是"道"的特点,基本依据的是"恍惚""寂寥""泊兮""无状之状,无物之象"等"视觉语词",说明道是"不可见"的。至少从直接论述的表面证据看,"形"这个概念还没有像"名"那样重要,形、名也未建立起理论关联。反观以上援引的《庄子》文段,"形"几乎贯穿于每一阶段,并进而与"命""理""性"等重要概念建立义理勾连。而"名"只通过"无有无名"说明泰初之"无"。换言之,"名"仍然是区分有无、截断道物的理论说明,"形"在《庄子》中也明确地具有这一理论功能,但"形"却穿梭于形上学与物理学之间,一方面无形、未形指明道的超越性,冥冥的无形与形相生相对,体现道与物的殊别,道居于以形相禅之环(始卒若环)的环中。另一方面似乎更进一步演绎《老子》"德畜之,物形之"的说法,以"形"为线索深化了"性"的理论。"物成生理,谓之形"与"形体保神,各有仪则,谓之性"两句,前一"形"是"物形之"之"形",或说是有形、无形之"形",后一"形"则是修道主

---

① 郑开:《〈老子〉首章中的相关问题考证》,《中原文化研究》2021年第3期。

体,是葆养内在条理的基础。《老子》言"德"是物类的"内在基础",言"形"是个物的形质。① 而从生物之"理"讲成形以及从内在仪则讲性与追究根源的"道"的思路相比,同样都指向物的根源、本质、依据,不同的是,"理"强化了"各有"的分别,突出了条理义与秩序感。"形"与"理"都是战国中期方才在哲学讨论中崭露头角②,《天地》篇记载的二者互释涵藏的思想史线索便弥足珍贵,《管子》的"凡物开静,形生理"(《幼官》),"心处其道,九窍循理"(《心术上》)或许就是它的思想呼应。

可见,以上以"生"为说的看似是宇宙论的文段实则都暗藏着突破宇宙论思维的动机。出人意料的是,"形"在其中占据着相当重要的地位,几乎贯穿于其中的各个阶段。延续了有无区分道物的思路,明确以无形指涉冥冥之初(道)。并且极力通过"物形之"的延展,深化了"德""性"理论,串联起战国中期尤为重要的诸多观念,如"命""理""精""神"等。其中"形"与"理"的初步联结最值得关注,"形"不仅是自然理则(生生之理)作用的体现,还是内在理则(仪则之性)实践的呈现。而在此诸多论述中,附着了规范含义的"刑范"之意总不离其间,若隐若现。

二 形与内外

论及"形",首先联想到的多是与身体相关的"形体"义,稍作反思便可发现,这样的联想只能算作一种模糊不准确的"印象"。以古代说法的同义词与英文的对译来看,古人用以表达与人的身体相关的概念不独有"形",还有"身""躯""体""躬"等,它们各自的义理侧重点有所不同。③ "形"的英译则

---

① 对于"物形之"一句,有不同的理解方向。普通如字读,从生成的思路把握,则理解为物呈现为某种形态,包括形质与形状。如河上公注"为万物设形象",许抗生说"物从而有了形状"。另一种较有创见的是从形名的思路解读,郑开认为"形"意味着物进入"思想世界"(名),是思想世界中的"物"。此处的讨论主要围绕生成的线索展开,因此暂采前一种读法(参见郑开:《试论老庄哲学中的"德":几个问题的新思考》,《湖南大学学报(社会科学版)》2016年第4期)。
② 张岱年:《中国古典哲学概念范畴要论》,北京:中国社会科学出版社,1989年,第39页。
③ "躯"在《庄子》中仅出现在外、杂篇,并且"形躯"连用,基本上与"形"无异。"躬"和"体"两者各自强调的重点与形的交涉不多,便不做说明。由于"体"比较明确地强调"一体""同体"的相通、整全意味,形与它的区分一目了然。与"身"对比需要更为细致。《庄子》中的"身"也有肉体的维度,但它指生命的载体、存活的基础,反复出现的"保身""身为刑戮""危吾身""内伤其(转下页)

有 form、physical form、physical body、corporeal 等说法。① 显然,不仅《庄子》,先秦文献中的"形"几乎可以说与抽象的"形式"(form)无涉,不是个体事物的根本因,也不是本质属性。同时,以身体的外形轮廓或肉体身体理解"形"也有望字生义之嫌。那么,有必要明确"形"的理论语境及概念的独特性,避免泛泛而论。

要而言之,《德充符》以形为界,区分了"形骸之内"与"形骸之外"。以形为内外之际,《庄子》一书中可梳理出两种不同的思路,分别见于内篇与外、杂篇。② 内七篇对"个体"之"人"的生存状态与理想境界给予极大关注,"形"与"心"常常如影随形,具有结构性的对应关系,注重心内与物外的对待关系,尤为警惕心处于物的奴役状态。而考察外、杂篇论"形"的相关文段,多以"圣王"的理想治道和政治实践为问题意识,由此以治身言治道的理路形成并逐渐成熟,"形"的"身体思维"得到加强,并渐渐脱离与心相对的理论模式,反成为内在心性境界的葆养基础。这一分疏有助于思考战国中期兴起并渐趋成熟的心性、内外主题,此前的相关讨论在心性理论以及内在境界的阐释上取得极大进展,那么,以"形"为切入点或许可以从一个侧面补充理解。

(一)心与形:个体、自我与对待关系

老子和黄老思想以"道-物"和"君(侯王)-民"为主要结构,个体之"人"的意识并不突出,而《庄子》对人的生命存活、生存状态、存在境域的思考,对人与万物的关系的追问尤为突出,因此,"自我"问题以及"物我"关系成为问题的关键。"自我"问题是庄子研究中比较受关注的哲学议题之一,多以《齐物论》的"吾丧我"为起点,从字词用法和思想义理两方面梳理"我"与"吾"的不同,并达成基本共识,即认为"我"是"对象性关系中的存在",与"他者"相

(接上页)身""身犹死之"等说法都通过"身"传达了对于生命存活的忧虑和延续的希望,"终身"则指生命存活的整体过程。总之,"身"是生命得以存活与延续的生理基础。司马黛兰分析认为,《庄子》中的"身单纯是活着的身体本身,是存在于人类寿命期限的整个过程之中的生理实体"(见司马黛兰:《〈庄子〉中关于身体的诸概念》,蒋政、沈瑞译,《中国哲学史》,2013 年第 1 期;司马黛兰:《身体的界限》,郭亮、刘荣茂译,《开放时代》2016 年第 2 期)。

① State Nathan Sivin, Cosmos and Body in The Last Three Centuries B. C., *Harvard Journal of Asiatic Studies*, Vol. 55, No. 1, 1995; Brook Ziporyn, *Zhuangzi: the Essential Writings with Selections from Traditional Commentaries*, Hackett Publishing Company, 2009.

② 《庄子》外、杂篇与黄老学思想交涉的议题近年讨论纷纭,《庄子》中"形"的论说明显地可以看到内篇与外、杂篇的差异以及外、杂篇与黄老学的亲缘性,尤其体现在具有宇宙论特征的论述以及政治哲学的思想推展上。

对,并通过"非我"来确定。① 那么,可以追问的是,《庄子》是如何在理论上建构出这种对待性关系之"我"的?实际上,"形"在此处是极为重要的概念。

首先,"形"与"知"的关联应当被注意到。《逍遥游》载连叔的话:"瞽者无以与乎文章之观,聋者无以与乎钟鼓之声。岂唯形骸有聋盲哉?夫知亦有之。"一方面,它说明"形骸"作为一种身体表达,"形"通过视觉、听觉等官能构绘身体想象,它是感官知觉体(而不是生命存续体)。另一方面,它还强调了"知"有不同层次的小大之别。形与感知的关联在《齐物论》中"其寐也魂交,其觉也形开,与接为构,日以心斗"的"形开"处也可得到印证。古注多从寐寤之异来理解形开,把它解释为躯体、四肢的活动,未能注意到与之并言的"魂交""接构"以及"心斗"都是知觉状态,②同一语境中的"形开"也应当不例外。结合《逍遥游》的说法,基本可以推定"形开"就指感官知觉。进一步分析发现,它不是某种特定的感官知觉(如视觉、听觉等),而是诸种感官的共同作用体。因此,"形开"似乎呈现为某种"感官统觉",与常认为的"心统众觉"略有不同,不过限于材料,这种说法也只属推测。总而言之,"形"所呈现的身体意象表现为一种感官知觉体。陈静把"我"分为形态的和情态的,用"形"态的"我"说明那种处于与外物纠缠的状态,深合《庄子》之"形"作为感官知觉发挥作用的身体的意涵。它不断接受外物的刺激并作出反应,感知把"我"与"物"耦合在一起,从而"我"或者"形"必然永困于对待性关系之中,无法超脱。只有揭示出形与感知③的隐秘联系才能连缀"形"之"我"与"物"的对待性关系。

再者,从形的缺失状态来逆向切入也有助于揭示"形"的意涵。整体来看,畸形者集中出现在《德充符》一篇。标题即已指示全篇的要义是内在德性与外在形残的强烈对比以及高扬内藏于心的德性。从"形"切入,首三章的"兀者"最为醒目,仅剩一足的形体是遭受刖刑所致,叔山无趾见仲尼时,首先

---

① 陈静:《"吾丧我"——〈庄子·齐物论〉解读》,《哲学研究》2001年第5期。
② "魂交"应与哲学性地转化宗教用语有关,这在"神明"的研究中同样可以看到。"与接为构"指的是感官知觉,"心斗"则指知性或理性智力(郑开:《道家形而上学研究(增订版)》,北京:中国人民大学出版社,2018年,第159—194页)。
③ 王玉彬曾总结:"形"是"肉体维度的躯体、脏器、感官与官能",其实已经透露出"形"与感官知觉的紧密联系。同时他指出陈鼓应以"去欲"解"离形",认为"欲"也是"形"的应有之义,不过文本上暂时看不到这种联系(王玉彬:《庄子哲学之诠释与重建》,北京:人民出版社,2015年,第126页)。

就被孔子质疑因为不谨慎犯错而遭受刑罚("不谨""犯患"),这说明形残被认为是犯错而受刑的结果。更甚者,这种质疑不仅来自他人,一般人也会为自己的过错争辩("自状其过"),预设了自以为过的前见。基于此,"形"作为身体的外部特征,其实有两层含义:其一,"天与之形"的天生之形,或全或残(《养生主》的右师)。其二,"有人之形,故群于人"的人形。此句精要而深刻地点明了"形"的身体想象是群体性的,本质上是世俗价值、人情好恶的作用体,人不仅仅处于彼此、物我的一一对应,更困陷于网状式交错的对待关系中,一旦不相契合便会招致惩罚。

综上可见,"形"几乎与生命活力、生理存续无涉(由"身"表达),身体的各个部位以及整体的组合形态只是相当基础的浅层身体想象,它本质上是知、情、好恶的作用场,"我"的对待性关系理论上实际是经由"形"完成的。①质言之,"形"的义理特质是彼此、物我的对待关系,是人情、价值的规范力的作用体。

对待关系必定会产生相合、符契的要求和束缚,要从这种捆绑式的关系解脱出来,"离形""忘形"便承此而生,关键是"离"与"忘"式的解脱究竟指的是什么:

> 颜回曰:……"回忘仁义矣。"……曰:"回忘礼乐矣。"……曰:"回坐忘矣。"……颜回曰:"堕肢体,黜聪明,离形去知,同于大通,此谓坐忘。"(《大宗师》)

颜回坐忘的寓言提出了"离形"的观点。根据"忘仁义"与"忘礼乐"推断,"形"指的是道德与礼仪行为的身体,它被要求与礼乐的规范以及道德的律则相合,这呈现的就是对待性的关系,"离形"和"去知"的坐忘状态就是要突破对待关系导致的被束缚宰制的状态。前人对内在境界状态的论述已颇丰,此处的着眼点则是从对待关系中突围而出的方式。

这一点比对儒家思想的线索更能见出不同。德行"内化"为德性的思路是典型的儒家理路。孔子以"心安"回应宰我三年之丧的问题已初现其形,简帛《五行》强调仁、义、礼、智、圣"形于内","形成"内面化的道德之心,以完全

---

① 略可补充的是,形常被认为是视觉感知的对象,《天道篇》说"视而可见者,形与色",细究之,视觉又何尝不是"注视"与"观察",有"形"之"我"必然是他人视野下的、相待关系中的存在。

地统一道德行动和道德动机。① 孟子的四端之心同样是在"心"上寻觅仁义礼智的根本依据,并且通过以心言"性"的方式、成熟的心性论形态把"形于内"转化为"根于心"②。"形于内"的思路对于此处的讨论启发尤大,道德规范未尝不可内化于人,通过"养就"而形成于"心",化为道德自律,实现内外的统一。依此"内化"的思路,则父子君臣(角色)应然的规范都内化于心而得到"真诚的承诺",在此"真诚地内化"中未见奴役,③反而好像实现自律的自由。那么,道德主体(心)的建立确立了某种"真诚的"对待关系,这种对待关系似乎并不必然地会走向限制和束缚。

借用《人间世》的栎社树能以小见大来窥见《庄子》的立场。任博克翻译的这一文段很值得注意。④ 他把"不材之木"译为"talentless, worthless tree",把"用"译为"useless", worthless 和 useless 英译的比较透露出一点线索,"不材"不仅仅是指不能作为器物使用,更重要的,它还是一个"价值"判断(worth)。同时,"材"也是"才",指内在基础和根据(talent),那么,兼备双层意涵的"不材之木",它表达了坚定的"反内化""反内植"的态度,不把功用目的、价值判断"内化"为大木的本质属性。在此段的末尾,任博克补充了自己的理解:用栎社树的社会地位和碰巧(happens to)担任的社会角色去判断它,是很荒谬的。"碰巧"的译法非常精妙,说明树与它的角色只是一种偶然的联系,仅仅偶寄、暂居于此角色("直寄焉")。相似的说法可见于他篇,如"旦宅""蘧庐""委形"。此处又

---

① 学者对"形于内"有两种不同的理解:一种认为德性"形于"内、德行"形自于"德性,强调德性的天然内在以及必然外发,黄俊杰即采此说(黄俊杰:《马王堆帛书〈五行篇〉"形于内"的意涵》,载《中国古代思想中的气论及身体观》,杨儒宾主编,台北:巨流图书公司,1993 年)。另一种认为当理解为仁义礼智圣五者如何"形成""养成""养就"为内面化的道德之心,以王中江说最详细(王中江:《简帛〈五行〉篇的"悳"概念》,《简帛文明与古代思想世界》,北京:北京大学出版社,2011 年)。两种说法比观,后一种更合理。
② 王博曾指出简帛《五行》篇"形于内"与《孟子》"根于心"的不同:"所谓的'形于内'是从不形于内开始的,也就是说,原本心中没有这个'形',但是经过一定的努力和步骤,它可以在心中成形。形于内的过程正好像是孟子所说的'外铄'的过程。但是'根'不同。'根'意味着它是固有之物,是原本就内在的东西。"从这一说法同样可以看出,"形于内"的确偏向于把外在德行"内化"成形(王博:《简帛思想文献论集》,台北:台湾古籍出版有限公司,2001 年,第 136 页)。
③ 汉斯·格奥尔格·梅勒、德安博:《游心之路:〈庄子〉与现代西方哲学》,郭鼎玮译,北京:北京联合出版公司,2019 年。
④ Brook Ziporyn, *Zhuangzi: the Essential Writings with Selections from Traditional Commentaries*.

强调了不应把角色内化为大木的本质属性,①因为这样的联结只是偶然的寄寓。

综上诸说,与儒家"形于内"的思路对观,内化机制或许可以通过一致性和协调性化解对待性关系的拖曳和宰制,但外物的偶然性与相耦关系的稳定性使得人逐物不止,受物牵制而终沦为无根浮萍,庄子的"离形"决然地要从与物的对待关系中解脱出来。

那么,既然内化的思路不可取,又要从对待关系中解脱,庄子转入"形化"(物化义)来考虑:

> 蘧伯玉曰:"善哉问乎!戒之慎之,正汝身也哉!形莫若就,心莫若和。虽然,之二者有患。就不欲入,和不欲出。形就而入,且为颠为灭,为崩为蹶。心和而出,且为声为名,为妖为孽。彼且为婴儿,亦与之为婴儿;彼且为无町畦,亦与之为无町畦;彼且为无崖,亦与之为无崖。达之,入于无疵。"(《人间世》)

"形莫若就"可以视作最初级的与物形化,也就是表面上遵循礼仪规则、不违社会价值(成玄英疏:"身形从就,不乖君臣之礼"),但庄子特别地强调"就不欲入",也即切不可把表面的遵循内化为内在的认同,②再次印证前文提到的内化思路并不为庄子所取。理想的状态是"彼为……与之为",随物的变化而变化,即因物而化形。与此相近的说法还有《大宗师》子舆的一段话:"浸假而化予之左臂以为鸡,予因以求时夜;浸假而化予之右臂以为弹,予因以求鸮炙;浸假而化予之尻以为轮,以神为马,予因以乘之,岂更驾哉!"它多了一层因形为用的意涵,更凸显出在功用与角色的偶然性中悠游的状态,以无尽不止的变化使得暂时的联结不至于被固化,以此从对待关系中挣脱出来。③

---

① 汉斯·格奥尔格·梅勒在讨论名实问题时曾述及这则故事,他说:"故事中的这棵'不材之木'用于攘除祭祀,却没有内化社会赋予它的宗教价值。……这棵树被命名且用作神社,但并不证明自身具有本质上的宗教价值。"([德]汉斯·格奥尔格·梅勒、德安博:《游心之路:〈庄子〉与现代西方哲学》,第180页)
② 王博:《庄子哲学》,北京:北京大学出版社,2004年,第190页。
③ 这里的关键是"因",因而附带补充一点。提到"因","随""顺"与之相近,因循、随顺也常常互用不别,但若玩味《庄子》中用法的细微差别,可以看到"顺"更多地在一种带有时间意味的必然趋向语境中,如四时的变化、时势的发展以及性命的时运,因此它常与"时"并言,与"逆"对举,如"安时而处顺""……顺也……逆也"。"因"则没有这种动态趋向感,常常接以"是非""固然"等确定的"东西",以之为根据和依凭,故而,在形的变化部分,形化而因用就呈现出确定与变化之间的张力与转化,以变化应对偶然性的相待关系,避免陷入确定而固化的联结中,终至于疲役。

如上所论，通过"形"审视内外之间与对待关系，庄子无意于通过内化的方式以真诚的机制化解对待关系，也不曾建立起由内发外的对应显现而给人一种走向"彻底"的形化的印象，这就引发两个重要的议题：其一，作为物化的"形化"，它的基础必然是某种万物之间的内在联系。其二，如何捕捉并保留主动性，因为它必须与"推而后行，曳而后往"的决然无主状态区分开，同时，它又不能是"求与外物相合的内化"形成的"主动"。两者都指向根本的"使其形"者：

> 仲尼曰："丘也，尝使于楚矣，适见㹠子食于其死母者，少焉眴若，皆弃之而走。不见己焉尔，不得类焉尔。所爱其母者，非爱其形也，爱使其形者也。"（《德充符》）

"使其形者"就是"形形者"或"物物者"，即"形"成为如此这般的根本原因。郭象注说"使形者"是"才德"，这是来自下文"才全""德不形"的两条线索，才与德都指向内在根源。①

"才全"侧重于从"心"上讲，无论是生命的存亡、地位的贵贱、才能的高低，还是诽谤赞誉、饱腹饥渴等人生的境遇，都是偶然的变化，是普通心智所无法把捉和预测的，因而决不能内化于心以应之。若简略地与儒家"形于内"的思路相参，儒家极大地丰富了心的智与情的面向，以"思"把握德行发生的内在机制，以"情"作为德性显发和德行的根据。② 庄子则超越心知、深入"灵府"，也即"虚心"之心或"无心"之心。③ 以虚心之心的灵府讲"才全"，已有以心言性的意思，④这与道德心理学截然有别。

"德不形"重在内保而不追求外在的形饰，这基本上无需赘言。此处更关

---

① 学者指出"才"与"德"几乎同义，"才"指天生的品质，而"德"指"万物生长的内在基础"（参见钟泰：《庄子发微》，上海：上海古籍出版社，2002年，第121页；王博：《庄子哲学》，第67页；张岱年：《中国古典哲学概念范畴要论》，第155页）。
② 陈来：《竹简〈五行〉篇讲稿》，北京：生活·读书·新知三联书店，2012年，第57页；陈来：《早期儒家的德行论——以郭店楚简〈六德〉〈五行〉为中心》，《北京大学学报（哲学社会科学版）》2018年第2期。
③ 对"心"的概念进行分层的思想还见于上博简《凡物流形》"心不胜心，大乱乃作；心如能胜心，是谓小彻"。以及《管子·内业》"心之中又有心"，这说明对"心"的概念的思考是时代性的议题。虽然思路与庄子相似，但这"心之心"却讲"意"，以及而后"形""言"，恐怕与庄子的虚心还有所不同，有待重考。
④ 郑开：《道家形而上学研究》，第173页。

注"物不离"所提示的物与物相通的基础。可以注意到豚子故事中,庄子提到"类",但这个类不是以"形"划定的类,是以"使形者"为准所分的类,前者往往意味着区分、判别与归类,而后者却指向根本性的同质、交互与类通。以豚子为例,豚子母亲死亡之后,形体暂时并没有发生改变,如果基于前一类的认知,则豚子应当认为这还是它的母亲,但事实却并非如此,说明形体不是使得豚母成为豚子母亲的原因,豚子不需要诉诸形体或者其他特点就能自然地判断出它的母亲不在这里了,某种类通的东西在母子之间传递、亲知,因而一旦母亲丧失它,豚子与母亲的关联和沟通就中止。在此,物与物之间某种深层的联结跃然而出,类通之"德"也即物类之性的意识已经深藏其中。物类之性作为"使形者",既保证了物与物的深层勾连,也不至于陷入全然无分的混冥。

总而言之,作为感官知觉体以及人情价值作用体的"形",是庄子建构"自我"的理论枢纽,而此"自我"的根本特点就是陷溺于彼此、物我的对待关系中,长此以往必然疲役无归。与儒家形于内而建立内外一致协调的真诚机制不同,庄子深谙外物的偶然性与相耦固化关系的困境,企图以"形化"的无穷变化从功用与角色的偶然性中挣脱而出。通过心之心与类之性的双重超越与深化,以"使形者"为内在基础,实现真正的悬解。

(二)**身与形:圣王、治身与政治实践**

从"形"的视角切入关注心形、内外关系,除了上文提到由外自内的内化,还有自内向外的外显问题。

> 藐姑射之山,有神人居焉,肌肤若冰雪,淖约若处子。(《逍遥游》)
> 南伯子葵问乎女偊曰:子之年长矣,而色若孺子,何也?(《大宗师》)

针对神人的纯白之貌、淖约之姿以及女偊的貌若孺子,一种思路认为这种形貌是境界化、精神化后的表现,这是身体观研究中比较典型的解释。① 但已有学者提出,《庄子》中大量形残者的存在就足以打破这种必然性,因为他们都是有德者,却甚至连整全的形体都没有,因此根本不存在身心的"存有连续性"或"身心双修","心"与"形"之间有着严格的价值分判。② 妥当地理

---

① 赖锡三:《庄子灵光的当代阐释》,新竹:台湾清华大学出版社,2008年,第120页。
② 王玉彬:《庄子哲学之诠释与重建》,第151—153页。

解,当从超越现实的理想人性视角看待神人和女偊的形貌。① 那么,从"形"的视角来看,它们本质上是那种人的普通知觉不可把握的(若冰雪)、与人的期待相悖(年长而若孺子)的"异形",只不过不是骇人的残形罢了。实际上,如"德不形"所指的"内保而不外荡"强调向内的收敛,并未建立起内外对应的联系。因此,准确地说,内篇虽然用"形"表达人的外在形态,它却是处于"心-形"理论结构中的,用以呈现与物的对待关系,因而与"我"的建构、自我问题更为紧密,并没有很明确的"身体思维"。行至外、杂篇,"形"很明显地与那些带有物质性意味的"精""气"等概念建立关联,现代观念中的物理身体感加强,它出现于治身的语境中,旨在讨论政治实践的问题,这是与内篇不同的地方。

那种强调由内形于外的思路常常参看《孟子》,如"有诸内必形诸外""生色"与"践形",似乎庄子定然深契于同时代孟子倡导的"践形",形成相互辉映的时代思想景象。然而分析显示,内七篇的庄子思想有明显内敛、内向收束的特质,并不必然地呈现出完美的外在形态,内(心、德)与外(形)没有一一对应的相耦必然联系。② 之所以有这种印象和结论,主要依据的是外杂篇的论述。

> 鸿蒙曰:"意! 心养。汝徒处无为,而物自化。堕尔形体,吐尔聪明;伦与物忘,大同乎涬溟;解心释神,莫然无魂。万物云云,各复其根。各复其根而不知,浑浑沌沌,终身不离;若彼知之,乃是离之。无问其名,无窥其情,物故自生。"(《在宥》)

> 为圃者曰:"子非夫博学以拟圣,于于以盖众,独弦哀歌以卖名声于天下者乎? 汝方将忘汝神气,堕汝形骸,而庶几乎! 而身之不能治,而何暇治天下乎? 子往矣,无乏吾事!"(《天地》)

> 鲁侯曰:"吾学先王之道,修先君之业,吾敬鬼尊贤,亲而行之,无须臾离居,然不免于患,吾是以忧。"……市南子曰:"……今鲁国独非君之皮邪? 吾愿君刳形去皮,洒心去欲,而游于无人之野。南越有邑焉,名为

---

① 郑开:《道家形而上学研究》,第 260 页。
② 实际上,"德充符"题目也同样有此问题,"充"言充其内,指内在德性的饱满状态,这点无需多言。而"符"多被训释为"符合""符验",如果理解为由内发外、内外相合,这就与全篇出现的形残者形象相悖,那么这个"符"究竟指什么就有待考量。

建德之国。"(《山木》)

上述文段中的"堕形体""堕形骸""刳形"可以视为"离形"的同义表达,考察各个文段的语境以及思想,推测它们的对话对象很可能是儒家的伦理道德思想。比如,《在宥》一段前文提到云将的治人之过,《天地》一段出自汉阴丈人说孔子之徒"卖名声于天下",《山木》一段前文是鲁侯"学先王之道修先君之业"而"敬鬼尊贤",《田子方》前文则是"圣知之言、仁义之行",声名、礼乐、仁义、圣智都是人之"形"(群于人)。就这一点来看,与"离形"强调忘仁义、忘礼乐相合。

《天地》"身之不能治,而何暇治天下"则提示了新开拓的理论路向:其一,引入"治身"的议题,从治身的语境看待"堕形"。其二,从治身演进到治国,实际上,除孔门之徒外,以上文段的主角都拥有政治角色,甚至是至高之位的君主。且讨论的主题都是如何使国治民安,《在宥》一段完美地结合"坐忘"与"复命"思想而发挥《老子》"无为-自然"理论,"心养"直接点明了无为的根本在于无心,并透露着心性境界与政治治理的交涉。① 其中,"离形"在内篇"坐忘"的语境与内外结构中,用以强调虚心无心的境界,在上述文段中却被视为"治身",并借此进入"治国"的政治哲学语境。有鉴于此,通观外、杂篇"形"的论述,它与内篇所论最直观的不同是,"形"与"心"的内外对立感逐渐减弱,它的"身体感"愈加明显,与"身"渐趋贴合。顺此思路,对于"形劳"的担忧便自然而生。

    阳子居见老聃,曰:"有人于此,嚮疾强梁,物彻疏明,学道不倦。如是者,可比明王乎?"老聃曰:"是于圣人也,胥易技系,劳形怵心者也。……明王之治:功盖天下而似不自己,化贷万物而民弗恃;有莫举名,使物自喜;立乎不测,而游于无有者也。"(《应帝王》)
    夫子问于老聃曰:"有人治道若相放,可不可,然不然。辩者有言曰:'离坚白若县寓。'若是,则可谓圣人乎?"老聃曰:"是胥易技系,劳形怵心

---

① "心养"多被读为"养心",如郭象注:"养心者,其唯不用心乎",成玄英疏:"养心之术",陈鼓应白话翻译"修养心境"。但林希逸注意到应当注意"心养"与"养心"的区别:"心养者,言止汝此心自养得便是,不曰养心,而曰心养,当子细分别。"结合上下文语境,"养"的读法之一如林希逸的"止心自养",另一种或许承上文治理问题,读为保养万物和民人。前者近于养身,后者则为养物。

者也。……其动，止也；其死，生也；其废，起也。此又非其所以也。有治在人，忘乎物，忘乎天，其名为忘己。忘己之人，是之谓入于天。"（《天地》）

两段文献基本相同，《天地》篇此段很可能改写自《应帝王》①。首先，"劳形"与"怵心"并言，心与形并未处在相对的位置上。普通的智识能力优越、知识积累丰富以及承担社会责任不仅会成为"心"的累患，同样也导致"形"的疲累。在前文分析内篇"心-形"理论中的"形"时，"形"本身是作为感知载体以及社会价值的投射对象出现，因而要"离""忘"。而此处和《渔父》篇说苦心劳形"不免于身""以危其真"，正说明"形"的劳累与"心"的怵惕都可能影响生命与真性，"形"一转而为保全的对象。再者，"明王""圣人""治道"提示了政治哲学的语境，最关键的理论意义是主体被限定、明确下来，"明王""圣人"共同指向了"圣王"。内篇讲内在境界虽是体道者实践所致，却是对"个体"的"人"而言的，政治哲学语境中道、德必是"圣王"的体道显德的内在境界。② 一旦有了圣王主体的前设，身体的意识顺势也会得到加强，"形"自然也被这种身体思维纳入，那么对它的保全便也可以理解了。另外，论明王之治或理想治道不谈治理方略，却畅谈圣王"不自己""立不测""游无有""忘己"的境界，正是《老子》"修之于身，其德乃真""修之于国，其德乃丰；修之于天下，其德乃普"的继承与深化。

广成子南首而卧，黄帝顺下风膝行而进，再拜稽首而问曰："闻吾子达于至道，敢问治身奈何而可以长久？"广成子蹶然而起，曰："善哉问乎！来！吾语女至道。至道之精，窈窈冥冥；至道之极，昏昏默默。无视无听，抱神以静，形将自正。必静必清，无劳女形，无摇女精，乃可以长生。目无所见，耳无所闻，心无所知，女神将守形，形乃长生。慎女内，闭女外，多知为败。我为女遂于大明之上矣，至彼至阳之原也；为女入于窈冥之门矣，至彼至阴之原也。天地有官，阴阳有藏，慎守女身，物将自壮。我守其一，以处其和，故我修身千二百岁矣，吾形未尝衰。"（《在宥》）

---

① 就此而言，或许也说明《应帝王》在内篇之中的特殊，它很可能已经受到黄老学的影响。
② 郑开说："《老》《庄》哲学中抽象的'道德之意'在这里已经具体化、肉身化为'君'的形象了。"（郑开：《道家政治哲学发微》，北京：北京大学出版社，2019年，第297页）

这是外、杂篇"治身"文段中包含"形"的议论最丰富、义理尤精妙的文段。首先要明确一点,此段不是独立的故事,其来有自,承续上文"养民人""遂群生"如何治理天下的问题,因而是处在以治身言治天下的理论脉络中。并且整段论述"治身",把窈冥昏默的本原的"道"转化为"体道"境界,这是"形"的整体背景。

具体来看,"形"可分为三层:"无劳女形""形将自正"以及"形乃长生"。"无劳女形"呼应了上文提到的"劳形怵心",转进"无"的层次后,与"无劳形"并举的是"无摇精","形""精"并言是外、杂篇诸论突出的特点。《刻意》"形劳而不休则弊,精用而不已则劳,劳则竭"引入"精",与"形"一道更详细地说明"劳"的危害,《达生》篇"弃事则形不劳,遗生则精不亏。夫形全精复,与天为一"就是无劳形、无摇精的具体阐释及深化。此外,《知北游》的"形本生于精"揭示出"精"是"形"的基质、本原。① 而由于"精"带有的物质性特征,便强化了"形"的肉身性、身体感,生理层面的意义使得"形"进而被用以讨论"养生""长生"的问题意识,并为讨论身与心、生理与精神的交通奠定了基础,即此段"形"的另外两层含义。

"形"之所以能"自正"是因为收敛视、听的感官知觉,达致"抱神"的体道境界,"鬼神将来舍"(《人间世》)、"纯白"(《天地》)、"神将来舍"(《知北游》)、"神宅于心"都是"抱神"的同义别说,从普通心知之"心"区分心中之心的"神",借此提示超越普通知觉的心性境界。抱神以静而形将自正,以"神""形"深化"心""形"关系,并通过始自《老子》的"无为-自然"理论,说明神对形的作用,后文"女神将守形"表达的亦是这层意思,并接引出"形乃长生"的状态。

全书的确可以看到对于生命保全的忧患和希冀,但《刻意》特别地区分出道引之士的养形者,可见所谓"长生"或者"吾形未尝衰"彰显体道者的超越境界并不可坐实讲。理论上说,它们应该与"形全"相类。《天地》篇载"执道者德全,德全者形全,形全者神全。神全者,圣人之道也。"正可看到道、德、神与形的交涉,而之所以突出"形全",是因为它是葆养"神"的基础,由此又见

---

① 这里的"精"当有两种理解:一方面,结合"气变而有形"(《至乐》)的说法,以及"气"在同时代《孟子》《管子》思想的重要地位,推测这里"精"或可以理解为"精气",即是形的"基质"。另一方面,依"昭昭生于冥冥,有伦生于无形"的思路,"精"理解为最高级的"至精""道精"也未尝不可,即是形的"本原"。

形对神的作用。综合"抱神形正"与"形全神全",神形、心身、精神与生理间的相互作用一览无余。

总体看来,《庄子》外、杂篇中基本上已形成以"治身"言"治国"的思路,延续道家哲学的基调,即突出"无"的超越、超脱性,因此本质上相当于一种贯穿于身与国的无为之治。参较《管子》"心统众窍"与"君统众臣"、心术与主术的对应结构,是比较成熟的身国同构理论①,《庄子》论心虽有九窍"真宰"的追问,答案却比较模糊。且无论讲"离形"还是"形全",重点仍在体道者或圣王的"无心"和内在境界,可以推想,君臣关系以及"心主"的思想在这种基本思路下自然是在考虑之外的。因此,准确地说,身国同构的理论在《庄子》中还只是初具雏形,道真以治身、绪余以为国家是主轴。而"形"在外杂篇中无疑加深了"身体"的意识,给一身之内的治理带来理论拓展的契机,为心与众窍、四肢、百骸的关系提供了理论的桥梁,是圣王成为道(以及法)的肉身体现的基础。一言以蔽之,"形"在由庄子强调内敛内守的思想到黄老身心交互作用的理论脉络中,发挥了相当重要的枢纽作用,不容忽视。

三 "形名":一些线索

承上治身与治国的讨论以及《庄子》载录的黄老思想特征,接下来便尝试探讨《庄子》中"形名"的线索。"形名"或"刑名"是始自战国中期的重要思想,在黄老学思想中处于基础地位,②在更宏观的"道""法"思想史脉络中,它亦是不可忽视的研究对象。③ 学界不乏"形名"的论述,郑开指出形名学的两个原理,分别是物理学的"有形有名"和形上学的"无形无名",强调"无为"开出了与儒家不同的伦理学"道德谱系"和知识论的"无知"。④ 贡华南则勾勒

---

① 冯友兰指出:"道家讲保全身体、性命的道理。这是道家的一个主题。黄老之学以此为'内',又把保全身体、性命的道理推广到'治国',以此为'外'。……'养生'和'治国'是一个道理,这就是黄老之学的要点。"(冯友兰:《中国哲学史新编》,载《三松堂全集》第8卷,郑州:河南人民出版社,2001年,第424—425页)另可参郑开:《道家政治哲学发微》,第321—328页。

② 郑开:《道家"名学"钩沉》,载《哲学门》(总第十一辑),北京:北京大学出版社,2005年。

③ 郑开指出,道家黄老学要解决如何从道的原则推导出法和刑、从道的高度论证法和刑合理性的问题,"理"的概念、自然法的观念以及形(刑)名学是理论利器(郑开:《道家形而上学研究》,第118页)。

④ 郑开:《道家形而上学研究》,第113页。

出"形名—无形—形而上"的演绎理路。① 作为"无为"的"无形""无名"是道家哲学研究极力高扬的。黄老学与法家思想则突出"因形定名"以及"循名责实"两条线索。不难发现,形名的研究多被放在"名学"的问题意识中把握,在行文论证之中也不自觉地偏重于"名"。但形与名何以能关联起来讨论? 这仍然让人颇感疑惑,两者在哪些义理上能贯通而足以并言就值得挖掘。另外,既然对于无形无名的层面的理论研究已经翔实精当,可尝试的便是追踪"形"的相关文本中那些可能与"名""法"结合的义理枢纽。

之所以说"线索"以及"义理"上的关联,是因为《庄子·天道》虽已出现"形名"概念,但全书只此一见,且仅简要地勾画了理论层次的纲目。因此,具体的讨论若限于"形""名"同出的文本,则难以展开,因而以义理的关联为主要线索。"名"本身在先秦各家文献中皆有出现,含义极广而复杂,曹峰精准地揭示出两条思想理路,划分出倾向于"价值判断"的、伦理意义的、政治意义的"名"与倾向于"事实判断"的、逻辑意义的、知识论意义的"名"。② 依循着此判分,"名"有称谓(语言)、命名(概念)、是非(价值)、名分(伦理)、名位制度(政治)、秩序(社会政治)等多重意涵,这些义项就是挖掘形与名义理关联点的要目。

首先,物形与命名的问题是形名的问题意识之一。内篇特别关注生存境域的问题,并以心形相对的理论为主,"形"虽然保留了物和人外在形态的基本含义,本来好像应该指"天与之"的物和人的特征,却在内外之分中被流放于"外",因而"形"似乎并没有被视作物"实"而特别地论及。根据《管子·心术上》"'物固有形,形固有名',此言名不得过实,实不得延名"一句来反观《庄子》,可以追问《庄子》中是否有名以符实、名实相应的思路。"其名"的说法恰好保存、提示了一点物实之"形"与命名之"名"的关系。《逍遥游》开篇出现的鲲直接以"其名"登场,若承认物之大小属于"形",那么鲲的形与名至少有如下几层义理:其一,"鲲"之"名"本应指小鱼,③却转而直陈它的大,名与形的冲突和不协调点拨出物形与名相疏离的玄机。再者,鱼化为鸟而鲲化

---

① 贡华南:《从无形、形名到形而上——"形而上"道路之生成》,《学术月刊》2009年第6期。
② 曹峰:《中国古代"名"的政治思想研究》,上海:上海古籍出版社,2017年,第7页。
③ 王叔岷校注:"《尔雅·释鱼》:'鲲,鱼子。'凡鱼之子名鲲,《鲁语》:'鱼禁鲲鲕,'韦昭注:'鲲,鱼子也。'张衡《东(西)京赋》:'摷鲲鲕,'薛综注:'鲲,鱼子也。'《说文》无鲲篆,段玉裁曰:'鱼子未生者鲲。'"(王叔岷:《庄子校诠》[上],北京:中华书局,2007年,第4—5页)

为鹏,形化而名变,说明同一物也可能形变而名异,名与形不必一成不变。最后,北冥的背景或许也有深意,老庄思想中出现大量"冥冥""默默""昏昏"等"视觉语词",①指涉无形、无名的状态,在冥冥的北海中揭示大形与小名、异形与殊名,暗示了形与名都在其中消退而隐匿不见,直指"无形""无名"。与鲲之名相类似的还有为帝却名"倏""忽"的南海、北海二帝,②或者形美而名"盗"③的盗跖。可见,种种形名相悖透露出庄子似乎有意通过二者的龃龉与变化打破"因形定名"或"因实定名"的一般思路,直指无形无名,这符合老庄思想一贯的理论。

最引人注目的还是首次出现在《天道》篇的"形名":

> 夫帝王之德,以天地为宗,以道德为主,以无为为常。……本在于上,末在于下;要在于主,详在于臣。……礼法度数,形名比详,治之末也。(《天道》)

> 是故古之明大道者,先明天而道德次之,道德已明而仁义次之,仁义已明而分守次之,分守已明而形名次之,形名已明而因任次之,因任已明而原省次之,原省已明而是非次之,是非已明而赏罚次之。赏罚已明而愚知处宜,贵贱履位,仁贤不肖袭情,必分其能,必由其名。以此事上,以此畜下,以此治物,以此修身,知谋不用,必归其天,此之谓太平,治之至也。故《书》曰:"有形有名。"形名者,古人有之,而非所以先也。古之语大道者,五变而形名可举,九变而赏罚可言也。骤而语形名,不知其本也;骤而语赏罚,不知其始也。倒道而言,迕道而说者,人之所治也,安能治人!骤而语形名赏罚,此有知治之具,非知治之道;可用于天下,不足以用天下。此之谓辩士,一曲之人也。礼法度数,形名比详,古人有之,此下之所以事上,非上之所以畜下也。(《天道》)

---

① 郑开:《道家著作中的"视觉语词"例释》,载杨国荣主编《思想与文化》(第十八辑),上海:华东师范大学出版社,2016年,第1—31页。

② 梅勒说"一提到二帝的名字'倏'和'忽',立刻就让他们失去了作为'帝'的尊贵形象。……尊贵之'帝'与其平庸之名形成了鲜明对比。"梅勒、德安博:《游心之路:〈庄子〉与现代西方哲学》,第125页。

③ "盗"这个词本身也很有意思,盗取的东西往往不是属于自己的,在物品所有权的问题上直接地展现了不属于、不对应的关系。而如"欺世盗名"之说,更揭示了名声与品行不匹配的情形。总之,"盗"这个语词本身就蕴含了不相配、不对应的意义。

总的来看,这一段是理想治道的纲要,层次分明,眉目清晰,明确了道德、仁义、分守、形名、因任、原省、是非、赏罚搭建的理论框架,要义是本末有别与以本统末,强调道德是一切治具的根本。很明显,在此链环中的"形名"已不同于物的特性之实与称谓命名,王安石注说:"形者,物此者也;名者,命此者也。所以物此者,何也? 贵贱亲疏,所以表饰之,其物不同者是也。所以命此者,何也? 贵贱亲疏,所以号称之,其命不同者是也。物此者,贵贱各有容矣;命此者,亲疏各有分矣。"①"形"是社会政治的"实","名"是社会政治的"名",借用古已有之的"有形有名"的观点,说明物进入了名所建构的价值和制度世界,而不仅仅是语言概念的思想世界。"形名"上承"分守",那么"名"当指"名分","形"则是此名分要求的相应行为,与下文"因任"正相贯通。此外,位于"道德"之后的种种治具中,独形名与赏罚两者被另眼相待,"五变""九变"指此链环中从"天"至形名与赏罚经过的阶段,有意思的是,黄老学思想中的重要理论却常与五、九两数相涉,比如"五行"理论、马王堆帛书《九主》《管子·幼官》"九举"、《管子》"九变"、《鹖冠子》的"九道",甚至《孙子兵法》的"九变"。并且形名(刑名)、赏罚在后来法家思想中是重中之重。总而言之,除了命名物形的含义之外,形名还作为治具被纳入理想治道的理论愿景中,因而获得命名权之外的规范性权力,在思想的建构和社会政治的塑造中发挥着极为重要的作用。此时,不同于因形(物实)而名物(概念)的命名行为,"形"和"名"都成为社会政治的"实","名"具有规范的"权力"并建构出"秩序","形"则是实践的基础。

上文曾尝试分析宇宙论与自然观语境中的"形",发现《庄子》(内篇)巧妙地化用了铸造刑范的话语转入"心""形"理论。若稍作延展,先秦文献针对"形"的工具语汇有一系列常见表达,《庄子》他篇还提到"规""矩""钩""绳""烧""剔""刻""雒";《孟子》同样反复论及"规矩""绳墨",还有为人熟知的"戕贼"(以为桮棬);又如《老子》的"埏埴""凿";《荀子》中的"檃栝""烝""矫""斫"等。经分析即可发现,凡此诸说都指向价值判断和伦理道德隐喻。《应帝王》倏、忽凿窍,是因为混沌待之甚"善"而要报之以"德",凿形的行动出自善心并依于德行原则。钩以曲、绳以直、规以圆、矩以方等集中出现在《骈拇》《马蹄》《胠箧》中,而这几篇都旨在掊击以仁义为典型的世俗伦

---

① 王安石:《临川先生文集》,上海:中华书局,1959年,第710页。

理道德,认为它们宰制人心、损毁人性。与之相对,儒家的孟子以规矩类比人伦典范的圣人,荀子以檃栝、绳墨论说礼义之制。① 暂不考虑双方观点的对立,论理的依据和思绪是相类的,即规矩绳墨都用以喻说伦理道德的作用,经此一说,物的"形"便分别对应两个层次:未经塑造、与性相应的材质和塑形之后、与德(伦理道德)相应的定形。那么,可以说此时的"形"就是"规范"的产物及载体,而不是现代人观念中占据着时空的、客观物理的形状形态。其中的"规范"义可从"物"和"人"两方面详细分析。

对于"物"来说,这种"规范"的目的往往是器用。《庄子》内篇中反复出现木匠观木,他们所见的大木极为引人注意。庄子描绘大木的高大,其文是:"其大蔽数千牛,絜之百围,其高临山十仞而后有枝,其可以为舟者旁十数。"(《人间世》)虽然说千、百、十看起来只是大概之数、约略之说,但显示出以功用的视角、准确的量度来描绘大木的方式和意图,这与说鲲之大时的"不知其几千里"有明显差别。依此,木之"形"(大)就不是现代植物形态学意义上的客观样态,而是功用视角("蔽""舟")下的判断。实际上,大木一开始就是以"栎社树"的身份出场的,这意味着除了潜在的器物功用,它还已然获得"社会角色",具备社会价值且承担社会功能。又如伯乐治马,进行一系列的整容修饰活动,同样预设了马是"用"以骑的前识。一言以蔽之,物的"形"被期待"功用"的目光注视或已经因为其功能担任起社会"角色",在功能功用与社会角色中,"形"是"规范"的载体和结果。

从"人"的一面看,以《人间世》中的支离疏为例。他属于天生异形者,②尽管各种解释都认为"支离"指的是形体的残缺不全,但根据文中支离疏的描述"脸在肚脐下、肩在头顶上"等,其重点恐怕不在于强调形的残缺,相比于"残形",用"异形"或者"畸形"理解支离疏或更为妥帖,因为它的侧重点不是残与全的对比,而是异与常的张力。支离疏的"异"主要是通过身体各部的错位体现的,在这个意义上理解"支离",它呈现了与刑戮、斫伐而割裂不同

---

① 徐翔:《作为"典范"的"规矩"——理解〈孟子〉的一个关键隐喻》,《哲学动态》2020 年第 11 期。徐翔:《从"工匠制作"的隐喻看荀子的"先王制礼论"》,《中山大学学报(社会科学版)》2020 年第 5 期。

② 这样推断的理由有二:首先,没有明说或暗指他曾遭受刑罚,比如《德充符》中的"兀者",可以较为明确地判定为遭受刖刑;再者,结合上文大木天然材质的例子,如果语境连贯,支离疏的异形基本可以认为是天然的。

的塑形方式,通过支解、混合与重构而从结构性的组合来理解"形",本质上是作为典范的"常形"进行解构与重组。正是因为它不具典型的人形,因而无法纳入世俗的常规的价值体系、社会习俗和政治制度("德"),进而成为"无所用之人"。所以,支离疏十分悠然自得地处于世俗之中,"异常"之形(支离其形)斩断了社会政治"常规"对他的要求、规定和束缚(支离其德),反而使他能够保存生命,安然度过一生。总而言之,支离疏的异形至少提示了"形"的两个要点:其一,以"构形"①理解"形",不是仅仅指向"形"的各部及其组合,更重要的是它是社会价值所构铸的,有功用的期待因而有了价值的判定,以及异形和常形的区分。其二,若从与"规范"的理论联系来看,与物形相同,埋藏于支离疏的异形与普通人的常形之下的是形与社会"功用"、社会"角色"纠缠的深层理论暗线,即以是否合用,是否完成角色任务为判断常与异的标准。

无论是物形还是人形,"形"与"规范"理论的关联是经由"用"的价值判断和期待、"角色"的安顿建立起来的。那么,或许可以说,"形"就是"名"(价值、角色)的具体展现和载体。"形"某种程度上就是"名",因为它就是社会价值(名)所塑造的,是"名"的载体。值得注意的是,一旦有了判断,继之而来的会是分类,有了这些"前见",它们必然会被转化为正当的要求(righteously demands)和规范的期待(normative expectations)。不仅仅是对行为的规范,更重要的是要求与之相合的内在根据,相比于行的遵循,心的承诺更易使人沉沦于物、无法自拔于奴役的状态,名以自身的权力建构形、塑造心,相互契合的内外两面共同形塑了社会价值的实践主体。因此,名的规范性权力最可怕的不是矫正行为,而是以社会角色、功用为导向的内化(成心)。

只是不得不承认,庄子毕竟在制度方面的考量较弱,多旨在掊击儒家的伦理道德,因此,就"形"的分析而言,"规范"的义项也多就伦理价值与社会角色而论,规范权力与秩序建构偏重在对生命秩序的反思,制度性的涵义的确还未深入开掘,这方面内容则是黄老学与法家所着力展开的部分。总体来说,以上三个部分就是在不同的语境中讨论"形",各部分看起来各自独立,但

---

① 安乐哲虽然也认为形是形体或外形,但提到了"形"是人类生长过程的立体的气质或构形 configuration(Roger T. Ames, The Meaning of Body in Classical Chinese Philosophy, in *Self as Body in Asian Theory and Practice*, Roger T. Ames, etc. eds., State University of New York Press, 1993)。

价值和规范的因素隐含在其中,包括范形(刑)的隐喻、规范性认知的载体以及社会政治中的规范性力量,"形"在其中具有重要的理论意义。

An Analysis on "Xing(形)" in *Zhuangzi*
Zhang Jing

Abstract:In the middle of the Warring States period, the concept of "Xing(形)" emerged as an important meaning, and became a basic concept in cosmology, theory of mind and nature, and political philosophy. It is necessary to review it in detail. Meaning, therefore, focusing on the representative ideological literature Zhuangzi in the middle of the Warring States period, analyzing the different meanings of "Xing(形)" in different theories, presenting a more comprehensive "conceptual vision".

Keywords:Mold, Mind and Xing, Xing and Ming

正名·制度·性情：董仲舒教化思想新探

肖芬芳[*]

提　要：董仲舒的教化思想，是以君主修身治人的政教程序展开的。首先，在"以义正我"的修身方法中，"义"是圣人正名而制定的适宜不同身份的道德准则，具体呈现为分殊之礼义，其中君主通过察身以知天，奉礼而自修，民众则需要君主教化，才能循名以明礼。其次，董仲舒除了意图构建学校教育和礼制等教化制度之外，其阐述的"德化"思想具体指向君主修身显示德行、创造良善的政治环境以陶冶民众德性的教化过程，而"德化"的实现亦需要制度的支撑，这就将民众善性养成归于良善的政治环境。最后，董仲舒教化思想的特殊性体现在，其以正名构建的德位一致的等差秩序，造成了民众和君主之间具有不可逾越的道德鸿沟，而他认为君主要将民众性情控制在"有欲"和"无欲"之间，不能消除君民之间的性情差异，其政治目的亦有让处于君主教化下的民众永远不可能达到以及超越君主之德，从而力图稳固君主在道德和政治上的权威性。

关键词：董仲舒　正名　制度　性情　教化

作为儒学基本特征的教化论，在先秦时期已出现独立的概念，但"教化"被凝练成儒家政治哲学的中心主题，则是汉儒在推进儒学政治化的进程中建构的，尤以董仲舒的教化思想最具代表性。而董仲舒的教化思想，正如学界

---

[*] 肖芬芳，1992 年生，湖南大学岳麓书院助理研究员。

所指出的,是基于"天论"和"人性论"思想的"教化成性说",①亦是君主②承担教化责任的王道教化论③。而董仲舒出于政教目的建构的人性论,④"其人性主体是'民',而不是一般意义上的'人'"⑤。因此,董仲舒的教化思想是在"君-民"结构的政治世界中展开的。

但在君主如何教化民众这个问题上,现有研究一是认为汉儒存在"礼治"和"德化"这两种方法的分歧;⑥二是认为董仲舒立足外在政教措施而忽略了个人成就道德生活的可能性,⑦从而未能解决个体的自我实现与社会塑造之间的关系;⑧三是指出董仲舒严格区分修身和治人,对民众实施先饮食后教诲的治理方法。⑨ 这些不同的观点导致了以下几个需要厘清的问题:既然董仲舒忽略个人的道德主体性,那么君主是如何修身的?君主又如何能以道德感化民众?即"德化"的发生机制是什么?而"德化"和"礼治"的关系又是什么?同时,董仲舒认为君主要先养民后教民,那么对民众究竟抱持何种道德期待?其教化要求究竟是针对君主还是民众?而他的这种教化思想又是否具有新意?这就有必要继续探讨董仲舒思想中的君主如何开展修身治人的政教程序,指明董仲舒教化思想的特质。

---

① 邵显侠:《论董仲舒的"教化成性"说》,《孔子研究》1995 年第 3 期。
② 董仲舒区分了作为天下人主之天子和一国之君,天子为圣人,一国之君可为贤人君子。本文所用"君主"指向天下视域中的天子。
③ 朱人求:《董仲舒教化哲学研究》,《福建师范大学学报(哲学社会科学版)》2007 年第 5 期。
④ 清代苏舆指出,"董子重政,故谓人性未能善,待王者而后成";唐君毅指出董仲舒的人性论是以政教为目的;徐复观认为董仲舒建构人性论的途径之一是出于政治的要求。参看苏舆、董仲舒:《春秋繁露义证》,北京:中华书局,1992 年,第 296 页;唐君毅:《中国哲学原论·原性篇》,北京:中国社会科学出版社,2005 年,第 69—72 页;徐复观:《两汉思想史》(第一卷),上海:华东师范大学出版社,2001 年,第 247—250 页。
⑤ 陆建华:《中民之性:论董仲舒的人性学说》,《哲学研究》2010 年第 10 期。
⑥ 李弘祺指出,"礼仪化"是汉代教育的一般特征;陈苏镇认为汉代儒家内部存在"德化"和"礼治"这两种德教主张之间的争论,其中董仲舒主张"德化"说。参看李弘祺:《学以为己:传统中国的教育》,上海:华东师范出版社,2017 年,第 183—185 页;陈苏镇:《〈春秋〉与"汉道"——两汉政治与政治文化研究》,北京:中华书局,2011 年,第 205 页。
⑦ 唐君毅:《中国哲学原论·原性篇》,第 75—76 页。
⑧ 杨国荣:《善的历程——儒家价值体系研究》,上海:上海人民出版社,2006 年,第 157 页。
⑨ 余英时:《汉代的循吏教化》,载《士与中国文化》,上海:上海人民出版社,1987 年,第 149—150 页。

一 君主修身方式和"正名"方法

董仲舒以"仁义"来区分修身和治人,指出"义"是修身的原则,"仁"是治人的原则。他在阐述"以义正我"的修身方法时,认为此种内治程序具体开展为"反理以正身,据礼以劝福"①。但"义"和"反理""据礼"之间的关系是如何呈现的呢?此种修身方式是否适用于所有人呢?

董仲舒说:"人之德行,化天理而义。……天之副在乎人……为人主也,道莫明省身之天,如天出之也。"②这是在"人副天数"的关系中指出,作为人之德行的"义"是化天理③而成的,那么"反理"就是要建构"人"和"天"之间的关系,具体表现在君主之道上,需要省(察)身以知天。而在董仲舒建构的人随君、君随天的差序格局中,④只有君主才能和天建立直接联系⑤。因此,"反理以正身"实质就是君主"察身以知天"的过程。

而君主"察身以知天"具体展开为以下三个方面:一是君主法天,以己身与天同者而用之,诸如人之喜怒化天之寒暑而成,寒暑必当其时而发,那么君主所发喜怒亦要符合"义"的标准,即"故为人主之道,莫明于在身之与天同者而用之,使喜怒必当义乃出,如寒暑之必当其时乃发也"⑥。二是君主通过自省以察觉天谴之意,"亦欲其省天谴而畏天威,内动于心志,外见于事情,修身审己,明善心以反道者也"⑦,并在对天威的敬畏下,修身审己以明天意之仁,此处的"善心"指向天意之仁,所谓"以此见天意之仁而不欲陷人也"⑧。余治平指出,董仲舒思想中的"自省"是将天的外在谴告转化成一种内在的心

---

① 董仲舒:《春秋繁露》,上海:上海书店出版社,2012年,第155页。
② 同上书,第164页。
③ 董仲舒思想中的"天理"和"天道"可互相替换,"反理"亦同于"反道"。
④ 干春松:《从天道普遍性来建构大一统秩序的政治原则——董仲舒"天"观念疏解》,《哲学动态》2021年第1期。
⑤ 萧公权指出,董仲舒的天人关系实为天君关系。参看萧公权:《中国政治思想史》,北京:商务印书馆,2011年,第293页。
⑥ 董仲舒:《春秋繁露》,第169页。
⑦ 同上书,第140页。
⑧ 同上书,第156页。

理自觉,即帝王从内在自我出发去反思政教之得失。① 因而"自省"是君主通晓天意的方法,亦是由敬畏天威而来的自觉反省的修身方法。三是君主知晓天子之名的内在要求,即作为天之子,必须敬天、奉天,躬行子礼。董仲舒说:"尧谓舜曰:'天之历数在尔躬。'言察身以知天也。今身有子,孰不欲其有子礼也。圣人正名,名不虚生。天子者,则天之子也。以身度天,独何为不欲其子之有子礼也?"②即君主"察身以知天",亦是要知晓其身与天在宗法上属于父子关系,从而对天奉行子礼。这就表明,君主"反理以正身"必然会导向"据礼以劝福",这是正名所规定的修身原则。

由此可知,董仲舒在"正名以明义"③的方法下,将"义"这种修身原则和"正名"思想联系起来了。他曾区分了天子、诸侯、大夫、士、民这五种名号指向的具体涵义:"受命之君,天意之所予也。故号为天子者,宜视天如父,事天以孝道也。号为诸侯者,宜谨视所侯奉之天子也。号为大夫者,宜厚其忠信,敦其礼义,使善大于匹夫之义,足以化也。士者,事也;民者,瞑也。士不及化,可使守事从上而已。五号自赞,各有分。"④在这种名号的分别中,其实然和应然都是不同的,诸如天子宜视天如父,诸侯宜奉天子,大夫所具忠信礼义之善要大于匹夫之义,士者宜守事从上,庶民则处于瞑瞑状态。董仲舒直接指出大夫之善大于匹夫之义,可见"义"在天子、诸侯、大夫、士、民等身份上呈现为不同的标准。这表明,作为自我道德要求的"义"并不是普遍单一的准则,而是适合不同名号的多元性道德标准。同时,董仲舒也以"宜"解释"义","义者谓宜在我者。宜在我者,而后可以称义"⑤,指向不同名号之人的合宜规范。又因为"名"是圣人根据天意制定的,"名则圣人所发天意"⑥,如此"义"即是明天人之际的圣人制定的既合于天理,又适宜于不同身份的行为标准。

这也正体现在"礼"之分别义上:"人生别言礼义,名号之由人事起也。

---

① 余治平:《唯天为大——建基于信念本体的董仲舒哲学研究》,北京:商务印书馆,2003 年,第 109—110 页。
② 董仲舒:《春秋繁露》,第 181—182 页。
③ 同上书,第 194 页。
④ 同上书,第 160 页。
⑤ 同上书,第 154 页。
⑥ 同上书,第 160 页。

不顺天道,谓之不义,察天人之分,观道命之异,可以知礼之说矣。"①别上下之序的"礼义"是圣人顺天道而制定的适用于人世间的具体规范。因此,董仲舒所说的"以义正我"的修身方法,实质上是圣人正名制礼后的修身方法。此种修德方式,实质上是"义"和"礼"相结合的名教,它所导向的不是基于内在心性的道德修养方法,而是在圣人制定的名教范围下的循礼修身。这具体表现为:君主察身以知天,敬畏天威,奉礼自修;而天子以下者则在君主教化之后,循名以明理,"随其名号以入其理"②,即明白自身所号之名的涵义和规范,遵循自身名分之礼。

另外,董仲舒根据正名思想,明确指出"民"处于瞑瞑状态,因此难以反道修身,"匹夫之反道以除咎尚难,人主之反道以除咎甚易"③。易言之,庶民虽然具有善质,但因其瞑瞑未觉,流于乐利而忘义,"夫皇皇求财利常恐乏匮者,庶人之意也。皇皇求仁义常恐不能化民者,大夫之意也"④,所以不能自修,而是需要君主和大夫的教化。如此,董仲舒界定的有善质但未觉的"中民",在广义上指向君主以下的臣民,但在狭义上则指向匹夫庶民。

既然君主是以礼教来规范在下者的行为,但当遵循礼义成为在位者的自我修身要求时,又该如何理解君主对民众的教化措施呢?董仲舒区分了修身标准和治人要求,其在阐述"以仁治人"时,明确提出先饮食后教诲、宽制以容众的治民方法。但他亦认为"性不得不成德"⑤,"性非教化不成"⑥,将教化民众视为君主的职责。那么君主的仁政和成性之教是何种关系呢?即君主是如何在仁政中养成民众之善性呢?这就有必要考察董仲舒阐述的君主教化措施。

二 君主治人方法和"德化"的制度建构

董仲舒将教化视为"人事",因此教化措施即是君主奉人本之事,"立辟

---

① 董仲舒:《春秋繁露》,第194页。
② 同上书,第161页。
③ 同上书,第127页。
④ 班固:《汉书》,北京:中华书局,1962年,第2521页。
⑤ 董仲舒:《春秋繁露》,第161页。
⑥ 班固:《汉书》,第2515页。

雍庠序,修孝悌敬让,明以教化,感以礼乐,所以奉人本也"①,具体呈现为学校教育和礼乐活动。他又详细地描述了此一教化过程:"古之王者明于此,是故南面而治天下,莫不以教化为大务。立大学以教于国,设庠序以化于邑,渐民以仁,摩民以谊,节民以礼,故其刑罚甚轻而禁不犯者,教化行而习俗美也。"②董仲舒指出,以仁义孝悌为教化内容的学校教育能够培养民众善性,而具体礼仪可以节制民众情欲,如此施行教化可以美化风俗。因此,从制度建构上来说,董仲舒提出的教化措施具体落实为学校教育制度和礼制。

但董仲舒也指出,"古者修教训之官,务以德善化民"③,认可道德的风化作用,诸如他认为"尔好谊,则民向仁而俗善;尔好利,则民好邪而俗败"④,重视德行于上,风行于下的德化方法。陈苏镇以此认为董仲舒持有"以德善化民"的"德化"方法,区别与贾谊"以礼义治民"的"礼治"方法。⑤ 牟宗三则将儒家的治道概括为"德化治道",认为"礼乐之教即是性情之教,德化即是性情人格之完成",并指出"德化"落实于具体个人的德性觉醒和人格完成上。⑥ 然而,这正是董仲舒的教化思想不符合"德化"标准之处,即董仲舒不能证成缺乏道德主体性的民众能够被在上者唤醒德性。那么他所说的"德善化民"究竟是如何发生的呢?这就需要进一步探究董仲舒德化思想的确切指向。

董仲舒说:"性者生之质也,情者人之欲也。或夭或寿,或仁或鄙,陶冶而成之,不能粹美,有治乱之所生,故不齐也。孔子曰:'君子之德风,小人之德草,草上之风必偃。'故尧舜行德则民仁寿,桀纣行暴则民鄙夭。夫上之化下,下之从上,犹泥之在钧,唯甄者之所为;犹金之在镕,唯冶者之所铸。"⑦在此,董仲舒以君子之德风的教化效果为例,将民之仁寿、鄙夭都归之于君主是否施展德政,这种"上之化下,下之从上"的德化过程犹如制陶铸金一样,从而民众之善性是陶冶而成的,而陶冶所需要的条件和环境是君主以德教塑造

---

① 董仲舒:《春秋繁露》,第142页。
② 班固:《汉书》,第2504页。
③ 同上书,第2515页。
④ 同上书,第2521页。
⑤ 陈苏镇:《〈春秋〉与"汉道"——两汉政治与政治文化研究》,第205页。
⑥ 牟宗三:《政道与治道》,长春:吉林出版集团有限责任公司,2010年,第28—30页。
⑦ 班固:《汉书》,第2501页。

的。这表明,对于有善质而未觉的民众来说,君主的教化不是去启发民众之德性,而是要营造有利于民众向善的政治环境。① 即"德化"所关涉的并不是民众如何修德,而是君主如何以仁政德教来营造有利于风化的环境,民众处在此种环境中才能够陶冶身心,养成善性,并让整个社会形成良善风俗。此种能够决定民众仁寿、鄙夭的政治环境,既包括君主仁政爱民而导向的安定富足的社会环境,也包括君主以学校教育制度和礼制等制度建构营造的教化环境。

事实上,董仲舒在说及"以德善化民"后,接着阐述具体教化措施:"质朴之谓性,性非教化不成;人欲之谓情,情非度制不节。是故王者上谨于承天意,以顺命也;下务明教化民,以成性也;正法度之宜,别上下之序,以防欲也。"②他区分了性和情欲,将教化视为成性的方法,将分别上下之序的礼制视为防欲的方法。而提防和节制民众的情欲,也正是成性的途径和教化的任务,所谓"不以教化提防之,不能止也"③。因此,董仲舒所说的"德化",并不与"礼治"相对立,而是要通过礼制建设来完成的。

既然董仲舒认为民之善性是由君主构建的政治环境陶冶而成的,那么其教化思想的核心即在于阐述君主为何以及如何实施德教。他说:"无怪民之皆趋利而不趋义也,固其所暗也。……先王显德以示民……从上之意,不待使之,若自然矣。……其所谓有道无道者,示之以显德行与不示尔。"④董仲舒指出民趋利而不趋义,是由于不知义,这就需要君主显德以示民,民众则自然会听从上意,而判断一国之有道无道,就在于君主是否显示德行。因此,教化的基本要求是让君主修身显示德行。而董仲舒将仁义礼智信五常之德作为君主修身的标准,"夫仁谊礼知信五常之道,王者所当修饬也;五者修饬,故受天之佑,而享鬼神之灵,德施于方外,延及群生也"⑤,认为君主具备五常之德,则能受天护佑,施德惠及群生。同时,董仲舒将遵循三纲五纪视为圣人之善的标准之一:"循三纲五纪,通八端之理,忠信而博爱,敦厚而好礼,乃可谓

---

① 徐复观指出,董仲舒将善性养成归于良善的政治环境。参看徐复观:《两汉思想史》,第 248 页。
② 班固:《汉书》,第 2515 页。
③ 同上书,第 2503 页。
④ 董仲舒:《春秋繁露》,第 157 页。
⑤ 班固:《汉书》,第 2505 页。

善。"①可见,在后世作为民众基本礼教内容的三纲五常,在此却是圣人和君主的德行要求。

另外,"德化"还涉及道德榜样的传播机制问题,即居于深宫、远离民众的君主,其德行如何被四海之民知晓呢?诸如董仲舒描述的君主躬亲于上,万民听而生善于下的道德风化现象,"故君民者,贵孝弟而好礼义,重仁廉而轻财利,躬亲职此于上,而万民听,生善于下矣"②,其中君主的道德行为和教化旨意是通过何种途径传递给居于四方的民众的呢?董仲舒是以心与体的关系来论证民众为何会听从君主的教化:"君者,民之心也;民者,君之体也。心之所好,体必安之;君之所好,民必从之。"③他认为君主代表万民之心,因此君主所好,作为君主之身体的民众必将服从。但这依然没有解释君主之德行如何风闻于四方。事实上,这套传播机制隐藏在其思想背后的历史之中,即这需要自中央至地方的政治制度通过政教命令的方式来传达君主之所好,以及需要处在制度体系中的官吏开展具体的道德教化工作,可以说需要依托于制度体系,才能向居于四方的民众昭示君主的德行。

总而言之,董仲舒将民众之善性养成归之于王教,"善,王教之化也……无其王教,则质朴不能善"④,实质是将道德养成视为良善政治的结果,即认为道德是由君王主导的政治环境塑造的,而不是通过个体修身而实现的。其教化措施中的礼制建设、学校教育和君主德化,都需要凭借君主的政治力量,通过自上而下的制度建设,来营造安定有序、崇尚道德的社会环境,从而彰显君主德行对群生万物的润泽作用。

三 性情与政教:董仲舒教化思想的独特性

学界对于董仲舒的教化思想是否具有创新性这个问题是持否定态度的,大体上认为董仲舒因袭旧说,没有脱离儒家政教本质,诸如萧公权指出董仲舒"发挥儒家君师同体、政教一贯之旧理,非出自创"⑤,劳思光认为董仲舒

---

① 董仲舒:《春秋繁露》,第162页。
② 同上书,第164页。
③ 同上书,第164页。
④ 同上书,第163页。
⑤ 萧公权:《中国政治思想史》,第298页。

以教化为政治之本,实乃儒家一贯主张等。① 然而,董仲舒教化思想对于儒家一贯之道的继承,并不代表其在内容和形式上没有发展出新意。萧公权曾点出董仲舒以正名为承天一事,为前人所未发。② 而如前所论,董仲舒的教化思想是以正名为开端的,那么这会让董仲舒立足于民众性情的政教模式具备何种特质呢?

董仲舒以正名方法确定了不同名号的职责和要求,构建了一套由天子、诸侯、大夫、士、庶民等不同社会身份组成的政治-道德等差秩序。董仲舒说:"天子大夫者,下民之所视效……岂可以居贤人之位而为庶人行哉。"③居贤人之位者必须有贤人之德,即在位者的德行必须要高于庶人,才能成为庶民效仿的榜样。这既是对天子大夫等教化者提出较高的道德要求,也由此塑造了德位一致的政治-道德谱系,并以礼义之分殊来表达自天子以至庶民的身份等级差异。但在"德位一致"的要求下,不同名号不仅代表不同的政治身份,也代表不同的道德水平。而名分是圣人根据天意所定,因此不同身份之人的道德标准亦是恒定不变的。这表明,天子以下的臣民,都达不到天子的道德水平。如此,董仲舒以正名方法界定的礼义,除了政治身份的区别之外,实际隐含了君主和民众之间具有不可逾越的道德鸿沟。而这正是由于他将教化职责归于君主导致的。

董仲舒将"成性之教"视为君主的职责,他认为如果民众性已善,则将不需要君主,"万民之性苟已善,则王者受命尚何任也"④,这实质上是从君主政治起源论的角度来阐述人性和政教的关系。这种进路和孟子完全不同,而与荀子具有一致性。⑤ 孟子在道德根源处言性善,⑥董仲舒则将"善"视为王教的结果,即他不将"善"视为本源性的道德种子,而认为"善"是君主以教化培

---

① 劳思光:《新编中国哲学史》第2卷,桂林:广西师范大学出版社,2005年,第27页。
② 萧公权:《中国政治思想史》,第298页。
③ 班固:《汉书》,第2521页。
④ 董仲舒:《春秋繁露》,第161页。
⑤ 董仲舒和荀子在思想上具有亲近性。诸如清代苏舆认为二者人性论不同,但都重视政教对人性的培育,"董荀言性不尽同,而归重政教则一也";周炽成认为董仲舒继承了荀子的性朴论。参看苏舆:《春秋繁露义证》,第296页;周炽成:《董仲舒对荀子性朴论的继承与拓展》,《哲学研究》2013年第9期。
⑥ 劳思光认为,董仲舒对孟子的批判,是不知道德"根源义"与"完成义"之差别,而且不解"德性如何可能"的根源问题为第一重要问题。参看劳思光:《新编中国哲学史》第2卷,第30页。

育的道德果实。荀子曾指出性恶是圣王礼义之治兴起的缘由,"故性善则去圣王,息礼义矣;性恶则与圣王,贵礼义矣"①,认为性善则不需要圣王和礼义,性恶才需要圣王制作礼义,化性起伪。可见,不论董仲舒和荀子在人性论上的具体差异,②二者论证人性的方法是相同的,都是从人类为何会形成政治社会的角度来探究人性,指出政治社会的兴起是为了解决人性问题。其中荀子认为需要圣人制作礼义来解决人类欲求问题,董仲舒则认为需要君主施行德政来创造培育民众善性的政治环境。但董仲舒面对的政治问题和荀子不同,他力图在现实的威权政治结构中推行教化之道。董仲舒虽然意图以宗教之天限制君主的权力,并以"至德受命"和教化职责来要求君主修身,但是此种道德和政治的结合,并没有削弱君主的政治权威,反而在君主教化活动的开展中,增加了君主至高无上的道德权威。

董仲舒将人性限定为中民范围,实已指出君主的特殊性,即君主能够教化民众,是因为君主超越了中民之性。董仲舒亦是在肯定这种君民差别的基础上,指出君主有教化民众成性的职责。而当君主将民众之"性情"视为治道的基本要素,了解民众性情就成了为政的前提,所谓"明于情性乃可与论为政"③。这具体呈现为"知引其天性所好,而压其情之所憎者也"④。然而,君主如何知晓民众性情之好恶呢?君主又是以何种方式来教导民众性情的呢?

董仲舒具体描述了此种政治治理过程:

> 民无所好,君无以权也。民无所恶,君无以畏也。无以权,无以畏,则君无以禁制也。无以禁制,则比肩齐势而无以为贵矣。故圣人之治国也,因天地之性情,孔窍之所利,以立尊卑之制,以等贵贱之差。设官府爵禄,利五味,盛五色,调五声,以诱其耳目,自令清浊昭然殊体,荣辱踔然相驳,以感动其心,务致民令有所好。有所好然后可得而劝也,故设赏以劝之。有所好必有所恶,有所恶然后可得而畏也,故设罚以畏之。既有所劝,又有所畏,然后可得而制。制之者,制其所好,是以劝赏而不得多也。制其所恶,是以畏罚而不可过也。所好多则作福,所恶过则作

---

① 王先谦:《荀子集解》,北京:中华书局,1988年,第441页。
② 如董仲舒认可性有善端,并缩小了人性和教化的范围,只在中民范围谈论教化成性的可能,不会赞成荀子所说的"涂之人可以为禹"。
③ 董仲舒:《春秋繁露》,第138页。
④ 同上书,第138页。

威。作威则君亡权,天下相怨;作福则君亡德,天下相贼。故圣人之制民,使之有欲,不得过节;使之敦朴,不得无欲。无欲有欲,各得以足,而君道得矣。①

在此,董仲舒将民众之好恶视为君主能够树立权威的原因,如果民众没有天性所好,也没有情之所恶,那么就不需要规范民众情性,如此区分尊卑贵贱的等差礼制就不会存在,君主也将失去其尊贵超然的地位。这表明,君主教化并不是要消灭君民性情之间的差别,而是要基于此种差别来设置教化程序,以此导向分殊之名教。而君主是以赏和罚这两种手段来掌控民众性情之好恶,其中官府爵禄之赏是为了劝民好善,而刑罚则是让民众有所畏惧,从而能够循礼节欲。董仲舒指出,赏和罚是为了"制民",即将民众之好恶控制在一个适宜的范围。既不能让民众好善过多而作福,因为这会让君主失去其在道德上的优越性,陷入天下相贼的局面;也不能让民众所恶过多而作威,如此君主将被天下人怨恨,失去政治权位。因此,君主需要满足民众的基本欲望,并以礼义节制民众的欲望,使其具有敦朴之性,但又不能使民众无欲,以能持续行使教化权力。

此种有欲和无欲之间的把控,正是董仲舒君主教化思想的特殊之处。清代苏舆将此解读为"欲者,圣人所不能无,但有节以制之。由是推己所欲以达人立人,推己所不欲以毋加于人"②,认为董仲舒所表达的是君主对民众的仁恕之道,不将"无欲"此种圣人亦难以达到的道德高要求加之于民众。可以说,董仲舒对民众之"欲"的态度,符合其"以仁治人"的原则。但是,这种解读离开了具体语境脉络,从而忽略了董仲舒明确指出的"制民"措施的政治目的。上引文段的篇名为"保位权",即已透露出君主通过治理民众性情来树立权威的目的。而在述及民之"有欲""无欲"后,董仲舒接着说:"德不可共,威不可分。……是故为人君者,固守其德,以附其民;固执其权,以正其臣。"③即君主不能与民众共享其德,必须固守其德,民众才能归附于君主。由此可知,君主将民众性情控制在有欲和无欲之间,对民众抱持较低的道德要求,亦是保证了君主教化下的民众德行,永远不可能超越君主之德,从而保

---

① 董仲舒:《春秋繁露》,第143页。
② 苏舆:《春秋繁露义证》,第174页。
③ 董仲舒:《春秋繁露》,第143页。

证了君主道德权威的永固性。即君主一方面以教化创造安定有序的政治环境，让民众遵循其名分之礼义要求，养成敦朴之性，形成良善风俗；另一方面君主不能让民众无欲，以让君主能够持续行使教化职责，维持君主的政治权威和道德权威。

董仲舒说："为人主者，居至德之位，操杀生之势，以变化民。"[①]具有道德权威的君主，掌握赏罚权柄，以此教化民众性情。而当君主以下者都要等待君主的教化才能修成德性，并且都在道德水平上低于君主时，这将导致无人能格君心之非。即在君主施行的名教之中，天下无人能逃脱其间，无人能超越其上。由此来看汉儒以成圣为难事，认为理想教化目标是中人有士君子之行，而此教化亦有稳固君主权威和社会等级结构的政治目的。但到了宋代，新儒家在性理层面取消人性的品级化，并认可人人都可以上达天道，成为圣人，此种教化理念的转变，其背后亦有社会结构转型以及政治文化理念变迁的原因，此一问题将有另文具体述及。

四　结语

董仲舒将教化视为君主修己治人的职责，但在严格区分修己与治人的教化程序中，君主"以义正我"的修身要求不能用于治人，因此君主不是以觉醒民众善性从而自修成德的方式来教导民众，而是施与仁爱、创造良善的政治环境来养成民众的善性和造就美好的社会风俗。然而，这种对民众低要求的仁爱教化之意，与正名方法和品级化的人性论相结合后，形塑了君主居于首位的道德-政治等级结构，造成了民众和君主之间不可逾越的道德鸿沟。而君主对民众性情"有欲"和"无欲"之间的掌控，则是通过控制民众的道德水平来稳固君主的道德-政治权威和社会等级秩序，从而民众需要教化才能成就善性，转而为社会拥有君主政治才能有安定秩序奠定了政治基础。

[①] 董仲舒：《春秋繁露》，第192页。

Rectification, System, Disposition: The New Study on Dong Zhongshu's Educational Thought

Xiao Fenfang

Abstract: Dong Zhongshu's educational thoughts are based on the political and educational procedures of the monarch's self-cultivation and governance. First of all, in the self-cultivation method of "self-cultivation of righteousness", "righteousness" is a moral code for different identities formulated by the saints to rectify their names. For self-study, the people need to be educated by the monarch in order to be able to follow their names and rituals. Secondly, in addition to the intention to build school education and etiquette systems, Dong Zhongshu's "moralization" thought specifically points to the process of educating the monarchs to cultivate their moral character and to create a good political environment to cultivate the morality of the people. The realization of "moralization" also requires the support of the system, which will cultivate the goodness of the people into a good political environment. Finally, the particularity of Dong Zhongshu's educational thought is reflected in the fact that his uniform arithmetic order of morality and status constructed by his rectification has created an insurmountable moral gap between the people and the monarch. He believes that the monarch mainly controls the disposition of the people in "Desire" and "no desire" cannot eliminate the temperament difference between the monarchs and the people. Its political purpose is to make the people under the monarchicalization never reach and surpass the virtues of the monarch, so as to try to stabilize the monarch's morality and politics Authority.

Keywords: Dong Zhongshu, Rectification, System, Disposition, Education

朱子对道德基础的理性主义重建

洪明超[*]

摘　要：道南学派的杨时明确以"万物一体"作为道德情感产生的根据，他又主张通过静中"体验未发"体认这种"一体"以保证道德实践"发必中节"。可见道南学派的道德基础在于"一体"，而这种"一体"实际上具有强烈的神秘主义色彩。然而将道德建基于神秘主义则存在许多理论困难，鉴于此，朱子遂抛弃了道南学派的道德理论，走上了理性主义道路。他一方面把道德情感的根据直接置于人性上；另一方面对促进道德实践的工夫进行改造和置换，扬弃了神秘主义的工夫论。由此完成了对道德基础的理性主义重建，也奠定了中国哲学理性主义的基调。

关键词：朱子　道南学派　道德基础　神秘主义　理性主义

在宋代理学兴起的过程中，理学家为应对佛老的挑战，力图确立人伦道德具有根本的价值与意义，并由此建立儒家式的生活方式。[①]而这首先要解决一个问题：道德如何可能？或道德的基础何在？由于理学家们普遍受到孟子以"四端之心"论道德的思路的影响，[②]因此在理学语境中，道德基础首先意味着这种道德情感如何可能。但只靠道德情感的发用并不足以保证道德实践，还需要后天的修身工夫，因此对理学家来说，道德基础亦具有道德实践

---

[*] 洪明超，1992年生，福建泉州人，武汉大学历史学院博士后。
[①] 徐洪兴指出道学的任务是"使儒家思想重新成为人们最终的精神归宿，进而能重新全面地指导人们的社会生活"。见徐洪兴《唐宋之际儒学转型研究》，上海：上海人民出版社，2018年，第27页。
[②] 孟子之四端作为道德情感，应该与经验或感性的道德情感相区别。李明辉认为孟子的四端不同于赫其森的"道德感"或康德意义的"道德情感"，而是一种先天的意向体验的"价值感"，否则会沦于他律。参见李明辉：《孟子的四端之心与康德的道德情感》，载《儒家与康德》，台北：联经出版公司，1990年，第38页。本文论理学家的道德情感亦取此义。

之前提条件这一内涵。

前者关涉道德情感产生的客观根据,我们可以称为客观的基础;后者工夫论关涉道德实践的主体条件,我们可以称为主观的基础。基础之"客观"表明即便主体并未意识到它,它仍然会产生作用;基础之"主观"则表明,主体必须意识到并运用它,它才会产生效用。例如,客观基础(根据)的存在,使得"乍见孺子将入井"人人皆有恻隐之心成为可能。而人通过修身工夫以确立或强化主观基础(条件),便可以促成道德实践,这也是为何明道强调"学者须先识仁"的原因。

本文将此两方面合为道德基础的问题从而一并探讨,试图证明朱子背离杨时开创的道南学派,正是他反思道德基础,摆脱神秘主义而进行理性主义重建的过程。

一 道南学派的道德理论

(一)杨时

陈来指出:"仁说及求仁之学是早期道学的主题,也是前期道学的核心话语,提供了道学从北宋后期到南宋前期发展的重要动力。"①明道、伊川都对仁做了大量的讨论,杨时亦云"君子之学,求仁而已"②。仁在孔子思想中是最高的品德,因此体究仁自然成为理学家首要的课题。

杨时论仁,区别了"仁之体"和"仁之方",他认为《论语》中孔子对仁的探讨,"皆求仁之方而已,仁之体未尝言故也"③。"仁之方"只是追求仁的途径,而不是仁本身,学者则必须去体认"仁之体"。而此"仁之体"便是道德的根基:

> 李似祖、曹令德问何以知仁,曰:"孟子以恻隐之心为仁之端,平居但以此体究,久久自见……孺子将入于井,而人见之者必有恻隐之心。疾痛非在已也,而为之疾痛,何也?"似祖曰:"出于自然不可已也。"曰:"安

---

① 陈来:《论宋代道学话语的形成和转变》,载《中国近世思想史研究》,北京:生活·读书·新知三联书店,2010 年,第 56 页。
② 杨时:《杨时集》,北京:中华书局,2018 年,第 463 页。
③ 同上书,第 410 页。

得自然如此？若体究此理，知其所从来，则仁之道不远矣。"二人退，余从容问曰："万物与我为一，其仁之体乎？"曰："然。"①

杨时指示弟子探究作为"仁之端"的恻隐之心之"所从来"，亦即探究恻隐这种道德情感产生的根源。另一弟子在其指点下悟出"仁之体"即是"万物与我为一"（简称"一体"），获得了杨时的首肯。由此可见，杨时认为以"一体"为实质的"仁之体"是恻隐这种道德情感由以产生的客观根据，因此即便一般人尚未体认到仁体，见孺子入井仍然必有恻隐之心。进而杨时又指出，能够"体究此理"，把握"仁体"，则"仁之道不远"，道德实践便能更好地完成。这则表明，能自觉体认一体之仁，是道德实践的主观条件。因此，在杨时思想中，道德的（主客观）基础就在于"一体"。

而问题在于，作为"仁之体"之实质的"一体"内涵为何？在杨时师长那里，至少有三种论"一体"的思路：

一是基于知觉感通论"一体"，以明道为代表。明道称："仁者，浑然与物同体。"②"医书言手足痿痹为不仁，此言最善名状。仁者，以天地万物为一体，莫非己也。认得为己，何所不至？若不有诸己，自不与己相干。如手足不仁，气已不贯，皆不属己。"③正如四肢手足与我血脉相关，人能感知其痛痒，自然会爱惜它们。明道由此表明若能超越个体小我，将万物视为与我一体，便能感受到万物同样与我息息相关，从而提高道德自觉。

二是基于气化宇宙论而论"一体"，以张横渠为代表。横渠建立"太虚即气"的气化宇宙论，主张："太虚不能无气，气不能不聚而为万物，万物不能不散而为太虚。"④万物都由气构成，气又本于太虚，因此在宇宙论的层面，自然可以说万物原本一体。因此横渠说："万物虽多，其实一物。"⑤而基于这种气化一体观，横渠更提出了"民胞物与"的伦理观。

三是基于理本体论而论"一体"，以伊川为代表。伊川说："动物有知，植物无知，其性自异，但赋形于天地，其理则一。"⑥万物之性虽然不同，然从根

---

① 杨时：《杨时集》，第283页。
② 程颢、程颐：《二程集》，北京：中华书局，1981年，第16页。
③ 同上书，第15页。
④ 张载：《张载集》，北京：中华书局，1985年，第7页。
⑤ 同上书，第10页。
⑥ 程颢、程颐：《二程集》，第315页。

本上则是一理。这种本体论上的一体,也是伊川格物穷理的基础,"所以能穷者,只为万物皆是一理"①,乃至"物我一理,才明彼即晓此"②。同样地,"理一分殊"的伦理观也以此一体观为基础。

当然,此处以三人分别代表三种论"一体"的思路,乃根据其主要思想特色,但绝非认为三人各限于一种思路。实际上,明道曾说的"所以谓万物一体者,皆有此理,只为从那里来"③,便具有宇宙论的意味;横渠亦有"大其心,则能体天下之物……视天下无一物非我"④的感通论的表达。

而假若某人以"一体"为道德基础,三种进路也都能证成之。此人可以声称意识到万物一气(气化宇宙论)或万物一理(本体论)或万物相感通(知觉感通),能够促进道德实践,这便是以其为道德实践的主观条件。此人也可以声称,正因万物一气或万物一理,才可能产生恻隐之情,这便是以其为道德情感的客观根据。但感通知觉建立在一气流通之上,正如明道把手足相感归为气之贯通,横渠亦言"万物本一,故一能合异;以其能合异,故谓之感"⑤,因此若以这一进路为客观根据,势必要回到万物一气的思路上。但总之,三种进路皆可作为道德基础而形成相应理论。

作为杨时思想中道德基础的"一体"是哪种呢?实际上,杨时对于这三种进路都有所继承。例如他说"天地万物一性耳"⑥,"已与人物性无二"⑦,便继承了本体论的进路;"天地之间,一气而万形,一息而成古今。达观之士,会物于一已,通昼夜而知"⑧的表达,则表现了气化宇宙论的进路。而他解《论语》"犯而不校",云:"视天下无一物非仁也,故虽犯而不校"⑨,则可以视为对知觉感通论一体的继承。

但杨时并未明说其作为道德客观根据的"一体"的具体内容,或许对他来

---

① 程颢、程颐:《二程集》,第157页。
② 同上书,第193页。
③ 同上书,第33页。
④ 张载:《张载集》,第24页。
⑤ 同上书,第63页。
⑥ 杨时:《杨时集》,第641页。
⑦ 同上书,第581页。
⑧ 同上书,第652页。
⑨ 同上书,第314页。标点有改动。龟山的说法中虽仍有感通之义,但已经没有明道的身体知觉的类比了。

说,不同进路只是理解同一个"一体"的不同角度。此外,他实际上提出了第四种"一体"论,可以称之为基于静中体验论一体,这也被称为"道南指诀"。杨时说:

> 惟道心之微,而验之于喜怒哀乐未发之际,则其义自见。①
>
> 于喜怒哀乐未发之际,以心体之,则中之义自见。执而勿失,无人欲之私焉,发必中节矣。②
>
> 然尝谓君子之学,求仁而已……夫求仁之方,孔子盖言之详矣……夫至道之归,固非笔舌能尽也,要以身体之心验之,雍容自尽于燕闲静一之中,默而识之,兼忘于书言意象之表,则庶乎其至矣。反是,皆口耳诵数之学也。③

前两条表明,体道的方法是在静中体验情感思虑未发之际。第三条则明确地将这种工夫与求仁体的方法联系在一起。由于仁体是"万物与我为一",那么静中体验作为求仁之方,便是达到一体的方法了。杨时认为通过静坐体验未发,忘却外物之纷扰,便可默识而达到"仁之体",执而勿失,发必中节,这种方法显然和明道知觉感通论一体不同。杨时虽然屡次以此静中体验工夫教人,但他并未详细探讨其心理、生理运作的机制,也无涉体验的具体感受。因此,此工夫虽发端于杨时,但他却未阐明由此如何达到一体,并进而成就道德。

(二)李侗

李侗继承了道南一系并加以发展,认为求仁"须把断诸路头,静坐默识,使之泥滓渐渐消去方可"④,而具体的内容则如朱子所述:

> 危坐终日,以验夫喜怒哀乐未发之前气象为如何,而求所谓中者。若是者盖久之,而知天下之大本真有在乎是也。盖天下之理,无不由是而出,既得其本,则凡出于此者,虽品节万殊,曲折万变,莫不该摄洞贯,以次融释而各有条理……由是操存益固,涵养益熟,精明纯一,触处

---

① 杨时:《杨时集》,第418页。
② 同上书,第564页。
③ 同上书,第480—481页。
④ 朱熹:《延平答问》,《朱子全书》第13册,上海:上海古籍出版社,2010年,第333页。

洞然,泛应曲酬,发必中节。①

　　这段话对静坐体验未发的意识状态和功效做了更详细的规定和说明。其要义在于,体验未发便能把握"天下之大本",由此已发就能有条不紊,"发必中节"。朱子又说:"李先生教人,大抵令于静中体认大本未发时气象分明,即处事应物,自然中节。此乃龟山门下相传指诀。"②这都表明,"道南指诀"的下手处在体验未发,而获得的功效则是道德实践上"处事应物自然中节"。体验未发是"中节"的充分条件。可见此处涉及的是道德实践的主观条件。而对于道德的客观基础,也即道德情感产生的根据,李侗却少措意。他虽然主张"天地中所生物,本源则一,虽禽兽草木,生理亦无顷刻停息间断者"③,仍具有宇宙论上论一体的思想,但他并未明言道德情感本于"一体"。

　　总之,可以说在杨时思想中,"万物一体"是道德的基础:一方面,"一体"是道德情感产生的客观根据;另一方面,体认到"一体"则是道德实践的主观条件。但是这两方面尚未得到完全整合。而在李侗思想中,他发展了后一方面,表明体验未发把握到"大本"(实质亦是"一体",详见下文)是道德实践的主观条件。但对于前一方面,则未措意。就此而言,他的思想不如杨时完备。而接下来的关键在于,静中体验到的"一体"或者"大本"的实质是什么?这种实质,才是真正决定其道德理论的本质以及效力的关键所在。

二　道南学派道德理论的神秘主义特点及其困境

　　要理解道南学派的"一体"论,不妨参照西方对神秘主义的探讨。史泰斯(Walter Terence Stace)在讨论神秘体验时,将其分为两种类型:内向型(Introvertive)和外向型(Extrovertive)。外向型的主要特点是"万物一体"(All is One)④,也即体验到外部世界具有多样性的万物(包括自我)是统一体。但这

---

① 朱熹:《延平先生李公行状》,《朱子全书》第25册,第4517—4518页。当然,一个有争议的问题是朱子的叙述是不是延平思想的真实反映,对此我们无法深入考究。但由于本文意在探讨朱子对道南学派的扭转,而朱子本人的理解才是他转变的原因,因此在这个意义上,延平思想之真相则是另一个问题了。
② 朱熹:《答何叔京》,《朱子全书》第22册,第1802页。
③ 朱熹:《延平答问》,《朱子全书》第13册,第332页。
④ W. T. Stace, *Mysticism and Philosophy*, London: Macmillan Press, 1961, p. 79.

不是部分与整体的关系,而是一种直接感知(看)到一且多:万物各是其所是而不丧失其特性,同时又是一体。此时整个宇宙是充满生机的存在("活的存在"),万物内在地充满灵性。① 此外,外向型体验的另一个重要特点是人的感官仍然保持运作,史泰斯强调人的视觉在这种一且多的体验中始终发挥着作用,因此这种统一又被概括为"统一的视象"(The unifying vision)。② 而内向型的本质是无差别的统一(Undifferentiated unity)③,也即,人在静坐或冥想中,心中排除了一切经验性的内容,此时达到的不是无意识的状态,而是一种纯粹意识或纯粹自我。④ 由于排除了经验内容,这种纯粹意识中没有任何多样性的成分,因此就是一种绝对的"一"。在不同的文化中,它被称为"无""空""普遍自我"乃至上帝,甚至比喻为"荒野""大海"等。这些都是对绝对统一体的等价表达,它被视为个体灵魂或宇宙的纯粹本质。诸如"与上帝结合"或"与梵天同一"的教义正基于此而产生。⑤ 两种类型最重要的共同点是具有"合一性"。此外,两者还都具有客观真实感、幸福感、神圣感、悖逆性和不可言说性的特点。⑥

道南学派及其思想来源程明道都具有神秘主义的因素。⑦ 通过对史泰斯观点的介绍,我们发现,明道以感通知觉论一体,具有外向型神秘体验的特征。明道言:"医书言手足痿痹为不仁……仁者,以天地万物为一体……若不有诸己,自不与己相干。如手足不仁,气已不贯,皆不属己。"在这种体验中,人与万物构成"一体",万物不再是与我无关的他者,而与自己息息相关、血脉贯通。肢体的血脉贯通,表明了肢体是具有生命力的活物。因此明道用血脉贯通这种意象来表明物我关系时,也表现了万物内在的生机,我与万物共同构成了一种有机的宇宙大生命。在这种一体的大生命中,万物与我不是可分割的不同部分,而是一气流通,你中有我、我中有你的关联状态。但此时万物的差别并未消除,因此仍然具有多样性。这可见"以天地万物为一体"的

---

① W. T. Stace, *Mysticism and Philosophy*, p. 78.
② Ibid., p. 79.
③ Ibid., p. 87.
④ Ibid., p. 86.
⑤ Ibid., pp. 109-110.
⑥ Ibid., pp. 131-132.
⑦ 参见陈来:《儒学传统中的神秘主义》,载《中国近世思想史研究》,北京:生活·读书·新知三联书店,2010年,第376—377页。

体验也具有一且多的特点。史泰斯强调外向型体验中感官（他强调视觉）仍保持运作，这一点明道亦然，只是此时保持运作的是身体的知觉，经由多种知觉感受到万物的共通为一，同时又各有分际而维持着多样性。

而杨时、李侗静中体验的工夫，则可以归为"内向型"体验。杨时强调静中体验的工夫要"默而识之，兼忘于书言意象之表"，"书言"即指文字，"意象"则指心中的思维念虑。李侗强调"断诸路头"亦是此意。因此体验未发就是要排除一切具有经验内容的意识，把握不偏不倚的"中"，正如朱子描述李侗通过静坐体验未发把握到的"天下之大本"。他们通过排除一切经验意识①，所剩下的必然只能是史泰斯所谓的纯粹意识或普遍自我，由于其中没有任何经验内容，也必然是无差别、无多样性的纯粹的"一"。这种一，并不是与"多"相对的"一"，其本身绝对无差别，其内不含差别，其外亦无可与之对立的差别，甚至内外之分本身都不成立。这种绝对无差别之一，因而也即是无限。② 由此才能作为世界的终极和根本。③ 杨时明确地表示其静中体验工夫指向"仁体"（一体），而李侗却未言此"一体"之义。虽则未言，但是这种工夫在实践上指向的仍是这种"一"，因而才能够作为天下之"大本"。

史泰斯认为，内向型和外向型并非两种独立的类型，其神秘意识有发展程度的高低之别。一方面，外向型体验中仍有多样性存在，而内向型消除了一切差异，达到了更完全的统一；另一方面，外向型体验到的是宇宙生命，内向型体认到的是普遍意识或普遍心灵，而意识或心灵比生命更根本。由此他认为内向型是外向型的充分实现，或反过来说，外向型是内向型的不完全版本。④ 当然，这种高低之分，学界争议颇多。但假如我们认同史泰斯的看法，那我们反而可以说，从明道发展到杨时和李侗，思想史的逻辑发展正与神秘意识的纵深发展过程相一致，由外向型进至于内向型，神秘意识由部分实现到充分实现。

回到道德基础的问题，杨时认为体验到"一体"，便"发必中节"；朱子描

---

① 朱子讨论延平工夫时，亦揭示了这点。弟子问："此体验是着意观？只怎平常否？"朱子曰："此亦是以不观观之。"所谓"不观观之"，表明这种体验虽然是一种观法，但是并未着意于特定内容，没有把意识投于一个具体对象之上，因此并非"着意观"。参见黎靖德编《朱子语类》，北京：中华书局，1986 年，第 2604 页。

② W. T. Stace, *Mysticism and Philosophy*, p. 86.

③ Ibid., p. 132.

④ Ibid., pp. 132–133.

述李侗的工夫亦强调"发必中节"。他们都认为若能体认到这种纯粹意识,就能够必然引发道德实践,由此纯粹意识就构成了道德实践的充分条件。然而要追问的是,这种引发如何可能?牟宗三指出李侗的工夫是一种"超越的体证":"即暂时隔离一下(默坐、危坐)去作超越的体证。"①他亦注意到道南指诀有一种"隔离"、跳跃感。而这种隔离和跳跃,正表现了其背后存在一条"鸿沟"。这条"鸿沟"也使从纯粹意识过渡到道德实践存在困难。对此杨时和李侗都未加以深究,因此这种异质的隔离和跳跃始终存在。史泰斯亦注意到这个问题,他的解答,正可以作为道南指诀的一种注脚:

> 神秘主义伦理学理论的基础是,个体自我的分离产生了利己主义,而利己主义是冲突、贪婪、侵略性、自私、仇恨、残忍、恶意和其他形式的邪恶的根源;这种分离在神秘意识中被消除,在其中所有的区别都被取消⋯⋯神秘主义者相信,在他所感知的现实中,"我"与"你"或"你"与"他"之间没有分离,我们在普遍自我中是一体的,而与此神秘意识相对应的自然情感就是爱。②

在这种神秘体验中,人感知到万物一体,由此原本基于"分离"的自私消失了,自然产生了爱。这种神秘意识"是一种强大的朝向道德行为(因而朝向社会行为)的动机和冲动",由之产生的爱可以"成为道德行动的源泉"③。这表明觉悟到一体,便能够激发人的道德情感,并促成其道德实践。这种解释为"一体"作为道德实践的主观条件做了说明。

与此同时,在面对有人质疑为何没有神秘体验的人也具有爱时,史泰斯指出:"这种神秘意识潜在于所有人心中,并在其不知道或不理解的情况下,影响他们的情感和生活。"④虽然极少人真正经历过真正的神秘体验,但其心中都潜藏着这种神秘意识,而爱便是这种意识的一种发现和显露。因此,即便人并未意识到一体,爱仍然会显现,只不过意识到一体能够让爱更充分地显现。这种说法便解释了爱产生的客观根据。

由此我们可以说,在史泰斯思想中,纯粹意识的"一体"是道德的基础:是

---

① 牟宗三:《心体与性体》(下册),上海:上海古籍出版社,1999年,第5页。
② W. T. Stace, *Mysticism and Philosophy*, p. 324.
③ Ibid., p. 333.
④ Ibid., pp. 324–325.

道德情感产生的客观根据,也是促成道德实践的主观条件。我们发现这种理论正好可以作为道南学派思想的注脚和补充。当然,史泰斯并未像道南学派那样许诺体认此纯粹意识便能在道德实践中"发必中节"。这一点道南学派反而在逻辑上更彻底地贯彻了"一体",作为天下之大本,"天下之理无不由是而出",本可统末,那么逻辑上自然能推出"发必中节"。

然而,通过神秘体验把握到的一体,真的能够作为道德的基础吗?这一问题恐怕并不简单。美国当代学者理查德·琼斯(Richard H. Jones)认为,打破自我中心并体认到一体并不是道德的充分条件,道德要求的是动机上"关心他人",而"关心他人不要求我们以神秘体验来消除所有的自我中心"①。相反,"关心他人"要求肯定他人是区别于我的存在,而"一体"则抹杀了这种有区别的存在。威廉·温莱特(William J. Wainwright)亦指出,爱涉及距离和差异以及联合,史泰斯的一体观反而使道德成为不可能。② 此外,若自我把他人看做自己的一部分来加以关爱,反而会陷入自利中而与道德相矛盾。

因此,琼斯认为神秘体验与道德无内在关联:经历神秘体验并不能让一个原本不道德的人变得道德,神秘体验的训练也无道德的内容。③ 事实上很多神秘主义者持有道德冷漠的超然态度,甚至采取与道德相冲突的准则(如商羯罗)。因此他说:"神秘主义的价值观指向觉悟,而不一定是围绕着道德关心。虽然这两种价值观不是不相容的,但它们在逻辑上是独立的。"④温莱特亦持类似结论:"神秘主义与道德之间可能存在着重要的心理或社会联系,但并没有重要的逻辑或认识论的联系。"⑤虽然他们消解了两者关系的必然性,但仍肯定两者的相容性,以及神秘体验对道德的重要影响。

琼斯指出,道德价值观来自神秘主义者所属的传统信仰而非神秘体验,神秘体验对道德的唯一贡献在于一种无私和公正的体验,这不但能强化现有的信仰、价值观和道德戒律,还能推动一个人扩展其价值观的应用范

---

① Richard H. Jones, *Philosophy of Mysticism: Raids on the Ineffable*, Albany: State University of New York Press, 2016, p. 296.
② William J. Wainwright, Morality and Mysticism, *The Journal of Religious Ethics*, Vol. 4, No. 1. (1976).
③ Richard H. Jones, *Philosophy of Mysticism: Raids on the Ineffable*, pp. 296-297.
④ Ibid., p. 305.
⑤ William J. Wainwright, Morality and Mysticism.

围,使其超越普通的道德关怀,推广到普遍的人与物之上。① 神秘体验不会改变一个人原本遵守的原则及其行为,但能够改变其性情与身心状态。神秘主义者内化了道德价值观,因此其行动皆能出于自然而非刻意。他们不是笨拙地遵循条文而未能把握其精神的"道德家",也不是把遵守规定或义务视为最高价值的"律法家"。② 道德已经成为一种养成的直觉,内化为人的第二天性了。

然而,神秘主义对道德的影响并不见得都是正面的,正如仍有学者坚持,神秘体验所体认的自我是狭隘而病态的,神秘主义倾向于去社会化,不关心社会进步,导致道德冷漠。③ 在理学家的眼中,重视坐禅的禅学恐怕都难免此类批评。

由此可见,神秘主义非但和道德没有必然关联,其对道德实践是否有促进作用也要具体分析。因此反观道南学派,无论是杨时基于"一体"论恻隐之心产生的根据,还是其与李侗力图通过体验未发来促成"发必中节",都存在着巨大的理论困难。这一点,李侗已有所注意,他曾说:"要见一视同仁气象却不难,须是理会分殊,虽毫发不可失,方是儒者气象。"④他对"一体"促成道德实践的作用已有所怀疑,而认为对分殊的事事物物加以理会更加重要。然而,如何协调这种重"分殊"的工夫与道南指诀的关系,他并未给出明确的答案。当朱子拜入李侗门下,承此道南指诀时,将这些理论和实践的困难都积郁于胸中,同时也酝酿着新的突破和转折。

三 朱子对道德基础的理性主义重建

朱子由神秘主义转向理性主义,在学界已成为共识。正如陈来说:"(朱子)一改道南传统的主静、内向和体验色彩,使得道学在南宋发生了理性主义的转向……朱子理性主义哲学的庞大体系和巨大影响,不仅改变了道学发展

---

① Richard H. Jones, *Philosophy of Mysticism: Raids on the Ineffable*, p. 327.
② Ibid., p. 318.
③ Ruth M. Gordon, Has Mysticism a Moral Value, *International Journal of Ethics*, Vol. 31, No. 1 (Oct., 1920).
④ 朱熹:《延平答问》,《朱子全书》第 13 册,第 324 页。

的方向,而且对此后的中国文化发展产生了不可估量的影响。"①但是,以往的研究更多属于大方向的定性,尚未深入探讨朱子在道德基础的问题上从神秘主义转向理性主义的具体过程和内容,以下则试图探讨这一问题。

(一)道德客观基础的重建

李侗去世后的数年间,朱子思想发生了多次转变,他最终放弃了道南之学,在"己丑之悟"后建构了自己成熟的思想。此时,他明确地反对以"一体"为道德情感的客观根据:

> 昨夜庄仲说人与万物均受此气,均得此理,所以皆当爱,便是不如此。"爱"字不在同体上说,自不属同体事。他那物事自是爱。这个是说那无所不爱了,方能得同体。若爱,则是自然爱,不是同体了方爱。惟其同体,所以无所不爱。所以爱者,以其有此心也;所以无所不爱者,以其同体也。②

庄仲认为万物同禀一气一理,因此皆应当爱。这显然是从前文所谓气化宇宙论和本体论上而论"一体"的两种进路的结合来证明爱作为义务的根据。但是这里的记录恐怕不准确,根据下文朱子讨论"自然爱"和"方爱"(而不是"方应爱")来看,他主要探讨的仍是爱之情感产生的原因,而不是爱作为义务的原因,故庄仲的"一体"说应兼指爱之情感的根据。

因此可以说,庄仲的思想与上文介绍的杨时的思想一致,认为"一体"是道德情感产生的客观根据(同时成为应然的义务)。而朱子对此却明确反对,他认为爱与"一体"并没有因果关系。并非基于"一体"才会产生爱,爱本身自然就能产生。如果追问爱的根据,那么就是"有此心",而"一体"则是"无所不爱"(范围)的根据。但"有此心"仍然表达得比较含糊,在给张栻论仁的信中,朱子做了更清晰的表达:

> 所谓爱之理者,乃吾本性之所有,特以廓然大公而后在,非因廓然大公而后有也;以血脉贯通而后达,非以血脉贯通而后存也。③

所谓爱之理,即是爱之根据,爱之所以然。朱子指出爱之理即人性所本

---

① 陈来:《朱子哲学研究》,第84页。
② 黎靖德编《朱子语类》,第842页。
③ 朱熹:《答钦夫仁说》,《朱子全书》第21册,第1418页。

有。其后他讨论了爱与"公""血脉贯通"的关系,①爱这种道德情感,通过主体的廓然大公,便能够在现实生活中落实出来(在);但其本身并非在逻辑上根源于廓然大公(有)。当主体感受到与天地万物一体、血脉贯通的境界后,爱这种情感便能通达扩展于万物(达);但其并非因为万物一体、血脉贯通而存在(存)。

通过这种辨析,朱子解构了"一体"与"爱"的逻辑关系。在另一处弟子询问天地万物同体之意,朱子答曰:"须是近里着身推究,未干天地万物事也。须知所谓'心之德'者,即程先生谷种之说,所谓'爱之理'者,则正谓仁是未发之爱,爱是已发之仁尔。只以此意推之,不须外边添入道理。"②"仁"是"理"(性),"爱"是"情",性发为情,情必根于性,这种体用的直接关系中,不须叠床架屋地掺入一体之义。因此朱子说:

> 有这性,便发出这情;因这情,便见得这性。因今日有这情,便见得本来有这性。③

> 仁是根,爱是苗,不可便唤苗做根。然而这个苗,却定是从那根上来。④

康德在讨论自由与道德法则的关系时曾说:"自由诚然是道德法则的存在理由,道德法则却是自由的认识理由。"⑤与此相似,我们可以说在朱子思想中,仁之性是爱之情的存在理由或客观根据,爱之情则是仁之性的认识理由。性理是形而上者,本身无可捉摸,只能通过人的道德情感推知其必有。至于人为何具有仁性,对朱子来说则是天命所赋的客观现实,已经是人生存的基本出发点了。

至此我们可以说,朱子明确地以仁性为"爱"这种道德情感的根据;而仁统四德,故一切道德情感,最终都可以归结于此仁性。这就摆脱了具有神秘主义色彩的"一体",把道德的客观根据重建于性(理)之上。

---

① 按照文法,这句话的"在""有""达""存"的主语应该是"爱之理",然而爱之理作为"理"本身是形上者,超越于时空,无所谓"在""达"等。而按照文意,可知朱子用"在""达"等词实际是形容爱这种落在现象中的情感的。这里在文法上有问题,应当根据文意来领会。
② 黎靖德编《朱子语类》,第470页。
③ 同上书,第89页。
④ 同上书,第464页。
⑤ 康德:《实践理性批判》,韩水法译,北京:商务印书馆,1999年,第2页。

(二)道德主观基础的重建

朱子从学李侗时,李侗屡屡教其静中体验未发的工夫,但朱子始终不契合这一路向。牟宗三指出:"分解之思考,步步着实,是朱子生命之本质。"①陈来亦指出:"朱熹生性偏向理性主义,排拒内向体验特别是神秘体验。"②他们都把朱子不契合道南学派的工夫归结为性格因素。

在从学李侗的数年间,朱子虽然努力过,但却从未有过这种体验。故李侗去世后,他愈感"怅怅然如瞽之无目,擿埴索途终日而莫知所适"③,一度陷入困顿。但李侗的逝世与自身生命的困顿,反而促进他对这种进路的反思。

对这种神秘体验式工夫进路的不契,一方面让他感觉这种工夫并没有真实性;另一方面,让他认为这种工夫不具有普遍性,不是人人可循而至的,而受到人的性格和天赋所制约。因此后来当他归本伊川后,针对伊川和李侗对"未发"的分歧,他只说:"李先生所言,自是他当时所见如此。"而学者应当"只得依程先生之说"④。他把李侗的工夫视为私人性的特殊工夫,而不再是学者可共学共循的具有普遍性的工夫了。⑤ 甚至他还说:"若一向如此,又似坐禅入定。"⑥这就表明他已经否定了这种工夫,只是出于尊师之心而从未直接点破。

正如前文所述,琼斯认为神秘体验虽然与道德没有必然关系,但是能够对人的道德实践有重要影响。在神秘体验中消除了人我之隔,便会自然产生一种公正和无私之感,这种公正与无私,能够强化人的原有价值观的信仰,并扩大其价值观的适应范围。朱子拒绝了神秘体验式的工夫进路,同时把公正无私这种神秘体验能提供的主观感受剥离出来而确立为独立的工夫。朱子强调"以廓然大公而后在……以血脉贯通而后达",正是肯定了公正能够促进爱这种情感的落实。在论仁时,他进一步说:

> 或蔽于有我之私,则不能尽其体用之妙。惟克己复礼,廓然大公,然

---

① 牟宗三:《心体与性体》(下册),第19页。
② 陈来:《朱子哲学研究》,北京:生活·读书·新知三联书店,2010年,第84页。
③ 朱熹:《答何叔京》,《朱子全书》第22册,第1800页。
④ 黎靖德编:《朱子语类》,第2773页。
⑤ 吴震亦云:"静坐法在朱子那里只是'权法',而并非具有普遍意义的教学原则。"见其《身心技法:静坐——试析朱子学的修养论》,载《朱子学刊》第十一辑,合肥:黄山书社,2001年,第211—212页。
⑥ 黎靖德编:《朱子语类》,第2604页。

> 后此体浑全,此用昭著,动静本末,血脉贯通尔。①
>
> 无私,是仁之前事;与天地万物为一体,是仁之后事。惟无私,然后仁;惟仁,然后与天地万物为一体。②

第一句表明,人有一己之私心,仁心就会被遮蔽而无法充分展开。只有通过克己工夫去除私心,达到大公的状态,然后仁道才能昭著。第二句则直接以"无私"的工夫作为践仁的前提,通过无私,便能够彰显仁,最后能够达到万物一体的境界。在这样的表述中,朱子表明大公与无私具有促成仁道的作用,甚至仁道充分发扬后能够达到万物一体的境界。此时,道南学派的作为道德基础的"一体",被朱子视为工夫最终达到的境界;原本由体验一体产生的公正和无私感,反而被朱子视为下手的工夫。这种双重调整,完全消抹了神秘主义的因素。而对于如何做公正和无私的工夫,朱子在《克斋记》中又充分发挥了克己复礼的思想:

> 盖非礼而视,人欲之害仁也;非礼而听,人欲之害仁也;非礼而言且动焉,人欲之害仁也。知人欲之所以害仁者在是,于是乎有以拔其本、塞其源,克之克之,而又克之,以至于一旦豁然欲尽而理纯,则其胸中之所存者,岂不粹然天地生物之心,而蔼然其若春阳之温哉!③

非礼勿视、听、言、动,这要求在日常生活中时时保持警醒,时时克除私欲,视听言动皆与天理相合,便是大公而无私。而一旦达到私欲克尽,本有之仁性自能显露发为爱情。在这种工夫中,神秘主义的因素同样消失殆尽了。

琼斯还指出虽然神秘主义者可能通过养成的直觉不假思索地行动,但是生活总有新情况,直觉在此无法指导他们,他们不得不深思熟虑。甚至在这种新情况下,传统的伦理是不够的,因此神秘主义者还是可能犯错。④ 所以,道南学派试图通过静坐体验未发而达到道德实践上"发必中节",显然面临巨大的困难。朱子意识到这一点:"只恁地黑淬淬地在这里,如何要得发必中节!"⑤因此,他自觉地回到了伊川的格物学说,提出"大本用涵养,中节则

---

① 朱熹:《又论仁说》,《朱子全书》第21册,第1411页。
② 黎靖德编《朱子语类》,第117页。
③ 朱熹:《克斋记》,《朱子全书》第24册,第3710页。
④ Richard H. Jones, *Philosophy of Mysticism: Raids on the Ineffable*, pp. 325–326.
⑤ 黎靖德编《朱子语类》,第1508页。

须穷理之功"①,主张积极地面对外部世界。事事物物皆有实理,人应该通过格物去把握事事物物之理。当弟子问如何中节之时,朱子指出:

> 也须且逐件使之中节,方得。此所以贵于"博学,审问,慎思,明辨"。无一事之不学,无一时而不学,无一处而不学,各求其中节。②

事事中节的关键就在于事事下手探究其理,而非预设一种先在的大本或一体。当然,逐事逐物穷其理,并不意味着理在心外。他基于其本体论的设定,认为心具众理,事物之理本具于心中,只是不通过格物便不能显露此理。③因此格物得理,是由隐到显,而非由无到有的过程。而朱子强调通过格物能达到"一旦豁然贯通焉,则众物之表里精粗无不到,而吾心之全体大用无不明矣"④,在此他亦强调"贯通",但这是基于理性上的贯通,而不再是具有神秘主义色彩的直觉上的贯通或一体了。此外,朱子强调格物不但要至"所当然",更要知"所以然"。而"其所以然,则莫不原于天命之性"⑤,通过格物最终意识到人的道德实践本于具有超越神圣性的天理天命,人自然会提高道德的自觉,⑥同时心中自然会有一种神圣感和愉悦感,甚至产生促进道德实践的"动机效力"⑦。因此,神秘体验具有的神圣感和对道德实践的促进作用,朱子通过具有理性主义色彩的格物工夫也能够提供。⑧

对于道南学派尤为注重的静坐工夫,朱子也并未一概排斥。他说:"遇无事则静坐,有书则读书,以至接物处事……岂可凡百放下,只是静坐!"⑨又说:"今若无事,固是只得静坐。若特地将静坐做一件功夫,则却是释子坐禅矣。"⑩静坐只是"无事"时使心念安定的工夫,本身并没有道德实践上的决定

---

① 黎靖德编《朱子语类》,第1509页。
② 同上书,第1507—1508页。
③ 朱子曰:"物与我心中之理,本是一物,两无少欠"(同上书,第220页)。
④ 朱熹:《四书章句集注》,中华书局,1983年,第7页。
⑤ 朱熹:《论语或问》,《朱子全书》第6册,第763页,
⑥ 参见陈来:《朱子哲学研究》,第346—347页。
⑦ 东方朔:《"真知必能行"何以可能?——朱子论"真知"的理论特征及其动机效力》,《哲学研究》2017年第3期。
⑧ 当然,朱子并不认为格物便能保证"发必中节",要达到"发必中节"是由诸多方面共同促成的,即便物格知至,在实践中仍然要戒慎恐惧,正如他说:"欲其中节,正当加慎于欲发之际。"参见黎靖德编:《朱子语类》,第1510页。
⑨ 同上书,第2775页。
⑩ 朱熹:《答张元德》,《朱子全书》第23册,第2988页。

作用,只有一种助缘作用。此外,静坐也不必弃绝经验内容的意识,朱子说:"静坐非是要如坐禅入定,断绝思虑。只收敛此心,莫令走作闲思虑。"①甚至静坐时反而可以思维中体认义理:"当静坐涵养时,正要体察思绎道理,只此便是涵养。"②在这个意义上,静坐反而成为格物穷理的一种辅助。因此,朱子的静坐不指向"明心见性"的觉悟,③而是一般的心理调节方法;不是要抽离于世间,反而是要积极入世。通过对静坐工夫的内涵进行置换,朱子也完成了此工夫与神秘主义的脱钩。④

朱子工夫论体系庞大细密,几乎每项工夫都已有专书探讨,本文限于篇幅自然无法详及。然而就本文的意图来说,以上简略探讨似乎已经足够了。以上所涉的三种工夫中,为求达成大公无私的克己工夫,对神秘主义的优点进行了吸收和转化;格物工夫,克服了神秘主义自我封闭的困境;静坐工夫,则转换了其原有的神秘主义内涵。因此,仅仅通过介绍这三种具有代表性的工夫,亦能够充分地证明在道德实践的主观基础问题上,朱子完全抛弃了神秘主义因素而转向理性主义。

四 总结

本文首先介绍了以杨时和李侗为中心的道南学派的道德基础理论,并借助史泰斯的研究分析了其中蕴含的浓厚的神秘主义色彩,进而又参考琼斯对史泰斯的批评,揭示了道南学派理论可能存在的理论困境。这些问题和困境,青年朱子恐怕亦有相应的体认,于是他最终放弃了道南之学,建立起具有理性主义色彩的思想体系。

一方面,朱子由人必有道德情感推出人必有道德之性,由此将人性(仁)确立为道德情感的根据;另一方面,他以克己工夫吸收了神秘体验有利于道德实践的因素,以格物工夫克服神秘主义的困境,又转换了神秘主义往往借助的静坐工夫的内涵,由此把神秘主义排除于促成道德实践的主观条件

---

① 黎靖德编《朱子语类》,第217页。
② 同上书,第217页。
③ 参见杨儒宾:《主敬与主静》,载《东亚的静坐传统》:台北:台大出版中心,2012年,第134—135页。
④ 参见王雪卿:《朱子工夫论中的静坐》,《鹅湖月刊》2014年第466期。

之外。经过这种努力,朱子确实完成了对道德基础的理性主义重建,由此也奠定了中国哲学理性主义的基调。当然,这并不意味着朱子宏大思想中绝无神秘主义因素,① 只是在道德基础的问题上,神秘主义的因素确实被朱子抛弃和清除了。

Zhuxi's Rationalist Reconstruction of The Basis of Morality

Hong Mingchao

Abstract: Yangshi in Daonan School clearly regarded "oneness" as the basis of moral emotions, and he also advocated to recognize this "oneness" through "tiyanweifa" in the quiet to ensure perfect moral practice. Obviously, the basis of morality of Daonan School lies in "oneness", which actually has distinct mystical features. However, there are many theoretical difficulties in basing morality on mysticism. In view of this, Zhuxi abandoned the moral theory of Daonan School and took the road of rationalism. On the one hand, he placed moral emotions directly on human nature; On the other hand, he reformed and replaced gongfu for moral practice. Then Zhuxi completed the rationalist reconstruction of the basis of morality and set the tone of Chinese philosophical rationalism.

Keywords: Zhuxi, Daonan School, The Basis of Morality, Mysticism, Rationalism

---

① 朱子思想中仍有一条主静的线索,因此亦带有一些神秘主义色彩,但这无涉道德基础的问题。可参见张昭炜:《朱子晚年"木晦于根,春容晔敷"的精神旨趣》,《湖南大学学报(社会科学版)》2018 年第 6 期。

论"日本儒学化"中的"逆格义"现象*
——以松永尺五之《彝伦抄》为中心

刘 莹 唐利国**

提 要:日本江户初期的朱子学自井上哲次郎以来往往被定性为"千篇一律"而无新意可陈,故处于这一阶段的儒者往往声名甚高,然而对之的研究分量却明显不足。为打破这一僵局,本文提出以"逆格义"的新思路重新考察被誉为日本儒学道统继承人的松永尺五(1592—1657)。所谓"逆格义"是相对于早期佛教初传中国时所采取的以儒道思想阐释佛经义理的"格义"而言的解经方式。以"逆格义"作为研究视角,不仅可以突出尺五儒学思想的特色,还可以勾勒出江户初期日本儒者通过援佛释儒以促进"日本儒学化"的动向,由此呈现出日本儒学史在江户初期过渡阶段的发展风貌。

关键词:逆格义 松永尺五 彝伦抄 日本儒学化

一种外来文化在实现本土化之前,往往需要借助本土固有的语言和思想文化进行阐释和传播,就佛教中国化的进程而言,尤为明显地体现在"格义"[①]的方法之中。如果说"格义"主要是借助中国本土的儒道思想来

---

* 本文系 2022 年度教育部人文社会科学研究青年基金项目"儒学日本化进程研究"(项目编号:22YJC720009)的阶段性成果。

** 刘莹,1990 年生,中国人民大学哲学院讲师;唐利国,1974 年生,北京大学历史学系教授。

① 一般而言,"格义"有狭义和广义之分,狭义的"格义"特指佛教初传中国时中国僧人所使用的解经方法:"'格义'是用原本中国的观念对比[外来]佛教的观念、让弟子们以熟习的中国[固有的]概念去达到充分理解[外来]印度的学说[的一种方法]。"(汤彤彤:《论"格义"——最(转下页)

解释佛教义理以促进佛教深入中土思想文化,那么儒学在东传日本的过程中,则出现了凭借已然实现日本本土化的佛教教义来助其自身传播的现象,因为这一过程与"格义"的思维方式大有相反之势,故暂且名之为"逆格义"①。应该说,无论是"格义"还是"逆格义",都根源于异文化在相互融合的过程中克服"陌生化"或者说逐步实现"本土化"的需要,"'格义'在占取、融合外来文化的过程中是一个必然的、无例外的出发点,它是不同文化之间交遇、对话的本质性开端"②。与佛教初传时采取"格义"的主动与自觉相比,"逆格义"在日本儒者思想中的呈现则较为隐微而不彰,且因缺少系统性,故一直以来并未引起学界的关注和研究。实际上,这一现象在江户初期的日本并不少见,而在松永尺五(1592—1657)的《彝伦抄》中则表现得尤为充分。因此,本文以尺五借助佛教教义传播儒学的著作《彝伦抄》为主要文本依

(接上页)早一种融合印度佛教和中国思想的方法》,石峻译,载《理学·佛学·玄学》,北京:北京大学出版社,1991年,第283页)广义而言,"它不是简单地、宽泛的、一般的中国和印度思想的比较,而是一种很琐碎的处理,用不同地区的每一个观念或名词作分别的对比或等同。'格'在这里,联系上下文来看,有'比配'的或'度量'的意思,'义'的含义是'名称'、'项目'或'概念';'格义'则是比配观念(或项目)的一种方法或方案,或者是[不同]观念[之间]的对等。"(同上书,第284页)如果将"格义"的概念放大,那么"我们可以将所有运用新旧概念的类比来达到对新学说之领悟的方法都称之为'格义';甚至每一个从一种文字向另一种文字的翻译在这个意义上都是'格义'。"(倪梁康:《交互文化理解中的"格义"现象——一个交互文化史的和现象学的分析》,《浙江学刊》1998年第2期)为了讨论的集中和便宜,本文所谓的"格义"主要使用狭义的指称,而所谓的"逆格义",也是针对狭义的"格义"而言。

① 刘笑敢曾定义"反向格义"的概念:"自觉地以西方哲学的理论方法和思维框架来研究中国哲学的方法称为'反向格义',将自觉地用现成的西方哲学概念来对应、定义中国哲学观念、术语的方法称为狭义的反向格义。"(刘笑敢:《反向格义与中国哲学方法论反思》,《哲学研究》2006年第4期)对于传统意义上的"格义"与"反向格义"的区别,刘笑敢归纳说:"传统的格义借用本土的概念来解释外来佛学的术语,近代的反向格义是以西方的哲学概念解释中国本土的术语。传统的格义是普及性、启蒙性、工具性的,是权宜之计;而近代反向格义却是研究性、专业性的,是主流的或正统的方法。"(刘笑敢:《"反向格义"与中国哲学研究的困境——以老子之道的诠释为例》,《南京大学学报(哲学·人文科学·社会科学)》2006年第2期)"逆格义"与"反向格义"的概念具有内在的一致性,但二者的实践主体一为江户的日本儒者,一为近代的中国思想家,而且面临的处境和表现出的主动性程度皆有差异,故名之为"逆格义"以示区别。

② 倪梁康:《交互文化理解中的"格义"现象——一个交互文化史的和现象学的分析》,第23—24页。

据,通过挖掘"儒学日本化"和"日本儒学化"①这两面一体的演化进程中"逆格义"的维度,以期呈现出日本儒学尤其是日本朱子学在江户初期这一过渡时期的阶段性特征。

一 承继道统

松永尺五,日本江户初期京学派的儒者,与林罗山、堀杏庵、那波活所并称"藤门四天王",且被视为惺窝所传道统的唯一继承人:"自八岁读书勤敦笃,日夜不倦,出父之歌海,入师之儒林,从事于妙寿院惺窝公。惺窝公知其少年诚实简默,必成儒者之名显父母,而授与先生以自所着深衣幅巾。是继道统之传,此其证也。"②尺五出身名门,其父松永贞德不仅是贞门俳谐之祖,还是日本朱子学的始祖藤原惺窝的从堂兄弟,因此尺五从小便得以跟随惺窝学习朱子学,"三十而请惺窝公传《周易》《河图》《洛书》、先天后天卜筮九图、《太极图》及《书·洪范·九畴》《春秋》奥义。是有一子相传之誓盟,不漏他子矣"③。这种秘传之法虽有很重的禅宗印记,然而由此却可以见出尺五所受之儒学当为惺窝之真传。不仅如此,尺五还以教授儒学为业,据说门下弟子逾五千,而木下顺庵、贝原益轩、安东省庵等更为其中的佼佼者。如此

---

① 在日本儒学史的研究之中,迄今为止形成的两个主要视角是"(儒学)近代化"和"(儒学)日本化"。在战后日本学术界影响最大的当推丸山真男所代表的"近代化"的视角,即在日本思想史内部找寻近代性思维产生的理路。就丸山的近代性研究而言,封建身份制的克服、政治制度的变革以及个人精神的解放可以说是"近代"思想成立与否的三个主要衡量标准(唐利国:《两面性的日本近代化先驱——论吉田松阴思想的非近代性》,《世界历史》2016 年第 4 期)。对丸山思想史学的非难多集中于批判其"脱亚"的近代主义,然而丸山真男判断近代性的"标准"虽然是主要基于其对现实中存在的西洋近代社会的观察而抽取的"理想型",但其在作为儒学之一种的徂徕学中,所发现的是未受西方近代性影响的,完全"自生"的近代性。倘若名之为"儒教性近代",亦无不可。所谓"儒教性近代",就目前所见的材料而言当为日本学者宫嶋博史首创(宫嶋博史:《儒教的近代としての東アジア"近世"》,载《〈岩波講座〉東アジア近現代通史 一》,东京:岩波书店,2010 年),其主要着眼点在于回应如何看待现在的中国以及如何把握 19 世纪以来日本、朝鲜和韩国的发展进程。本稿则认为,以"儒教式近代"的视角去挖掘"日本儒学化"的契机,考察丸山反省自己早年研究中所忽视的日本朱子学中看似"抄袭"实则充满"主体性选择"的侧面,不仅有助于我们深入思考与"儒学日本化"看似相反,实则相成的"日本儒学化"问题,更为我们重新审视整个江户儒学的发展脉络提供了新的研究路径。
② 淀川昌乐:《尺五堂恭俭先生行状》,载《近世儒家文集集成 第十一卷 尺五堂先生全集》,东京:ぺりかん社,2000 年,第 240 页。
③ 同上。

看来,尺五不仅上承惺窝,而且下启诸子,实为日本儒学道统的真正传承者。

然而,相较于尺五之名,其作为学术研究对象的分量却明显不足,究其原因:"尽管其遗留文字有《尺五堂先生全集》和《彝伦抄》,但是大部分为诗文之作,所以很难从中概括和提炼出能反映他系统学术思想和代表性观点的学术来。"① 除了文献本身的困难之外,更重要的原因在于"尺五叙述的《彝伦抄》,在一些情况下,相当程度上可以说是对《性理字义》的剽窃"②。"剽窃"意味着尺五的儒学思想并无超越朱子学之处,故在一定程度上否定了其思想可能具有的意义甚至作为研究对象的价值。

这两点无疑造成了尺五儒学思想研究展开的双重"壁垒"。从某种意义上说,这种"壁垒"的出现本身即在暗示我们,应当转换研究的视角。实际上,"缺乏新意"或者"肤浅"的标签大量存在于对江户初期日本朱子学的评价之中:"朱子学派中不论有多少派别,都是极其单调而'同质的'。除了叙述和敷衍朱子的学说之外,别无其它。如果出现胆敢批评朱子学说,或者在朱子学说之外开出自己创见的态度,那就早已不是朱子学派的人了。若要成为朱子学派的人,就只能忠实地崇奉朱子的学说。换言之,只不过是朱子的精神奴隶。是故,朱子学派的学说就不免让人有千篇一律之感。"③ 不唯井上哲次郎,丸山真男也曾认为"日本德川初期的朱子学特别纯粹"④,所谓的"纯粹"与井上"同质"的说法如出一辙。这样的看法不仅占据了日本学界对江户初期朱子学定位的主流,而且深刻影响了中国学者对日本朱子学的判断。

如果跳出与中国的宋明理学"一争高下"的僵局,而将尺五的思想置于江户初期日本儒学史的转型之中加以考量,则可以透过尺五的思想重新审视朱子学在江户日本受容的过程。这一过程虽自惺窝始,然而惺窝对朱子学的贡献主要在于完成了诠释文本的转换,即对舶来的朱子学经典进行和训,至于进一步归纳朱子学的要点并开展广泛传播,则是尺五自觉到的使命。因此,如果将尺五的思想置于日本儒学从中世到近世的转型之中加以考察,通过探讨尺五在承继道统、援佛释儒以及排斥异教三个方面的努力,则可以在

---

① 王明兵:《松永尺五伦理思想之形成及其儒教实践》,《外国问题研究》2016年第1期。
② 玉悬博之:《松永尺五の思想と小瀬甫庵の思想》,载《日本思想大系 28 藤原惺窩 林羅山》,石田一良、金谷治编,东京:岩波书店,1975年,第508页。
③ 井上哲次郎:《日本朱子學派之哲學》,东京:富山房,1937年,第598页。
④ 丸山真男:《日本政治思想史研究》,东京:东京大学出版会,1999年,第33页。

初步建构尺五儒学思想框架的基础之上,归纳出日本中世以来的传统儒学向江户朱子学过渡的这一转型期的思想特征。

具体而言,尺五阐述其儒学思想,集中体现在其所著的《彝伦抄》之中。需要注意的是,《彝伦抄》之书写如作者所自述,并非为了阐述尺五自身对朱子学内部教理、教义的精研,而是为了促进朱子学在日本的广泛传播:

> 《彝伦抄》之为作也,切以世俗之俚语肤说纲常之大猷。何也者?为童蒙书生困倦于佶屈聱牙者之易悟,贩夫鬻徒无暇于佔毕勉学者之易读,俾庸夫迷异教顽夫陷妖术者,知有天叙天秩之典礼性命道德之名教,更匪为博闻宏才之士也。①

尺五在撰写《彝伦抄》之时已经清醒地设定了本书的受众:不是已经具备了一定儒学教养的"博闻宏才之士",而是童蒙书生、贩夫鬻徒还有沉迷于异教陷溺于妖术者这些在一定意义上居于社会底层的民众。对于他们而言,儒学的文本,既不易读更不易悟。也就是说,即便中世以来的禅僧已经完成了和训朱子学主要文献的准备,儒学的文本对于一般武士及广大民众而言还是过于难懂。实际上,读懂儒学经典对于日本的读书人而言也并非易事:"日本人字义不通,故读书虽久,识义理终浅。"②这种困难内含了言语不通和内容不解两个方面,致使儒学虽然久传日本却一直局限于博士一家之学,甚至朱子学的传入也不得不依托于禅僧。从这个意义上说,朱子学在日本如欲自立则必然需要"脱佛"。当然这一过程不可能一蹴而就,惺窝穿着儒服拜谒家康的事件虽然可以视为惺窝个人"脱佛入儒"的关节点,但是朱子学要真正融入日本的武士甚至庶民阶层的生活之中,还需要一个较为漫长的过程。

要窥探在这一转型期中日本儒者的作为,尺五的《彝伦抄》可以提供有益的线索。就解决难懂难悟这一问题的思路而言,尺五主要从三个方面进行了探索:一是"以世俗之俚语肤说纲常之大猷",也就是用日本普通民众都能明白的"俚语",并且用切肤也就是切近老百姓家常的道理来叙述儒家纲常的大道;二是借助佛教来传播儒学的思想;三是排斥异教。这三点既可以视为

---

① 松永尺五:《彝倫抄(跋)》,载《日本思想大系 28 藤原惺窩 林羅山》,石田一良、金谷治编,东京:岩波书店,1975 年,第 330 页。
② 雨森芳洲:《橘牕茶話》,载《芳洲文集 雨森芳洲全書 二》,大阪:关西大学出版,1980 年,第 182 页。

解读《彝伦抄》的三条主线,也可以视为江户初期以京学派为主的朱子学派推进儒学发展的主要方向。

需要注意的是,尺五所取之"俚语"和"肤说"的路径,应该是导致他的儒学常常被学者视为粗浅而缺少新意的根源所在。然而如果考虑到佛教初传中土之时颇为盛行的"格义"的现象,那么儒学要真正渗入日本社会,这或许同样是一条必经之路。也就是说,儒学文本来自"异域",要了解其中的深意,文字和语言的障碍是必须首要解决的问题。这也是"逆格义"的关键所在,即以日本本土的语言,也就是尺五所谓的"俚语"重新叙述儒学的义理结构,这在某种意义上也可以视为一个"转译"的过程。日本文字之中本已有许多汉字,但是即便儒家的词汇早已存在于日语的文献之中,也不代表儒学的思想已然渗入到日本社会之中。只有通过本土语言阐释过的儒学,才是真正日本化了的儒学。因此,在判断其是否具有创新性之前,首要的工作应是通过考察日本儒者如何取材以及转化中国儒学,据以剪辑出儒学在日本受容与发展的光谱。

二 作为方法的"逆格义"

尺五在《彝伦抄》中将儒学归纳为以三纲五常五伦为核心的思想体系。然而,要切实传播儒学,不仅需要提炼出儒学的核心思想,还需要以普通日本人能够明白的方式加以"转译",而这就是"逆格义"登场的契机。从"逆格义"的角度来看,《彝伦抄》的叙述结构比较简易而固定:首先提炼朱子学的核心概念,其次借助佛教教义加以解释说明,即"逆格义"。我们可以将其归纳为"下定义—逆格义"的叙述模式,接下来我们不妨也以这样的逻辑来展开分析。

首先是三纲五常。"儒道者,先以三纲五常为肝要也。所谓三纲者,善为君臣、父子、夫妇之道,善行于身者也。"[1]对比三纲的通义可知,尺五所谓的三纲,多了"善为"与"善行于身"两个要求。"善为"是"做好"的含义,而"善行于身",则是将这种外在的规则"身体化"的体现。这就不仅要将儒学的理念实践出来,更要通过不断地实践而将形而上的理念刻入形而下的身体。如

---

[1] 松永尺五:《彝倫抄》,第305页。

果与后来荻生徂徕讲的通过"习熟"而"习以成性"联系起来,①那么尺五对三纲的理解可以说开启了后来日本儒者实践儒学和身体化儒学的开端。

不过,这样的说明对于普通的日本百姓依旧难懂,因此尺五紧接着采用了"逆格义"的方法,即以佛教的观点对儒学概念加以阐释。之所以选择佛教的观念作为媒介,是因为"今此国佛法繁昌,儒教中确有易行之处,以佛法之教说明之"②,也就是说,在当时的日本,作为外来文化的佛教已经深入日本社会之中,因此只需借助佛教的教理类比儒学的思想,就可以解决百姓难以理解儒学义理的现实困难。

从这个思路出发,尺五以佛陀的生平说明三纲:"释尊也是净饭王之子,在宫中长大,此为君臣之道。以罗获罗而言,则是父子之道。在耶轮陀罗女,则是夫妇之道。不离三纲之道。"③尺五巧妙地截取了佛陀在家时的生活场景,认为身为王子的佛陀不离君臣、父子、夫妇之道。这就有效拉近了儒学与佛教之间的距离,对于尚不熟悉儒学的日本民众来说,应该可以视为一种"去陌生化"的手段。

至于五常的仁义礼智信,尺五则分而论之:"所谓仁者,云'心之德,爱之理'之心也。出生之顷而具足也。显于外之时,见物而哀痛之心也。"④从对"仁"的定义来看,原原本本地保留"心之德,爱之理"的训义,表现了尺五对朱子学的坚守,而所谓的"见物而哀痛"的表述,与后来本居宣长的"物哀"有类似之处,可以视为日本人独特而细腻的心绪表达。出生之时便全然具足的主张,很容易让人联想到佛性的问题,这一点也确实是尺五着力使用"逆格义"的方法之处:"比如与佛法中的'人人具足,个个圆成','直指人心,见性成佛'粗相似。如此,本心之仁既与圣人同,则学问何为?此仁心虽存,或拘于欲心,或受气质之蔽,萌邪念恶心,当哀怜而不哀怜,当悲痛而不悲痛,以至侮君背亲。儒之教正为治之。"⑤尺五明白地用了"粗相似"的表述,其着眼点自然在于论证佛教与儒学之间所具有的一致性,但是既然是"粗"相似,也就

---

① 关于徂徕之"习熟"与"习以成性"的关系,可参考刘莹:《以〈中庸解〉为例试析荻生徂徕的人性论》,《现代哲学》2019 年第 6 期。
② 松永尺五:《彝伦抄》,第 305 页。
③ 同上。
④ 同上。
⑤ 同上。

是大体相似,这就在一定程度上暗示了他本人已经自觉到了儒学和佛教之间存在着差异,只是为了教授儒学的方便才退而求其次地使用了"逆格义"的方法。

同样的叙述模式也见于尺五对其他儒学概念的论述之中,他讲:"义者,云'心之制,事之宜',生于本心,为决断物之心,显于外之时,使万事万物随道之宜而行。所谓宜者,为义理也,不为义理则畜生也。"①这个定义无疑属于理学范畴之内,然而为了理解的方便,尺五认为"谨守义理,守偷盗戒也"②,这又是对儒学概念"义"的一种"逆格义"。还有,尺五认为:"果善行礼,则邪淫戒何为?"③而不守"信"则可与佛教的"妄语、绮语、恶口、两舌"④进行"逆格义"。"大体而言,表面之教为如上之心得,若自守佛法之五戒,则可渐成细微之道理。"⑤这就是用佛教的五戒"逆格义"儒学的五常。需要说明的是,将五常与五戒进行类比且突出二者之间的一致性并非尺五的创举,这种儒佛一致的主张无论在中国的契嵩还是日本的吉备真备的思想中都可以见到,当然最早在日本讲授《四书集注》的五山禅僧岐阳方秀也持有禅儒合一之论。由此也可以说,尺五的思想中有着延续中世禅林思想的侧面。⑥

接下来,尺五对儒学中的五伦也进行了"逆格义"。五伦之中涉及了君臣、父子、夫妇、兄弟、朋友这五组互相对应的关系,尺五尤其对君臣做了分殊:"君者,称天子、诸侯诸使人之主君。治天下国家之政者,其心之中积仁义礼智之德,外行王道之法。"⑦尺五既以古代圣王大禹、汤王为例讲述王道之治,同时又对其进行"逆格义"说:"为君之人,以慈悲怜悯施于臣下万民。果行仁义之道,则亦成就佛法。佛亦以慈悲满行之念行菩萨行,济度一切众生,愿不成就则难成妙觉果满之佛。然今生不行仁义之道而苦臣下万民,亦违佛法。"⑧这就把为君应行之仁义与成佛必施之菩萨行对应了起来。对于

---

① 松永尺五:《彝倫抄》,第306页。
② 同上。
③ 同上。
④ 同上书,第307页。
⑤ 同上。
⑥ 石田一良:《前期幕藩体制のイデオロギーと朱子学派の思想》,载《日本思想大系28 藤原惺窝 林羅山》,石田一良、金谷治编,东京:岩波书店,1975年,第411—448页。
⑦ 松永尺五,《彝倫抄》,第314页。
⑧ 同上书,第316页。

臣，尺五尤其突出其"职分"之义："臣下不论大小，尽诸职分为要义。"①而且除了列举古代名臣以勾勒贤臣的形象之外，尺五还以佛教的报恩思想对臣之义进行了"逆格义"，即食君之禄则受君之大恩，因此臣子应该时刻奉公以报君之大恩："内无二心、外无时不谨慎奉公，亦可成就佛法。四恩之中专列报国王之恩，何况昼夜受恩之主君尤应报。"②如此，尺五用佛法的知恩图报阐述了作为臣子为主君效忠的正当性，并且以"一切众生，悉可知恩"③的教理赋予了为臣应尽忠的教义以普遍性。

对于父子之道，最简洁的表述当然是父慈子孝，不过尺五对父之慈的看法比较特别："慈者，云使子为艺能、习善道而育于身也。孔子之'爱焉能勿劳乎'之意也。"④这就是说，尺五认为让孩子具有一技之长是谓父之慈，而且可以与佛教的慈悲进行"逆格义"。对于"孝"，尺五叙述了很多故事，包括耳熟能详的舜、曾子、申生，甚至二十四孝里的董永等。从尺五的叙述中可以看出，他特别重视例举典型的例子，以讲故事的方式树立起典型的人物形象，以此让原本抽象的概念具体化为生动的实例，这样更容易为广大的普通百姓所接受。除了树立典型的榜样之外，尺五还以佛教报恩的思想鼓励行孝，并引《阿严经》给予证明："孝行之人，其人命终，当生极乐。"⑤甚至连夫妇之道，尺五也以佛教的在家之菩萨拟之。总之，为了说明五伦五常的重要性，尺五一方面引述朱子学的原意以下定义，一方面列举历史上的例子以作典型，还尽量配以佛教的教义加以解释和论证，以此来帮助人们理解儒学的内容以促进儒学的传播。

三　排斥异教

通过上一节的叙述可知，三纲五常五伦为《彝伦抄》的主体结构，其中有两个问题值得留意，其一是尺五究竟如何看待儒学与佛教之间的关系，其二是应该如何看待尺五的朱子学思想。对于儒佛之间的关系，尺五在《彝伦

---

① 松永尺五：《彝倫抄》，第317页。
② 同上书，第318页。
③ 同上书，第319页。
④ 同上。
⑤ 同上书，第321—322页。

抄》的开篇即开宗明义地论述了三教关系：

> 夫天地之间，大道有三，儒、释、道也。儒者，孔子之道也。释者，释迦之道也。道者，老子之道也。我朝释迦之道繁昌，上下尽归依。儒道虽存，不过文字言句，或读书，或作诗，思为儒道，无以理学广示之人。由此，三纲五常之行绝矣，孝悌忠信礼义廉耻之法废矣。然读四书五经，不知文字，则难入儒道。熟读熟记四书五经，通晓义理，如大唐之法，八岁不入小学则难矣。①

从表面上来看，尺五肯定了儒释道三者皆为天地间之大道，并且陈述了日本佛教兴盛的现状。对于神道，尺五以为："日本为神国，昔修神道。然神道衰而众法废，武士只昼夜奉公，农仅耕作，工唯勉于诸职，商不过买卖之心，皆无暇学文。如何学儒道、详问仁义、行圣人之教哉？此为国无硕儒之故。"②从叙述的方式来看，无论是三教还是神道，尺五最后关注的都是儒学的传播和发展，因此玉悬博之指出："要言之，尺五的立场可以说不过是以儒教为主且不排斥佛教、道教的立场。必须指出，这是与中世禅林所谓的三教一致不同的思想。"③从"逆格义"的结构也可以论证这一观点的合理性：佛教始终是作为解明儒学义理的手段而发挥效用的，因此儒学是目的，而佛教只是方便的教法而已。由此我们可以说，在尺五的思想中，佛教对于儒学思想的传播有着工具性的意义。正因为江户初期的日本佛教昌盛而儒学不兴，因此儒学要获得自身的发展才不得不借助佛教的力量。至于道教，虽然尺五也肯定了其作为道之一端的地位，然而并未详述，可以推测其在尺五思想中的地位尚在佛教之下。由此可知，尺五虽然表面上并不排斥佛教和道教，然而其以儒学为主的定位却不难判断。

虽然如此，尺五既然选择以"逆格义"的方式援佛释儒，就说明为了更好地传播儒学思想，佛教是不可或缺的。尺五对佛教的态度明显不同于朱子学本身批判佛教的态度。这不仅源于其师惺窝包容佛教的熏陶，也与尺五自身的成长有着紧密的联系："松永氏父祖辈历来为日莲宗的信徒，尤其是其父贞德与伯父日阳，皆皈依了不受不施的一派，尺五就在热心于宗门的家风之中

---

① 松永尺五：《彝伦抄》，第304页。
② 同上。
③ 玉悬博之：《松永尺五の思想と小瀬甫庵の思想》，第508页。

成长,加之史实明白显示,已然成为硕儒而名声显赫的他在四十二岁之际,顺从了父亲的指示入建仁寺,一年数月阅读庞大的《大藏经》。"①有此家学和师承的背景,则不难理解尺五最终所选择的"调和儒佛"的立场。

当然这种"调和"并不是一种对等。我们知道在佛教对彼岸世界的推崇之下,此岸的种种不过是六道之间周而复始的轮回而已,然而尺五在讲完儒学的三纲五常五伦之后,以儒学中对鬼神、生死和冠婚葬祭之礼的叙述作为全文的总结,这可以视为给儒学的彝伦世界铺叙了一个形而上的归属。换言之,以阴阳二气解释所谓"鬼神",逻辑上直接关联着在生死问题上的气聚气散,这也是宋明儒者批判佛教轮回之说的有力理论。尤其在最末尾,尺五感叹因冠婚葬祭之礼不存于日本,所以只能依照佛法施行,如果能依照儒家的主张在日本社会施行此四礼,则"可以自然而然地改变士农工商四民之外毫无职分游手好闲徒耗国费之民"②,俣野太郎对此提出了疑问:"这是否可以暗暗解读为对除了从事葬祭之业别无生产活动的僧侣与佛寺生活的嘲讽呢?"③平石直昭也认为"这恐怕是指僧侣"④。由此不难推论,在《彝伦抄》的结尾部分,尺五已然流露出了对佛教的批判之意。接下来的问题是,尺五的朱子学是否只是朱子论述的翻版甚或是"抄袭"陈淳《性理字义》之作呢?虽然以现在的学术标准要求古人,无疑是一种苛责。但在草率作出结论之前,我们至少应该注意到以下三个侧面:

首先,这不仅仅是尺五单个人的问题,对尺五"抄袭"的诘难,实际上反映了江户初期日本朱子学的发展尚处于对外来的儒学经典全然吸收而尚未消化的阶段。如果能对此背景采取同情之理解的态度,那么与其苛责日本朱子学在江户的"千篇一律",不如换一个视角,考察他们是如何接受并且传播儒学的。从这个意义出发,"逆格义"的现象才能进入研究者的视域。毕竟,儒学作为中国传统的主流文化之一,源远流长,其繁难困琐不唯日本人甚觉吃力,对于大部分中国人而言又何尝不是?中国士子尚需寒窗十载以破万卷,皓首且难穷经,可想而知对于语言尚且不通的日本人来说其间的困难之巨。因此,儒学要真正深入日本社会,必然需要借助日本民众能明了的方式

---

① 猪口笃志、俣野太郎:《藤原惺窝 松永尺五》,东京:明德出版社,1982 年,第 185 页。
② 松永尺五:《彝倫抄》,第 327 页。
③ 猪口笃志、俣野太郎:《藤原惺窝 松永尺五》,第 223 页。
④ 平石直昭:《日本政治思想史》,千叶:放送大学教育振兴会,2001 年,第 42 页。

进行传播。就此而言,准备好和训文本只是儒学在日本传播的第一步,而儒学思想的进一步深入传播还需要经过包括尺五在内的众多弟子的"转译"、消化甚至批判才能逐步实现。

当然,在传播朱子学的过程中,林罗山因为推动了朱子学的官学化而广为人知,相比之下,放弃仕途而教书育贤的尺五却鲜受关注。虽然罗山和尺五的出处进退选择不同,但他们在传播朱子学的动向上可谓别无二致。就目前可考的版本研究来看,罗山的"《性理字义谚解》是日本最早的新儒学文本之一。它保证了所有那些读得懂假名和少量汉字的日本人,能有机会了解北溪对新儒家的解释"[1]。由此看来,罗山为《字义》作谚解的初衷,或许与尺五并无不同,二者的差异在于罗山坚决排斥佛教,而尺五却使用了"逆格义"的方式援佛释儒,也因此尺五才是真正意义上继承了惺窝学风之衣钵的弟子:"松永尺五是藤原惺窝的高弟。惺窝主朱子学,并取陆王学,对佛教亦宽容的包罗的学风,与其说被林罗山,不如说由尺五继承了下来。"[2]

其次,尺五使用"逆格义"的方法援佛释儒,这毕竟是权宜之法,佛教与儒学的概念之间必然存在的差异在"逆格义"的过程中被"故意"缩小甚至忽略,这并不代表尺五本人的儒学修养不高或者他的思想还停留在没有完全脱离佛教影响的阶段。当儒学思想在日本本土获得一定的普及之后,"逆格义"的方法也会随着人们对儒学理念的熟悉程度地不断加深而逐渐消失。如果从文化交涉的角度来看,身为"日本"儒者的尺五,能够自觉以更具普遍性的佛教教理诠释儒学义理,使其为更多的日本人所熟知,这对尺五的儒学和佛教的修养都提出了很高的要求,而这一实践,也确实促进了儒学尤其是朱子学在日本的传播和发展。尺五教授儒学,门下名儒辈出,就在很大程度上证明了这种实践的有效性。

再者,如果说以上更多是从大的思想史背景考量尺五思想的意义,那么尚需再深入尺五的朱子学内部进行考察。尺五并非如山崎暗斋一般死守朱子学的教条,《彝伦抄》之中本身就暗含着他对朱子学的"取舍"。我们在上文已经提到,《彝伦抄》的整体结构是三纲五常五伦,这些思想属于较为传统

---

[1] 约翰·艾伦·塔克:《北溪〈字义〉与日本十七世纪哲学辞典的兴起》,张加才编译,周祖城校,《福建论坛(文史哲版)》1997年第3期。
[2] 玉悬博之:《彝倫抄(导言)》,载《日本思想大系 28 藤原惺窩 林羅山》,石田一良、金谷治编,东京岩波书店,1975年,第303页。

的儒学思想,并非朱子学的特色。而在《彝伦抄》之中集中体现朱子学特点的是被尺五视为"工夫"的七个概念:命、性、心、情、意、诚、敬。这七个概念在朱子学中确实极为重要,然而朱子学的系统中还有除此之外的许多重要概念,那么尺五选择的依据是什么?

玉悬博之曾将《北溪字义》的条目与尺五诠释的七个概念进行对比,从尺五"未选择"的条目来分析二者之间的差别:"首先从存在论的方面来说,《字义》的太极、理这些条目在《彝伦抄》之中并未以独立的条目呈现出来。可以推测这是因为朱子学的存在论=理气说乃至太极说,甚至理乃至太极这样的词汇在《彝伦抄》之中都并非着力解说之处,《彝伦抄》在实际的叙述中正是如此。"①对于其理由,玉悬博之认为这一方面是由于尺五此书意在人伦的日用道德,因此舍弃了朱子学中的抽象议论;另一方面,或许更重要的理由在于"《彝伦抄》的成书是在宽永十七年(1640)之际","此时对天的言说仍被视为一种禁忌"②。无论其具体考量结果如何,至少尺五的概念选择显示出其的确具有一定的思想主体性,而非简单地拾人牙慧。而在此发挥作用的要素之一,便是尺五写作《彝伦抄》的另一个目的,即排斥天主教:"今也不睹谫陋之谤者,或迷异教者,舍近求远敬信赝师陵辱君父、陷妖术者,损躯殒命眩服邪魅隳败国俗,斯坐使人伦陷禽兽,不亦伤乎?"③为了救治迷于天主教之徒,尺五以墨子的所染为喻,阐明了传播儒学在日本独特的效用:

> 近年迷于天主教,数万人丧命,可怜。昔者墨子,见染丝而悲。其心为白时,染何色便是何色。已染之后,不再变化。若幼时染于圣人之道,无论邪法如何来染,又怎能染上呢?④

这段引文显示出了尺五传播儒学的另一考量,即排斥天主教。在江户初期,天主教被视为"异端""异教",也是儒学阵营的"敌方"。林罗山也曾写作《排耶论》抗击天主教。从某种意义上可以说,罗山是以儒学为阵营拉拢神道以抗击天主教,而尺五选择的队友则是佛教。不过"若幼时染于圣人之道"的表述,似乎也暗示了佛教在抵御天主教浸染上的失败。总之,这确实显示出

---

① 玉悬博之:《松永尺五の思想と小濑甫庵の思想》,第 509 页。
② 同上书。
③ 松永尺五:《彝伦抄(跋)》,第 330 页。
④ 同上书,第 304—305 页。

了儒学在日本江户初期尚未独立发展的状况,也展示出了日本儒者为了促进儒学深入日本社会所做出的曲折努力。

四 结语

本文探讨的内容,在一定程度上可以算作"儒学日本化"的命题,然而儒学在日本化的同时,本身也意味着日本社会不断受到儒学影响,并在或浅或深的程度上被"儒学化"了。当然,"日本儒学化"在江户初期不过是开端而已,此时的日本儒学羽翼未丰,还需借助外力以促进其自身的本土化,而"逆格义"的方法在这期间发挥了不可忽视的作用。至于"日本儒学化"之后的样态,我们可以借助丸山真男对作为世界观普遍坐标的儒学的这段论述来加以认识:

> 在德川时代,作为观察政治和社会的基本坐标,儒教本身占据着压倒性的优势,即使在教义上与儒教对立的国学的政治社会观也不得不大量依赖儒教。如果要尝试批判现实的政治和社会,除了想方设法发掘天道、天命之超越性的契机,或将现实的政治和社会与"尧舜之治"相比照之外,几乎没有其他可能性。因此,人们竭力地对儒教的范畴加以"重新解读"。①

我们可以略做类比,如果说"逆格义"的现象意味着江户初期儒学的"星星之火"和佛教在日本占据主体地位,那么当儒学足以成为"转译"西方文化的基体词汇之时,本身就代表了"日本儒学化"的普遍实现,但是这并不代表着日本儒学生命的终结。② 实际上,儒学在近代日本还将以更多的维度展现其本土化之后的姿态,而这就需要在厘清日本儒学化的发展进程之后再做深入分析了,这也是今后值得关注和深入探讨的方向。

还需指出,丸山在战后曾对其在《日本政治思想史研究》中对江户初期日

---

① 丸山真男:《丸山真男讲义录》第六册,唐永亮译,成都:四川教育出版社,2017年,第286页。
② 渡边浩曾有儒学在近代日本的"自杀"论:"明治维新既是'大振皇基'之语所表示的'王政复古'革命,也许同时又是儒学'西洋'化的革命。而且正由于此,使得后来,儒学诸理念渐渐被西洋思想吸收,相对地迅速地失去了作为独立体系的思想生命。也就是说,至少在日本,儒学在引进起源于西洋的'近代'的过程中发挥了先导作用,而且,正因如此而导致了自杀。"(渡边浩:《东亚的王权与思想》,区建英译,上海:上海古籍出版社,2016年,第158页)

本朱子学的刻画进行了深刻反省:"作为本书致命的欠缺映入眼帘的是,几乎完全没有考虑日本的朱子学,也可以说是日本的特性,尤其是把江户时代前期的朱子学作为'最为纯粹的、(从中国)直接输入的朱子学'这一点。比如以朱子学的直系正统而自居的山崎暗斋及其学派,为了避免注释带来的歪曲,从朱子的著述中精选的摘抄占据了其论著的大部分,这确实是事实。但是,其学派的思维方式,或者说文本的选择和强调的方式,究竟是否客观地与朱子学相一致,却完全是另一个问题。不如说不管他们的主观意图为何,具有讽刺意味的是,可以说其学派以典型的形式暴露了日本朱子学与中国的之间的背离。"①丸山在战前、战后对江户初期日本朱子学态度的"两面性"正显示出了他本人思想发展的历程,如何在看似平庸的江户初期日本朱子学之中挖掘其在"结构"上的创造性,从而构建儒学日本化与日本儒学化的双向互动层累,既是本文写作的初衷,也是今后需要不断丰富、深化的课题。

On the "Reverse Analogical Interpretation (Ni Geyi)" Phenomenon in Japanese Confucianism: Focus on Matsunaga Sekigo's *Yilunchao*

Liu Ying, Tang Liguo

Abstract: In early Edo period, the school of Chu Hsi had been characterized as "all the same" without anything new since Inoue Tetsujirō. As a result, Confucians at this stage are often well-known, but the researches about their thoughts are obviously insignificant. In order to break this deadlock, this article proposes to reevaluate Matsunaga Sekigo, who is known as the heir to the Japanese Confucian orthodoxy, with a new idea of "reverse analogical interpretation (Ni Geyi)". It is a concept relative to the "analogical interpretation (Geyi)" adopted by the early Buddhism to interpret Confucianism by citing Buddhism when it was first spread to China. From this research perspective, it can not only highlight the

---

① 丸山真男:《日本政治思想史研究(英文版序)》,东京:东京大学出版会,1999年,第402页。

characteristics of Sekigo's Confucianism, but also outline the trend of Confucianization of Japanese society in the early Edo period promoted by Japanese Confucians through the interpreting Confucianism by citing Buddhism. Thus, it reveals the development style of Japanese Confucianism in the early period of Edo.

Keywords: Reverse Analogical Interpretation (Ni Geyi), Matsunaga Sekigo, *Yilunchao*, Japanese Confucianism

试论和辻哲郎的批判意识

——以"风土"为缘起

吴光辉*

提　要：和辻哲郎的日本文化研究的"原点"，即在于1935年编辑出版的《风土——人间学的考察》一书。该书一方面带有批判西方的现代性，重构日本的文化风土的深刻内涵；一方面带有确立新的哲学概念，并以此为基础来扩展作为"人间学"的伦理学研究的独特意蕴。和辻哲郎的这一带有批判意识的尝试，不管是哲学性的批驳还是伦理学的革新，皆对于我们当下思索民族文化的根源、探究世界文化的本质具有极为重要的思想史意义。

关键词：和辻哲郎　风土　伦理学

审视现代日本哲学家和辻哲郎（1889—1960）的思想轨迹，一方面，作为东京帝国大学哲学系的毕业生，和辻哲郎接受了明治时期以来的以德国哲学者坎贝尔（Koeber，1842—1923）、日本哲学学者井上哲次郎（1855—1944）为代表的哲学的影响，并以西方哲学为起点，在尝试建立具有普遍意义的伦理学中开始了日本文化的研究；另一方面，作为来自传统儒医世家的学者，和辻哲郎也尤为关注日本独特的风土，并对海德格尔的《存在与时间》（1927）提出了反驳，确立了基于"人间学"考察的风土论，进而对日本的"家结构"展开诠释。和辻学术的两大趋向存在着一个交织点，也就是1935年出版的《风土——人间学的考察》（以下简称《风土》）一书，而和辻伦理学之所以兼顾传统与现代、东方与西方，也是基于这一交织点而得以扩展的。

---

* 吴光辉，1970年生，厦门大学外文学院教授。

基于这一立场来审视和辻哲郎的系列研究:如果说《尼采研究》(1913)是接续德国哲学家尼采(Friedrich Wilhelm Nietzsche,1844—1900)的问题意识,和辻探究了如何超越"虚无主义"的问题,《克尔凯郭尔》(1915)是借助丹麦哲学家克尔凯郭尔(Soren Aabye Kierkegaard,1813—1855)具有的"发现"意识的"惊诧",和辻来尝试构建起"哲学"范畴的话,那么,不管是日本文化的"偶像"研究,还是"古寺巡礼"或"精神史"的研究,皆是和辻把握日本精神的"表现";而围绕独立个体-社会群体的伦理学研究,探究家族结构-内外意识的问题,是和辻谋求日本式的伦理回归;即便是以"锁国"体制为对象的日本历史的研究,也牵涉日本文明的"独立空间"的问题。就此而言,和辻哲郎的哲学或者伦理学,也就必然在与西方哲学不断对抗、不断对话的过程中得以建立起来。

不仅如此,和辻哲郎哲学所探索的根本点究竟何在,这一点无疑也牵涉到人的存在根源的问题。如果说苏格拉底提示了"Self"的存在价值,马克思主义突出了"异化结构下的社会人"的话,那么和辻哲郎则突出了东方独特的"家"结构。不仅如此,针对海德格尔(Martin Heidegger,1889—1976)提出的"存在"(Dasein)概念,和辻哲郎认为这一概念不应当只限于"个人",而应当与空间——"风土"相结合起来。唯有时间与空间相结合,历史性才会显露其面目,历史与风土由此也就结合在一起。因此,如何确立人的存在的"空间性",赋予"风土"哲学的根据,就成为和辻哲郎必须探究的哲学课题,而这一课题则突显出了和辻哲郎深层而丰富的批判意识。

一 作为思想缘起的"风土"

和辻哲郎最为独特的日本文化论著,是1935年经岩波书店出版的,而后于1949年改版的《风土》一书。该书的副标题为"人间学的考察",透露出该书是基于"人间学"这一和辻哲郎独创的"学问"而得以成书。该书的缘起来自作者于1927年至1928年累计十四个月的欧洲考察,和辻得以在考察沿途各地风土的同时展开文化思索。1928年12月,和辻哲郎在《岩波讲座·世界思潮》发表了《因"地"而异的艺术特殊性》一文,成为《风土》中最早出版的一篇论文。在这之后,和辻哲郎编辑了《国民性的考察》的学术讲义,并在1929至1935年里相继在《改造》《思想》《文学》等杂志发表了若干文章,1935

年才汇集整理,定名为《风土》而出版。该书之中的中国考察最初是以"中国人的特性"为标题发表于1929年的《思想》杂志上,1944年则进行了大幅度的修改,1949年再度出版之际附加了"香港见闻"一段,由此也就成为当下流通的版本。

在此,我们审读这一著作的标题与出版之前的标题,可以发现这一时期的和辻哲郎尤为关注的问题,与其说是"风土"本身,倒不如说是在于"人间学的考察"。围绕"人间学"这一范畴,中文的翻译一是倾向于"人学",其指向具有普遍意义的"人学"研究;一是倾向于"人间学",也就是"人与人之间的学问",因而就带有了"和辻伦理学"的独特内涵。不过在此时期,和辻的出发点应该说既不是以独立个体为出发点的"人学",也不是而后以"间柄"(AIDAGARA)为核心的伦理学,而是以"国民性的考察"或者"中国人的特性"为代表的,基于"艺术特殊性"的一种国民性的、艺术论的考察。换言之,不管是普遍化的"人学",还是和辻独特的伦理学,"风土"论成为一个最初的交织点,更成为和辻哲郎的思想原点。

所谓"风土",依照和辻哲郎的阐述,具有地理、文化的双重本质(dual nature)。"风土"不仅指"某一地方的气候、气象、地质、地力、地形、景观等"[1]地理维度的总和,更是指人文的风土,即历史、文化惯制以及民族的相互关联。正如我们看到的,风土现象(风土、风物、风俗、风景)存在于文艺、美术、宗教、风俗、建筑等所有人类的生活之中。因此,"风土"不仅是空间性的存在,同时也具有历史性。依照和辻哲郎的阐释,"既没有脱离历史的风土,也没有脱离风土的历史"[2]。

和辻哲郎指出,"风土"即是人的存在的根本结构。不可否认,和辻哲郎强调的"风土"固然存在着风土决定性格,也就是环境决定论的一面,但是就和辻哲郎所阐述的内容而言,"风土"也是我们日常性的直接的事实,我们必须"在风土中发现我们自身"[3]。就此而言,和辻哲郎的基本立场绝不是单纯的"环境决定论",而是在"风土"之中发现自我,把握自我。"风土"就是这样的内涵下的人存在的根本结构。

---

[1] 和辻哲郎:《风土》,陈力卫译,北京:商务印书馆,2006年,第4页。
[2] 同上书,第9—10页。
[3] 同上书,第8页。

最为关键的是,作为人的存在的根本结构,"风土"更是具有原初性的存在价值。依照日本学者藤田正胜的研究,和辻哲郎所确立的"风土",乃是一个具有根基性意义的概念。所谓的自然与文化、环境与个人、社会与自我这样结构性的二元要素,也是通过"风土"且在"风土"之中得以成立,得以"互生互动",且不断地交往推演下去。① 换言之,如果站在存在论的视角,"风土"就是唯一的"实在",是绝对的"媒介",所谓二元对立架构下的自然与文化、环境与个人、社会与自我这样的范畴,就是以"风土"为媒介而得以分化产生的。因此,和辻哲郎对"风土"这一仿佛尤为普遍的概念赋予了最为深邃的哲学内含,并将之与人的存在的根本结构关联在一起,从而为树立独特的日本文化论奠定了理论基础。

二 作为日本文化的"风土"

基于"风土"这一根本概念,和辻哲郎展开了以世界为对象的类型划分。首先,和辻哲郎将世界的"风土"划分为三大类型:第一大类型是"季风型",以中国、日本、南洋、印度为代表;第二大类型是"沙漠型",以阿拉伯、非洲、蒙古为代表;第三大类型是"牧场型",以希腊、意大利、德国为代表。在这一过程中,日本成为和辻哲郎突出讨论的对象。依照和辻的阐述,日本文明一方面成为亚洲"风土"的典型;一方面也是世界文明,即东西方融合的缩影。

借助"风土"这一概念,和辻哲郎首先描述了自然风土所带来的"心理负荷"。"晴天的爽朗、梅雨的阴郁、新绿的朝气蓬勃、春雨时的恬静、夏日晨曦的清新、暴风雨天的震悚——举尽俳谐中的所有季语,恐怕也表不尽这些心理负荷。"借助这一段描述,和辻哲郎突出了"风土的重荷"。② 事实上,这一表述契合了四季分明的日本,成为和辻哲郎构筑日本独特的"季风型"气候乃至独特的"季风型"性格的一段表述。不过,和辻哲郎的目的应该说不在于"风土"的描述本身,而在于"心理负荷",即将俳谐、季语、心理负荷串联在一起,从而表述了日本人"惊诧"的表情,日本人潜藏于自然风土之中的"诗

---

① 藤田正胜:《和辻哲郎〈风土〉论的可能性与问题性》,《日本哲学史研究》第1号,京都大学大学院文学研究科日本哲学史研究室编,2003年。
② 和辻哲郎:《风土》,第15—16页。

意"的生活。换言之,"风土"成为日本人的自然风土、性格表情、审美心理等诸多内涵的直接呈现。

不仅如此,面对这样的"风土",与其说日本人是在征服自然,倒不如说更多地体现出了他们是在把握与利用自然。这一点与西方截然不同。对此,和辻哲郎说道:"在东方,自然充满了暴力,使人们不敢期望对它的彻底征服,他们只考虑要利用自然暴君的另一面,即丰富的日光与潮气去生产丰富的作物,对他们而言,与其思索人工的手段,不如巧妙地把握并利用自然本身的力量。"①在此,自然与暴力结合在一起,面对狂暴肆虐的自然,面对难以驾驭的风土,东方人自然而然地产生了一种独特的心理,即如何巧妙地利用自然,否定人工力量。不过,这一点倒是与《庄子》所强调的排斥"机心"——语出《庄子·天地》:"有机械者必有机事,有机事者必有机心"——截然不同,与注重人的本性,否定投机之心的中国人固有的观念不同,日本人或许更关注如何在"暴力"的自然风土之中获得生存的权利与生存的机会。正如藤田正胜所指出的,和辻哲郎的基本立场并不是所谓的"环境决定论",而是强调要在风土之中进行自我确认的立场,也是自然与文化、环境与个人、社会与自我这样的结构性的二元要素在"风土"之中得以成立,得以"互生互动"并且不断地交往推演下去的立场。② 这也就是"生"的根本意义之所在。

再者,和辻哲郎强调的"风土",不止局限在日本文化的独特性方面,同时他也关注到了这一时期的时代语境,尤其是日本未来的使命问题。和辻哲郎指出:"在世界仿佛合为一体的今天,不同文化的刺激几乎正呈现压倒自然特殊性之势。但是自然的特殊性决不会消失不见,人们在无意识中依然受到它的制约,根植在它里面。"③人类仿佛拥有征服自然的权力,仿佛打败了自然,但是却在无意识的状态下为自然、风土所制约,人类的存在根植于"风土"之中。这或许也是和辻哲郎的风土论给予人类的最大的警告。同时,和辻哲郎还指出:"我们必须要学会领悟生于这片风土的宿命性意义,并去热爱它。负有这样或那样的宿命本身既不能代表着'优越'也不意味着'冠盖万国',但是我们毕竟能够通过对它的扬弃和活用,使这一不为他国国民所共有

---

① 和辻哲郎:《风土》,第179页。
② 藤田正胜,《和辻哲郎〈风土〉论的可能性与问题性》。
③ 和辻哲郎:《风土》,第182页。

的特性贡献于人类文化。"①在此,和辻哲郎提到日本的"国民性",提到日本的使命在于"贡献于人类文化"。② 不过,我们也不可否认和辻哲郎突出了日本特殊性,带有一种接近于"日本主义"的思维方式。

最后,针对日本人的性格,和辻哲郎给予了一段关键的表述,即"一是丰富流露的感情在变化中默然持续,而其持久过程中的每一变化的瞬间又含有突发性;二是这种活跃的情感在反抗中会沉溺于气馁,在突发的激昂之后又潜藏着一种骤起的谛观。这就是深层而又激情,好战而又恬淡。日本的国民性正如此"③。不言而喻,这样的国民性既来自日本具有寒带与热带的双重性风土,也来自"感受性"与"忍从性"的双重性人格。对此,和辻哲郎以樱花的开败来形容日本与日本人的"气质",④急速地华丽开放,迅疾地散落凋零,激昂的情感,平淡的心态。就这样,和辻哲郎"风土"的性格与日本的国民性结合在一起,以"樱花"为标志来描述日本人的性格,从而树立起了一种"双重性"的认识。

作为一个时代人物,和辻哲郎确实难以脱离这一时期的时代语境,更不可避免地会陷入这一时期的所谓"日本主义"的陷阱之中。对此日本哲学学者户坂润批判道:"日本主义发展为东洋主义,或者亚洲主义。不过,这并不仅仅只是一个亚洲主义,而是作为日本主义的展开的亚洲主义,也就是日本亚洲主义。"⑤换言之,和辻哲郎的"风土论"也仿佛陷入日本亚洲主义的陷阱之中,这一点也最为直接地体现在针对中国风土的论述之中。不过严格来说,和辻哲郎既不是这一时期流行的极为时髦的政治论式的"亚洲主义者",也不是一个文化论的亚洲主义的提倡者。但是,审视和辻哲郎风土考察的文化地域性特征,应该说也带有突出日本"中心"地位的内涵。

三 作为参照对象的中国"风土"

和辻哲郎的中国认识,事实上存在着一个渐变的过程。即便是《风土》

---

① 和辻哲郎:《风土》,第182页。
② 同上书,第182页。
③ 同上书,第120页。
④ 同上书,第118—119页。
⑤ 户坂润:《日本意识形态论》,东京:岩波书店,1977年,第148页。

一书,也在叙述中国的部分出现了改正。尤其是1949年版的《风土》,可谓是比较完整地提出了中国文化的研究。以这一版本为例,和辻哲郎的中国考察以长江、黄河为主要对象,并附加了当时被英国"租借"的香港,力图从整体上来把握中国的形象。

就中国的风土考察而言,针对南方文化的代表——长江,和辻哲郎指出,"泥海"之长江君临在整个流域的平原之上。但是,与唐代诗人杜甫的《旅夜书怀》之"星垂平野阔,月涌大江流"的广阔伟大不同,和辻认为它留下来的只是"单调和广漠,茫茫的泥海没有给我们以大海翻腾跃动的生命感";不仅如此,"也缺乏大江特有的漫然流动之感";概言之,"中国大陆的广袤给我们的感觉是缺少变化,广漠而单调"①。针对北方文化的代表——黄河,和辻哲郎指出:"我并不是认为只有长江能代表中国的风土。中国大陆的另一半是由黄河来表现的。"作为中华文明的摇篮,黄河区域尽管深受沙漠型的风土的影响,但是中国人的特征之中几乎看不到沙漠人所特有的绝对服从的态度。依照和辻哲郎援引小竹文夫的论断而加以阐述的内容,"(他们)不肯受任何其他的拘束。……表面上唯唯诺诺,露出一副唯命是从的样子,而内心里绝不会轻易认输。……这种决不低头的忍受与他们无动于衷的性格密切相关,只有无动于衷才能做得到这一步,而同时,在这种态度中又培养了无动于衷的性格"②。

和辻哲郎针对中国"风土"的考察与认识,绝不是纯粹理论性的空穴来风,而是依存于其自身的中国体验。1927年,和辻哲郎途经香港、上海,第一次体验到中国。尽管香港被大英帝国所侵占,但是生活在这一"异域"的中国人却依旧保持着一种重视血缘关系和乡土关系的观念,过着一种彻底的无政府主义的生活。无论是对待艰难的生活还是面对战争的危险,他们总是"泰然处之",从而令其感慨:"世界上还有哪个国家能够找到这样的人民呢?"③不仅如此,和辻哲郎还讲述自身经历的上海事变。这一时期的上海正处在风雨飘摇之中,面对来自南方北伐革命军的强大攻势,与北洋军阀大搞白色恐怖因而外国人为此恐惧不安的心态截然不同,毫无退路的中国人面色

---

① 和辻哲郎:《风土》,第107页。
② 同上书,第108—109页。
③ 同上书,第109页。

茫然、从容不迫,几乎是"无动于衷"。① 在和辻的眼中,这绝对"不是临危不动的那种镇定,而是因为他们本来就不动摇"②。不言而喻,这样的人民就是执着于自己生活的"无动于衷"的人。即便是经历了革命的洗礼,即便是被外国所侵占,中国人的"无动于衷"的性格犹如永恒的烙印一般,无论何地无论何时都不会改变。

依照和辻哲郎的阐述,中国文明是"季风型"文明的代表之一,中国的地理特征在于"单调与空漠",中国的文明特征是"接受与忍从"。这一文明性格所体现出来的,或许可以概述为意志的持续,感情的放纵,固守传统,历史意识的发达。中国人的性格,一言蔽之,即"无动于衷",也就是对于一切皆无动于衷,听之任之,毫无激情可言。③ 不过在此,我们也必须提示一点,即和辻哲郎的中国风土考察,并没有局限在自然环境是如何影响中国人的性格这一方面的描述,也涉及中国历史传承下来的人文艺术。

依照和辻哲郎的阐述,中国艺术气势宏大而内容空疏、统领大局而不重细微。汉代、唐代、宋代的文物之中,也不乏纤细入微之作——日本艺术理念深受这一纤细之影响,但是到了明清至近代的中国已经"荡然无存"。不仅如此,这样的文化性格也体现在典籍编撰、国家治理等一系列方面,从而养成了崇尚宏大气魄而流于空虚,追求外观之完善而不注重局部之精华,探求形式之体面而忽视内心之感动的文化性格。因此,和辻强调,"无动于衷""感情平淡"正是贯穿中国文化的一大特征。④ 就此而言,和辻哲郎的中国风土考察,涉及地理、性格、文化的三重结构,即地理的单调而广漠的"空",性格的"无动于衷"或者"无感动性",文化的"无动于衷"或者"感情平淡"。在此,三者被置于一个同一性的诠释空间之内,构成了统一性的"中国形象"。

和辻哲郎之所以考察中国的风土,恰如其中国部分的原标题——"中国人的特性"所示,是为了探讨中国人的"国民性"问题。不过究其目的,与其说是为了考察中国,倒不如说是借助中国来阐明与确认日本人的国民性。正如其所叙述:"认清自己,就是超越自己摸索一条前进的道路。理解与己不同

---

① 和辻哲郎:《风土》,第108页。
② 同上书,第112页。
③ 同上书,第108页。
④ 同上书,第113—115页。

之处,取人之长补己之短就会开拓新的路子。"① 因此,和辻哲郎一方面强调日本崇尚的中国文化实际上与日本后来形成的文化截然不同,日本需要正确地理解与把握自己;另一方面希望中国人借助这样的考察,可以"重新认识现代中国已失去的、过去的辉煌灿烂的文化的伟大力量,而且可以从中探出一条路子,打开现在停滞不前的状况"。也就是寻找到"中国文化的复兴"的道路。② 就此而言,和辻哲郎的中国认识可谓是处在"辉煌的传统,停滞的现实"这样一个认识视角,带有借助中国来阐明日本,借助日本来引导中国的日本中心主义的潜在内涵。

四 作为文明批判的"风土"

和辻哲郎的《风土》一书的构想,最为直接地来自 1928 年和辻于欧洲归来途中的"风土"体验。正如该书的《序言》所示,和辻哲郎的创作目的是阐明风土性,将之"作为主体性的人的存在的一种表现"③来加以把握。之所以把握为人的存在的一种表现,是为了反驳所谓的"自然环境"决定论的立场。依照和辻哲郎的阐述,"自然环境是以人的风土性为具体基础,并由此蜕化出的客体。在考虑它和人的生活关系时,生活本身也成为一种客体。这样就成了客体与客体的关系,而并非从主体性的人的角度来看问题"④。因此,和辻哲郎的风土的立场,是为了阐述主体性的人如何存在的问题,而不是被对象化了的、作为客体的人。这样一来,风土就不再是人的外部的存在,而是成为主体性的人的存在的"表现"。而且,否定所谓"被对象化了的存在"的作为客体的人,尝试树立起人的存在的主体性,也就不再是欧洲近代哲学以来的所谓"二元对立"的立场,而是"主客合一"的立场。这样的"主体性的人的存在"的问题也不再是纯粹的"风土"的问题,而是牵涉人的历史、伦理、宗教、艺术,乃至国家、民族等一系列的整体性问题。

事实上,和辻哲郎在 1935 年出版该书之际,就阐述了自身的"对抗"意

---

① 和辻哲郎:《风土》,第 115 页。
② 同上书,第 116 页。
③ 同上书,序言第 1 页。
④ 同上书,序言第 1 页。

识。依照和辻哲郎的自我表述,就在1927年初夏,和辻在柏林阅读海德格尔的《存在与时间》一书,从而对海德格尔站在时间性的视角来把握人的存在结构这一尝试深受"启发"。① 但是,和辻哲郎对此也直接地表示出一大疑问,即海德格尔运用时间性来把握作为主体性的人的存在结构时,为什么会忽略同时作为"根源性的存在结构"的空间性。不过,和辻哲郎也指出,海德格尔也论述了空间性的存在,还关注到人的存在的具体空间,这一点可以追溯到德国浪漫主义的"活现的自然"的思想复苏。但是,海德格尔突出了"时间性",故而"空间性"的问题在这样的烈光照射下,几乎可以说是失去本色,暗淡无光。正因如此,和辻哲郎认识到海德格尔的哲学研究的"局限性",②也就是其问题之所在。

海德格尔的问题,不只是忽略了空间性,同时也在于未能正确地把握时间性与空间性的"关系"。依照和辻哲郎的表述,"不与空间相结合的时间并非真正的时间"。空间性与时间性应该是一种"相即不离"③的关系,必须对此加以正确地把握。不过,海德格尔将人的存在只理解为"时间性的存在",不过是把握到人的存在的抽象性一面而已,或者说只是把握到人的存在的个人性与社会性这样的二重结构下的"个人性"而已。这样一来,即便是海德格尔突出了Dasein(此在),即存在本身,力图表现人的存在"历史性",也不过是"个人"而已,难以把握到人的存在的真相之所在。

承前所述,批判海德格尔《存在与时间》的存在论,成为和辻哲郎构筑自身"风土"理论的一个基础。和辻哲郎在阅读之际,不断地浮现出旅欧途中的风土体验,且对此又再三咀嚼与反复关注。依照和辻的表述,正是"时间性、历史性"的问题令自身觉悟到"风土"的问题。正是海德格尔突出的时间性、历史性的问题,成为和辻哲郎构筑"风土"理论的一大"媒介"。对此,和辻哲郎将这一立场表述为"风土和历史的相即不离的关系"④。

如果说海德格尔的《存在与时间》一书刺激了和辻哲郎针对"风土"的自觉的话,那么由此而采取批判的态度,尝试构筑起独特的风土论,也就成为和辻哲郎作为文化哲学者的任务之一。不过,正如研究者朱坤容指出的,人的

---

① 和辻哲郎:《风土》(序言),第1页。
② 同上书,第1—2页。
③ 同上书,第2页。
④ 同上书,第2页。

社会性更从根本上引发了和辻哲郎的思索,社会性重于历史性成为和辻哲郎秉持的一大立场,这一点也最为突出地体现在《风土》之中。不仅如此,和辻还秉持"主客合一"的、空间性的立场,由此来把握人的存在本身。正如他自身所谓的,人的存在的空间性,"不同于自然世界的空间,即不是直观的方式,而是多元主体的关联方式,……一言蔽之,就是主体性的人的'间柄'"①。就这样,和辻哲郎树立了人的存在的个体性与社会性的"关联方式"——"间柄"(关系),并将之落实到最小的男女关系中,而后是家庭性的存在,进而延展到共同体的存在,由此而构筑起以这一概念为核心的作为人间学的伦理学。

不过在此,我们也尝试阐明一点,就是和辻哲郎在《风土》之中,与其说将"空间性"的根源归结到日本,倒不如说还是在依循西方学术的传统,也就是延续了西方学者对赫尔德(J. G. Herder,1744—1803)与黑格尔的评价传统。和辻哲郎认为,赫尔德的风土学没有将"风土"作为自然科学的认识对象,而是作为"外部的记号"(Zeichen)来加以把握,由此而创立了关乎"人的全部思维能力和感受能力的风土学"。② 黑格尔针对世界的认识尽管是以"历史"为出发点,但是在《历史哲学》绪论中提到的"世界史的地理根基",突出了"自然作为人类一切自我解放运动的最初立足点"③的辅助性作用,确立了"精神风土学"的杰出范式。但是,对于黑格尔"把欧洲人视作'选民'的世界史,视欧洲以外的各国人民为奴隶"④的逻辑操作,和辻哲郎却表示难以认同。换言之,和辻哲郎考察了西方的风土学,在接续这一思想脉络的同时,也通过与海德格尔之间的对抗,通过反驳黑格尔的"选民"意识,从而尝试树立起自身的风土学理论与世界考察。

五 作为风土论的"延展"的国民道德论与伦理学

通过出版《风土》这一著作,和辻哲郎以委婉凝练的文采、简洁直观的研究视角、独特新奇的基本结论而得到学术界的关注,广为读者欢迎,也奠定了

---

① 和辻哲郎:《和辻哲郎全集》第10卷,东京:岩波书店,1963—1965年,第164页。
② 和辻哲郎:《风土》,第187页。
③ 同上书,第207页。
④ 同上书,第209页。

和辻作为文化哲学者的社会地位。也就在这一时期,和辻哲郎撰写了《作为人间学的伦理学》,亦就日本精神史、日本国民道德论举行了多次演讲。不过,应该说与这一时期的大多数文化学者不同,和辻哲郎的演讲活动绝不是为了展开"面向大众的知识普及的文化活动"①。就此而言,应该说和辻哲郎一方面难以抵抗这一时期的意识形态的影响,不得不参与到演讲活动之中;另一方面,和辻在这一过程中也基本上坚持着学术研究的独特性,更是基于自身的文化体验,尤其是对于日本古代寺庙雕刻艺术的直接感受,从而展开了文化宣扬的活动。

在东京帝国大学的求学时期,和辻哲郎曾受到艺术学者冈仓天心的课堂"煽动",故而对佛教艺术产生了兴趣,他提到:"祖先在偶像崇拜中体味到一种兼具美和宗教式的大欢喜。"和辻认识到,作为文化的宝藏,寺院"并不只有修行和锻炼的生活,不如说一切学问、美术、教养等成了主要的内容,寺院宛如大学、剧院、美术学校、美术馆、音乐学校、音乐厅、图书馆和清修地等场所的融合体,蕴藏着所有门类的精神滋养"②。正是抱着这样一种艺术性的感受,和辻哲郎将自身的奈良之行的印象记汇编为《古寺巡礼》,并将之加以出版。这不仅是一部佛教艺术的礼赞,同时也是日本文化的诠释之作,引导着和辻哲郎之后的佛教思想研究与日本文化研究。

如果说佛教文化是和辻哲郎进入日本文化研究的一个直接动机的话,那么以民族文化研究为契机,进一步深入日本的国民道德的研究、尊皇思想传统的研究,则是这一时代给予和辻哲郎的一大"必然",同时也是一大"陷阱"。1934年,和辻哲郎撰写了《日本精神》一文,指出"日本精神"这一概念自"九·一八事变"之后开始蔓延起来,业已不再是德川时代的国学者所谓的"大和心",或者明治中期大力宣扬的"大和魂",而成了日本的"文化创造的主体"。不过,和辻认为,只有自日本文化入手,才能把握到"通向日本精神之路"。这一时期的大多数学者,自觉或者不自觉地屈服在日本的战争体制之下,屈服在"全体主义"(法西斯主义)之下。因此,他们进行的所谓"日本精神"的宣扬,也带有将之不断扩大,推入日本的侵略之中的潜在意图。但是,和辻哲郎在此尽管沿用了时代流行之语,但是却始终不曾改变自身的初

---

① 转引自朱坤容:《风土与道德之间——和辻哲郎思想研究》,北京:东方出版社,2018年,第60页。
② 和辻哲郎:《和辻哲郎全集》第17卷,第282页。

衷，也就是探究"风土"，以"风土"来构筑起真正的日本文化。①

不过，和辻哲郎的这一立场到了《普遍的道德与国民的道德》（撰写于1931年，出版于1937年），尤其是《文化创造者的立场》（1937）之中，则是极为明确地将日本把握为具有世界意义的特殊国家。一方面，正如和辻哲郎在《风土》中所点破的："所谓东洋，就是'原始活力'所在的地方，依旧处于'半野蛮'状态。"②故而针对西方人视野中的"东洋"认识采取了抵抗的态度；另一方面，则是认识到日本作为"大东亚的权威领导者"的未来。历史上，19世纪末的日本人通过急速地追赶"近代欧洲文明"，从而成为"不亚于欧洲一流文明的国家"。因此，和辻哲郎认为，日本需要觉悟到自身"悲壮的命运"，在一个世界史的运动中"保持和再生传统，同时在世界文明中复苏高贵的传统"③，完成世界史赋予日本的特殊使命。这样，和辻哲郎尽管始终努力地坚持着自身的"风土论"的文化立场，但是也不得不陷入所谓的"世界史的创造"这一大日本帝国制造出来的既宏大又深邃的"陷阱"或者"黑洞"之中。

最后，我们还是要回归到和辻哲郎的伦理学。如果说《风土》以主体性的人的存在为主题，尝试站在"人间学"的立场来加以考察的话，那么在经历了战争时期的所谓"世界史的创造"这样的"陷阱"之后，战后的和辻哲郎所思索的问题，就重新回到最初的出发点，也就是"伦理学"的问题。和辻哲郎针对日本"风土"的考察，在转向"间柄"，转向"共同体"的过程之中，立刻关注到日本尤为独特的"家结构"。在此，和辻哲郎才真正地脱离了西方式的以独立个体为出发点的伦理学图式，而是认为"家"这一独特的空间性存在才真正地赋予了内部的每一个独立个体以真正的身份，以真正的伦理关系，"家"才是"人的自觉下的全体性的道"的存在，"家"区分了自我的私人世界与都市的公共世界，体现出一种日本独有的"间柄"（关系），亦表现了日本国民的特殊性，也就是日本独特的国民性。④ 这一"家结构"在西方消失了，只剩下个

---

① 转引自朱坤容：《风土与道德之间——和辻哲郎思想研究》，第123—124页。
② 和辻哲郎：《风土》，第154页。
③ 和辻哲郎：《和辻哲郎全集》第17卷，第442—444页。
④ 和辻哲郎针对"家"的问题的研究，最初也体现在《风土》之中，即将之把握为"人际关系的家庭结构"，将国家视为"家之家"，由此来论述"忠·孝"观念的"一致性"。参阅和辻哲郎：《风土》，第127—129页。

人和社会,但是在日本却一直保持着这样的存在方式,这也是日本的"奇特之处"。① 换言之,和辻哲郎的风土考察经历了自风土到国民道德,再到"人间学的伦理学"的考察,最终也归结到日本人的存在结构的探究,同时也是"国民性"的探究之中。

六 结论

审视和辻哲郎的日本文化论,首先需要探究一下和辻哲郎探究日本文化的"缘起",其中一个就是与西田几多郎之间的对话。区别于西田几多郎的"论理学"(日文为"論理",在此沿用)研究,和辻哲郎选择了以伦理学作为研究主题,且一直持续下来;另一个就是借助"风土"的研究,在构建起与西方哲学相对抗的宏大叙事的同时,也阐述了日本精神之所在,树立起作为"人间学的伦理学"。不过,审视和辻哲郎的整个思想,应该说存在着一个基本的缘起,也是一种带有批判意识的缘起,这就是和辻独特的"风土论"。通过树立独特的"风土"概念,进一步加以演绎,从而构筑起了独特的日本文化论。

但是,在此我们也必须指出一点,和辻哲郎的"风土"论的学术根源依旧来自西方,和辻遵循"接着讲"的方式,梳理了西方的赫尔德、黑格尔的风土论的根源。不仅如此,和辻的"风土论"也尝试着兼顾日本独特的自然与历史、日本人的人情世界与存在方式,故而也成为和辻构筑自身文化哲学的基础。在这一过程中,或许我们可以联想到明治时期志贺重昂、德富苏峰所倡导的日本风景论,进而到了昭和时期和辻哲郎大力提倡的风土论,乃至战后川端康成(1899—1972)所提到的"美丽的日本"一说。而且,如何重新构筑风土,如何突出村落意识,仿佛也成为战后日本的文化课题之一。

最后,作为日本比较文化研究的集大成者,究竟应该如何来对和辻哲郎加以评价。应该说和辻哲郎将日本推向了整个世界,真正地构筑起作为世界的日本。回归本文序言所论,如今之所以将和辻哲郎评价为一名"现代思想家",就在于和辻哲郎既接续了西方的思想,同时也保持了一种与之对抗的批判意识。如果没有这样的批判意识,也就不可能存在和辻哲郎,更不可能成

---

① 和辻哲郎:《风土》,第 140 页。

就和辻哲郎的文化哲学。之所以将和辻哲郎称之为"杰出代表",是由于和辻哲郎处在一个普遍性的学问立场与狭隘的日本主义立场相对抗的时代,也面对着在这样的历史语境下如何把握自我的根本问题,但是他却不是屈服于战争体制,更没有采取附庸的态度,而是始终坚持以"风土"的立场确立自我,认识日本,把握世界,尽管也不可避免地陷入"日本主义"或者"日本精神"的陷阱之中,但是却依旧保持着一种学术研究的基本立场,始终在内部与外部的张力结构下保持着一种"文人"的气质。

On Kazuji Tetsuro's Critical Consciousness
——Based on "terroir"
Wu Guanghui

Abstract: The "origin" of Tetsuro Kazujiro's research on Japanese culture lies in the book "Terroir" edited and published in 1935. On the one hand, the book contains the profound connotation of criticizing the modernity of the West and reconstructing the cultural climate of Japan; on the other hand, it contains the establishment of new philosophical concepts to expand the unique meaning of ethical research as a "human science". This critically conscious attempt by Tetsuro Kazuji, whether it is philosophical criticism or ethical innovation, has extremely important ideological historical significance for us to think about the roots of national culture and explore the essence of world culture.

Keywords: Watsuji-Tetsuro, Terroir (FUDO), Ethics

鸠摩罗什译本《金刚经》对佛典术语的创造性翻译:以"相""想"为中心*

[意]左冠明 著 李铭佳 译**

提 要:由鸠摩罗什翻译于公元 5 世纪初的《金刚般若波罗蜜经》(T8,no.235),是六本汉译《金刚经》中成书最早、影响最大的。作为译本它无疑是出类拔萃的,《金刚经》为数众多的中文注释书几乎都是基于它,这些注释书又构成了探索《金刚经》中国接受史的丰富资料。本文聚焦术语"相"在鸠译本及相关注释书中的用法,展示了鸠摩罗什创造性的翻译技巧,以及其如何深远地影响了中国人对这一大乘经的理解。

关键词:金刚般若波罗蜜经 鸠摩罗什 翻译术语 相 想

---

* 本文原题 Mind The Hermeneutical Gap: A Terminological Issue in Kumārajīva's Version of The Diamond Sutra,载《"汉传佛教研究的过去现在未来"会议录论文集》,宜兰:佛光大学佛教研究中心,2015 年 4 月,第 157—194 页。2013 年在该会议上首次发表时题为 Translation as creation: A terminological issue in Kumārajīva's version of the Vajracchedikā Prajñāpāramitā(以译代作:鸠摩罗什译本《金刚经》中的术语问题)。本文是我的意大利语学士学位论文中一章的英文修订版,参见拙作 Stefano Zacchetti, Le traduzioni cinesi del Sutra del Diamante (Vajracchedikā-Prajñāpāramitā-sūtra). Uno studio comparativo con una traduzione della versione di Kumārajīva, Unpublished BA thesis, academic year 1992-1993, Venice: Ca' Foscari University Venice, 1993, pp. 356-380。最近读到一篇处理相同问题,且详细而重要的分析,见[日]松本史朗:《禅思想の批判的研究》,大藏出版,1994 年,第 7—85 页。尽管在许多方面都有所不同,但我对鸠译《金刚经》的独立研究,与松本教授的讨论在某些方面接近。感谢我的朋友方广锠、纪赟、菅野博史、白安敦(Antonello Palumbo)、夏复(Robert Sharf)、司空竺(Jonathan Silk)、苏锦坤和阿尔贝托·托德施尼(Alberto Todeschini)在我工作的各个阶段给予意见、帮助和建议。感谢何离巽(Paul Harrison),他的研究使我重燃对《金刚经》的兴趣。还要感谢两位匿名审稿人的宝贵意见,本文余下的任何错误都归咎我自己。最后,谨以此文纪念我的老师蒂尔曼·维德教授(Tilmann Vetter),20 年前我在莱顿大学逗留期间曾有幸与他讨论本文所涉及的问题。

** 著者左冠明(Stefano Zacchetti,1968-2020),牛津大学东方学研究系教授;译者李铭佳,厦门大学哲学系佛教哲学方向博士生。

一 引言

佛教典籍的中文译本,总体上不如相应的藏文译本那么忠实于原文,这在当今学界已成为一种司空见惯的说法。① 佛典翻译领域还普遍达成了另一个共识,即汉译本这种灵活的翻译方法在鸠摩罗什译本中尤为典型。作为现代研究中国佛教的领军学者,保罗·戴密微(Paul Demiéville)总结:"鸠摩罗什本质上是希望为其思想争取受众,但人们尚未做好理解的准备,所以重点在于让中国的所有知识阶层都能理解他。为此,他的译文应使受众易于接受和使用。"②

在本文中,我将尝试更细致地描述鸠摩罗什在翻译方面,尤其是在翻译术语(译词选用)方面的"创造力"。同时我还有一个更雄心勃勃的目标:用比通常的中国佛教研究更为精确的方式,解决一个翻译相关问题——如何评估翻译对中文语境下理解特定经文所产生的影响。我的处理方法是分离出特定的术语问题,进而对具体译文及其对应的中国本土注释中出现的该术语进行分析。

以下我将进一步缩小我的分析范围,聚焦于出现在《金刚般若波罗蜜经》(Vajracchedikā Prajñāpāramitā,以下简称《金刚经》)的鸠摩罗什译本——最早的《金刚经》汉译本(以下简称鸠译本)中的一个术语问题。从词汇的角度来看,对"相"的使用是鸠译本最有趣的点之一。我将论证该术语不仅可帮助了解鸠摩罗什译场的"术语机制",而且对中国的《金刚经》接受史发挥了至关重要的作用。

本论对象之于此类研究是几乎完美的文献材料。首先,它的有限篇幅使我们可以将该文本视为一个独立的术语系统。其次,《金刚经》本身有丰富而多样的梵本传统为证,对于正确评估鸠摩罗什的翻译策略来说非常重要。早期依据有保存在由何离巽和渡边章悟整理的斯奎因藏品(Schøyen Collection)中的手稿(以下简称斯奎因本),以及格雷格里·施彭(Gregory Schopen,或译为绍本、邵鹏/朋、叔本

---

① 例 Paul Demiéville, Le bouddhisme – Les sources chinoises, in *L' Inde classique – Manuel des études indiennes*, ed. Louis Renou and Jean Filliozat, Paris: École française d'Extrême-Oriênt, 1953 (repr. 2000), p. 410, §2068。

② Paul Demiéville, Review of É. Lamotte, *Le Traité de la Grande Vertu de Sagesse de Nāgārjuna Tome II*(评拉莫特译《大智度论(第二卷)》), Louvain, 1949, *Journal Asiatique*, vol. 238 (1950), p. 387.

等)编辑的吉尔吉特出土本(以下简称吉尔吉特本),两者对鸠译本的研究都特别重要。此外我们还有一个较晚的由孔泽(Edward Conze,或译为孔睿、孔兹等)编辑的校订本(以下简称孔泽本,此本存在一些问题),它见证了该文本的后续历史发展。这些梵文材料为本文前半部分对鸠译所作的分析提供了宝贵财富;而基于鸠译《金刚经》的中文解经典籍又无比丰富,它们提供了对该译本的中国式理解,这将成为我论文后半部分(第三、四节)的主要证据主体。

需要保持警觉的一点是,在我的整个分析过程中均称鸠摩罗什为一个"译者",仿佛我赋予了他个人的文责一样,但这仅是权宜之计。我们必须谨记大多数(若非全部)汉译佛典都是团队合作的结果,通常不可能将某部翻译成果中的某一特征,归因于团队中某一个人。实际上,在有关中国佛教翻译的任何论述中,"个人译者"都是一种功能性的构拟,更多被视为某种形式的prajñapti(假名)———一种实用但没有固定实体的范畴。

二 鸠译《金刚经》中"相"的使用

在佛教文学中,"相"这个字最常见的含义有"形状""外观""特征""特点""标记""外貌"等。鸠译中"相"的用法可归为以下四种:

(1)用以翻译梵语词 lakṣaṇa(在《金刚经》的第五、二十、二十六和二十七品)。在《金刚经》中,lakṣaṇa 总是用于(指向)佛身的 32 种特征或标志("三十二相")。就这个特别的意义而言,"相"通用于《金刚经》的全部六个汉译本且毋庸置疑。①

(2)成体系地对应于梵语词 saṃjñā。saṃjñā 在《金刚经》中以一种四"概念"②组合的形式频繁出现(四者分别是 ātmasaṃjñā, sattvasaṃjñā,

---

① "相"首次作为 lakṣaṇa 的译词是在安世高的翻译中,至今仍是这一重要术语的标准中文翻译。参见拙作 Stefano Zacchetti, Inventing a New Idiom: Some Aspects of the Language of the Yin chi ru jing 阴持入经 T 603 Translated by An Shigao, *Annual Report of The International Research Institute for Advanced Buddhology at Soka University*, vol. 10 (2007), pp. 395–416。

② 何离巽据语境译为四种"ideas"(概念、观念),可见于 Paul Harrison, *Vajracchedikā Prajñāpāramitā: A New English Translation of the Sanskrit Text Based on Two Sanskrit Manuscripts from Greater Gandhāra*(新英译本《金刚经》:基于两部犍陀罗出梵文本), *Manuscripts in the Schøyen Collection – Buddhist Manuscripts*, vol. 3, ed. Jens Braarvig, Oslo: Hermes Publishing, 2006, p. 143. 孔泽则将 saṃjñā 译为"perception"(知觉、感知),参见他的随经注释,孔泽本第 112—113 页。

jīvasaṃjñā，pudgalasaṃjñā，该组合中的"-saṃjñā"在鸠译和菩提流支译本①外的其余《金刚经》汉译本中，一般被译为"想"）。这组概念在鸠译本中译为"我相""人相""众生相""寿者相"，但辨别及确定各种情况下梵汉说法的对应关系则相当复杂。②

（3）用于"一合相"这一表达中。"一合相"对应梵语复合词 piṇḍagraha（《金刚经》第三十品）③，但这种对应并非毫无疑义。

（4）最后，在鸠译本的少数段落中，"相"没有直接对应的梵文，可能是译者所加。④

---

① 菩提流支译本《金刚经》（T8，no. 236，以下简称"支译"）广泛借鉴了鸠译本，此处也同样使用"相"，包括将 piṇḍagraha 译为"一合相"等。在翻译 saṃjñā 时，支译唯一一处异于鸠译而同于其他本的译文出现在第四品，对应梵文词是 nimittasaṃjña（参孔泽本第 29 页、13 页；斯奎因本第 114 页）。此处仅鸠译为"相"，其余诸本皆译为"相想"（见 T8, no. 236a, p. 753, a11；T8, no. 237, p. 762, b12；T8. no. 238, p. 767, a21；T7, no. 220, p. 980, b17；T8, no. 239, p. 772, a23 等）。

② 参见拙著 Stefano Zacchetti, *In Praise of the Light: A Critical Synoptic Edition with an Annotated Translation of Chapters 1–3 of Dharmarakṣa's* Guang zan jing 光赞经, *Being the Earliest Chinese Translation of the Larger Prajñāpāramitā*, Tokyo: The International Research Institute for Advanced Buddhology-Soka University, 2005, pp. 327–328, nn. 5–8。值得注意的是，玄奘译本中（*T7, no. 220, p. 980, c18–21*）该词组包含九项，这一九项词组在梵本《摩诃般若波罗蜜经》（以下简称《大般若经》）中有大量类似表述，参见同论文第 207 页 § 3.2，及第 327—329 页。

③ 见吉尔吉特本第 107 页（参考孔泽本第 60 页：5–8）: saced bhagavan dhāur abhaviṣyat sa eva bhagavan piṇḍagrāho 'bhaviṣyad yaś caiva tathāgatena piṇḍagrāho bhāṣitaḥ agrāhaḥ sa tathāgatena bhāṣitas tenocyate piṇḍagrāha iti。英译见何离巽：《新英译本〈金刚经〉》，第 158 页。鸠译本中完整译文为"若世界实有者，则是一合相。如来说一合相，则非一合相，是名一合相。"（T8, no. 235, p. 752, b12–13）

④ 鸠译本这种加词译法的首例出现在第二十七品中："须菩提！若作是念：'发阿耨多罗三藐三菩提（心）者，说诸法断灭（相）。'莫作是念！何以故？发阿耨多罗三藐三菩提心者，于法不说断灭相。（T8, no. 235, p. 752, a22–25）；支译中亦有此句（T8, no. 236a, p. 756, b28–c1）。对应梵文部分如下：*yat khalu punaḥ subhūte syād evaṃbodhisatvayānasaṃprasthitaiḥ kasyacid dharmasya vināśaḥ prajñapta ucchedovā na khalu punaḥ subhūte evaṃ draṣṭavyam | na bodhisatvayānasaṃprasthitaiḥkasyacid dharmasya vināśaḥ prajñapto nocchedaḥ*（吉尔吉特本第 106 页，参考孔泽本第 57—58 页）。鸠译本中添加的"相"可能是为了与前面有 lakṣaṇas（lakṣaṇasaṃpad）的段落建立明确联系（参见吉尔吉特本第 105—106 页；孔泽本第 57 页）。但我认为"断灭相"这一复合译词，更像仿照 lakṣaṇa 作为复合词词尾时表"其特征是……，具有……的特征等"的用法，即使本例中"相"可能并没有直接对应的梵文词。这是一种自佛典汉译初期以来就很常见的用法，参见拙作 Zacchetti, *Inventing a New Idiom*, p. 400, n. 18。如果这样分析，那像"于法不说断灭相"这句话则可直译为"对于法，（菩萨们）不说它们以涅灭为特征"。"相"没有对应梵文的第二个例子出现在经文结尾的第三十二品，鸠译本有"不取于相，如如不动"（T8, no. 235, p. 752, b27）一句，在（转下页）

这四种用法中,第二种是最具争议但也最有趣的,作为佛教文学中的一个复杂术语 saṃjñā 的翻译语,它还有一个特别出名的叫法是"想蕴"(即第三蕴, the third *skandha*)[①]。

从后汉翻译开始, saṃjñā 已被普遍译成中文"想"或其他近似形式[②],包括鸠摩罗什自己在其他译本中也采用这样的标准译法[③],即使在上下文近似于《金刚经》的情况下。[④]

(接上页)梵文本中并无平行段落(有趣的是真谛译本此处有"如如不动,恒有正说"一句与之部分重合,见 T8, no. 237, p. 766, b23)。鸠译此句的前四个字"不取于相"明显是呼应前面"若心取相……"一段(T8, no. 235, p. 749, b6-7),这对我们的分析至关重要,下面将进行详细讨论。

[①] 关于 saṃjñā 的涵义见 Tilmann Vetter, *The 'Khandha Passages' in the Vinayapiṭaka and in the Four Main Nikāyas*, Wien: Verlag der Österreichischen Akademie der Wissenschaften, 2000, pp. 24-27; Peter Skilling, *Mahāsūtras: Great Discourses of the Buddha*, vol. 2, parts 1-2, Oxford: The Pali Text Society, 1997, pp. 477-480, n. 31. 贡布里希给"第三蕴"下的定义为:"统觉(我们为所感受的对象施设名言的知觉认识)",见 Richard Gombrich, *What the Buddha Thought*, London and Oakville: Equinox Publishing Ltd, 2009, p. 114。

[②] 在安世高译本《阴持入经》中 saṃjñā 被同时译作"想"(如 T15, no. 603, p. 173, b7)和"思想"(如 T15, no. 603, p. 173, b13 等)。后者也是支娄迦谶译本《道行经》中 saṃjñā [= third *skandha*]的一般翻译,见 T8, no. 224, p. 426, a19-20 等多处。

[③] 在浩如烟海的鸠译作品中全面讨论"想"的使用,将超出本文的讨论范围。只需观察"想"在鸠译本《大般若经》(T8, no. 223)中作为 saṃjñā 译语的数种情况就够了:如作为五蕴(skandhas)之一的情况(T8, no. 223 p. 221, b29 等);表示十种"观想"的情况(T8, no. 223, p. 219, a11-13),将 naivasaṃjñānāsaṃjñāyatana 翻译成"非有想非无想处"的情况等(T8, no. 223, p. 220, a16;梵文平行部分见拙作 Zacchetti, *In Praise of the Light*, p. 186 § 1.152)。"想"在鸠译中一个特别重要的用法是借助诸如"忆想""分别忆想""忆想分别"这样的表达来指示错误的分别观念(vikalpa)。例如拙作(Zacchetti, *Inventing a New Idiom*, p. 206, n. 45)所言及的(T8, no. 223, p. 221, c8)。详细讨论见任继愈编:《中国佛教史》第二卷,北京:中国社会科学出版社,1985 年,第 370, 375—376 页。

[④] 如鸠译本《维摩诘所说经》中的"即除我想及众生想,当起法想。"(T14, no. 475, no. 475, p. 545, a2-3)对应梵本段落:*tenātmasaṃjñāṃ viṣṭhāpya dharmasaṃjñotpādayitavyā* (*Vimalakīrtinirdeśa* ch. 4.11, p. 49 f. 29b 3-4),值得注意的是其中并未发现鸠译中的"众生想"(*sattvasaṃjñā*)。另一个例子是鸠译本《大般若经》中的"菩萨摩诃萨以是智慧,不作佛想,不作菩萨想,不作声闻、辟支佛想,不作我想,不作佛国想"(T8, no. 223, p. 227, a 29-b3),对应梵本《二万五千颂般若》(*Pañcaviṃśatisāhasrikā*)中的段落: *yena jñānena samanvāgatānāṃ bodhisattvānāṃ mahāsattvānāṃ na buddhasaṃjñā bhavati na bodhisaṃjñā bhavati na śāvakasaṃjñā bhavati na pratyekabuddhasaṃjñā bhavati nātmasaṃjñā bhavati na parasaṃjñā bhavati na buddhakṣetrasaṃjñā bhavati* (*Pañcaviṃśatisāhasrikā* pp. 76, 9-11)。但在同本的其他相似段落中,鸠摩罗什又将 saṃjñā 译为"相"了。如"菩萨摩诃萨行般若波罗蜜时,不生我相、众生相乃至知者、见者相"(T8, no. 223, p. 225, a4-6)中, saṃjñā 的用法就非常接近《金刚经》。梵本《十万颂般若》(*Śatasāhasrikā*)中对应段落如下: *tat kasya hetos tathā hi bodhisattvasya mahāsattvasya* (转下页)

鸠译《金刚经》中这种特殊的译词选择所带来的主要问题之一是，用于翻译 saṃjñā 的"相"通常对应中国佛教译本中的另外两个梵语术语——上文指出的 lakṣaṇa 和 nimitta。这两个术语由于都被译为"相"，因此在中文文本里无法立即被区分出来。在佛教梵语中，虽然 lakṣaṇa 和 nimitta 语义①有部分重叠，但通常用于不同的语境。

接下来面临的关键问题是：梵本《金刚经》中的 saṃjñā② 和鸠译本中对应的术语"相"之间是什么关系？鸠译本中的"相"在语义上是否等同于其他译本中的"想"（＝saṃjñā）？"相"只是"想"的一个基于相似汉字字形和字音③的变体，抑或涉及语义上的差异？若存在差异，那大到什么程度？以下我会先试着证明鸠摩罗什选用"相"是出于一种深思熟虑后的翻译策略，再继续考察这一选择的诠释学影响。

首先，我们必须分析"相＝saṃjñā"这一特殊翻译等式成立的潜在原因。可以观察到 saṃjñā（想）与 nimitta（相）之间存在密切关系，这从一些印度佛教原始数据可推定：根据世亲的《阿毗达摩俱舍论》（Abhidharmakośa，以下简称《俱舍论》）中的定义，saṃjñā 作为五"蕴"（skandhas）之一，"意在执取 nimi-

---

（接上页）prajñāpāramitāyāṃ carato na sattvasaṃjñotpadyate / nātmasaṃjñotpadyate / … na jānakasaṃjñotpadyate / na paśyakasaṃjñotpadyate (Śatasāhasrikā p. 265, 8 - 13, 参较 Pañcaviṃśatisāhasrikā pp. 59, 11-12)。当然，这几个例子中的"相""想"与《金刚经》的情况不同，不能完全排除因抄写过程中的笔误而导致的混淆，以下将做说明。

① 这两个术语都有"标记""迹象"等意思。但在鸠译本《金刚经》中如上所述，lakṣaṇa 用来指"圣人（转轮圣王或佛陀）的外观特征"，见 Franklin Edgerton, *Buddhist Hybrid Sanskrit Grammar and Dictionary*（混合梵语语法与词典），2 vols, New Haven: Yale University Press, 1953, pp. 458-460；至于 nimitta 则解释为"（迹象、标记等）外在方面的特征，外观（非限于视觉）"，Ibid. pp. 297-298。在某些情况下，nimitta 可表示负面涵义，如孔泽本第 106-107 页所述："nimitta 是一个富于技巧的术语，表示虚假的知觉的对象，言下之意所有知觉当然都是假的。"

② 考虑到各种梵文《金刚经》写本中对应鸠译本中"相"的都是术语 saṃjñā（这一事实已由藏文译本及鸠译之后的汉译本佐证），可以排除鸠摩罗什读到的原稿中用词不同的可能性。从这个角度来看，帕吉特编辑的早期写本手稿提供了尤其重要的证据，见 F. E. Pargiter, *Vajracchedikā* in the Original Sanskrit, in *Manuscript Remains of Buddhist Literature Found in Eastern Turkestan*, vol. 1, ed. A. F. Rudolf Hoernle, Oxford: Clarendon Press, 1916, pp. 176-195。该写本的年代被帕吉特误判为"约在公元 5 世纪末或 6 世纪初"（Ibid. p. 178），关于该本中对应鸠译本（p. 749a 11）中"四相"的 saṃjñās 词组的首次出现，见 Ibid. p. 180 (folio 2b)。

③ 见戴密微的评注，Paul Demiéville, *Le Concile de Lhasa – une controverse sur le quiétisme entre bouddhistes de l'Inde et de la Chine au VIIIe siècle de l'ère chrétienne*, Paris: PUF, 1987 (1st ed. 1952), p. 52, n. 2。

tta(标记,迹象)"①。

有趣的是,与上述定义近似的描述也出现在非有部文献《藏释》(Peṭakopadesa)对 saññāvipallāsa 的解释中:"yo nimittassa uggāho, ayaṃ saññāvipallāso (p. 120,15)。"②安世高对这段释文的早期汉译值得注意:"若彼所想分别受,是名为'想倒'。"(《阴持入经》,T15, no. 603, p. 175C 2-3)此处将 nimitta 在字面上译为"想"的对象"所想",这对我们的讨论别有兴味。

法相宗博学的解经师窥基(632-682)在对鸠译本《金刚经》作注释书《金刚般若经赞述》(T 1700)时脑中可能也有上述这种对 saṃjñā 的特殊定义,参见他对第四品"须菩提,菩萨应如是布施,不住于相"(T8, no. 235, p. 749, a14)一句所作的注释。③ 这句经文对应梵文见斯奎因本第 114 页"*evaṃ hi subhūte bodhisatvena dānaṃ dātavyam | yathā na nimittasaṃjñāyāṃ pratitiṣṭhet*"一段,孔泽本有译注如下:

> 应该说"不住相想"④;想[= saṃjñā]指的是有分别的想法,相[= nimitta]指所执取的对象。⑤

换句话说,鸠译本《金刚经》决定不用 saṃjñā 通常对应的汉译术语"想"来翻译它,而选用了表示 saṃjñā 相关对象的"相"(nimitta)。这种相对自由的处理原稿的方式,是典型的鸠摩罗什翻译风格⑥,在词法层面上,涉及用不

---

① 见 *Abhidharmakośa* i. 14 (vol. 1 p. 39, 5): saṃjñā nimittodgrahaṇātmikā。正如文本本身所具体说明的,nimitta 这里指的是蓝、黄、长、短、男、女、友、敌、乐、苦等特质。(p. 39, 6-7: *yāvan nīlapītadīrghahrasvastrīpuruṣamitrāmitrasukhaduḥkhādinimittodgrahaṇam asau saṃjñāskandhaḥ*) 亦可参考 Vetter, *The 'Khandha Passages' in the Vinayapiṭaka and in the Four Main Nikāyas*, p. 26, §§ 37-38。
② 本片段已部分损毁,此处只引用最后一部分;参 Bhikkhu Ñāṇamoli, *The Piṭaka-Disclosure*, London: Pali Text Society, 1964, p. 165 § 483; n. 483/1。
③ 译者按:窥基此处释"应云'不住相想'。想者,分别心;相者,所著境。"(T33, no. 1700, p. 131, c17-18)
④ "相想"更近于 nimittasaṃjñā 的直译(关于其他汉译本中这一翻译,参见第 270 页注释①)。
⑤ 见孔泽本,pp. 29, 13-14。
⑥ 鸠译的这一策略尚有其他用例,参见戴密微:《评拉莫特译〈大智度论(第二卷)〉》,第 375—395 页;[日]横超慧日:《鸠摩罗什の翻译》,《大谷学报》, vol. 37, no. 4 (1958), pp. 21-23; Richard H. Robinson, *Early Mādhyamika in India and China*, Madison: University of Wisconsin Press, 1967, pp. 80-88;王文颜:《佛典汉译之研究》,台北:天华出版事业股份有限公司,1984 年,第 219 页及其下。关于鸠摩罗什在《金刚经》译本中反映的翻译风格,见 Paul Harrison, Resetting the Diamond: Reflections on Kumārajīva's Chinese Translation of the *Vajracchedikā* ("*Diamond Sūtra*"), 载沈卫荣主编《西域历史语言研究集刊》,中国人民大学国学院西域历史语言研究所编,北京:科学出版社,2010 年,第 233—248 页。

同的中文语词表示相同的梵语术语,或反过来,同一个中文语词对应多个梵语术语的可能性。尽管这种变化可能是由文体等多种原因造成的,但至少在某些情况下,它们反映出一种意在揭露原作中细微语义差别的尝试,且或多或少成功了。①

鸠译本《金刚经》中对 saṃjñājā 的翻译似乎就是这种情况。事实上从鸠译中可以识别出一种通用的语义模式:当 saṃjñā 指一种精神活动("统觉"之类),例如作为一种 skandha 时,它被翻译成"想"②;另一方面,当它指的是"概念"或"观念"等具体的"心智构念",如各种"ātmasaṃjñā""sattvasaṃjñā"等时,则鸠译中倾向于翻译为"相"③(当然也有例外:见本书第 271 页注释④)。

梵本《金刚经》第六品中有一个有力的论据,足以证明鸠译本中的"相"不只是一个无"心"的"想"(= saṃjñā),而是有意为之,从而令译文系统地反映一种虚假的 nimitta(相)。因此"相"不是 saṃjñā 的直接翻译,而是通过一种转喻的形式再现。原文如下:

sace<t> subhūte teṣāṃ bodhisatvānā(ṃ) dharmasaṃjñā prav(a)<r>tsyate sa eva teṣām ātmagrāho bhavet etc. ④

此段落的所有其他汉译本都或多或少忠实地反映了梵语文本(菩提流支译本除外,该本也部分遵从鸠译本,见 T8, no. 236a, p. 753, b12);如玄奘将此句译为:"若菩萨摩诃萨有法想转,彼即应有我执。"(T7, no. 220, p. 980, c22-23)另一方面,鸠译如下:

---

① 众所周知,这种翻译方式见于数个(也许是大多数)中国译师的(作品)。作为一个早期的例子,可见拙作 Zacchetti, *Inventing a New Idiom*, p. 401。
② 这也更符合这一汉字的语义范围:《汉语大词典》,13 vols.(Shanghai: Hanyu da cidian chubanshe, 1986-1994)中所记录的所有"想"的意义,(都)是动词,指的是各种形式的心理/精神活动。
③ 从汉语词源的角度看,首先"相"也有动词的意义:"看,观察",参见许思莱(Axel Schuessler)编《古汉语词源词典》,Axel Schuessler, *ABC Etymological Dictionary of Old Chinese*, Honolulu: University of Hawaii Press, 2007, p. 531;许思莱还引用鲍菊隐(Judith Magee Boltz)对"相"的定义:"观察,视觉,形象,幻想。"认为"想"通过一种语义发展成为"相"的衍生词,这种语义发展是我们遇到的"相""想"关系的一个有趣镜面问题。"'想'是'相'的'观察'义的内生……即鲍氏所谓:'描绘精神活动的形象,vision' > 'to think'。"(关于内生"endoactive"的概念,见许思莱,前引文献,第 38—39 页)
④ 依斯奎因本第 116—117 页;参考孔泽本第 31 页:20-23,英译参见何离巽:《新英译本〈金刚经〉》,第 144 页。

> 是诸众生,若心取相,则为着我。(T8, no. 235, p. 749, b6-7)

意即:"如果众生的心执取于特征(相),那么他们就是在执着于自我"。此处有两个相对次要的点,即鸠译本以"众生"(sattva)代"菩萨"(Bodhisattvas),且并未译出复合词 dharmasaṃjñā 中的"dharma"。更值得注意的是,此译文还包含两个平行梵文中没有的字(词)——用来补充修饰"相"的"心"和"取"。① 这两个补充语无疑表明了,译者在此是有意识地使用"相"来表示"特征"或"迹象"(=nimitta),指向的是精神感知的对象(心取)。换句话说,这段话表明鸠译本中的"相"也并非与 saṃjñā 严格地对应,或完全地相符。根据上面引用的《俱舍论》中的定义,saṃjñā(想)对应的似乎更当为"取相"(nimittodgrahaṇa)。从某种意义上说,鸠摩罗什这段译文几乎是通过转述 saṃjñā 的传统定义来解释它。②

接下来,为了正确理解这个问题,我们必须在鸠摩罗什的翻译项目及其教义背景的更广泛的语境中去说明它们。

三 鸠摩罗什创译《大智度论》中"相"的使用③

研究鸠摩罗什思想和术语的一个特别重要的材料是《大般若经》的注释书《大智度论》(T25, no. 1509),或许也是他最具影响力的翻译作品。术语"相"在此书中几乎无处不在,并于义理层面发挥了至关重要的作用。这或许可由《大智度论》的特殊性质而得到解释:书中一切导向"中观"的注释,都是深植于有部阿毗达摩思想背景的,④它通常为作者(们)提供了解释经文的

---

① 换句话说,"心取相"这一表达式可视为对梵文本短语"[dharma]saṃjñā pravartsyate"的自由诠释。"(心)取相"在鸠摩罗什的翻译语料库中并不罕见。如《小品般若波罗蜜经》中"是诸缘、诸事不可得,如心取相"(T8, no. 227, p. 547, c29-p. 548, a1),参考梵文本《八千颂般若》(Aṣṭasāhasrikā Prajñāpāramitā)p. 70, 22-23: na tāni bhadanta subhūtevastūni tāni vā ārambaṇāni te vā ākārās tathopalabhyante yathā nimittīkaroti。
② 见松本史朗,《禅思想の批判的研究》,第45—46页以及[日]白土わか:《「实相」訳語考——鸠摩羅什を中心に》,《大谷学报》vol. 37, 3 (1957), p. 55。
③ 译者按:本节标题有改动,原标题为 Extemporanous jottings on the use of xiàng 相 in Kumārajīva's works。
④ Étienne Lamotte, *Le Traité de la Grande Vertu de Sagesse de Nāgārjuna* (*Mahāprajñāpāramitāśāstra*), Tome III (法译本《大智度论》第三卷), Louvain: Institut Orientaliste de l'Université de Louvain, 1970, pp. xiv-xliv.

起点。

一些学者指出,表"特征"的 lakṣaṇa 范畴在阿毗达摩思想,尤其说一切有部思想的发展中发挥了重要作用。作为最重要的概念工具之一,它被用于紧密结合其他范畴——如"自性"(svabhāva)——来定义"法"(dharma)的概念。① 正如保罗·威廉姆斯(Paul Williams)所评注的:"自性是诸法独有之性。在《俱舍论》中,自性被认为等同于自相(svalakṣaṇa)。自相指的是独自个别的或排他的特征,与之相反的是共相(sāmānyalakṣaṇa),它适用于一切缘起法——如无常性等。"②

阿毗达摩思想中的概念 lakṣaṇa(及其与 svabhāva 的关系)构成了一个复杂的问题,这不在本文的讨论范围之内。③但其在成熟的有部阿毗达摩的描述模型中所具有的一个特定功能,对我们的分析至关重要:科莱特·考克斯(Collett Cox)对比了按内在性质分析的 svabhāva(自性)及按外在特征分析的 lakṣaṇa(能相)两种描述,得出"它们之间有一个重大区别,即 svabhāva 从诠释学范畴化的语境中获得其特殊的意义,而 lakṣaṇa 的出发点则在感官认知。本体论是这两个系统共同关心的问题,但术语从内在性质到外在特征的转变,反映了从基于范畴的抽象本体论,到基于经验或认知的认识论本体论的同步转变"④。

伦金(Noa Ronkin)在比较有部和上座部处理这些范畴的方法时得出了类似的结论:"在有部框架中,自性(svabhāva)是 *dravya*('实',指本原的、真实的存在)在本体论上的一个决定因素;自相,则是法在认识论及语言学上的

---

① 见考克斯《从范畴到本体论》:"阿毗达摩本身被定义为洞察智慧(*prajñā*),后被认为同于简择分别(dharmapravicaya),即据内在性质、固有特征(*svalakṣaṇa*,自相)和一般特征(*sāmānyalakṣaṇa*,共相)来区分诸法(*dharmas*)", Collett Cox, From Category to Ontology: the Evolution of Dharma in Sarvāstivāda Abhidharma, *Journal of Indian Philosophy*, vol. 32, no. 5-6 (2004), pp. 250, 543-597。
② Paul Williams, On the *Abhidharma* Ontology, *Journal of Indian Philosophy* vol. 9 (1981), pp. 227-257, 242.
③ 可参见 Cox, From Category to Ontology: the Evolution of Dharma in Sarvāstivāda Abhidharma, pp. 574-576;关于上座部(Theravada)学术作品中的 lakṣaṇa 范畴,见 Noa Ronkin, *Early Buddhist Metaphysics: The Making of a Philosophical Tradition*(《早期佛教形而上学:哲学传统的形成》), London: Routledge-Curzon, 2005, pp. 89-91。
④ 见 Cox, op. cit., p. 576。

一个可辨识、可定义且可知的决定因素。"①

了解到 lakṣaṇa 认识论的这一面,可以帮助更好地理解这一范畴在《大智度论》中所起的特殊作用。如前所述,该注释书广泛采用了阿毗达摩的范畴,但议题与有部阿毗达摩的截然相反:不是分别诸法(或其他实体)以确立它们的存在形式,而是通过否定的认识论方法来消解它们,参见"不可得"的概念(对应 anupalambha 及其相关形式)。我们可以在下面这段《大智度论》原文中,看到这种(否定的)解释方式如何应用于自我的概念:

> 我相不可得故,无我。一切法有相故,则知有。(T25, no. 1509, p. 230, c18-19)

有趣的是,我们发现《大智度论》中"我相"这一表达,至少从字面上看与鸠译《金刚经》中 ātmasaṃjñā 的翻译完全相同。② 诸法与其自相之间的关系,被视为阿毗达摩模型中一个易被攻击的点,在《大智度论》的这一部分(及第 282 页注释②引文)中就持续受到挑战。③ 此外在鸠摩罗什的其他翻译、注释作品④中,都可以稳固地识别到一种不厌其烦地出现的否定式,即否

---

① 见 Noa Ronkin, From the Buddha's Teaching to the Abhidhamma, *Revue Internationale de Philosophie*, vol. 253 (2010), p. 356, n. 6;另可见前引伦金:《早期佛教形而上学》,第 110 页:"自相是诸法在认识论及语言学上的决定因素:正是通过其自身的特征,各个法成为独特可辨别的、言语可定义的且可知的。自相为诸法提供了独特的言语描述,使得法法之间有可能通过指称区分开来。"
② 据上下文,这里的"相"可能对应 lakṣaṇa,参见拉莫特将"我相"译为"阿特曼的特征",拉莫特:《法译本〈大智度论〉(第三卷)》,第 1448 页。
③ 如威廉姆斯 On the Abhidharma Ontology 第 243 页所言:"一个没有明确特征的实体是不可能存在的,这是龙树《中论颂》(*Madhyamakakarikā*)第 5 章中论点的基础。"
④ 如《大智度论》中"诸法无有定相"(T25, no. 1509, p. 265, c16)等。僧肇编纂的注释书《注维摩诘经》中录有鸠摩罗什本人对这一表达式的解释:"什曰:'法无定相,相由感生。妄想分别是好、是丑,好恶既形,欲心自发,故为欲本也。'"(T38, no. 1775, p. 386, b16-18)这段注释对象是《维摩诘所说经》中的"虚妄分别为本"(T14, no. 475, p. 547, c18-19),梵文部分参考 *Vimalakīrtinirdeśa* p. 68, f. 41b 2-3: *icchālobhayor abhūtaparikalpo mūlam*. 对于鸠译中"定相"无明确的对应梵文术语的示例,见《维摩诘所说经》:"舍利弗言:'不也! 幻无定相,当何所转?'天曰:'一切诸法亦复如是,无有定相,云何乃问不转女身?'"(T14, no. 475, p. 548, b25-27)对应梵文部分见 *Vimalakīrtinirdeśa* ch. 6.14, p. 73 (f. 44b 2): *aha: na tasyāḥ kācit bhūtā pariniṣpattiḥ | āha: evam eva bhadanta śāriputra apariniṣpanneṣu sarvadharmeṣu māyānirmitasvabhāveṣu kutas tavaivaṃ bhavati: kiṃ tvaṃ strībhāvaṃ na nivartayasīti*. 短语"幻无定相"中的"幻"指前一句中提到的假设的"幻女",因此对于"*na tasyāḥ kācit bhūtā pariniṣpattiḥ*"这句是很自由的义译。

认任何法具有"固定或确定的特征",这种特征即鸠摩罗什义理构造中的另一关键术语①——"定相"。

但这一切与鸠译《金刚经》中"相"的使用有什么关系呢? 毕竟,可能有人会反驳道,上述《大智度论》段落中的"相"很可能对应的是 lakṣaṇa,而非 nimitta/saṃjñā。尽管从印度语原文的角度来看可能是正确的,但我认为这样的反驳忽略了一个关键点:从中文读者的角度来看,所有这些情况都只有一个术语,汉字词"相"②。正如我将在下一节中展示的,事实上从解释性的角度来看,在鸠译本的案例中,不同的原始梵文术语已经折叠成一个后来被证明特别有效用的中文单词。

四 创造性翻译的诠释学回响:其他《金刚经》中文注释书中的"相"

现在我们已经明确了鸠译本中"相"的使用及其背后隐藏的重要事实,特别是其自觉性和哲学性。很明显,在这个案例中,原文通过鸠摩罗什的概念和术语系统的棱镜过滤,经历了一定程度的语义折射。

现在是时候讨论我在导言中提到的另一个重要问题:这一特定译词选用是如何修改了汉译文本的含义的? 更重要的是,它如何影响了中国人对《金刚经》的理解和接受?③

使用"相"作为 saṃjñā 的译词的主要后果是,梵文原稿中两个不同的术语 saṃjñā(总是用于表"概念""思想"等意)和 lakṣaṇa(用于表特征,尤其佛身的特征之意),经此操作后在鸠译本中已合并为一个中文单词,而它们在其他更忠于原文的译本中往往保持着差异化。因此,鸠译本中"相"的语义范围相比《金刚经》梵文文本中 saṃjñā 或 lakṣaṇa 的来得更丰富和广泛了。

诚然,即使在鸠译本中"相=saṃjñā"和"相=lakṣaṇa"的重叠也并非绝对的,因为后者在该译本中通常用于复合词(如身相、三十二相),这些复合词可

---

① 汤用彤早在1938年的《中国佛教史》上就已指出这一点,见汤用彤:《汤用彤全集》第一卷,石家庄:河北人民出版社,2000年,第240—241页。
② 参见夏复对中国佛教中翻译作用的敏锐评论,Robert H Sharf, *Coming to Terms with Chinese Buddhism: A Reading of the Treasure Store Treatise*, Honolulu: University of Hawaii Press, 2001, pp. 18-20。
③ 关于这些问题,另请参阅 Harrison, *Resetting the Diamond*, p. 240, n. 22。

以提供足够的语境区别于"相"的其他用法。但《金刚经》本身似乎已暗示了 lakṣaṇa 语义范围扩大的可能性。《金刚经》第五品中首次介绍佛陀身体的 32 个特征"三十二相"这一重要主题,孔泽本中经文如下:

  yāvat subhūte lakṣaṇasaṃpat tāvan mṛṣā. ①

鸠译本中对应文句为:

  凡所有相,皆是虚妄。(T8, no. 235, p. 749, a24)

  必须承认,我在之前的研究②中基于当时可用的梵文资料③,将"凡所有相"解释为鸠摩罗什自由翻译风格(尤其在"相"的问题上)的又一体现。然而,根据晚出的梵文平行文本来评估更早的中文译本可能是危险的,2006 年斯奎因本的出版提醒了我这一真理。斯奎因本第 115 页所录相同段落中出现了一个值得注意的变体:

  y<ā>vat su<bhū>te lakṣaṇaṃ tāvan mṛṣā.

  何离巽将其翻译为"只要有任何区别性的特征,就有虚假"④。确实在这一特定句子中(几乎可以肯定鸠译也是基于同一句原文),相比变体 lakṣaṇasaṃpad,lakṣaṇa 被赋予了更普遍的含义,这可能意味着与佛陀身体标记的关联。⑤

  尽管如此,鸠译本"凡所有相,皆是虚妄"仍是《金刚经》中文注释书等佛学作品中最常引用的《金刚经》句子之一。且很显然,中文解经者们通常参考此句来理解、诠释一般的"特征"。

  唐末著名的华严宗、禅宗大师宗密(781—841)的作品提供了有趣的例子。他的《金刚般若经疏论纂要》⑥同其他大多数《金刚经》中文注释书一样基于鸠译本,书中宗密借用了《大乘起信论》(T 1666,疑伪)提供的解释框

---

① 见孔泽本第 30 页:12。孔泽本第 68 页有英译为"有标记就存在欺骗"。
② 见拙作 Zacchetti, *Le traduzioni cinesi del Sutra del Diamante*, pp. 372–373。
③ 所谓的"帕吉特手稿"中缺少《金刚经》的这一部分:见帕吉特,前引文献,第 176—195 页。
④ 何离巽:《新英译本〈金刚经〉》,第 144 页。
⑤ 参阅孔泽本第 111 页术语表中的相关条目。
⑥ 关于《金刚般若经疏论纂要》(*T33, no.* 1701)见 Peter N Gregory, *Tsung-mi and the Sinification of Buddhism*, Princeton: Princeton University Press, 1991 (repr. Honolulu: University of Hawaii Press, 2002), p. 317。

架,此论对"相"有重要的技术性使用。宗密云:

> 佛告须菩提:"凡所有相,皆是虚妄。若见诸相非相,即见如来。"①非但佛身无相,但是一切凡圣依正、②有为之相,尽是虚妄,以从妄念所变现故。妄念本空,所变何实?故《起信》云:"一切境界唯依妄念而有差别,若离心念,即无一切境界之相。"(T33, no. 1701, p. 159, a17-22)

他的名篇《原人论》中也呼应了这一解释。文中除引用了同一句《起信论》原文并结合"凡所有相,皆是虚妄"进行说明,还将其与另一句《金刚经》经文联系在一起:

> 《起信论》云:"一切诸法唯依妄念而有差别,若离心念,即无一切境界之相"。经云:"凡所有相,皆是虚妄","离一切相,即名诸佛"(如此等文遍大乘藏)。是知心境皆空,方是大乘实理。(T45, no. 1886, p. 709, c22-25)

宗密在此引述的第二句《金刚经》原文"离一切诸相,则名诸佛"(T8, no. 235, p. 750, b9)位于鸠译本第十四品,同样备受中文解经家们青睐。毫无疑问,宗密首先意在以"相"指佛陀身体的特征(=lakṣaṇa),这点和其他注家是一样的。③ 然而,此句鸠译经文对应的梵文"sarvasaṃjñāpagatā hi buddhā bhagava<ṃta>ḥ"④中没有"特征"只提到"观念",何离巽将此句译为:"因为

---

① 对应鸠译本中"若见诸相非相,则见如来"(T8, no. 235, p. 749, a24-25)。梵文参见 VajHW p. 115: iti hi lakṣaṇalakṣaṇataḥ thatāgato draṣṭavyaḥ,英译见何离巽:《新英译本〈金刚经〉》,第 144 页。

② 关于"依正",这是两种因果报应的形式,前一种是一个人重生的环境状况(依报),另一种是重生的生理和心理特征(正报)。参见[日]中村元:《佛教语大辞典》,东京:东京书籍株式会社,1981 年,第 101 页 a。

③ 例如昙旷所作《金刚经》注释书《金刚般若经旨赞》:"如来即是诸法如义。是相非相,即见如来。离一切相,即名诸佛。"(T85, no. 2735, p. 67, a21-23) 关于此疏参见 W. Pachow, A study of the twenty-two dialogues on Mahāyāna Buddhism, Chinese Culture, vol. 20, no. 1-2 (1979), pp. 15-64, 35-131, 28。另可参照吉藏《金刚经》注释书中对应部分——虽然此处"相=saṃjñā"与"相=lakṣaṇa"之间的关联不及昙旷注疏来的明显——如下:"问:若言此明法空,应云法相即是非法相。何云我相即是非相耶?'答:'无我有二种,一者人无我,二法无我。今法无我也。何以故? 离一切诸相则名诸佛者,此重释无相所以也。若有诸相,佛应见之。以离一切诸相名为诸佛故,则知诸法无此相也。'问:'佛何故离一切相耶?'答:'有一切相,则是有所得。无一切相,则是无所得。有所得故,是生死凡夫;无所得,名为涅盘,名为诸佛也。'"(T33, no. 1699, p. 115, a7-16)

④ 见斯奎因本第 125 页。

鸠摩罗什译本《金刚经》对佛典术语的创造性翻译:以"相""想"为中心

佛与圣离一切想"①。

换句话说,这是鸠摩罗什"相 = saṃjñā"用法的一个实例,对上述讨论并无补充。真正值得注意的是另一个问题:我们可以看到,在中国解经的语境下,鸠摩罗什的译词选择是如何在梵文本中没有明确关联的范畴之间建立新的丰富的联系,并通过这些联系使翻译变得富有成效的。

鸠摩罗什对 saṃjñā 的创造性翻译的另一个重大影响(同时也是鸠译本扩大译词之注释潜力的又一案例)出现在第十四品,复合词"实相"于同一段话中出现了三次:

> 世尊,若复有人得闻是经,信心清净,则生<u>实相</u>,当知是人成就第一稀有功德。世尊,是<u>实相</u>者,则是非相,是故如来说名<u>实相</u>。(T8, no. 235, p. 750, b 1-3)

对应梵文如下:

> *parameṇa te bhagavan | āścaryeṇa samanvāgatā bhaviṣyaṃti ya iha sūtre bhāṣyamāṇe bhūtasa(ṃ)jñām utpādayiṣyaṃti | yā caiṣā bhagavan | bhūtasaṃjñā saivāsaṃjñā tasmā<t> tathāgato bhāṣate bhūtasaṃjñā bhūtasaṃjñeti |* ②

某种意义上说,这不过是鸠摩罗什将 saṃjñā 译作"相"这一习惯的又一具体案例——在鸠译的术语系统中,"实相"只是 bhūtasaṃjñā 的直译。③ 但问题在于,*bhūta-saṃjñā* 本身并无特定的术语关联性,④而"实相"作为一个哲学意涵丰富的"空"(*śūnyatā*)的同义词,被公认为东亚佛教作品中最重要的术语之一,常用以表述实在的真实、绝对的一面。

无论"实相"一词的起源如何,毫无疑问它是典型的鸠摩罗什翻译:在鸠

---

① 见何离巽:《新英译本〈金刚经〉》,第 149 页。
② 据斯奎因本第 124—125 页;参校孔泽本第 39 页:16-21;英译参考同上。
③ 鸠摩罗什和菩提流支都将"*bhutasaṃjñā*"译为"实相",其他译者则译为一般的"实想"。实际情况可能比这更复杂:复合词 *bhūtasaṃjñā* 也出现在梵《金刚经》的第六分(斯奎因本第 116-117 页;参考孔泽本第 31 页:20-23),但此处鸠摩罗什将"*bhūtasaṃjñām utpādayiṣyaṃti*"的两次出现分别译为"生实信"(T8, no. 235 p. 749, a27)及"能生信心,以此为实"(T8, no. 235, p. 749, a29)。有关鸠译本中处理 *bhūtasaṃjñā* 的详细讨论,参见白土上述论文第 53—56 页。
④ 这只是常见佛教梵语习语"*-saṃjñām utpādayati*"的一个例子,见前引埃杰顿词典第 552 页 a, no. 5。同时参见何离巽的翻译"抱有'其为真'的观念",何离巽:《新英译本〈金刚经〉》,第 149 页。

译本中它被用来翻译、表示各种词语;即使在没有相对应的梵文的情况下它也频繁出现。① 更准确地说,它是以"相"为中心的概念、术语系统的焦点之一,对此我们在第三节中已经讨论了。"实相"作为佛典术语的系统性关联,特别是它与"相"的关系,在《大智度论》中也尤为突出,如"诸法实相"这一表达出现了数百次。②

考虑到其专门意义,"实相"一词似乎并未直接反映《金刚经》中的复合词 bhutasaṃjñā,我们不禁要问:如何真正理解鸠译本的这一表达?鉴于"实相"在译作中的重要性,很难相信鸠摩罗什及其译经团队会放过该术语的概念含义。

无论如何,鸠译本中"实相"的存在及其固有的解释力,从未被其中文注释书忽视。毫无疑问,这些注释书中至少有一部分都用惯常的专门意义来解释这一术语。吉藏(549—623)所作《金刚般若疏》提供了一个明确的例子,通过对鸠译本中"实相"所引起的问题的讨论,其作为实在的真实一面的理解,可以被精确地推断出来。③

> "则生实相者",他云"世谛生,真谛不生"。即问:"实相即是真谛,既生实相,何不生真谛耶?"彼释云:"生实相之慧耳。实相不可生,但慧从境作名,称为实慧;境从慧作名,故生慧言生境耳。"(T33, no. 1699, p. 114, b14-18)④

---

① 关于鸠译中的"实相",参见白土前引文献,拉莫特:《法译本〈大智度论〉(第五卷)》(Étienne Lamotte, *Le Traité de la Grande Vertu de Sagesse de Nāgārjuna* (*Mahāprajñāpāramitāśāstra*), Tome V. Louvain: Institut Orientaliste de l'Université de Louvain, 1980),第 2181 页,及许理和《佛教征服中国》(Erik Zürcher, *The Buddhist Conquest of China*: *The Spread and Adaptation of Buddhism in Early Medieval China*, Sinica Leidensia, vol. XI. Third Edition with a Foreword by Stephen F. Teiser, Leiden: E. J. Brill, 2007),第 404 页,注释 17。此外一个有趣的发现是,鸠摩罗什作品中有一部《实相论》,现已散逸。详见《出三藏记集》(T55, no. 2145, p. 101, c18-19);《高僧传》(T50, no. 2059, p. 332, c6-7);前述《汤用彤全集》卷一,第 233—234 页。

② 《大智度论》第 49 章中一段话特别清楚地说明了"实相"特定的义理内涵:"'诸法如'有二种:一者,各各相;二者,实相。各各相者,如:地,坚相;水,湿相;火,热相;风,动相,如是等分别诸法,各自有相。实相者,于各各相中分别,求实不可得,不可破,无诸过失。如自相空中说:'地若实是坚相者,何以故胶、蜡等与火会时,舍其自性?…如是推求地相,则不可得。若不可得,其实皆空。空则是地之实相。一切别相,皆亦如是。是名为如。'"(T20, no. 1509, p. 297, b24-c5)

③ 相同段落参见智𫖮(538—597)《金刚般若经疏》:"实相者,即是非相。若有少相,即非实相。故以无相为实相。如来说此而人能信,岂非第一稀有!而言生实相者,此是无生生也。"(T33, no. 1698, p. 80, a1-3)

④ "他云"和"彼释云"似乎是指吉藏的对话者(也许是虚构的),对此感谢菅野博史教授提供的解释。

我们可以摒弃宗密、吉藏等中文解经师对鸠译本中"相"的所有这些解释——从狭义的语言学角度，它们最终都可能被认为建立于原文用词的混淆之上，而被贴以"不准确"的标签。但我宁愿主张采用更细致入微的方法，即在讨论特定的翻译术语（如"相"）时，相应的语义交集远非偶然，而应视为该术语的完整意义的组成部分。换句话说，鸠摩罗什的翻译产生了一个全新的术语和概念——"相"，它在东亚佛教思想中发挥了颇为重要的作用，同时它回避了所有尝试以诠释学的还原论来解释清楚"相"时，在回溯梵语原文上会遇到的问题。恰恰是这一全新概念在很大程度上定义了东亚对《金刚经》的接受：一些原始文献中以"无相"来描述《金刚经》的核心义理①，实际上完全是由鸠摩罗什的翻译而来的。

五 结论

可以说，对鸠摩罗什翻译技术的学术讨论，已经被其著名的文体修饰垄断了。某种程度上这也归因于塑造这一伟大译者的传记文献，其中强调了他对翻译的文学质量的关注。②鸠摩罗什将文体修饰引入其译本是有意为之，一个以翻译梵本《法华经》(*Saddharmapuṇḍarīkasūtra*)为中心的著名传记片段③就是

---

① 参见 Charles Muller, A Korean Contribution to the Zen Canon: The *Oga Hae Seorui* (Commentaries of Five Masters on the *Diamond Sūtra*), in *Zen Classics: Formative Texts in the History of Zen Buddhism*, eds. Steven Heine and Dale S. Wright, Oxford: Oxford University Press, 2005, pp. 43-64, 24。基于"无相"的描述也构成了前述宗密《原人论》引文的基础，参见"大乘破相教"中的一部分(T45, no. 1886, p. 709, c9-ff)。

② 如慧皎《高僧传》中所记鸠摩罗什对西方（指印度）文学形式的探讨(T50, no. 2059, p. 332, b23-29)。

③ 据《高僧传》中僧叡传记，鸠摩罗什出于文体考虑，接受了一个来自僧叡的、与原始梵文本术语相距甚远的译词，而更近于早期的竺法护版本："昔竺法护出《正法华经·受决品》云：'天见人，人见天。'什译经至此，乃言：'此语与西域义同，但在言过质。'叡曰：'将非人天交接两得相见？'什喜曰：'实然！'"(T50, no. 2059, p. 364, b2-6) 关于这一插曲有学者质疑，参见 Florin Deleanu, Tempering Belles Infidèles and Promoting Jolies Laides: Idle Thoughts on the Ideal Rendering of Buddhist Texts and Terminology, *Journal of the Oxford Centre for Buddhist Studies*, vol. 2 (2012), p. 168 n. 62; Jan Willem de Jong, *Buddha's Word in China* (28th George Ernest Morrison Lecture delivered at the Australian National University), Canberra, 1968, pp. 13-14; Kenneth Ch'en, Some Problems in the Translation of the Chinese Buddhist Canon, *Tsing-hua Journal of Chinese Studies*, vol. 2, no. 1 (1960), p. 180; Robinson, *Early Mādhyamika in India and China*, pp. 80-81; 王文颜，前引文献，第220页。

例证,集中体现了他对译经问题的态度。

然而,上文对特定术语问题的讨论分析,揭示了鸠摩罗什的翻译方法更为复杂的一面。显然,鸠摩罗什决定将 saṃjñā 译作"相",并导致了本文第四节提到的所有后果,这并非出于文体风格的考虑。相反,正如第三节所概述的"相"的用途所表明的,对这一特殊术语的选择、制定反映了一个连贯的哲学议题。

为了理解像鸠译《金刚经》这样的文本,我们还必须要考虑到它是通过怎样的特殊过程而产生的,这离我们现代理解的翻译是比较远的。正如曹世邦所指出的那样,注释活动对于隋唐以前完成的中国佛教译本起着至关重要的作用,它并不是基于译本的、另外的后续活动,而是构成翻译过程本身的重要成分。①

由此引出的基本问题,或多或少地明确了这一研究的基础:即如何将中国佛教译本正名为复杂的、多层面的文化创作。毫无疑问,对这些文本(及其难捉摸的镜像——注释书)的研究需要一个特别谨慎的方法。从这个角度来看,佛教翻译的术语必须用其自身的术语来理解:作为一种"第三语言",既非完全本土的中文,也不是机械地依照印度语文。

Mind The Hermeneutical Gap: A Terminological Issue in Kumārajīva's Version of The Diamond Sutra

Stefano Zacchetti, (translated by) Li Mingjia

Abstract: The Jin'gang banruoboluomi jing(《金刚般若波罗蜜经》T8, no. 235), translated by Kumārajīva at the beginning of the 5th century CE, is the earliest and most influential of the six Chinese versions of the Vajracchedikā

---

① 参见曹仕邦:《中国佛教译经史论集》,台北:东初出版社,1990年,第96—103页。关于隋唐以前译本的复杂性,另请参阅[日]船山徹:《「漢譯」と「中國撰述」の間−漢文佛典に特有な形態をめぐって》,《佛教史學研究》vol. 45, no. 1 (2002), pp. 3-10.

Prajñāpāramitā. No doubt it can be regarded as the Chinese Diamond Sutra par excellence: almost all of the numerous Chinese commentaries devoted to this scripture (which constitute a rich source for exploring the reception of this text in China) are based on Kumārajīva's version. This article focuses on the use of the term xiàng 相 in this translation and in some related commentaries, showing how Kumārajīva's creative translation technique exerted a profound influence on the Chinese understanding of this Mahāyāna scripture.

Keywords: Jin'gang banruoboluomi jing《金刚般若波罗蜜经》, Vajracchedikā Prajñāpāramitā, Kumārajīva, translated terminology, xiàng 相, lakṣaṇa, nimitta, saṃjñā

自我的世俗化
——以彼特拉克的《秘密》为中心

赵 璧[*]

提 要：伴随着文艺复兴时期哲学家们对世俗生活和人类事务的关注，自我开始呈现出强烈的世俗化倾向。在《秘密》中，彼特拉克对传统的自我问题作了全新的人文主义解释。本文立足于这一文本，首先分析彼特拉克对于奥古斯丁思想的偏离，交代他在自我问题上的世俗化倾向；继而从七宗罪的世俗性来切入，剖析彼特拉克对原罪逻辑的松动，揭示自我本性的完善和人的世界的正当性。文章最终指出，彼特拉克引入斯多亚的自我治疗概念，将自我塑造为机运的主体，并以此为基础塑造出了个体性的现代传统。作为"第一个现代人"，彼特拉克注定陷入现代和基督教传统的张力之中，在自我和上帝、自由与恩典之间苦苦挣扎。

关键词：彼特拉克 《秘密》 个体自我 世俗生活 自我治疗

自奥古斯丁以来，自我与上帝的关系成为基督教哲学的核心问题。在文艺复兴时期的世俗化[①]浪潮下，彼特拉克（Francesco Petrarca）以自我问题为

---

[*] 赵璧，1996年生，北京大学博士生。
[①] 16世纪以来，西方哲学家们不再采用原先的生活方式，即节制欲望、注重来世的基督教习俗，转而关注人类事务和世俗生活。本文中的世俗化（Secularization）均为此意。布克哈特（Jacob Christopher Burckhardt）特别刻画了文艺复兴时期个人的发展和世俗的荣誉观念，见雅各布·布克哈特：《意大利文艺复兴时期的文化》，何新译，北京：商务印书馆，1979年，第132、137页。

核心,写作了他最广为流传的著作——《秘密》(Secretum)①。这部作品一方面延续了奥古斯丁以来的基督教传统,剖析了意志的软弱和自我的罪性,另一方面又聚焦于世俗生活中的自我问题,意图消除人在此世的忧郁(Accidia)。为了寻求药方,彼特拉克不得不引入斯多亚哲学的自我治疗概念。但由此一来,自我的权能得以增加,上帝的权能随之削弱,两者的张力日益增大。我们不禁会问:彼特拉克对自我的理解,和文艺复兴的世俗化有何关系?他会如何缓解自我和上帝的张力?在什么意义上,我们可以将彼特拉克称之为"第一个现代人"?带着这些问题,我们进入《秘密》的文本之中。

一 自我的冲突与忧郁

自我的冲突构成了《秘密》全书的基本底色。在序言开篇,彼特拉克借由真理女神之口,揭示了对话者弗朗西斯科的悲剧性处境:自我患有严重的忧郁之病。由此,整篇对话仿佛一场心灵的治疗之旅:在真理女神的见证下,弗朗西斯科与另一位对话者奥古斯丁展开了深刻的自我对话。②

开篇处,彼特拉克将寻求幸福生活作为哲学的根本目标,提出了获得幸福的三个基本步骤:认识不幸、渴望幸福、付诸努力。在前两个问题上,两位对话者达成了共识;但在第三个问题上,他们却意见不一。作为劝导者,对话者奥古斯丁严格遵循了奥古斯丁主义的传统,将不幸归结于灵魂的分裂。他表示,生活的不幸是由于意志的软弱,心灵未能始终如一地渴望幸福生活。对话者奥古斯丁坚持犯罪源于自愿的观点,批评弗朗西斯科"甘愿自身沉溺

---

① 中译本参见彼特拉克:《秘密》,方匡国译,桂林:广西师范大学出版社,2008年。英译本参见 Francesco Petrarch, *Petrarch's Secret or the Soul's Conflict with Passion*, trans. W. H. Draper, London: Chatto and Windus, 1911。拉丁文-意大利文对照本参见 Francesco Petraca, *Secretum*, A cura di Enrico Fenzi, ed. Enrico Fenzi, Milano: Mursia, 1992。

② 对话者弗朗西斯科和奥古斯丁的设计,有两处要点。其一,两位对话者是彼特拉克自我的不同表达。读者不应片面地将其中一位的表达视作彼特拉克的全部观点。其二,对话者奥古斯丁是经过人文主义诠释后的艺术形象,有别于奥古斯丁本人。以美德为例,对话者奥古斯丁将良心的审问看作美德的最佳试验,但对于奥古斯丁本人而言,至高的美德是朝向上帝。特林考斯对此提出了不同见解,他认为,对话者奥古斯丁是对《忏悔录》的援引,就是哲学真理的表现,但他承认,奥古斯丁的角色也包含了彼特拉克自我的部分沉思,参见 C. Trinkaus, *In Our Image and Likeness*, volume 1, London: University of Chicago Press, 1970, pp. 9–10。

于世间享乐,拼命从心里拔除这无上的智慧之根"①。换言之,意志在通向幸福生活上起着决定性的作用,世俗生活和外界事物的意义微乎其微。在对话者奥古斯丁看来,弗朗西斯科陷入理性和欲望的自我冲突,既爱从属于幸福的美德,又爱不从属于幸福的世俗之物,无法专心向善。这样,彼特拉克借助于对话者奥古斯丁之口,从意志的分裂引出了自我问题。

毋庸置疑,彼特拉克延续了奥古斯丁在《忏悔录》中对自我的论述。后者将人的堕落归结于爱上错误对象:当心灵沉湎肉欲,迷恋被造物而不是上帝,就会从上帝处跌落。为此,奥古斯丁曾祈求上帝:"为了请你收束这支离放失的我、因背弃与你合一的状态而散失于杂多性中的我。"②杂多性意味着不同层级的爱难以调和,从而引发自我的分裂和冲突。自我之所以陷入这种处境,归根结底是由于它的时间性。时间性使得自我陷入过去、现在和未来的绵延之中,以至于难以返回到永恒上帝那里。奥古斯丁将自我对上帝的背离解读为:"我的生命在多个方向上延展。"③当自我处于时间性之中,先前的自我和随后的自我将不可避免地产生差异,引发自我的内在分歧,最终导致自我的支离破碎。为了寻求自我的确定性,奥古斯丁要求自我朝向永恒的上帝,因为上帝没有过去和未来,只是永恒的现在。只有在上帝之中,自我才能够得到完全的收束和统一。

与奥古斯丁相似,在《秘密》第一卷中,彼特拉克同样揭示了自我的缺陷。他指出,人们会通过自我欺骗来获得他们想要的事物,甚至不惜摒弃某些自身之中更好的事物。心灵朝向较低的被造物,以至于堕入欲望的深渊,最终遮蔽自我的本性。人生的不幸,源于自我被荣誉、财富等杂多引诱,不能朝向真理,"当自身渴望着上升的同时却又仍然甘于下沉,你便是那给撕裂成相反的表里,两方都不可能获得成功"④。和奥古斯丁一样,他主张自我应当从被造物中向内回转,远离世俗生活,实现自我的内在沉思。

然而,必须看到,彼特拉克同时借助于弗朗西斯科之口说话,亦表现出对

---

① 彼特拉克:《秘密》,第 12 页。
② Saint Augustine, *Confessions*, translated with an introduction and notes by Henry Chadwick, New York: Oxford University Press, 1991, pp. 24, 43. 中译参看奥古斯丁:《忏悔录》,周士良译,北京:商务印书馆,2015 年。
③ Saint Augustine, *Confessions*, p. 243.
④ 彼特拉克,前引文献,第 27 页。

世俗生活的肯定。弗朗西斯科承认，自我的不幸部分来源于外在事物的干扰，在机运之前人无能为力；但是他仍渴望着世俗生活的幸福。对此的一处明证见于第一卷末尾，在那里，弗朗西斯科不再对奥古斯丁让步，而是直言对死亡的恐惧。这种生命的失败和痛苦更具体地被描述为一种世俗性疾病——忧郁。文策尔(Wenzel)考察了忧郁之病的词源学来源，将它追溯至14世纪修道院的道德神学。他指出，忧郁这个词的本义是怠惰，后被但丁解释为世俗的疾病，又被彼特拉克用以描述自我在世俗生活中的尴尬处境。① 在彼特拉克看来，忧郁是外在事物干扰和打击的结果。机运会"傲慢、暴力、盲目、任性地打断凡人的努力"②，它的反复降临和打击会使人无法独立生活，最终陷入沮丧和绝望的状态。忧郁之病表现为自我对生活感到无趣，感知到城市的丑陋与喧嚣，以及救赎无望的绝望，其最严重的结果是自我毁灭。与之相对的词是闲适(otium)。它在中世纪传统中曾经意指一种宗教的沉思生活，但在彼特拉克的叙述中被世俗化了，成为一条介于出世和入世之间的"中间道路"(una via di mezzo)③。自我必须持续地批判世俗的污染来克服忧郁，具体表现为个人抵抗世俗荣耀和成功之内在渴望的努力，以及追求自由和闲适而旅行的外在冲动。④ 简言之，闲适描述了自我克服忧郁之病，并以积极方式面对世俗生活的理想状态。

　　忧郁之病的特性十分复杂。一方面，它与自我的冲突与堕落相似，二者都是由当下经历的痛苦，对过去努力的回忆，以及对未来的恐惧共同积累而成。⑤ 但另一方面，忧郁不是一种超越的永恒神学问题，而是独属于人的世界的疾病。"如果机运用它的整支纵队包围了我，并堆起重重的人类不幸、往日痛苦的回忆和对未来的恐惧，以使我遭受重击、四面楚歌，在巨大的邪恶面前，我只有痛苦悲泣。"⑥ 人的生命变幻无常，时刻都可能面临死亡。彼特拉克多次提醒："勿让一个长生的希望如她蒙骗大多数人那样蒙骗了你，而是要

---

① S. Wenzel, Petrarch's Accidia, *Studies in the Renaissance*, vol. 8, 1961, p. 36.
② 彼特拉克：《秘密》，第75页。
③ Francesco Petraca, *Secretum*, A cura di Enrico Fenzi, p. 273.
④ W. Scott Blanchard, Petrarch and the Genealogy of Asceticism, *Journal of the History of Idea*, vol. 62, 2001, p. 408.
⑤ S. Wenzel, Petrarch's Accidia, p. 38.
⑥ 彼特拉克，前引文献，第73页。

将死亡谨记在心,如同来自高处的神谕一般,使它告诫你。"①相应地,如何躲避机运和死亡,摆脱忧郁之病,便构成了彼特拉克哲学的首要目标。

弗朗西斯科对忧郁和机运主题的引入表明,奥古斯丁的哲学方案已经失效。它既无法完全解决人生在世的忧郁之病,也无法满足世俗生活的需求。不得已,彼特拉克与奥古斯丁渐行渐远。那么,彼特拉克还能否为世俗生活的正当性辩护呢?

二 人的罪性与世俗生活

在《秘密》的第二卷和第三卷,彼特拉克的自我审视是按照七宗罪的次序展开的。首先,他对于灵魂之罪的批评维系了第一卷的立场。对话者奥古斯丁先是指出,弗朗西斯科追求空洞的荣耀和身体之美,犯下了骄傲之罪,他的灵魂贪婪虚荣,对财富等世俗事物充满欲望。随后,在第三卷中,对话者奥古斯丁剖析了错误的爱欲,并驳斥了世俗荣誉的正当性。他指控弗朗西斯科被劳拉的身体和魅力所迷惑,犯下了好色之罪。并且,他为世俗荣耀所累,因追逐名声和事业而堕落。不难看出,彼特拉克接受了奥古斯丁以来的思想传统,将七宗罪的根源追溯到爱之对象的错误:灵魂颠倒了对上帝的爱和对被造物的爱,以至于将被造物作为目的自身,而非通往上帝的工具。对造物的爱一旦遮蔽了对上帝的爱,个体就会变得不幸。典型的例子是弗朗西斯科对于劳拉之死的担忧。如同在《忏悔录》中奥古斯丁反思无名朋友之死带来的伤痛,说灵魂之所以陷入痛苦,是因为它错误地将被造物当作安享的对象,可实际上"一人能在你之中泛爱众人,既不会丧失你,也不会丧失所爱之人"②;同样,对于劳拉之死,对话者奥古斯丁也批评弗朗西斯科不该将被造物作为爱的对象。在彼特拉克看来,灵魂之罪的实质,就是爱之次序的倒错。

然而,在彼特拉克这里,七宗罪不再是基督教的原罪,而是世俗之罪。众所周知,奥古斯丁认为,人生而具有原罪,后者源于自我的骄傲和对上帝的背离。人只有彻底否定自我,才能得到上帝的救赎。在这个意义上,世俗生活只是通往上帝的工具,而非目的。在《秘密》中,对话者奥古斯丁同样用这样

---

① 彼特拉克:《秘密》,第133页。
② Saint Augustine, *Confessions*, pp. 61, 243.

的话来告诫弗朗西斯科:"死亡本身不是终点,而是通道。"①如果说,末日审判才是最终的目的,那么世俗生活就只能是神圣生活的预备,没有根本的意义。

这一点恰恰是彼特拉克无法赞同的。不同于奥古斯丁,彼特拉克对灵魂克服自身的罪性更有信心,主要体现为两个方面。其一,在彼特拉克看来,所谓的罪只是激情和欲望的扰动。以奥古斯丁为代表的基督教原罪论认为,人生来就具有原罪。在上帝面前,"没有一人是纯洁无罪的,即使是出世一天的婴孩亦然如此"②。简言之,原罪来源于初人亚当对上帝的背弃,经由遗传表现在每个人与生俱来的骄傲本性中。它不但使灵魂失去正确选择的能力,错误地去爱被造物,而且使人沉陷于私善,不断作恶。但彼特拉克没有直接引入原罪逻辑,而是将灵魂之罪归咎于激情和欲望的失控。他指出,灵魂的罪不在于先天的缺陷,而在于后天欲望和激情的拉扯。正如对话者奥古斯丁所说:"我并不否认灵魂根本上是神圣的,但你该承认,由于与囚禁它的身体联系在一起,灵魂丧失了许多它原本的神圣。"③身体的感官干扰了灵魂中相应的部分,致使人无法作出正确的决断,被世俗疾病缠绕,因而罪不是灵魂与生俱来的。其二,不同于传统基督教认为人只能凭借上帝的做工来克服罪,彼特拉克相信灵魂在一定程度上能够自救。在传统基督教中,原罪的根深蒂固意味着,人无法单凭自身的努力去克服它,而是必须依赖上帝的圣爱做工,才能实现皈依,获得安宁。奥古斯丁在《忏悔录》中说道:"哪里能找到这样的快乐?主啊,除非在你身上,'你以痛苦渗入命令之中','你的打击是为了治疗',你杀死我们,为了不使我们离开你而死亡。"④相对地,彼特拉克笃信灵魂理性的力量,"灵魂必须保护自己免受肉欲的影响,并根除由此带来的幻想,使它能纯洁地上升至神圣奥秘的沉思,思量着自己生命的有限"⑤。这表明彼特拉克相信灵魂不但能摆脱罪性,而且有着自我完善的潜能。

彼特拉克对原罪逻辑的这一松动,使他的目光从超越现世的神学中降落,重新确立了世俗生活的意义和正当性。这一立场在对话者弗朗西斯科那

---

① 彼特拉克:《秘密》,第34页。
② Saint Augustine, *Confessions*, p. 6.
③ 彼特拉克:前引文献,第40页。
④ Saint Augustine, op. cit., p. 25.
⑤ 彼特拉克,前引文献,第66页。

里体现得淋漓尽致。后者数次表达了对于人类事务的眷恋和关切,其中最重要的就是为两条锁链所作的辩护。第一个辩护对象是爱情。弗朗西斯科坚称,自己对于劳拉的爱情是爱慕其美德与灵魂而非身体的美丽。在机运的打击和死亡的威胁下,美德仍然是永恒的,因而他爱的对象是正确的而不应当受到指控。对话者奥古斯丁进一步指出,即使爱的对象是正确的,将对劳拉之爱放置对上帝之爱前面,仍然意味着爱的方式是错误的。弗朗西斯科则申辩道,他爱劳拉是被对方灵魂的美德所吸引,而非源于自身的肉欲。只要爱的对象正确,对被造物的爱会增进对上帝的爱,故而次序的颠倒并不构成犯罪。彼特拉克借此表明,对上帝的爱和对被造物的爱本质上并不对立。① 第二个辩护对象是荣耀。对话者奥古斯丁提出,无论荣耀延续的时间如何漫长,它始终处于时间中,因而无法实现真正的超越和永恒。他提醒弗朗西斯科,追求荣耀是浪费生命和精力,只有放弃对荣耀的追求而朝向上帝才能写出最为杰出的作品。对此,弗朗西斯科表示明确拒绝:"我并不想变作神祇,拥有永恒的生命或拥抱天堂和大地,人类的荣耀对我来说已然足够;作为凡人,我渴望凡俗之事。"② 由此,他指出人类事务不单纯服务于神学目的,而具有相对独立性,从而有别于中世纪的基督教传统。此前的中世纪神学因为强调上帝而无限扩大安享上帝的外延,以至于挤压到人在世俗生活中利用被造物的空间。与之不同,彼特拉克重新论证了利用被造物的合理性,赋予了世俗事物和世俗生活坚实的正当性。③

由此,彼特拉克通过重申奥古斯丁"使用"被造物的立场,发掘了世俗生活的正当性。不同于中世纪传统,彼特拉克从人文主义的立场出发,将基督教的七宗罪解读为心灵的失序。这种去原罪化的解释,为自我的世俗化进一步扫清了障碍。

---

① G. A. Levi, Classical and Christian Thought in the Secretum and in the Familiares, in *Petrarch's Secretum with Introduction, Notes, and Critical Anthology*, ed. D. A. Carozza and H. J. Shey, New York: Peter Lang, vol. 7, 1989, p. 234.
② 彼特拉克:《秘密》,第139页。
③ 吴功青:《彼特拉克〈秘密〉中的上帝与自我》,《哲学动态》2018年第2期,第68页。

三 自我的独处与操练

世俗生活的正当性,构成了世俗幸福的基本前提,也使得自我本性的完善成为可能。可是,彼得拉克该如何面对世俗生活中的自我问题呢？他又能否在世俗生活中使自我摆脱忧郁之病呢？

为了解决自我的忧郁之病,彼特拉克提出了灵魂的自我治疗方案。在《秘密》的后两卷,他借由对话者奥古斯丁之口,引述了古典诗人和哲人的自我完善之法,意图实现自我治疗。这要求灵魂克服流俗的诱惑,以良心来审视自我,从而实现内心的安顿。由于灵魂的罪性来源于身体,彼特拉克希望通过向内回转,排除外在干扰,从而实现内在自我的完善,即获得真理和德性。为此,他利用了斯多亚主义和西塞罗的思想资源。斯多亚主义认为,外在善不是幸福的构成要素,也不是其必要条件,美德是自我的一种努力或者竭尽全力,不受世上偶然性的影响。西塞罗也指出,善的观念本身是内省而来的,"经由理性推断,我们的心灵从符合自然的事物上升至善的观念"[1]。智慧者在其自身之中就拥有善,无须外求,故而也无须和世界产生联系。在此基础上,彼特拉克提出,自我治疗就是免除灵魂中身体带来的疾病,医治灵魂使其恢复到原本完善的理性状态,"在那里你可以避免情感的追击,凭借着理性的美德被称作人类"[2]。他希望通过对内在理性能力的发掘,实现个体的自我完善。

那么,自我治疗该如何具体进行呢？彼特拉克指出,第一步是灵魂的独处。在面临爱情这项无法割舍的诱惑时,对话者奥古斯丁提出灵魂应当离开人类事务而选择独处。这是自我治疗的准备步骤,旨在实现与世俗生活的绝对分离,避开机运的打击和干扰。当自我从人类事务脱离出来,进入独处和沉默的状态,灵魂就获得了精神交流的吸引力。自我得以避免生活的琐事和机运的波折,也摆脱了流俗的无用之声。"这是一种群居的独处和一种雄辩

---

[1] Cicero, *On Moral Ends*, ed. by Julia Annas, trans. Raphael Woolf, New York: Cambridge University Press, 2004, p. 75.
[2] 彼特拉克:《秘密》,第 133 页。

的沉默,不言说短暂的事物,而在时间的堕落之外,谈论超越时间的事物。"①自我的内省之所以能够实现,是因为"弃离俗道才能接近真理"②。独处的过程暂时免除了身体对灵魂的干扰,从而为完善的灵魂提供基本前提。彼特拉克所说的独处,不是在深山隐居或者物理意义上的避世行为。恰恰相反,灵魂的独处并不在世俗生活之外,而就在人群之中。自我的独处并不是身体层面的苦行,而是自我的内在沉思,是纯粹精神性的交流。因为机运的打击只能作用于身体,而身体的感受影响灵魂的激情和欲望,当自我独处时,就脱离外在事物而独立于机运之外。彼特拉克的这些论述指明,自我要朝向自身深处发现真理,并且在其中领悟真正的社会原则以指导人的生活。

第二步是灵魂的自我操练,即阅读和写作。在剖析世俗生活中自我的七宗罪时,只有荣耀是弗朗西斯科未作妥协的。借着辩护的契机,彼特拉克揭示了一种自我操练的方式,即将阅读和写作作为自我治疗的手段。首先,是阅读的治疗。对话者奥古斯丁提醒道,自我可以从古典作品中得到帮助,当理性无法控制激情和欲望的时候,这些作品能够唤醒精神,成为自我治疗的良方,"切勿仅仅相信你的智力,而要用心牢记,并通过反复琢磨加深印象"③。扎克(G. Zak)就此认为,阅读古典文本能够减弱感官对灵魂的扰动,但这种改变是暂时的,只有将其内容转化为灵魂所固有的,才能真正对抗世俗疾病。④ 正如他所指出的,用心牢记指的是将治疗的内容写在灵魂之中,即对内在的自我加以医治和形塑,使得理性重新获得对自我的控制能力。其次,是写作的治疗。虽然作为哲学治疗的方法,阅读是由奥古斯丁提出的,而写作则是由弗朗西斯科提出的,但彼特拉克毫无疑问也将写作视为抵抗机运的一种方式,因为《秘密》全书的写作正是以自我审查的方式展开的。将写作作为一种自我操练的方式来源于斯多亚传统,即塞涅卡所说的良心检查:"记忆或阅读范围内的事,主要是这种过去的一天的重新审视,它是最后应该要做,即在要入睡的时候,它让人可以对需要做的事,已做过的事和实际

---

① E. Garin, *History of Italian Philosophy*, trans. G. Pinton, vol. 1, New York:Rodopi B. V. Amsterda, 2008, p. 141.
② 彼特拉克:《秘密》,第16页。
③ 同上书,第84页。
④ G. Zak, *Petrarch's Humanism and the Care of the Self*, New York:Cambridge University Press, 2010, pp. 94-95.

的行事方式做个小结。"①彼特拉克接受了塞涅卡关于良心审查的说法。扎克就列举了大量彼特拉克的信件来表明,彼特拉克在写作的过程会与古典哲学家产生交集,以比较自身与先贤,从而进行自我反省,以此来检查灵魂的状态。② 除此以外,写作也是对过去记忆的沉思,过去的自我在写作的过程中被不断记录下来,构建起一种连续性,这种连续性能够帮助自我暂时地从时间中脱离出来,独立于机运和激情。

自我独处和自我操练的最终目的是自我塑造。在对荣耀的剖析中,奥古斯丁提出了培养美德的要求,因为美德会产生一切好的事物,其中就包括了荣耀的德性。彼特拉克力图表明,自我治疗和操练通过运用自我的理性能力,向内获得真理和德性,最终将会完成自我的塑造和完善,使得自我能够建立对自身的权威。"如果灵魂未被治愈,又没有做好治疗的准备,那么这种从一地到另一地的频繁变化,除了悲伤之外什么都不会发生。"③但是如果灵魂的自我治疗奏效,即自我中的理性得到了完善的表达,那么理性就可以控制激情和欲望,使自我免于堕落。就这样,自我被塑造成一个获取真理知识和从事道德实践的主体,世界中的经历仅仅作为自我的感知和考验而存在,自我表现出鲜明的主体性。完善后的自我虽仍然处于世俗生活之中,但是当机运的打击来临时,它能够关注过去的记忆,为可能发生的灾难做好准备。在这个意义上,自我能够管理和主宰自身,从而脱离自我的忧郁之病走向幸福生活。

总之,为了使自我在世俗生活中获得幸福,彼特拉克引入了自我治疗。值得注意的是,虽然他认同基督教的内在完善路径,但个体的自我操练、自我塑造和自我完善的整个过程无不发生在世俗生活中,而非基督教的神圣生活中。由此,彼特拉克展现出对基督教的人文主义诠释,以及在自我问题上的世俗化倾向。在彼特拉克那里,人获得了世俗生活的权威,用理性控制激情和欲望,顺从机运的安排,成为一个真正的主体。

---

① 福柯:《主体解释学——法兰西学院课程系列:1981—1982》,佘碧平译,上海:上海人民出版社,2005年,第176页。
② G. Zak, *Petrarch's Humanism and the Care of the Self*, pp. 99-100.
③ 彼特拉克:《秘密》,第118页。

四　个体自我与上帝的形象

彼特拉克对自我世俗化的强调，同时塑造出了新的个体自我观念。在他那里，自我独处和精神操练不是群体性的反思，而是独立于政治共同体和人际关系之外的个体沉思。彼特拉克称之为"退至理性的堡垒"①。个体不是去构建和反思人与人之间的关系，而是直接在心灵中切断自我与世界的联系，关切自身的体验和处境。这就有别于古典哲学，后者对自我的反思仍然处于共同体之中。在彼特拉克看来，阅读和写作是独属于个人的实践方式，因而自我最终获得的真理和德性也是无关其他而独属个人的，《秘密》全书就是彼特拉克给出的示例。作为一篇私人的对话，对话者和内容主题所表现出的特征就是去政治性的、个体化的和私密的。这种路径无视一切外在环境的影响，将个体自我的完善和表达作为通往幸福生活的唯一方式。

在彼特拉克看来，只有自我才能为人提供生存的根基。在传统的基督教中，自我不但不被肯定，反而受到压制甚至是否弃，只有如此，个人才能免于骄傲之罪。这种逻辑的结果，必然是个体自我的削弱。与此不同，彼特拉克将目光投向了世俗生活，对他而言，自我既是心灵的目的，也是通往上帝的工具。因此，自我独处和操练是对自我肯定性的沉思和塑造，而不是否定性的反思和剔除。由此，个体自我的意义才得以全部保留。

然而，彼特拉克也深谙个体自我暗含的危险性，因而从未让它脱离永恒上帝的托举。在第三卷中，他质疑了自我停留于世俗世界的可能性，"认为自己一只脚在人间，另一只脚在天堂的人，既不能立于人间又无法升上天堂"②。这无疑是说，在世俗世界的干扰和机运的打击之下，个体自我在时间的暂时性和流变性中寻求幸福生活终将徒劳无功，因为一旦个体自我掌握了对自身的权威，就意味着为幸福提供担保的不再是永恒的上帝，而是软弱多变的自我，那么人的一生将始终伴随着堕落的危险。为了应对这些可能的质疑，彼特拉克不得不接纳"上帝的形象"（Imago Dei）一说，将自我的本质由斯

---

① 彼特拉克：《秘密》，第 73 页。
② 同上书，第 142 页。

多亚式的德性追求替换为奥古斯丁式的神圣事物。①

通过这一替换,彼特拉克保留了传统基督教中上帝的作用。对他而言,人在上升过程中,"还有无限的帮助来自上帝,因为没人能匹配纯洁,除非上帝救助(dederit)"②。弗朗西斯科所祈求的,不是奥古斯丁式的合一,而是借助于上帝的力量使理性控制激情,因此上帝在自我完善中仍起着间接的作用。这具体体现为两个方面,一是自我与机运的和解方式,二是对自我本性的理解。首先,人在宇宙中的位置超出了彼特拉克所刻画人的世界的界限,宇宙整体始终在神圣天意的掌控之中。"是机运,决定着人类的全部事物,是它把贫穷分给你。"③因此,个体自我客观上无法主宰自身的机运,只能以自我治疗的方式获得不同的体验和理解。彼特拉克意识到,自我的权能只能作用于个体自身,只有上帝的权能才会作用于整个世界。因而,自我始终无法触及上帝的权柄,只能通过重塑和完善主体来面对机运的打击,最终与机运达成和解。其次,他将自我的本性视作真理与德性,不但包含了古典德性的实践,而且关涉上帝的形象。通过奥古斯丁对弗朗西斯科的灵魂天赋的多次肯定,彼特拉克已经在一定程度上保留了基督教立场。特林考斯注意到了这一点,并以《论宗教的闲适》(*De otio religioso*)的文本予以佐证:"如果不是神性偶然地向他揭示,人将完全不知道,根据永恒不变的神圣法则,人性将被托举,神性将俯低。"④他分析道,彼特拉克没有完全模糊神人界限,而是保留了人与上帝之间的无限距离,这种距离需要借由上帝的恩典跨越。⑤ 由此可见,彼特拉克的自我完善仍然依赖于基督教的神学基础。个体自我之所以能实现自我完善和表达,是因为上帝所赋予的本性是完善的和卓越的,由此,自我才能在理性和身体的干扰中被托举起来,从而获得幸福生活的可能。

与此同时,彼特拉克强调"人是一个动物,更为万物之首"⑥,表明自己更忠实于人的立场。永恒虽然高于世俗,但世俗却先于永恒,"凡人应当首先考

---

① G. Zak, *Petrarch's Humanism and the Care of the Self*, p. 119.
② 彼特拉克:《秘密》,第 68 页,译文有调整。
③ 同上书,第 59 页。
④ Il '*De otio religioso*' di Francesco Petrarca, ed. Giuseppe Rotondi, *Studi e Testi*, I95, Città del Vaticano,1958, posthumously completed for Rotondi by Guido Martellotti, p. 41.
⑤ C. Trinkaus, *In Our Image and Likeness*, vol. 1, London: The University of Chicago Press, 1970, p. 37.
⑥ 彼特拉克,前引文献,第 31 页。

虑俗事,然后才是永恒之物;因为最合逻辑的顺序是从短暂到永恒,而非从永恒到短暂"①。这无疑是在说,有朽的人应当先在世俗生活中克服自我的冲突,而将对永恒上帝的追求留到生命的最后。彼特拉克并不强调基督教传统中永恒高于世俗的观念,而更注重二者逻辑上的先后顺序,世俗先于永恒。② 这一点在《歌集》中也有所体现。彼特拉克朝向上帝,"他的皈依——灵魂的转向——虽然没有完成,但他依然不放弃实现皈依的任何可能"③。只不过,彼特拉克停留在世俗的循环时间中,迟迟不愿皈依,始终未能上升至永恒。这种滞留又指向自我内在的德性与真理,是其人文精神的体现。最终,他和奥古斯丁走向了两个不同的方向,奥古斯丁抛弃世界追求永恒,而彼特拉克要先追求地上的幸福,然后再考虑永恒。④

既然德性和真理与上帝的形象在完善的个体自我中达成同一,那么个体自我就构成了认识上帝的前提。个体自我的权能局限于主体自身,它的自我完善无法摆脱上帝的恩典。说到底,朝向自我就意味着对自我形象的重新发现,而人的形象和本性都来源于上帝。自我和上帝之间的这种复杂关联,让彼特拉克陷入重重张力之中。一方面,上帝开始将人的世界归还于人;另一方面,上帝又并未完全退场,而是始终发挥着作用。从而,彼特拉克注定在自我和上帝之间,自由与恩典之间苦苦挣扎。

四 结语

通过对《秘密》文本的分析,我们阐明了彼特拉克在自我问题上的世俗化倾向。相比之前的基督教哲学家,彼特拉克关心自我在世俗生活中的忧郁处境,也面临着自我在机运的打击下如何寻求幸福生活的难题。他将人的罪性归于身体而非灵魂,削弱了基督教传统的原罪逻辑。诚然,彼特拉克仍然保留了基督教传统中上帝的作用;但更重要的是,他坚持从人文主义的立场出

---

① 彼特拉克:《秘密》,第142页。
② 吴功青:《彼特拉克〈秘密〉中的上帝与自我》,第69页。
③ 钟碧莉:《彼特拉克〈歌集〉结尾"忏悔诗"中的皈依问题》,《浙江学刊》2020年第3期,第170页。
④ D. A. Carozza, Petrarchan Studies and the *Seretum*, in *Petrarch's Secretum with Introduction, Notes, and Critical Anthology*, eds. D. A. Carozza and H. J. Shey, New York: Peter Lang, vol. 7, 1989, p. 5.

发,充分凸显人的地位,将世俗生活从神圣生活中独立了出来。相较于奥古斯丁,他塑造的自我已经高度世俗化,并呈现出明确的主体性和个体性特征。从彼特拉克开始,人开始成为自我掌控和自我完善的个体,获得了前所未有的自由。在这个意义上,彼特拉克名副其实地是"第一个现代人"。

Secularization of Self
——Focusing on Petrarch's *Secretum*
Zhao Bi

Abstract: With the attention of philosophers in the Renaissance shifted to secular life and human affairs, the self was also faced with a strong tendency of secularization. In *Secretum*, Petrarch developed a humanistic interpretation of self. Based on this text, my article first analyzes Petrarch's deviation from Augustine and explains his secularized tendency on the motif of self; then cuts into the secularity of the seven deadly sins, analyzes Petrarch's loosening of the logic of original sin, and reveals that it comes from the perfection of self and the legitimacy of the human world. The article finally points out that Petrarch introduced the Stoic concept of self-care and shaped the self as the subject, in basis of which modern individuality was also shaped. As the "first modern man", Petrarch was destined to fall into the tension between modern and Christian traditions, and struggle between self and God, freedom and grace painfully.

Keywords: Petrarch, *Secretum*, Individual self, Secular life, Self-care

生命本身的政治哲学:蒙田《随笔》"论虚荣"章解读*

夏尔凡**

摘 要:基于对蒙田《随笔》"论虚荣"一章的解读,本文指出,蒙田颠覆了亚里士多德对人的生命的目的论理解,将家庭、政治、高深知识这些"虚荣"的外在目的从人的生命的本质中剥离出去,而将人的生命重新理解为结合了自然愉悦与自然必然性的生命本身,并且给出了适合这样的生命的政治安排,即稳定的权威、和平与法治。本文首先通过与马基雅维利的比较,对蒙田在政治思想史上做一个定位,然后结合文献梳理蒙田政治哲学的核心疑难:蒙田究竟是倾向保守主义还是自由主义?我们通过对"论虚荣"章的解读指出,蒙田强调权威与政治稳定的保守面向和珍视个人自由的自由主义面向都以他对人的生命的理解为基础。蒙田的政治哲学在根本上是超越了保守主义和自由主义简单区分的生命本身的政治哲学。蒙田的生命本身的政治哲学是对西方古典与基督教政治思想的反叛,也是西方现代政治哲学的重要思想根基。

关键词:蒙田 政治哲学 生命本身 虚荣 亚里士多德

一 作为政治哲学家的蒙田

(一)蒙田在政治思想史的位置

蒙田是西方现代政治哲学的奠基人之一。这也就是说,他是西方古代和

---

* 本文英文初稿得到 Clifford Orwin, Rebecca Kingston, Ryan Balot, Ronald Beiner, Andy Sabl, Zak Black 等师友的阅读和指正,《哲学门》审稿老师对中文文稿提出了宝贵意见,在此表示感谢。

** 夏尔凡,1993 年生,加拿大多伦多大学政治学系博士研究生。

基督教政治视野最深刻的批评者之一。古代和基督教思想家们将人类在政治、哲学和信仰上的高贵追求规定为人性之实现，蒙田则质疑这些追求的自然性和可欲性。当然，对古代哲学与基督教思想的批评是许多文艺复兴与早期现代思想家共同的思想事业，然而蒙田采用了一个独特的"普通人"视角。马基雅维利常被视为开启现代政治哲学的第一人，与马基雅维利相比，我们可以看到蒙田视角的独特性和意义。

马基雅维利采用君主视角，在政治生活的战争、阴谋、革命这些大时刻中追问和解说人性与政治。面向在位或潜在的君主以及有抱负或野心的政治家，马基雅维利鼓励对荣誉的追求以及对残忍手段的有效使用。当然，我们或许可以认为，马基雅维利是试图摆布、协调君主追逐荣誉的激情和人民恐惧的激情从而达到保卫祖国的目标。毋庸置疑的是，无论马基雅维利在《君主论》献词中如何自谦其处于地位低微的平原，他事实上是站在一个君主之君主的高度上教导君主。

蒙田接受了马基雅维利思考人性与政治活动时关注现实实践的取向，不同的是，蒙田采用了一个普通人日常生活的视角去观察人性与政治的现实，并追问在人性与政治的现实条件之下，一个普通人应该如何在这样的人类处境中生活，以及什么样的政治安排适合这样的普通人。① 蒙田当然也经常讨论那些伟大人物，包括大思想家和帝王将相，并且批评那些想尽办法将这些伟大人物还原到自身水平的败坏心态，然而他总是突出作为《随笔》主角的自己和伟大人物之间的距离感，突出《随笔》主角的普通人视角。② （这并不是说蒙田本人在智识水平、政治经历或社会地位上就是一个普通人，而是说他的《随笔》采用了这样的一个独特视角，把作为《随笔》主角的蒙田表现为一个普通人。）从这样的视角出发，蒙田揭露出荣誉的虚无以及残忍的丑

---

① 参考 Biancamaria Fontana, *Montaigne's Politics*, Princeton: Princeton University Press, 2008, p. 57。冯塔纳对马基雅维利与蒙田之间的比较有一个类似的看法。她指出蒙田与马基雅维利共享一个"现代欧洲社会的暗淡图景"和"一种对政治力量与人类动机的怀疑主义的、祛魅的理解"。他们之不同在于，马基雅维利"对于德性的重新定义被表现为对古典共和主义德性的复兴，同时包含对军事与爱国信念、不受外国统治而独立自主的坚持"，而蒙田"追求一种尤其非英雄主义的、现代的'平凡'德性的理想，这一理想是基于普通人日常生活的经验的，在这一经验中，和平、安全和物质需求的满足是最相关的考量"。

② 参考《随笔》1.37 章 "论小加图"。Michel de Montaigne, *Les Essais*, édition établie par Jean Balsamo, Michel Magnien et Catherine Magnien-Simonin, Pléiade, 2007, pp. 234–241.

陋。与马基雅维利相反，在追慕虚荣和残忍手段中，蒙田看到的不是政治共同体的救赎，而是政治生活无法摆脱的诅咒。当残忍作为手段被用于追逐和捍卫荣誉，荣誉的虚无更凸显了残忍的丑陋。

  马基雅维利总是试图点燃人性中的意气，而蒙田始终试图去浇灭意气的火焰。正如皮埃尔·马南（Pierre Manent, 1949— ）所指出的，蒙田的进路更好地考虑了人群中的绝大多数，他们既没有足够的野心去听从马基雅维利，也没有足够的虔敬去追随加尔文——他们"既不关心城邦的救赎，也不关心灵魂的救赎"①。恰恰这些人才是一个政治社会的主要组成部分。政治哲学应当充分地考虑这些人。诚如朱迪丝·施克莱（Judith Shklar, 1928—1992）所说，虽然马基雅维利以现实主义闻名，但蒙田"以残忍为首恶"的更尊重普遍人性的视角比马基雅维利的君主视角更为现实。②

  我认为蒙田提供了这样一个图景：没有虚荣的政治——无论是古代哲学的、基督教的、还是马基雅维利式的虚荣。在这个图景中，权威不是基于任何关于统治者优越性的声称，而是基于它对这样一个功能的实现：保持和平与法治状态从而使人民可以在其中享受生命本身。在这个图景中，个人享有个体自由，然而这一个体自由并不是基于任何一种"尊严"或"权利"，而是基于人的生命的一种"赤裸性"——人们享有不受制于外在于生命的义务或限制的自由，这恰恰是因为他们生来就没有带着任何高贵的自然目的等待他们去实现。③ 在蒙田看来，人的生命没有内在的目的，它不是像亚里士多德所说的那样，成全于"好的生活"，而只是在亚里士多德那里与"好的生活"相对的生

---

① Pierre Manent, *Montaigne: La vie sans loi*, Paris: Flammarion, 2014, pp. 18-19.
② Judith Shklar, Putting Cruelty First, in *Daedalus* vol. 111, no. 3, Representations and Realities (Summer, 1982), pp. 17-27.
③ 比较莱文对蒙田对宽容原则的论证的理解。莱文指出蒙田对宽容原则这一自由主义核心议题的论证并不从"权利"出发，蒙田的重要论据之一是人的自我的"根本的空洞性"（ultimate emptiness）使得人并没有什么真正可强加于人的东西（Alan Levine, *Sensual Philosophy*, Lexington Books, 2001, pp. 8-9）。我们认为，宽容（给他人自由）是个人自由在政治语境中的一个面向，在蒙田这里，个人自由和宽容都建立在人的赤裸性/空洞性之上，人没有被自然或者神强加任何内在目的，人也就没有什么可以强加于他人。

命本身。① 没有虚荣的政治的基础是生命本身的伦理。在蒙田《随笔》的所有章节之中,最长的章节之一"论虚荣"是对其政治哲学最为充分的讨论。对"论虚荣"章的细读可以澄清蒙田政治哲学对古代哲学传统、基督教传统和马基雅维利的批评,并在此基础上描摹出蒙田政治哲学的形态。同时,我们也可以从中看出蒙田与霍布斯的某些相似之处,从而为评估蒙田对现代政治哲学的影响找到一些线索。

(二)蒙田政治哲学的核心疑难:自由主义还是保守主义?

在我们进入对"论虚荣"章的具体讨论以前,我们先回顾蒙田政治哲学的研究文献中最使学者感到困惑的一个问题,即蒙田的保守主义倾向和自由主义倾向之间的张力:蒙田一方面屡屡劝诫人们应该近乎绝对地服从既有的政治权威,另一方面他又处处体现出对个人的良心自由、思想自由、移动自由的珍视。

菲利普·德桑(Philippe Desan)与边凯玛里亚·冯塔纳(Biancamaria Fontana)通过考察历史语境的进路来理解蒙田。德桑在他关于蒙田的历史研究中肯定了蒙田在宗教上对天主教信仰的忠诚,及在政治上对亨利三世的忠诚。德桑认为蒙田对两者的忠诚都出于尊重自己所处的习俗共同体这一保守主义的理由。德桑将蒙田对宽容等自由主义立场的偏爱归于他个人的节制个性。德桑的蒙田是一个真正保守的蒙田。② 冯塔纳在蒙田的保守态度中

---

① 我使用"生命本身"描述蒙田对生命的看法时,着重的是生命运动的自然愉悦,并不强调战战兢兢的自我保存。这里借用了亚里士多德的框架解说蒙田对生命的看法,需要我在非目的论的自然愉悦的意义上使用"生命本身"做一个初步辩护。这一用法有一个可能的困难:如果我们将生命本身理解为动物性的生命,亚里士多德对动物生命的解释也是目的论的,其目的就是自我保存。在《论灵魂》III. 12、13 章以"自然不会虚无地做事"原则解释动物感官对于动物生存的作用时尤其明确(Aristotle, *De Anima*, ed. W. D. Ross, Oxford: Oxford University Press, 1956, III. 12-13)。我认为在亚里士多德哲学中主要有两种目的论,一种是有机生命以自我保存为目的的目的论模式,另一种是人类以"好的生活"为目的的目的论模式。当亚里士多德在讨论人的生命的语境中谈论"生命本身"的时候,我们认为他并没有以理解动物生命的目的论模式理解人的"生命本身",而是在与"好的生活"相对的意义上,强调简单、日常的生命活动的自然愉悦。在《政治学》中,亚里士多德就是在这个意义上理解去掉更高追求的生命本身,称其"带有某种内在的愉悦和自然的甜蜜"("ἐνούσης τινὸς εὐημερίας ἐν αὐτῷ καὶ γλυκύτητος φυσικῆς",本文引用亚里士多德原文时的中文译文均为本文作者依据希腊文译出,有时给出希腊原文,有时省略,Aristotle, *Politica*, ed. W. D. Ross, Oxford: Oxford University Press, 1278b29-30)。我们认为蒙田根本上拒绝以目的论理解生命,虽然活着作为享受生命本身的前提是重要的,但活着并不构成生命的目的。

② Philippe Desan, *Montaigne: A Life*, trans. S. Rendall & L. Neal, Princeton: Princeton University Press, 2017.

看到的是蒙田对政治的复杂性与限度的明智认识,但她认为蒙田真正偏爱的是共和政府。她正确地指出了蒙田对无偏私的法治以及宽容的提倡。然而冯塔纳对于蒙田的共和理想到底是什么样的并没有清楚的说明。她对蒙田的描述很难和一个明智的自由主义者形象相区别。① 这两位采取历史语境进路的学者捕捉到了蒙田的一些关键的思想片段,但并没有做出将蒙田政治思想作为一个整体进行把握的努力。

胡戈·弗里德里希(Hugo Friedrich)的经典研究试图通过一种辩证运动式的解读把握蒙田思想的全貌。在弗里德里希的解读中,蒙田思想的第一个环节是"被贬低的人":蒙田打碎了人类中心主义的幻觉;然而蒙田思想进一步发展到下一个阶段"被肯定的人":蒙田重新肯定了没有这些幻想的高贵地位的人作为个体的生活依然是值得过的。弗里德里希的蒙田肯定一种较低的人性理解下的个体生活,是一个接近自由主义的个人主义者的形象。②

采取施特劳斯学派进路的大卫·谢弗(David Lewis Schaefer)与艾伦·莱文(Alan Levine)在政治哲学史的视野下通过文本细读,尝试把握蒙田政治哲学的整体与根基。谢弗认为蒙田确实给出了一个自由主义的政治图景,他的保守主义仅仅是其根底里相当激进的世俗化和自由主义政治哲学的一个显白的保护层。③ 莱文则认为,由于蒙田对具体制度颇不关心,蒙田不能在一个完全的意义上被称为是自由主义的,然而蒙田通过其自我概念和对宽容原则的论证奠基了自由主义。莱文承认蒙田思想中存在基于保障稳定这一理由的保守主义。他指出,蒙田虽然在哲学和道德上批判各种传统权威,但同时也出于政治理由为权威辩护:大众无法像哲学家那样进行自我探索,从而达到真正的自由并做到真正的宽容,因此,服从权威的政治方案是唯一可以实现和平稳定的现实方案。换言之,自由主义伦理是哲学家的,而保守主义政治是针对大众的。④ 我们认为弗里德里希与谢弗没有认真地对待蒙田思想中深刻的保守主义倾向,而莱文对蒙田自由主义伦理和保守主义政治的割裂解

---

① Fontana, *Montaigne's Politics*.
② Hugo Friedrich, *Montaigne*, ed. Philippe Desan, trans. Dawn Eng, Oakland: University of California Press, 1991.
③ David Lewis Schaefer, *The Political Philosophy of Montaigne*, Cornell: Cornell University Press, 1990. 尤其参见第一章。
④ Levine, *Sensual Philosophy*, 尤其参见 Introduction 和第四章。

读没有看到两者的共同根源。

蒙田研究中已有一些调和蒙田的自由主义和保守主义并对这两个倾向予以融贯解释的努力。让·斯塔罗宾斯基(Jean Starobinski)也给出了一种辩证运动式的蒙田解读。对斯塔罗宾斯基来说,蒙田思想从对充满虚伪表象的社会剧场的批判发展到与表象的和解,蒙田最终承认人在自然的意义上是生活在表象中的存在。蒙田从对本真性的坚持到与表象的和解,其实也是蒙田与人的生活,包括必然包含虚伪性的政治生活限度的和解。斯塔罗宾斯基清楚地把握到了蒙田思想中追求自我本真性的自由主义因素,他最终的蒙田形象则更倾向于与政治现实和解的保守形象。①

根据皮埃尔·马南的解读,蒙田论证了人们应该仅仅因为任何法是法而去服从它,这一论证看似是保守主义的,实则恰恰体现了任何法都同样没有根基,人的生命和任何外在的法之间都没有本质上的联系,从而证成了一个"没有法的生命"这样一个伦理-政治视野而为现代自由主义奠基。换言之,在马南的解读中,蒙田对人的生命的理解是自由主义的,也是其政治哲学的根本,而他看似保守主义的服从现成权威的说法只是这一根基衍生出的推论。②

曹帅在一篇近期的文章中同样关注蒙田政治哲学中自由与保守的张力,他大体上认为,蒙田在政治上最终的调和方案是内在坚守个人自由,外在服从政治权威。他进一步提出自由与保守的两种倾向的共同根源在于蒙田以平凡生活、凡人形象对峙古代英雄美德。③ 曹帅将平凡生活、凡人形象看作是蒙田政治思想的基础堪称敏锐的观察,但是他在两个问题上没有阐述得足够清楚:第一,凡人伦理与自由主义的亲缘性固然相对明显,它与保守主义的联系则未必清楚,我们完全可以设想贵族气质的保守主义。第二,曹帅没能够指出蒙田的凡人伦理是建立在一个新的对人生命的理解之上。凡人形象对峙古代美德的背后是"生命本身"对峙目的论的"好的人生"。

要处理蒙田是自由还是保守的问题,我们需要澄清所谓蒙田的保守主义的具体含义。我会在解读中尝试指出,蒙田保守主义的关切在于保住一个稳

---

① Jean Starobinski, *Montaigne in Motion*, trans. A. Goldhammer, Chicago: University of Chicago Press, 1985. 尤其参见第七章。
② Manent, *Montaigne: La vie sans loi*. 尤其参见第三、四章。
③ 曹帅:《自由与保守的张力:论蒙田的政治思想》,《学习与探索》2020年第3期。

定的政治权威,而主要不在于保住社会的或文化的传统。与我们一般理解的保守主义不同,蒙田并不论证传统的智慧,或是辩护渐进式的改善政治的方式。他的核心论点是人们必须服从于既有权威从而保住和平与稳定。① 与斯塔罗宾斯基、马南和曹帅的努力相似,本文也试图调和蒙田的保守主义与自由主义,给出一个对其政治哲学的融贯解读。与他们相比,本文会像莱文那样更加强调蒙田所谓保守主义的实质是对保存既定政治权威的论证,它几近一种霍布斯式的对政治权威必要性、绝对性的论证。与莱文不同的是,我会试图阐明蒙田思想中的这种保守主义与他对个人良心、思想、移动自由的珍视是紧密相关的,它们都是蒙田对人的生命在于生命本身这一思想核心的推论。

(三)蒙田政治哲学的核心文本:"论虚荣"

如上文已经提到的,《随笔》第三书第九章"论虚荣"章给出了蒙田政治哲学的比较完整的面貌。② 在这一小节我们对"论虚荣"整个文本的线索做一个概览。蒙田在这一章中首先反思了在内战的政治语境中"写作"的政治意涵及其限制。他在这一章中多次回到这一主题,点出了哲学写作与政治社会之间的张力,并提示我们读者需要透过他漫游式的写作风格理解他要传达的意思。这一章的主要线索是蒙田的旅行,蒙田告诉我们他如何通过旅行摆脱家庭和政治中烦人的事务和虚无的追求。我认为蒙田的旅行叙事是"分解"(resolution)的哲学方法的文学外衣,通过主角的旅行叙事,蒙田将人的本质自我从家庭以及政治社会中剥离出来。

---

① 莱文是最清楚地把握到这一点的学者。Levine, *Sensual Philosophy*, pp. 173-182.
② 马南对此有相同的判断:"'论虚荣'章无疑是蒙田最为完整地发展了他的社会与政治思想的地方。"(Manent, *Montaigne: La vie sans loi*, p. 157) 马南对"论虚荣"章的处理比较简短但很富洞见。他强调了蒙田同意马基雅维利对古人"想象的"最佳政体的批评,他们对这些想象的政体的不耐烦来自他们对政治中必然性的重要性的认识。马南又指出,蒙田与马基雅维利面对必然性的方式是不同的:蒙田采取了一个激进的被动态度,与马基雅维利的强势征服的态度截然相反。对于蒙田来说,既然政治是一个被必然性统治的不受人控制的领域,人能做的就是收缩回"自我"的领域(Ibid, pp. 157-160)。我非常同意马南的上述说法。我不同意他之处在于,他认为蒙田为自由主义的伦理学奠基,但蒙田没有建设性的政治方案(Ibid, p. 86, 马南说蒙田不像霍布斯建设了一个新的足以将和平强加于好辩和骄傲之人的政治工具)。我认为蒙田还是有一些关于政治共同体应该如何组织的论述,这些论述固然远没有比如霍布斯的政治方案体系完备,我们依然应该承认这些论述的存在,并且关注这些关于政治应该如何组织的论述与蒙田的人性理解之间的关系。

对于蒙田来说,家庭是一个无法避免无赖的家庭成员和烦人的家计事务的地方。政治则是不完美的人们在其中互动的领域,有着不可摆脱的非道德性和虚伪性。在蒙田看来,人在自然上享有无人际义务、无人际依赖的自由,而并不属于烦人的家庭和恼人的城邦。通过将个人从家庭和政治归属中剥离出来,蒙田挑战了亚里士多德的"人是政治的动物"这一理解,并提出了一个对人的新理解:人是疏离的个体。对亚里士多德来说,人依其自然便生活在家庭、村落、城邦中,尤其是,他在城邦中实现他"活得好"的自然目的。而《随笔》的主角蒙田,作为一个在"普通"的意义上"普遍"的人,对于去国离乡的旅行生活有天生的爱好。他希望以去国离乡的漫游方式活着,甚至希望以客死他乡的方式死去。

蒙田将人分解为疏离的个人,同时给出了一条如何将这样的个人结合到对他们来说可欲的政治社会中的线索。这样的人适合的不是政治生活,而是非政治生活。对于一个政治共同体中的绝大多数人,他们的政治义务仅仅是被动服从既有的政治权威,从而维护和平与稳定。一个可欲的政治社会会有基于正义法律的法治,这样的法治社会可以使个人享受私人生活的自由而免于受到不必要的人际义务和人际压迫的侵蚀。

蒙田接下来给出了一个反亚里士多德的对人的生命的定义:人的生命是物质性、身体性、无规则的"运动"。我们将澄清这一定义的理论意义,并结合对《随笔》最后一章"论经验"的一个简短讨论,初步阐明蒙田与亚里士多德"好的生活"相对的生命本身的伦理学。

在"论虚荣"的结尾,我们会发现蒙田的一个看似"罗马时刻"或是"共和主义时刻"。蒙田似乎将处于"自由、正义、繁荣"时期的古罗马作为最佳政体。① 但我认为这只是表象。蒙田在一个基督教欧洲的语境下炫耀他的"罗马公民资格证书"是一个双重的反讽。四分五裂的基督教欧洲语境下的"罗马公民证书"既暴露了罗马人妄想在此世实现永恒帝国的荒谬,也暴露了基督教作为一个彼岸宗教插手此世政治的荒谬。这是一个结合了奥古斯丁对罗马政治的批评和马基雅维利对基督教政治的批评的双重反讽。蒙田的政

---

① Montaigne, *Les Essais*, p. 1043. 本文在引用蒙田原文时依据 Pléiade 法语版译为中文,翻译时参考了马振骋的中译本(蒙田:《蒙田随笔全集》,马振骋译,北京:人民文学出版社,2018年)和 M. A. Screech 的英译本(Montaigne, *The Complete Essays*, trans. M. A. Screech, London: Penguin Books, 2003)。

治哲学真正指向的是这样一种政治:它基于对人性的清醒认识,拒绝诉诸任何闪耀的德性或神圣性。这是一个戒除虚荣的政治视野。

蒙田在"论虚荣"开头就反思写作与政治的关系问题,我们会在紧接下来的"在内战中写作"这一节集中讨论整章中与写作相关的说法。之后我们将跟随"论虚荣"一章自身的发展来解释文本。如果我们耐心地跟随蒙田的漫游,我们可以穿透蒙田看似漫游的叙事风格去把握蒙田在这一章中的论证结构。

二 在内战中写作

"或许没有什么比虚荣地谈虚荣更明显的虚荣了。"①蒙田以极具其特色的高度反思性的方式,通过提出写作动机(是否受虚荣驱使)和对写作的接受(是否"明显"虚荣)问题,开启了他《随笔》中最具政治哲学性的一章。蒙田这样为他的写作辩护:"我不能以我的行动给我的生命一个交代;命运将它们置于太低的位置;所以我用我的玄想(fantasies)给它交代。"②写作对于蒙田来说是对"行动"的一个谦卑替代。蒙田在这里区分了"行动"和"玄想",由此提出了这样的问题:写作"玄想"在什么意义上可以替代"行动"?甚或写作是不是一个比"行动"能更好地给生命以交代的一种特殊"行动"?蒙田接下来转入对内战语境下进行"写作"的讨论:

> 涂鸦式的写作似乎是乱世的症状。我们什么时候比我们陷入麻烦以来写得更多呢?罗马人什么时候比他们要毁灭的时候写得更多呢?……时代的败坏我们每个人都有各自贡献:有人贡献背叛,其他人则贡献不义、不虔诚、僭政、贪婪、残忍,他们对恶的贡献取决于谁更有力量;更弱者,则贡献愚蠢、虚荣、懒散,比如我。看来苦难压迫我们之时,正是虚荣的好时节。作恶如此普遍的时候,仅仅做无用之事倒似值得称赞的了。③

蒙田这里对在内战语境中写作提出了一个批评和一个看起来奇怪的辩

---

① Montaigne, *Les Essais*, p. 989.
② Ibid., p. 989.
③ Ibid., p. 990.

护。蒙田的批评是:写作与动乱相伴相生。写作也是卷在乱世之中的一种行动,它也对时代的败坏作出贡献。写作和内战似乎有互相加剧的关系。蒙田的观察使人想到霍布斯对党派意见与党派激情互相煽风点火的批评。蒙田奇怪的辩护是:写作是无用的,无用比为害要好,而在内战的语境之下似乎只有这两种选择。无论一个人如何以行动参与内战,服务一方或另一方,他都要伤害自己的祖国,因为他必然是代表祖国的一个部分在伤害另一个部分。蒙田似乎陷入自相矛盾:如果写作加剧内战,它就比无用更为糟糕。其实只有一种写作值得蒙田的"无用"辩护,也就是并不煽风点火、不固守党派意见的写作——蒙田所辩护的是哲学性的写作。对内战语境下哲学性写作的辩护也是对在乱世中通过写作的方式"给生命一个交代"的辩护:蒙田记录到"玄想"与看似无用的哲学性写作在这个被世人败坏又败坏世人的内战乱世是比行动更好的"给生命一个交代"的方式。

虽然哲学性的写作者在内战的乱世避免了危害祖国或被乱世所败坏,这样的写作依然会遇到其他困难。在这一章后面的讨论中,蒙田解释说他漫游式的写作风格是一种策略,意在避免敌意的解读:

> 即使你只想好好说话,你还是会为地点、听众和他们的期待而惊慌。当一番话关系到你的生命你又能怎么办呢?①

> 俗人、普通人的评价(L'estimation vulgaire et commune)少有把握要害的,如果我没搞错的话,在我这个时代,该是最糟糕的书最受百姓的赞赏。②

> ……然而当他们【注:指出版、印刷工人】(他们经常如此)代入一个错误的意思从而把我折射到他们自己的理解,他们毁掉了我。所以,无论何时当什么思想不能达到我的标准,一个绅士(un honneste homme)应该拒绝将其接受为我的思想。③

蒙田指出了"地点、听众和他们的期待"给作者的压力。他提示,"俗人、普通人"可能会误会他的意思。面对对他作品潜在的敌意解读,他拒绝为这种解读负责:他建议"绅士"们拒绝对蒙田这位"绅士"作任何不够"绅士"的

---

① Montaigne, *Les Essais*, p. 1007.
② Ibid., p. 1009.
③ Ibid., pp. 1009–1010.

解读。蒙田将任何看起来非"绅士"的内容归于印刷工人的误读。"绅士"的标准当然就是习俗中体面的标准。即使绅士和普通人不完全等同,绅士的体面意见也是习俗共同体中普通人意见的标杆。蒙田劝导习俗共同体中的体面绅士,将他也作为绅士中的一员,并将他的思想往体面绅士的方向理解,即使蒙田明明很清楚,绅士–普通人的理解是错失要害的。蒙田意图避免被最受习俗约束又最珍视习俗的人看出他的写作有任何逾越习俗的地方。蒙田在这一章更靠后的地方又多次提示了他谨慎的写作方式:

> 只要不有违于礼仪准则,我在这里让人明白我的倾向与感受。然而对于愿意了解的人,我会更自由更乐意地与他当面交流。不过如果你仔细瞧我这里的这些笔记,你还是会发现我已经说了或暗示了所有的东西。我不能表达的,我用手指指出来:
> 蛛丝马迹对于敏锐头脑已足够,
> 通过这些你就可以发现其余所有。①
>
> 怠惰的读者,而非我本人,找不到我的主旨。在某个角落你总是可以发现只言片语正合主题,虽然被挤(serré)得紧紧的却是充分的。②

碍于"礼仪准则",蒙田"暗示""用手指指",将对主题的充分讨论"挤得紧紧的"置于"角落"。值得注意的是,蒙田在本章讨论政治活动中不可避免的见机行事时也使用了"挤"(serrer)这个很有特点的动词:"任何一个走入人堆的人,都必须准备好迂回前进、挤(serre)紧胳膊、前后躲闪,并且根据所遇情形放弃直道坦途。"③蒙田的写作策略也是一种在政治语境中不可避免的见机行事。它是政治语境与哲学性写作之间张力的产物。这一张力在他所处的以宗教为由的内战语境中更强。在这样的内战语境中人与人之间、不同党派之间相互猜忌和诉诸暴力的门槛都较平时更低。虽然哲学性写作并不助长党派意见与激情,它在所有党派看来却都是可疑的。事实上,做一个"无用"之人进行"无用"的写作,是拒绝为任何一方服务,同时质疑任何一方的

---

① Montaigne, *Les Essais*, pp. 1028-1029. 蒙田常在写作时引用一两句或一小段的拉丁语、古希腊语或意大利语,我在翻译时直接译为中文,使用斜体表明这里是蒙田的引用。蒙田自己并不注明出处,本文也不注明出处了。
② Ibid., p. 1041.
③ Ibid., p. 1037.

事业的意义所在。通过"虚荣"或"无用"（vainement 既有"虚荣地"的意思，也有"白白地"的意思）地写作，蒙田事实上揭露了内战各方为之而战的事业的"虚荣"和"无用"。在这个意义上，蒙田的写作并非虚荣无用，而是他针对内战病根的维和行动。这样一个行动必然是精巧谨慎的——"当一番话关系到你的生命你又能怎么办呢？"蒙田策略性的漫游风格，一方面使他的写作难以被扭曲为某种教条而用于服务他人的目的，另一方面也是以其表面的模糊性避免可能来自内战各方的危险指控。因此，如果我们认真地对待蒙田写作的内战语境，我们就应该留意蒙田关于他策略性写作的这些论述，并且仔细地观察蒙田的手指指向哪里。本文接下来的解读严肃地对待文本中"只言片语"的理论意涵，试图将蒙田"挤"在漫游式叙述中的主旨舒展开来。

在这一章开头讨论完"无用"写作以后，蒙田转而向我们倾诉他的"旅行渴望"（le desir de voyager）①。"旅行"是这一章的线索。蒙田写的是他的生命和他的旅行。蒙田以一个漫游者的方式旅行，也以一个漫游者的方式写作，而"他的生命旅程采取同样的方式"②。蒙田的生命也是一个漫游的旅程。对蒙田而言，生命—写作—旅行是一体的，并且都以漫游的方式进行。正如写作在某种意义上是蒙田从时代败坏中的逃离，旅行对于蒙田来说也是一种逃离家国的方式。

三　旅行叙事作为"分解"的方法

本文认为蒙田文学性的旅行叙事的作用相当于"分解"的哲学方法，它将人的本质自我从家庭和政治社会中剥离出来。

（一）逃离家庭

蒙田的旅行首先就是从家计事务中的抽身逃离。"我最乐意从管理我的家产中脱身……它不可避免将你卷入许多恼人的关切。"③住户、邻居、佣人、葡萄园、牧场、花销，这些全都是烦恼、困扰、不快、怒气的源泉。④

---

① Montaigne, *Les Essais*, p. 992.
② Ibid., p. 1023.
③ Ibid., p. 992
④ Ibid., pp. 992-995.

> 这儿总有什么出问题……我躲避所有会导致烦恼的情况场合,不让自己知道什么事又出岔子了,然而却不能成功避免在家里遇到令我不快的事情。他们向我隐藏的小把戏偏是我最了解的:你真得亲自帮着遮掩其中一些把戏才能使它们少伤害到你。①

家计事务不可能厘清管好,因为家里总有成员玩把戏。既然没法离开这些成员,唯一的选择只能是顺着这些把戏玩,睁一只闭一只眼,省得烦心。对于蒙田来说,家庭运转中的烦琐甚至腐败是不可避免的,最好的家计策略是保障可持续的经济运转,只要凑合做到如此,也就能故意无视其间的腐败,尽量少找烦心事。

蒙田澄清他对于家计管理了无兴趣并非因为他"头脑充满更高知识"而蔑视这种低级的工作。蒙田不是关注"更高知识",而是希望把他的关切留给"米歇尔"(蒙田的名)——也就是他自己。对于蒙田来说,知识应该服务生命,而非生命服务于知识。

> 与其拥有强有力的、高深的意见,我宁愿拥有实用、便利生活的意见。如果有用、令人愉快,它们就够是真知灼见了。②
> 我们用"事物之一般""普遍原因""动力"这些不需要我们也运行良好的东西阻塞我们的思想,却不关心我们自己的米歇尔——他比"人"更切近我们。③

蒙田这里说得很清楚,他逃脱家计管理是为了关心他的自我——并非一个沉思的自我,而是一个追求"便利生活"和"愉快"的自我。较之家庭事务,蒙田更关心属于他的生命本身。

(二)逃离城邦

蒙田进而表明,即使不愿为家计烦心,较之政治事务,他还是更愿意从父亲那里继承下来一份对家计的热爱。

> 我多么希望……我的父亲遗赠给我他晚年对于管理他的产业的真心热爱……但愿我能获得他对这件事的那种品味,如果那样,那么政治

---

① Montaigne, *Les Essais*, p. 994.
② Ibid., p. 996.
③ Ibid.

哲学大可以痛批我的低俗和我的事业的贫乏。我的确相信,最光荣的事业是服务祖国、服务大众。智慧、德性、所有杰出品质的果实,唯有与邻人分享时才最尽其用。然而就我而言,我放弃我的参与,部分出于自知之明(我看到这份事业的重量,也看到我可以服务于它的手段少得可怜)——即使是那政治治理的理论大师柏拉图也避免介入。我的放弃部分也出于懒惰。我满足于享受世界而不用为这世界太操心,过一种仅仅是可被原谅的生活,既不是自己的负担,也不是他人的负担。①

蒙田,或毋宁说《随笔》的文学主角,宁愿习得一份对家计的热衷,也不愿意卷入政治事务。蒙田所面对的"政治哲学",当然是亚里士多德的传统,它规定人在城邦而非家庭中实现他的生命潜能。与之相对,米歇尔则宁愿管理家业,也不愿介入政治。蒙田有两个不介入政治的理由,其一是能力不足——不只是他这个特殊个体的能力对于政治活动来说太弱,而且人类就是在政治上能力不足,毕竟照蒙田的说法,连柏拉图都要自觉远离政治。其二是懒惰。我们知道在亚里士多德那里,那些游离城邦之外的人,不是神一样的,就是禽兽一样的。② 蒙田说得很清楚,他并不追求"头脑充满更高知识"或是"强有力、高深的意见",而是关心生活便利与愉悦,关心自己,关心享受这个世界。换言之,神一般的沉思生活不是蒙田游离于城邦事务之外的原因,毋宁说他的游离更接近于禽兽的游离。他并非认为政治配不上他,并非一心追求高高在上的沉思生活,他逃离政治的原因是难承其重,又生性懒散不愿为之烦心。蒙田对亚里士多德的目的论阶梯的颠倒是彻底的:他不愿为了家庭放下生命本身,不愿为了政治放下家庭,也强调他并非为了哲学沉思而拒绝政治或家庭。③

历史上的蒙田是寄托了家族几代希望终于跻身贵族行列的家产继承者,是波尔多议会的议员,连任两届波尔多市长,甚至为内战双方的最高领袖

---

① Montaigne, *Les Essais*, p. 996.
② Aristotle, *Politica*, 1253a28-29.
③ Cf. Ann Hartle, *Montaigne and the Origins of Modern Philosophy*, Evanston: Northwestern University Press, 2013, chapter 1. 安·哈特尔(Ann Hartle)正确地指出,蒙田对亚里士多德规定人的生活的目的论的批评对于蒙田哲学是很根本的。她强调蒙田解构了哲学家的骄傲:他们自夸是唯一实现了人的目的的完善乃至神性之人。这里我对哈特尔指出的这一点进行了补充,澄清了蒙田对亚里士多德政治哲学中整个人的目的论阶梯的颠倒。我将在下文更详细地讨论蒙田如何批评亚里士多德对人的生命的目的论理解。

亨利三世与纳瓦雷的亨利居间调和,当然,他也是以拉丁语为母语,对古代作家信手拈来的思想家。然而,至少作为《随笔》文学主角的蒙田是一个通过旅行逃离家庭与城邦,并且不求"更高知识"的形象。

蒙田逃离家庭是因为家庭中的腐败不可避免。他也说政治太"重",而这份重量中很大一部分就来自政治中不可避免的腐败。值得注意的是,在蒙田看来,腐败是政治的常态而非变态。甚至,蒙田在这一章后面提到,政治领域中的德性也只能是适应腐败环境的"弯曲的德性":

> 属于此世事务的德性,是有很多褶皱、折角、弯曲的德性,为的是它能够被匹配,应用于人性的弱。它复杂、人为,并非正直、清爽、一贯或纯粹无辜的……国家的事务有它们自己的更大胆的戒律:
> 走出宫廷吧,
> 那想要虔敬之人。
> ……任何一个走入人堆的人,都必须准备好迂回前进、挤紧胳膊、前后躲闪,并且根据所遇情形放弃直道坦途。他不能依据自己生活,而必须依据他人生活,不是依据自己给自己的建议,而是根据别人给自己的指令,他要审时度势、见人行事。①

政治领域有"自己的更大胆的戒律"。一个政治家需要根据情势,与谁打交道而相应地妥协、掩饰。值得注意的是,蒙田并不是说这些是必要的恶,而是说它们恰恰是政治领域的"德性"——政治家应该这样做。这里我们也可以看到,蒙田接受马基雅维利关于政治中的德性的教诲,他与马基雅维利不同之处在于,蒙田将他自己和绝大多数人与政治活动拉开距离,米歇尔所代表的普通人懒散、怕烦、关心自身,他们做不到也不愿意实践这些"弯曲"人性的德性。②

---

① Montaigne, *Les Essais*, p. 1037.
② 我们可以比较蒙田认为政治家必需的"弯曲的德性"与利普修斯(Justus Lipsius)认为君主必需的"混合的明智"(mixed prudence)。利普修斯在《政治论》中提出的这一带有马基雅维利色彩的概念或许也影响了蒙田对政治的看法。《随笔》诸版本的出版时间(1580,1588,1595)和利普修斯《论坚忍》(1583)和《政治论》(1589)的出版时间是交织的,两位作者之间可能存在对话。在"论孩童教育"中,蒙田夸赞利普修斯的《政治论》"博学而精心的编织"(Montaigne, *Les Essais*, p. 153)。这里无法展开比较,但比较明确的是,两位思想家都接受马基雅维利对政治相当现实的看法,又各自以不同方式试图"驯化"马基雅维利。参见 Justus Lipsius, *Politica*, ed. & trans. Jan Waszink, Assen Neitherland: Royal Van Gorcum, 2004, book IV。

政治必然包含人在自然上所厌恶的麻烦与腐败,那么人们又为什么要组成政治共同体呢?蒙田因为政治的必然腐败而逃离城邦,但他也观察到即使异常腐败的政治体却持续存在。蒙田说:"使我去旅行的另一个原因是我与我们当今的政治风气的不相容。"①蒙田所处的政治环境如此腐败——"对与错全混为一谈"——以至于蒙田认为"它竟能持续真是奇迹"②,然而它确实持续着。

> 简而言之,我从我们的例子中学到了:无论以什么为代价,人的社会总是自行凝聚与联结。无论将他们放在什么位置,人都会推推搡搡、挤来挤去,最后自行排成一堆,就像把并不契合的物体胡乱放到一个袋子里,他们自会找到自己的方式相互衔接组合,往往比人为设计还要妥帖。腓力国王就用他能找到的最邪恶、最败坏的一群人弄出了这样的一堆。他给他们造了一个城市,把他们安排进去,还以他的名字命名。我看他们用他们的恶为自己编织出政治的构造和一个便利、正义的社会。③

对于亚里士多德来说人性自然趋向最完善的共同体——城邦,在城邦中人可以实现好的生活。这是一个好人生活在好的城邦的图景。蒙田的发现却是:人们总是形成政治社会,哪怕这些政治体如蒙田的法国一样惊人地腐朽,哪怕这些政治体的材料,也就是组成他们的人是"最邪恶、最败坏"的。这对于蒙田来说本是"奇迹"一般的现象,但蒙田通过观察他自己的时代与祖国学会了如何解释这个"奇迹":"必然性将人联结起来,带到一起。"④更有甚者,这些腐朽的材料还能编织出"便利、正义的社会"。我们可以认为,现代政治的基础就在于对蒙田惊为"奇迹"的这一现象的理性解释甚至辩护,而蒙田这里的解释迈出了重要的一步。诚然,亚里士多德也承认城邦从必然性中形成,而且如果不是苦难太深,人们还是愿意生活在一个不那么好的城邦中以满足必然性的要求。⑤ 蒙田也深知古代政治哲学家如柏拉图和亚里士多德远非不清醒的幻想者,这一点我们可以从他对柏拉图和亚里士多德的最佳政体

---

① Montaigne, *Les Essais*, p. 1000.
② Ibid.
③ Ibid., pp. 1000-1001.
④ Ibid., p. 1001.
⑤ Aristotle, *Politica*, 1252a25-b30, 1278b19-31.

讨论的喜剧式解读看出来：他说这两位的"虚构和人为的城邦"若付诸实施则是荒谬绝伦，这些讨论只是在锻炼头脑。[1] 即使我们和蒙田都认为古代哲学家对政治中的必然性有清醒认识，我们最多也只能说亚里士多德承认糟糕的政治可能会拖延下去，但蒙田说"最邪恶、最败坏"的人可以联合成"正义的社会"，甚至实现这样的联合就是人类政治追求的目标，怕是亚里士多德无法接受的。我们认为，柏拉图和亚里士多德对政治现实的清醒认识并没有使他们降低好政治的目标。这是蒙田不同意的地方。对于蒙田来说，政治的目标不能够，也不再需要是为人提供一个变好、变得有德性的条件，而只是将"推推搡搡、挤来挤去"、原本"并不契合"的人排列组成有序的社会。在这一点上蒙田预示了霍布斯的相同思路。

蒙田从政治共同体出逃有着两重意涵。第一，个体自我在自然上倾向于疏离不可避免包含腐败的政治社会。第二，蒙田的法国甚至没有被编织为一个"便利和正义的社会"。虽然政治社会难免腐败，但当时的法国过度腐败。即使蒙田降低了政治共同体的目标，这个降低的目标仍然有一个需要达到的标准。

四　编织政治社会

蒙田通过他的旅行叙事"分解"出了疏离家国、关注享受生命本身的个体自我。接下来他处理了这样的人性材料如何编织出对这样的人来说可欲的政治共同体的问题。

（一）政治权威

既然人性并不需要在政治共同体中得到"实现"，政治共同体也就不再将教化出好人作为目标，古代政治哲学中追求最能实现人性的"最佳政体"的冲动从而也被釜底抽薪。蒙田认为政治不应以改善人为目标，相应地，我们也不再需要去改造出一个改善人的政治：

这样的政治理论【注：指柏拉图和亚里士多德的最佳政体】或许可以在某个新创造的世界中应用，但是我们不得不以由特定习俗塑造和束缚

---

[1] Montaigne, *Les Essais*, p. 1001.

的人为材料：我们不像皮拉和卡德摩斯那样创造新人。我们或可用任何方式去安排他们、重塑他们，但我们不可能把他们从他们的习得倾向中辨正而不辨断他们。①

以下并非意见而是真理：对每个民族最好的最杰出的政体就是那个国家正赖以生存的政体。它的形式和它的核心便利是基于习俗。我们很愿意不满现状；但我无论如何认为，在民主制下想要建立寡头政体，或是在君主制下想要另一种政体都是恶与疯狂。②

许多评论者基于这样的段落认定蒙田是保守主义者。我认为蒙田并非我们通常理解的意义上的保守主义者。与我们通常理解的保守主义立场不同，这里蒙田的论点并非政治安排应该符合蕴含着智慧的传统，或者我们在政治中应该寻求渐进而非激进的改革。蒙田指出的是，我们应该接受既有的人性作为政治共同体的材料，以及人们应该服从既有的政治权威。我们继续考虑蒙田的以下论述：

压垮一个国家的除创新外无他：唯独变动提供了不义与暴政的形式。当某个零件松了，我们可以上紧。我们可以抵御，不被一切事物中自然的变质与败坏卷离我们的初心与原则。但是试图把这么大的一摊事一锅端，改换一幢如此巨大的大厦的根基，这只有把清理当销毁、以普遍混乱修正个别缺陷、用死亡治愈疾病的人才这么做：不是想改变，而是想推翻。③

创新、改变就意味着"普遍混乱"。对于蒙田来说，人是追求享受生命本身的个体，政治的目标自然也就不是创造出教化德性的环境，而是创造出和平稳定的环境。和平稳定是政治的最大的好，而"普遍混乱"，也就是内战，则是最大的恶。"威胁我们的最紧迫的恶不是这整体稳固的一大摊子之中有些微改变，而是我们终极的怕（l'extreme de noz craintes）：解体与破碎。"④蒙田和霍布斯有一样的"终极的怕"：解体，或者说内战。政治的目标不再是改善人，而是保存人——避免"终极的怕"。人们不应寻求创新、改变，而应该服从

---

① Montaigne, *Les Essais*, p. 1001.
② Ibid., pp. 1001–1002.
③ Ibid., p. 1002.
④ Ibid., p. 1006.

既有的权威。

（二）和平与法治

蒙田的政治社会首先要稳定的权威带来稳定的和平。当然，蒙田也并非对政治安排的质量毫无要求。承认政治在自然上不可避免包含败坏并非为一切败坏辩护。反对寻求改变也不意味着政治安排没有好坏，而是为了避免"终极的怕"故劝谏人们在哪怕比较糟糕的政治秩序中得过且过。在人的能力范围以内，依然可以有更可欲的政治安排。蒙田进而说明了什么样的政治安排适合于人这种非政治的动物：

> 我认为，我们应该根据法律与权威生活，而非犒赏与恩赐。多少雅士宁愿失去生命也不愿意欠别人这条命。我逃避任何义务，尤其是以荣誉的名义约束我的。于我而言，受人恩赐，为此以感激的名义抵押我的意志，没有什么是比这更昂贵的代价。我宁愿接受明码实价出卖的服务。我想得很对：对后者我只要给钱，对前者我得交出我自己。这些以荣誉法则约束我的绳结对我而言比民法约束更紧更压迫。①

法治比恩赐之治与荣誉之治更好，因为法治使独立与疏离成为可能。私人恩赐与荣誉规则产生私人间的义务与依附，而这些尤其烦扰个体的"自我"。很有趣的是，蒙田在这里提出金钱交易的关系因而是一种相当解放性的人际互动方式。我们继续看蒙田如何强调他对于义务和依附避之唯恐不及：

> 到目前为止，我没听说过任何比我更自由，更少义务约束的人。我负的，只有普遍和自然的义务。没有人比我更少义务负担。②

> 我多么急切地请求上帝的仁慈使我永远不要对任何一个人欠一句货真价实的"谢谢"！至福的坦荡，引导我至今。但愿它有始有终。③

> 我尽量不对任何人有明确的需要：我所有的希望都在我自己身上。这是所有人都能做的事，但是对于受到上帝庇护、不用为紧迫的自然需要发愁的人更简单。依赖他人是可怜和危险的。即使是我们的自我（可

---

① Montaigne, *Les Essais*, p. 1011.
② Ibid., p. 1013.
③ Ibid.

以诉诸的最保险和最正确的选择）也不能提供充分的保险。除了我自己我一无所有，然而即使是我对自己的所有也是不完满和有缺陷的。①

这些是蒙田的自我独立宣言。一个可欲的政治安排应该可以安顿这样一个自我，使之享有不受制于私人依附的自由。蒙田进而指出，内战最糟糕的地方在于，在这样的普遍混乱之中，一个人的自我保存都是取决于他人。"我在自己家里上床睡觉，曾千百次想着今晚我就要被背叛和杀害。"蒙田的"整个自我保存"都是"欠"给他人的，"这样的债压得我喘不过气"②。个体的保存应该是由政治社会所保障的最根本的东西，而不应该受制于私人，否则个人会在自我保存的层面，在最根本上依附于人。在这样的私人依附的状态下，自由的自我是不可能的。"整个自我保存"都是"欠"给他人的人，是奴隶，是对自由的彻底否定。对蒙田来说，对不依附于人的自由的否定，是内战最糟糕的后果之一。和平与法治是可欲的政治安排，因为它们保障了个体的自我保存以及不依附于人的自由。

蒙田的可欲政治需要提供和平与法治。蒙田也对法治做出了进一步规定：

> 盗贼，出于他们的仗义，并不特别怨恨我。我对他们不也这样吗？不然我恨的人太多了。有些和盗贼同样的良心包裹在不同的装扮之下，却犯下同样的残忍、不忠、盗窃。更糟的是，那些人躲在法律的包装下，更懦弱、更自以为保险、更隐蔽。相比起这样阴险的侵犯，我恨明目张胆的侵犯还少一点；相比起和平和司法的侵犯，我恨战争的侵犯还少一点。③

法律不应该是残忍、不忠、盗窃这些实质不义的外衣和掩护。法律的形式与不义的实质的结合比明目张胆的不义更可恨。并非所有法律都符合蒙田对于法治的要求，法律不能是制度化的不义。对于蒙田来说，可欲的政治应该不仅提供法治，还是正义法律的法治。蒙田没有给出明确的、实质性的何为正义法律的标准，我们在这里看到的是他坚持存在这样的标准。

---

① Montaigne, *Les Essais*, p. 1013.
② Ibid., p. 1015.
③ Ibid., p. 1017.

（三）非地方性的个人与地方性的政治

人在自然上是关心生命本身的个人，这一理解除了导向保护权威、和平、法治的政治安排，还会导向蒙田思想的另一面向，即超越家国的普世主义。

> 我将所有人类看作我的同胞：包括波兰人就像包括法国人一样，我将民族的纽带置于普遍和共同的纽带之后。我并不眷恋故土气息的香甜。完全新的、完全我自己的结交，在我看来比其他那些一般的、命运带来的邻里结交更有价值：我们自己收获的纯粹友谊一般比那些我们基于地理和血缘建立的友谊更重要。自然将我们这样带到这个世界——自由的、了无牵挂的（*desliez*）。①

人在自然上是自由、了无牵挂的。家庭、社会、政治的关系对于人性来说都不是本质性的。只有自愿的"完全我自己的结交"可以成就符合人性的友谊。这样的个人是不被他所在的家庭、社会、政治共同体所规定的。去除了传统的外在规定性的个人会导向这样一个普世主义的推论：个人并不属于特殊的共同体，而和其他个人同属于世界。那么，这样的非地方性的个人为什么要服从地方性的习俗共同体中特殊的政治权威和特殊的法律呢？

在讨论这个问题时，蒙田提到苏格拉底的例子。苏格拉底宁愿选择死刑也不选择流放，不愿"违抗非常败坏的年头的法律"②。蒙田说自己不会效仿苏格拉底。基于他对法律必须正义的要求，以及他理解的个人和政治共同体之间的疏离关系，这一选择很好理解。然而这个选择似乎和蒙田保护权威的原则有冲突。我们需要仔细考察蒙田这一选择的理论意涵。我认为这里蒙田着重表达生而自由、了无牵挂的个人和一个他恰好身在其中的特殊政治共同体并没有自然的关系，对它也没有自然的服从义务。人应该保护权威的理由是，这样做会保护和平，从而服务于自身不依附于人地享受生命本身的需要。当服从权威或者恶法背离了服从的初衷，蒙田似乎认为服从的义务也就终止了。蒙田选择流亡而不是服从恶法下的死刑，与他强调保护权威，都是他对个体生命的同一理解导出的推论。当然，两者之间确实存在张力：如果个人可以决定他所处的共同体的法律是否正义或者是否符合他服从权威的

---

① Montaigne, *Les Essais*, p. 1018.
② Ibid.

初衷,那么权威动摇、普遍混乱是非常可能的结果。这个张力事实上同样存在于霍布斯的政治哲学之中,尤其体现在他处理死刑和逃兵问题时遇到的困难上。

蒙田不愿效仿苏格拉底宁死不流放的另一个理由是他对旅行的热爱,而他喜欢旅行的原因恰恰在于旅行是一种教育,防止我们误把自己所处的共同体的习俗与法律当作普遍的、自然的:

> 我不知道还有什么比不停展示多种多样的生活方式、幻想和习俗更好的形塑我们生命的教育,这让我们的生命尝到我们的人性的永恒的多样性。①

旅行对于蒙田来说就是从习俗共同体中自我流放,是一种使人反思身处其中的习俗共同体的有限性的教育。它提醒我们,我们的习俗并非唯一或完美。如果蒙田认为人性是疏离家国的,同时他也深知很多特殊共同体中的法律和习俗不自然也不正义,那么为什么蒙田不去设想、倡议一种超越习俗的、个人主义的普世性的政治安排呢?他为什么还坚持我们要服从、保卫我们身处其中的地方性的、特殊的权威呢?事实上,蒙田清楚地认识到这一类普世政治安排是乌托邦式的、不现实的。蒙田的旅行不仅让他能够反思习俗共同体的限度,同时也使他看到每一个习俗共同体都是有限度的,蒙田事实上还将反思再深入一步,他看到人类政治本身是有限度的。在"论孩童教育"中,蒙田说:"这个广阔的世界——一些人甚至还繁衍出更多世界,就像是一个属下面还有好多种——是一面镜子,我们应该从正确的角度照着这面镜子认识我们自己。"②通过看世界,人类理解自己的有限性。在超越家国的普世视野中,蒙田最终看到的是人类政治自然的地方性。非地方性的个人依然要生活在地方性的政治共同体之中,而他自由地享受生命本身依赖于这个地方性政治权威的稳定。

---

① Montaigne, *Les Essais*, pp. 1018–1019.
② Ibid., p. 164.

五 了无牵挂的生命的伦理

(一) 了无牵挂的生命

蒙田接下来在这一章中回应了一系列对他爱好旅行的可能批评。其中一个可能批评是蒙田年事已高,在这样的年龄旅行,很可能不能完成旅行,回归故土。

"可在这样一个年龄,你将再也没法从这么长的旅途中返回。"可这对我有什么关系呢?我去旅行不是为了回归,不是为了完成(parfaire)。我出发只是为了移动自己,而移动使我愉悦。我旅行就是为了旅行……我的旅程设计是随时随地可以断开的,它并不基于什么宏伟的希望:每一天都达成了终点。我人生的旅途也是这样进行的……死亡于我在哪里都是一样。如果我非要选择,我想我宁愿在马背上,而不是在床上,宁愿远离我的家和我的故人。和朋友告别更多是心碎而非安慰。我宁愿忽视我们人际关系中的这个义务。在所有友谊的义务中,这是唯一令人不快的,我宁愿忽视它,不去说这个巨大和永恒的再见。①

蒙田宁愿"远离我的家和我的故人"而客死他乡。他不希望他人生中最后的一件事——死亡也是在完成人际关系的义务。他不想以一个丈夫或父亲或孩子或公民的身份去"完成"他的生命。他只希望作为米歇尔死去。对于蒙田来说,旅行和生命都是去国离乡、漫无目的的漫游,他不需要"完成"他的旅行,以回归画上完满的句号。蒙田的生命是为了移动的移动。蒙田追求的不是由一个高贵目标统摄,通过始终如一的明智与德性去实现的完满人生。换言之,他并不追求把生命实现成亚里士多德的"好的生活"——由整全的生命视野引领的完满的生命旅途。

另一个对蒙田旅行的批评是,蒙田的四处旅行体现他没有耐心,到处寻找满足,却意识不到真正的满足在此世是无法实现的。对于这个批评,蒙田首先承认"对旅途的享受见证了不安与迟疑(d'inquietitude et d'irresolu-

---

① Montaigne, *Les Essais*, p. 1023.

tion)"①。但蒙田同时提醒他的批评者,他们批评"不安与迟疑",其实是高估了人一以贯之的能力,他们才是真正低估了人类境况的不完满。② 蒙田提醒道,"不安与迟疑"才是"我们的主宰属性"(nos maistresses qualitez, et praedominantes)。③

我们不难看出,蒙田设想的这两个可能批评分别来自一个亚里士多德主义者,和一个基督徒。他们的共同点是对于生命旅途设定了一个完满实现的终点,只不过亚里士多德主义者认为人性的完满实现是在此世,而基督徒认为它在彼岸。蒙田回应他们的核心是对于生命的新理解,即生命是没有目的、不安而迟疑的"移动"。基督徒的生命理解是亚里士多德生命理解的一种变形。蒙田对生命的新理解在根本上挑战亚里士多德的生命理解。蒙田对此非常自觉,我们可以从他接下来对生命的定义中看清这一点。

> 生命是物质性和身体性的运动,就其本质是不完满、无规则的活动,我以顺从于它的方式服务它。(La vie est un mouvement material et corporel: action imparfaicte de sa proper essence, et desregelée: Je m'employe à la server selon elle.)④

这个生命作为"运动"的定义,挑战了基督徒和亚里士多德主义者共同对生命的理解,即人的生命是一个以自足、完满的终极形态为内在目的的"活动"。蒙田的这一定义体现了蒙田对亚里士多德哲学的深入了解。⑤ "不完

---

① Montaigne, *Les Essais*, p. 1034.
② Pierre Villey 认为蒙田的漫游叙事或许是回应利普修斯在《论坚忍》中对旅行的斯多亚主义批评。旅行在那里被认为是飘忽不定的体现,是坚忍品行的反面。利普修斯笔下的斯多亚贤者和蒙田都同意,旅行体现了人的飘忽不定,但蒙田将其接受为人的处境,并拒绝建立在过高的人性理解之上的斯多亚主义的"坚忍"。Villey 的联想合理而富于洞见,本文则更聚焦于蒙田通过旅行叙事与亚里士多德的对话。Pierre Villey, *Les Sources Et L'Evolution Des Essais de Montaigne*, deuxième édition, Paris: Librairie Hachette, 1933, Tome Second, pp. 400-401.
③ Montaigne, op. cit., p. 1034.
④ Ibid.
⑤ Cf. Vincent Carraud, "*De l'experience*: Montaigne et la métaphysique" in *Montaigne: scepticisme, métaphysique, théologie*, sous la direction de V. Carraud et J.-L. Marion, PUF, 2004, pp. 49-87; André Tournon, "'Action imparfaite de sa propre essence…'" in *Montaigne: scepticisme, métaphysique, théologie*, sous la direction de V. Carraud et J.-L. Marion, PUF, 2004, pp. 33-47. 这两篇文章敏锐地捕捉到了蒙田这里的生命定义的亚里士多德背景与反亚里士多德意涵。我接下来对这一定义的讨论在总体思路上是跟随这两篇思路接近的文章的。

满的活动"正是亚里士多德对"运动"的定义。① 亚里士多德说"运动"是"不完整"的"活动"。完整的"活动"时刻、始终都实现着其目的,亚里士多德的例子是眼睛的观看和理智的观看(νοεῖν),观看一个事物的每时每刻我都看到了这个事物。而"运动"则是过程性的。亚里士多德给出的"运动"的例子有学习、走路、造房子。一个人学习的时候还没有学成,走路的时候还没有走到,造房子的时候还没有造好。② 蒙田以"运动"定义人的生命,是对亚里士多德对人的生命理解的挑战,因为亚里士多德恰恰认为人的生命是活动,换言之,人真正活着的时候是他"活得好"的时候,他实践着人之为人的德性的时候,尤其是进行理智观看的时候。而这样的"活",是灵魂的活动,是蒙田所说"物质性和身体性"的反面;这样的"活"也紧紧跟随理性规则,正是蒙田说的"无规则"的反面。③ 事实上,蒙田用以定义生命的"运动"——"物质性和身体性的""无规则的"——比亚里士多德的"运动"更加漫无目的。亚里士多德举例的"运动"还是指向学成、走到和造好的,而蒙田的运动是没有目的只管走,是不求学会的学,不想造成的造,并非只是尚未达成目的,而是没有内在目的。蒙田理解的人的生命,与亚里士多德所理解的——实现着属人目的的"活动"——恰恰相反,没有内在目的。对于亚里士多德来说,没有终极目的的人类实践和欲望会陷入无限倒退的"为了别的",从而沦为"空洞的和虚无的(κενὴν καὶ ματαίαν)"。④ 亚里士多德理解的"虚无"就是缺乏一个终

---

① Aristotle, *Physica*, ed. W. D. Ross, Oxford: Oxford University Press, 1950, 201b31:"运动一方面看来是某种活动,另一方面它是不完整的那种(ἥ τε κίνησις ἐνέργεια μὲν εἶναι τις δοκεῖ, ἀτελὴς δέ.)。" Aristotle, *De Anima*, 417a17:"运动是某种活动,虽然不完整(καὶ γὰρ ἔστιν ἡ κίνησις ἐνέργειά τις, ἀτελὴς μέντοι.)。"
② Aristotle, *Metaphysics*, trans. C. D. C. Reeve, Hackett, 2016, 1048b28–34, 1065b21–23; Aristotle, *De Anima*, 431a6-7.
③ 参见 Aristotle, *Nicomachean Ethics*, trans. H. Rackham, Cambridge, MA: Harvard University Press, 1939, 1098a7:"人的活动/功能是灵魂符合理性或不离理性的活动。"以及 1098a12-18:"我们认为人的活动/功能是某种生命,而这是灵魂的活动,是伴随着理性的实践,一个好人/严肃的人会很好地、高贵地做这些事,每一件事会被很好地以符合它的内在德性的方式被完成——如果是这样,那么属人的好就是灵魂符合德性的活动,如果有很多德性,那就是符合最好、最完整的那个。"
④ 参见 Aristotle, *Nicomachean Ethics*, 1094a18-22。英语一般将ματαίαν译为 vain。亚里士多德在"自然不会虚无地做事"这一表述中使用了它对应的副词μάτην。亚里士多德在《论灵魂》中使用这一表述说明自然给予动物的每一个能力都对应于某个目的(参见 Aristotle, *De Anima*, 432b23-4;434a32-33)。霍布斯批评"虚荣的哲学"(vain philosophy)带来的黑暗时,他对亚里士多德伦理学的主要批评在于对普遍"好"的预设,对亚里士多德形而上学的主要批评在于所谓(转下页)

极目的统摄人的生命旅程。蒙田理解的人的生命与亚里士多德正相反对,蒙田理解的人的生命享有不受某个给定的终极目的约束的自由,从而也不需要一以贯之地追求完满,不需要受理性规则的束缚。对于蒙田来说,人的生命有一个终极目的的幻觉才是虚无/虚荣的。人的生命疏离家国,而最根本上是疏离自然"目的"的幻觉。人真正活着的时候是了无牵挂的时候,是疏离一切外在于自我的牵扯的时候。最符合人性的生活是了无作为、了无牵挂地活着,而了无牵挂的生命就是生命本身。蒙田说我们要以"顺从于它的方式服务它"。

（二）"论经验":生命本身的伦理

我们转向《随笔》的最后一章"论经验"来进一步澄清蒙田的生命本身的伦理。正是在这一章中,蒙田声称:"我研究我自己比研究任何主题更多。这是我的形而上学,这是我的物理学。"①哲学家们当然会在形而上学和物理学的视野下研究人,但是蒙田这里的新奇说法是,对自我的研究就是形而上学,就是物理学。换言之,对自我的研究就是对存在之为存在和自然的研究。为什么对自我的研究可以穷尽形而上学和物理学？正是在对这个问题的回答的基础上,蒙田在这一章中也给出了"自我"应该如何生活的伦理学。伦理学作为对人应该如何生活的讨论,离不开对人类境况的理解,从而也就依赖于对存在和自然的理解。对于自我研究是如何穷尽了存在研究和自然研究这一问题的澄清,理所当然是阐明蒙田伦理学的基础。

蒙田在"为雷蒙·塞邦申辩"（以下简称"申辩"）中的怀疑主义否定了人类对外在世界的知识之可能。总在改变的人永远无法通过可错的感官把握总在流变的世界,而可错的感官是人类与外在世界之间的唯一通道。"申辩"打碎了所有知识的幻觉,"论经验"却试图通过"自我"重新建立一些确定性。"我"对"我"的研究是唯一没有被"申辩"中的怀疑主义所打掉的知识进路。在这个进路中,并不是"我"感觉"世界"从而尝试获得关于"世界"的知识,而

（接上页）"实体的形式""分离的本质",这些都和亚里士多德的目的论紧密关联（Hobbes, *Leviathan*, ed. Edwin Curley, Hackett, 1994, chapter 46）。对于亚里士多德来说,没有目的意味着虚无,这里我们看到,对于蒙田和霍布斯来说,为人和物设定目的才是虚荣/虚无的。蒙田和霍布斯哲学中相当核心的"虚荣"概念的使用是否带有针对亚里士多德"虚无/ματαίαν"概念的论战意图,或许是一个值得考察的问题。

① Montaigne, *Les Essais*, p. 1119.

是"我"感觉"我"从而尝试获得关于"我"的知识。① 我们从"申辩"中看到,蒙田接受了卢克来修感觉是理性的基础这一理论,但他不同意卢克来修所认为的感官可以可靠地反映真实世界。蒙田指出感官对世界的感觉是可错的。② 然而,在"论经验"中,"我"对"自我"的感觉,如果排除社会带来的对这个感觉的扭曲,是不会错的。换言之,"我"对"我"的自然激情的感知是不会错的。因此"我"对"我"的自然激情的知识是唯一可能的关于存在的知识和关于自然的知识。自我研究因而穷尽了形而上学和物理学。在"论经验"中,蒙田一方面体现出他唯名论的倾向,看到个体之间普遍的差异性,另一方面他又确认了个体之间普遍的相似性。通过认识自己,我们认识了所有人共享的某些东西,即人的自然激情,而对人的自然激情的知识,是我们唯一可以获得的对自然法则的知识。

对自身感觉、欲望和激情"经验"的知识,就是人所能获得的关于存在和自然的知识。蒙田通过他生命中经历的感觉、欲望和激情研究他的"自我"。蒙田发现,自然愉悦与自然必然性自然地结合在一起,自然愉悦正是满足自然必然性时会带来的愉悦,而自然愉悦与自然必然性是人能经验、认识的自然。人可以在自身之中感觉到的自然愉悦和自然必然性是人唯一可以把握的"真",也是人的生命的真正向导。人依据自然生活就是依据自然愉悦和自然必然性生活。

六 罗马公民资格的反讽

在"论虚荣"的最后一部分,蒙田告诉我们他对古代罗马的景仰、羡慕。这个部分的高潮是蒙田展示授予他罗马公民资格的诏令文书的全文。在这个部分的开头,蒙田说他非常关心早已死去的罗马人:

> 我们被建议去关心死去的人。从幼年起我就是在死去的罗马人陪

---

① 莱文正确地指出,蒙田相当激进的怀疑主义仍为"对主观自我的现象学知识"(a phenomenological knowledge of subjective self)留下空间,这一知识是人类生活的向导。Levine, *Sensual Philosophy*, pp. 79-85.

② Montaigne, *Les Essais*, pp. 624-9. Cf. Lucretius, *De Rerum Natura*, trans. W. H. D. Rouse, revised by M. F. Smith, Cambridge, HA Harvard University Press, 1975, IV. 45-53.

伴下被带大的,我知道罗马的事远远早于我自己家的事……听着,就我自己的脾性而言,我对作古的人最上心。①

蒙田的"关心死人"与耶稣教导的"让死人埋葬死人"正相反对。蒙田说的"我知道罗马的事远远早于我知道自己家的事"未必是夸张,他从小就被以拉丁语为第一语言抚养、教育。蒙田关心的罗马无疑是异教罗马,是与基督教正相反对的文明形态。蒙田自己说他最牵挂的是此世、此生:"我与此世、此生羁绊太深。"②他牵挂的罗马自然是作为此世文明的异教罗马。蒙田对关心彼岸的基督教想要"埋葬"的异教罗马如此上心,似乎是对基督教思想的一种逆反。在基督教的教导中,此世的生命与彼岸的新生相比不是真正的生命,而蒙田却偏要关心作古的异教罗马人,似乎在说,被基督教当作死人的异教罗马生命才体现出真正的生命力。

更具体而言,蒙田景仰、羡慕、关心的罗马是"这个老旧的罗马国,自由、正义、繁荣",他说"我不喜欢它的出生和衰落"。也就是说,蒙田热爱的罗马是共和的罗马,既非它弑兄的出生,也非它作为基督教帝国的衰落。共和罗马的罗马人是榜样性的:

> 忽视这些如此正直、英勇之人的遗物与形象是忘恩负义的,我看着他们生、他们死。他们作为榜样给我们好的教育——如果我们知道如何追随他们。③

蒙田给予共和罗马很高的评价。"正直英勇"的公民组成的共和罗马可以给我们以"好的教育"。孤独漫游的蒙田对"正直英勇"的罗马公民的倾心是不是预示了我们会在卢梭政治哲学中再次遇到的悖谬——只有反自然的、取消个体自我的集体自我才是把自然上关心自我的个体团结成政治共同体的最好方式?蒙田或许认可卢梭式公民值得尊敬也贡献于好的政治秩序,但他会怀疑这样的政治秩序是否长久可能。紧接着蒙田对共和罗马思乡式的表白,他忽然转向今天的罗马——基督教的首都:

> 然而我们现在看到的这个罗马,值得我们去爱。在这么长的时间、

---

① Montaigne, *Les Essais*, p. 1042.
② Ibid., p. 1044.
③ Ibid., p. 1043.

在这么多名头下它和我们的王室相结盟。它是唯一一个共同、普世的城市。统治它的主权统治者在哪里都同样被承认。它是属于所有基督教民族的普世城邦。西班牙人、法国人，他们在这里都像在自己家。要成为这个国家的君主，你只需要属于基督教，随你在哪里。在这低处的此世，再没有哪里得到上天这么多、这么持久的青睐。即使是它的废墟都是荣耀和宏大的。

    值得赞美的废墟，更加珍贵。

  即使是在它的坟墓中也能看到帝国的痕迹和表象。自然分明只在这里享受它的作品。①

  蒙田对当时的基督教罗马的这段赞美很难不让人觉得有反讽的意味。基督教的首都罗马，法国人也当自己家，西班牙人也当自己家——换言之，它不断被不同的势力占有、征服。一方面它的精神帝国扫荡西欧，另一方面它连意大利都无法有效控制。这样的罗马确实只有"帝国的表象"，它"荣耀""宏大""值得赞美"，与强盛的古代罗马相比却是十足的政治上的废墟。② 从另一个角度看，蒙田也是在表明，他盛赞的罗马共和秩序也难免崩塌。

  蒙田声称他从命运那里得来的最受他珍视的馈赠就是他的罗马公民资格。蒙田以这桩罗马公民资格的轶事结束他的"论虚荣"，显然有自嘲的意思：他的罗马公民身份正是他的"虚荣"的顶点。他对自己罗马公民资格的虚荣热爱的自嘲，实际上也就是揭露出在基督教语境下所谓罗马公民身份的"虚荣"或者说"虚无"。

  如果我们在蒙田在这一部分建立起的共和罗马-基督教的对立结构的语境下考察蒙田展示的罗马公民资格诏令文书，就可以看到其中蕴含的反讽意味。文书上说：蒙田，"最基督教的国王的内宫日常侍从，最热爱罗马之名"——罗马之名下蒙田热爱的是什么？蒙田是否可以既效忠基督教和王权的组合，又热爱他倾心的共和罗马？蒙田"将尊享所有罗马公民和贵族享有

---

① Montaigne, *Les Essais*, p. 1043.
② 霍布斯似乎领会了蒙田这里对基督教政治的讽刺，并在《利维坦》中予以呼应："如果谁考虑这伟大的教会统治的源头，他轻易就会发现教皇国不过是灭亡了的罗马帝国的鬼魂，头戴王冠端坐在坟墓上。教皇国正是这样从异教权力的废墟上骤然发家的。" Hobbes, *Leviathan*, ed. E. Curley, xlvii. 21.

的奖赏和表彰"——什么是这个罗马的奖赏和表彰呢?是此世的荣耀还是彼岸的许诺呢?有了蒙田的加入,"这座城市也被装点、被荣耀"——蒙田的加入到底荣耀了哪座城市呢?是基督教罗马象征的上帝之城还是异教的地上罗马呢?最后,这份文书的落款日期是"自建城以来(ab urbe condita)两千三百三十一年,自基督诞生一千五百八十一年"。到底哪一个才是罗马的真正奠基?是腥风血雨的异教建城,还是将前者夷为"废墟"的基督教的精神奠基?①

蒙田基督教语境下的罗马公民资格是一个含义丰富的反讽,既提示了基督教作为一个彼岸宗教插手地上之城的公民事务而造成的混乱,也指出了异教罗马在此世实现永恒荣耀的幻觉——蒙田时代的罗马以浮夸的辞藻授予公民资格,而其自身早已是一个徒有"帝国表象"的"废墟"。② 这是一个结合了奥古斯丁的罗马批判和马基雅维利的基督教批判的双重反讽。

蒙田一定清楚,他所倾心的"自由、正义、繁荣"的共和罗马,即使可能,也必然是昙花一现。它有不义的开端和不可避免的衰落。蒙田并没有走回"最佳政体"的老路,而是清醒地看到人的政治的限度。在"论虚荣"的最后,蒙田以蒙田版的德尔菲神谕作结:"看进你自己之中,认识你自己,自己抓紧自己。"③在认识自己的道路上,蒙田和苏格拉底一样,将眼光投向人,但他也结合了基督教的洞察,看到家庭和城邦并不属于个体自我的本质。蒙田编排了古代哲学和基督教思想的互相辩难,而使他的政治哲学对这两者都成为一种纠正。蒙田给出了一个没有虚荣的政治图景,无论是实现人高贵的自然目的的虚荣永恒罗马的虚荣还是灵魂的永恒拯救的虚荣。它们在本质自我中没有位置,也就在政治中没有位置。恰恰是通过反省"我们"自身的虚荣,也即西方文明在对人的理解上层累下来的"虚荣",蒙田赋予德尔菲神谕"认识你自己"以现代内涵。一种消除虚荣的现代版本的"认识你自己"——在蒙田结束他的政治哲学章节的地方,霍布斯开启了他的政治哲学

---

① Montaigne, *Les Essais*, pp. 1045-1046.
② 参考"论语言的虚荣"中的以下说法:"一个类似的欺骗是用罗马人使用的尊贵名号命名我们国家的官职,即使它们根本没有相似的职能,而它们的权威和权力就更少了。"Ibid., p. 327.
③ Ibid., p. 1047.

巨著《利维坦》。①

Political Philosophy of Mere Life: A Reading of "On Vanity" in Montaigne's *Essays*

Xia Erfan

Abstract: Based on a reading of "On Vanity" in Montaigne's *Essays*, this paper argues that Montaigne challenges Aristotle's teleological understanding of human life through separating human life from "vain" ends such as family, politics, and intellectual pursuit and offers a new understanding of human life as mere life consisting of natural necessities and natural pleasure. Montaigne also

---

① 霍布斯在《利维坦》的"导言"中劝诫人们以正确的方式"认识你自己"。Hobbes, *Leviathan*, p. 4. 我认为他正是继承了蒙田理解的"认识你自己",这个正确的"认识你自己"的方式就是通过反思虚荣消除虚荣。霍布斯是否受到蒙田的影响我们目前没有一锤定音的历史证据。Noel Malcolm 指出霍布斯使用的哈德威克图书馆中有一本《随笔》(Noel Malcolm, *Aspects of Hobbes*, OUP, 2002, p. 458)。斯金纳基于《利维坦》及《随笔》中少量相似的修辞推测霍布斯受到蒙田影响,如两人都将晕头转向的学者比做被黏鸟胶黏住的鸟(Quentin Skinner, *Visions of Politics*, vol. 3, Cambridge University Press, 2002, p. 121)。其他学者给出了一些基于理论理由的推测,如 Jeffrey Collins 指出两人都有马基雅维利式的对宗教政治功用的理解(Jeffrey Collins, *The Allegiance of Thomas Hobbes*, OUP, 2005, pp. 41-48)。塔克编织了一个带有辉格史色彩的宏大叙事:一端是蒙田综合了怀疑主义、塔西佗式现实主义、斯多亚派对自保和不动心的强调,另一端是集大成者霍布斯继承了这些元素并组装出了一个思想系统(Richard Tuck, *Philosophy and Government: 1572-1651*, CUP, 1993)。Gianni Paganini 在两篇论文中分别指出: 1)蒙田对恩培里克的怀疑主义与赫拉克利特、德谟克利特的物质主义的结合可能影响了霍布斯(Gianni Paganini, 《Montaigne, Sanches et la connaissance par phénomènes. Les usages modernes d'un paradigme ancien》in *Montaigne: scepticisme, métaphysique, théologie*, sous la direction de V. Carraud et J.-L. Marion, PUF, 2004, pp. 107-135); 2)霍布斯对"虚荣"的重视、对人的自然化/动物化和《利维坦》导言提到的"自省"方法可能受到以蒙田为主的法国怀疑论圈子的影响(Gianni Paganini, Hobbes and the French Skeptics, in *Skepticism and Political Thought in the Seventeenth and Eighteenth Centuries*, eds. John Christian Laursen and Gianni Paganini, Toronto: The University of Toronto Press, 2015)。我比较同意 Collins 和 Paganini 的观察,不过与 Paganini 不同,我认为对蒙田物质主义影响更大的应该是卢克来修。此外,我认为一个在文献中没有被提及的关键理论证据是霍布斯有和蒙田完全一样的生命定义,即生命是运动。Hobbes, *Leviathan*, p. 34; Hobbes, *De Homine*, ed. J. M. Molas, Vrin, 2018, p. 132。

discusses what political arrangements accommodate human life thus understood. A desirable political society should be based on a stable authority and provide peace and rule of just laws. We first locate Montaigne in the history of political thought through a brief comparison with Machiavelli. Next, we review the central puzzle in the literature on Montaigne's political thought: is Montaigne conservative or (proto-) liberal? Through a close reading of "On Vanity," we then clarify that both Montaigne's conservative concern with authority and political stability and his liberal defense of individual freedom are founded on his understanding of human life. Montaigne's political philosophy is fundamentally a political philosophy of mere life, which cannot be tagged simplistically as either conservative or liberal. Montaigne's political philosophy of mere life implies a profound critique of classical and Christian political thought, and it constitutes a major intellectual source of modern political philosophy.

Keywords: Montaigne, Political Philosophy, Mere Life, Vanity, Aristotle

费希特,康德,认知主体和认识建构主义

汤姆·洛克莫尔 著 陈辞达 译*

摘　要:本文将在德国观念论的认识语境中考察费希特主体性观点的性质和解释限度。我将论证费希特对康德主体概念的修正,既是对认识问题的一个基本贡献,也是一个致命的缺陷,因此不是认识问题的一个可行的解决方案。费希特对康德主体的独特修正在使得客体性过度,甚至完全依赖于主体性的维度上走得太远了。因而在康德和费希特之后,我们仍然缺乏一个对于认识问题的有效的解决方案。

关键词:康德　建构主义　主体性　先验哲学

"因此,绝对的自我必须是非我的原因,因为后者是所有表现的最终基础;并且非我必须在这种程度上起到它的作用。"——J. G. 费希特①

德国观念论可以被理解为是通过不同的人以形成一种成功的建构主义认识方法所取得的成就,从康德开始,并在费希特、谢林、黑格尔和其他人身上继续。② 费希特经常被理解为自由哲学家,③进一步促进了贯穿于德国观念论中的认识主题。本文将在德国观念论的认识语境中考察费希特主体性观点的性质和解释限度。

---

* 汤姆·洛克莫尔(Tom Rockmore),1942年生,北京大学哲学系人文讲席教授;陈辞达,1994年生,北京大学哲学系博士生。
① GWL, GA I/2, 389 (J. G. Fichte, *Science of Knowledge with the First and Second Introductions*, trans. Peter Heath and John Lachs, New York: Cambridge University Press, 1982, p. 222).
② T. Rockmore, *German Idealism as Constructivism*, Chicago: University of Chicago Press, 2016.
③ 例如 A. Philonenko, *La Liberté humaine dans la philosophie de Fichte*, Paris: Vrin, 1980。

康德的批判哲学预设了一个独特的先验主体概念,他将其"演绎"声称为他的先验演绎的顶点。费希特捍卫了一种后康德主义的主体概念。我将要论证费希特对康德主体的独特修正在使得认知的客体性维度完全依赖于主体性维度的道路上走得太远了。在康德和费希特之后,我们仍然缺乏一个对于认识问题的有效的解决方案。

一 论康德、德国观念论和巴门尼德

在最近一系列关于康德先验观念论的论文中,丹尼斯·舒尔廷(Dennis Schulting)将注意力集中在"康德的有争议的观念论学说,尤其是他的'物自体'(the thing-in-itself)概念及'表象'(appearance)的区别,'表象'是康德对于一个经验性真实物体的术语,但它也同样众所周知地指这是一个'单纯的表现'"。① 真实与表象的区别可以追溯到传统当中,指向巴门尼德在思维与存在的同一性方面来看待认知问题的表述。根据巴门尼德的认知方法,任何认知理论都必须包括三个要素:真实,或独立于思维的真实,或是它的本来面目,有时被称为真正的现实;然后是表象,或者,如果有区别的话,是真实的表象;最后是作为认知规范标准的认知同一性关系。巴门尼德的方法进一步表明了解决认知问题的三个主要途径:认知怀疑主义,然后是形而上学的实在论,最后是认识建构主义。

巴门尼德的方法具有很大的影响力并在后来的传统当中映现。对于巴门尼德作出回应的柏拉图,提出了两个基本观点。一方面,相或者理念不是虚幻的,而是真实的,事实上是最真实的,是独立于思维的、永恒的、不可改变的真实,而表象是作为客体性现实的主体性显现而依赖于真实或从其中衍生出来的。另一方面,如果存在知识,那么基于先天或后天的一些被选定的个体,至少在某些时候在字面意义上"看到"了真实。

康德认为先前的哲学表明的是独断主义的观点,像笛卡尔一样,他从一开始就选择重新开始。然而,康德在许多方面依赖于一些被选定的前

---

① D. Schulting & J. Verburgt, *Kant's Idealism: New Interpretations of A Controversial Doctrine*, Dordrecht: Springer, 2011.

辈,包括休谟和柏拉图。① 像柏拉图一样,康德接受了一种因果的认知方法,或者说是真实导致表象的观点。但与柏拉图不同,他拒斥理智的直观。

二 对于康德的物自体的一些当代回应

康德认为自己被误解了,他认为把握整体的思想并不困难。但批判哲学一直是从许多不同的角度来被解读的。一个关键的困难在于可被辨认的柏拉图式的问题,即如何将物自体作为同样仅仅是一个显现的经验性真实物体的因果来源来理解。

康德对真实的看法被他常常以不精确的方式使用的专业术语所掩盖。他通向因果性的两个方面是通过作为物自体的对于真实的概念的追求来完成的,这一概念本身就是一个可以毫无矛盾地被认为在其行动中是可以理解的东西,用他的话说,"在行动的效果中和在感官世界中的表象一样是可感知到的",因此正像一个表象②从未让超过几个极少数观察者满意一样,其也没有在直觉中被给出。

康德的同时代人在很多方面解释了这一观点。例如,迈蒙(Maimon)认为,物自体仅仅是作为一个研究对象在起作用,而不是作为一个独立的本体的实体起作用。③ 这种方法会导致认知怀疑主义,因为我们永远无法透过并超越表象来把握独立于思维的真实。

迈蒙遭到了各种形式的认知表象主义的反驳,这最终可追溯到巴门尼德的信念,即我们知道存在,或独立于思维的真实。表象主义和建构主义是不相容的认知方法。在批判时期,康德仍然使用表象主义的话语,这表明表象是无形的真实的可见的方面。他后来从表象主义转向了建构主义。在批判时期,康德认为"表象"甚至不能被定义。

部分是对迈蒙的回应,对批判哲学的表象主义解释很快被雅各比(Jacobi)、舒尔茨(Schulze)、叔本华(Schopenhauer)、贝克(Beck)和其他人所阐明。

---

① K. Ameriks, Kant's Idealism on a Moderate Interpretation, in *Kant's Idealism*, p. 36.
② KrV B 566. (I. Kant, *Critique of Pure Reason*, trans. P. Guyer & A. Woods, New York: Cambridge University Press, 1998, p. 535) 以下简称 CPR。
③ S. Maimon, *Essay on the Transcendental Philosophy*, London: Continuum, 2010, p. 249.

依靠信仰(Glaube)的雅各比,在他的关于休谟的书中有力地捍卫了反对康德的实在论,这本书与康德的第一批判第二版同年出版。他著名的格言"没有【对于'物自体'】的预设,我无法进入【康德的】系统,但有了它,我无法停留在其中"①表明康德必须不相一致地知道他所不能知道的真实。追随着雅各比的舒尔茨认为,将一个超越于经验,独立于思维的对象作为其原因无法自圆其说。他认为康德通过物自体非法地依赖于因果关系,而物自体本身就是感觉的来源。根据莱因霍尔德(Reinhold)的说法,在本体(noumenon)和物自体之间存在一种根本的区别,本体是一个纯粹的理性概念,它总是超越于经验,在经验中作为需要或应该的东西而发挥作用。而后者则是独立于思维的对象,比本体更加靠近现象。康德的学生 J. S. 贝克(J. S. Beck),将物自体解释为仅仅是指向出现的物体的另一种方式,区别于一个不会和不能出现的神秘的超感觉的物体。②

关于物自体的混乱的争论指向了当代为了弄清康德的真实概念所做的努力。一个建议是,如果我们无法认识真实,那么结果就是怀疑主义。另一种观点是康德非法地宣称他所无法知道的真实。第三种是声称反对康德的物自体实际上显现出来的观点。

三 康德是一个表象主义者？一个建构主义者？还是兼而有之？

我认为主要的解释困难在于,把康德理解为一个表象主义者,还是一个建构主义者。尽管康德仍然是活跃的,但我们可以将费希特作为从一个非表象主义,而是建构主义的角度寻求制定一种更新、修订了的康德观点的思想家予以理解。

康德生活在一个由各种理性主义者和经验主义者产生的表象性、因果性理论所主导的时代。表象主义是至少与巴门尼德一样古老的,致力于通过表象,简而言之,就是通过表现独立于思维的真实,以证明对真实的间接认识的任何形式的理论。我的假设是,在后来创造出所谓的哥白尼革命之前,康德

---

① F. H Jacobi, *David Hume über den Glauben, oder Idealismus und Realismus, Ein Gespräch*, Breslau: Gottlieb Löwe, 1787, p. 223.
② I. Kant, *Correspondence*, trans. and ed. A. Zweig, New York: Cambridge University Press, 1999, p. 22.

最初被表象主义所吸引,因为正如他著名的话语,他无法在把握一个独立于思维的对象方面取得任何进展,换句话说,他是基于这样一个假设,即主体依赖于客体。

批判哲学的各种表象主义方法都有这样一种观点,即只有真实实际上在物自体的主题下显现时,我们才能理解批判哲学。这就要求一种沿着形而上学实在论路线的对于认知问题的解决方案。尽管它们在第一批判中是形而上学实在论的段落,但康德并不是始终一致的。在我看来,康德最好的契机,是其几乎没有提示地致力于建构主义方法,这一点并没有经常被详细地讨论,但其是在哥白尼革命的标题下,被康德的同时代人(莱因霍尔德、谢林和费希特)所认可的方法。

四 康德、费希特与现代认知主体的兴起

表象主义和建构主义在认知主体的方面是不同的。笛卡尔至少暗中在广为人知的作为旁观者的主体观点和几乎不为人知的作为行动者的主体观点间做出了区分。认识的一种表象主义方法假设了一个为了某种东西而出现的消极的主体。建构主义的认识观是建立在一个"建构"它所知道的积极的主体的基础上的。

黑格尔正确地指出,批判哲学"构成了新德国哲学的基础和起点"①。康德、费希特、黑格尔以及与他们方式不同的马克思,全部都是认知建构主义者。认识建构主义是一种主体只知道可以被称为建构的东西的观点。康德的先验主体描述了认知的一般条件,关注于逻辑而不是认知心理学。康德拒绝了所谓的洛克式的生理学,或者说是胡塞尔后来称之为的"心理主义"。尽管康德通过一个先验主体解释了普遍认知的一般可能,而且他对人类学有兴趣,但他无法解释有限的人类在他的特定意义上是如何能够去认知的。

五 费希特的人类学转变与物自体

康德的主体在接受感觉上是消极的,而在建构一个知觉对象上是积极

---

① G. W. F. Hegel, *The Science of Logic*, trans. George di Giovanni, 2010, p. 40.

的。费希特简单地将物自体放在一个经验描述为主的地方,在其中认知主体是唯一活跃的。正如黑格尔指出的那样,费希特通过一种主体的新观点来解释经验和知识,即主体实际上是有限的,是受其周围环境约束的,但理论上却是无限的,或完全不受约束的,因此可以说是永远悬置在是和应该之间。

康德勾勒出了一个先验主体和作为第三者的真实之间相互作用的描述,一个因果性的描述。费希特在公理(Grundsätze)的陈述中,将康德的观点重新表述为一种对主体和客体间相互作用的第一人称的叙述,这是知识学最初最具影响力版本的开始。

根据关于知觉的现代因果性方法,客体"引起"了思维中的观念,证明了一种从观念到独立于思维的客体的逆向的、反柏拉图式的认知推论。离开这个模型的康德提出了一个功能性模型,在其中外部现实影响了主体,而主体又反过来建构了知觉和知识的经验对象。费希特从康德的主体性功能论转向了一种对有限的人类作为哲学主体的新概念,导致了一种从主体性视角出发的本体论描述——大致上是一种系统的,但又是"无根据的"哲学观——以及一种作为本质上循环的认知主张的观点。

费希特拒绝了作为"完全由自由思想产生的",没有任何"现实之物"①的物自体的概念,因此对认知问题采用了一种表象主义的方法。他表示他同意康德的哥白尼式转向,因此带有认知建构主义的观点,在写作中表明"【认知】对象应该由认知能力来定位和决定,而不是由对象来决定认知能力"②。

康德的主体概念既是消极的又是积极的,重申了笛卡尔的,作为哲学虚构的消极主体性的一种形式,它与有限的人类的关系是无法描述的。费希特通过对本质上积极的认知主体的一种人类学改造,对于康德做出了回应。

通过从先验到经验层面的转变,费希特受到了有限的人类的限制。费希特认为,"物自体"的概念作为一种独立于思维的、感觉的外在的"原因",在批判的基础上是站不住脚的。他打破了康德对"理智直觉"的否定,从两个方面唤起了有限的主体对于自身的存在:在理论上作为一个认知主体,以及在实践上作为一个奋斗的道德主体。

费希特对观念论和独断论的区分驳斥了康德对物自体的看法。对于费

---

① EE, GA I/4, 190 (*Science of Knowledge*, p. 10).
② EE, GA I/4, 184-5 (Ibid., p. 4).

希特来说,表象主义和建构主义合起来耗尽了认识的可能方法。根据费希特的说法,虽然这两种方法都不能反驳另外一种,但依赖于物自体的独断论无法解释经验。

康德和康德主义者经常依赖"表象"(Vorstellung),如海德格尔所说,指的是在它的缺失中存在的东西,简而言之就是真实。费希特以不同的方式使用相同的术语来指代在意识中给予的东西。费希特的认知理论是对经验的一种解释,它被理解为"伴随着必然性感受的表象(Vorstellungen)系统",或者"也被称为经验……"①尽管费希特将经验理解为意识中的一系列表象,但他拒绝接受因果性方法,而赞同建构主义的替代方法,根据这条推理路线,这种方法仍然是唯一可能的方法。换言之,他遵循康德的观点,认为主体必须建构认知客体以作为认识的必要条件。

康德推论了一个关于主体的哲学概念,费希特通过人类学的转变取代了这一概念。康德的先验演绎在他的先验主体的概念上达到了一个高峰,或者说最初综合的统觉统一性是"知性的一切运用的最高原则"②。根据康德的观点,主体或者"我思""必须能够伴随着所有我的表象",这是一个"纯粹的统觉",而不是"经验的统觉"。③ 相反,费希特则从社会语境中的有限的人类入手来探讨认知问题。

费希特认为,认知依赖于一个无法被演绎但必须被假设的主体。费希特把演绎理解为从条件性到条件的过程,因此是回归的,他在对比独断论和观念论时引用了实用主义的观点。虽然两者都不能反驳对方,但独断论不能解释经验。④ 物自体是一个武断的假设,它什么也解释不了,但通过理智的直观,主体将自己视为能动的。⑤ 观念论以这种方式通过基于理智必然律的理智活动来解释经验。⑥ 根据费希特关于人的说法,如果主体是独立的,客体是从属的,那么哲学最终取决于主体性因素。⑦

---

① EE, GA I/4, 186 (*Science of Knowledge*, p. 4).
② KrV B 136, CPR 248.
③ KrV B 132, CPR 246.
④ EE, GA I/4, 198 (op. cit., p. 19).
⑤ EE, GA I/4, 196 (Ibid., p. 17).
⑥ EE, GA I/4, 199-200 (*Science of Knowledge*, p. 21).
⑦ EE, GA I/4, 195 (Ibid., p. 16).

六　费希特的主体与本体论

费希特基于一个活跃但有限的主体的认识观点影响了黑格尔、马克思,也许还有杜威等人。① 费希特的方法把主体看作是内在能动的,这进一步奠定了他最初的本体论概念的基础。

费希特在《评埃奈西德穆》(The Aenesidemus Review)中提出了一种新的本体论理论的基础,他主张所有哲学都必须追溯到一个单一的原则:主体。在默许地否认康德对理智直观的拒绝时,他注意到最确定的是自我,或者说"我在",他补充说"一切非我只是为了自我"。② 费希特的提议表明,不是主体的东西仅仅是因为它指出了一个依赖于思维的关于现实的概念。这种方法使人们对客观性有了新的认识。在批判哲学中,客体性有两种不相容的形式:一种是作为独立于思维的外在客体,或物自体;另一种是作为依赖于思维的经验和知识的认知客体。在费希特看来,客体性是在实践中所经验的单一形式,但理论上被理解为是主体活动的结果。

根据费希特的观点,对经验的解释要求在一个位于经验可能性之外的客体中说明其基础。③ 康德的回归式分析从认知对象出发,从条件性到条件,最终以先验哲学的最高点——主体(或统觉的先验统一)为归宿。费希特"颠倒"了康德的方法,他不是从客体而是从主体开始,更准确地说是从"一个有限的理性存在没有什么超越于经验的东西"的假设开始的。④

由于费希特认为所有经验的基础都在经验之外,因此与莱因霍尔德(Re-

---

① 费希特影响了黑格尔关于由多元主体在一个持续的历史过程中所建构的认知对象的观点,后者在《精神现象学》导论中作了简要的描述。费希特进一步影响了马克思对现代工业社会的看法,认为现代工业社会是由有限的人所建构的,这些有限的人在现代工业社会的范围内将他们自身物化和异化。
② Rez. Ae, GA I/2, 62 (J. G. Fichte, *Fichte*: *Early Philosophical Writings*, trans. and ed., Daniel Breazeale, Ithaca: Cornell U. P., 1988, p. 73).
③ First Introduction to the *Science of Knowledge* §2 (GA I/4, 187-8).
④ EE, GA I/4, 188(Ibid., p. 8).

inhold)不同,他拒绝将认识论基础主义作为一种认知策略。① 他对"整个知识科学的公理"②的描述始于将任务表示为寻求第一个公理,由于它是一系列公理中的第一个,因此无法得到证明或定义。"我们的任务是发现所有人类知识的原始的,绝对无条件的第一公理。如果这是一个绝对的基本公理,那么它既不能被证明也不能被定义。"③

对于费希特来说,"基础"一词并不是指认识论基础主义,它可以用两种方式来解释:首先是作为认知对象,在因果框架中它是经验的原因或来源;其次是作为经验着的主体。根据费希特的观点,一个有限的理性存在体不能认识任何超越经验界限的东西,例如,以客体的形式存在于这些界限之外的东西。④ 至于康德,费希特也是如此:一个人根本不可能知道任何关于独立于思维的真实的内容,它存在于经验之外。但对费希特来说,与康德不同的是,物自体并不发挥认知作用。

费希特对于康德物自体的背弃产生了三个后果。第一,在接受认知建构主义的过程中,虽然康德确切观点并不清晰,费希特仍然追随康德,放弃了形而上学的实在论,转而接受经验的实在论。已经被注意到的是,形而上学的实在论至少可以追溯到巴门尼德且贯穿整个西方传统,并仍然在各种讨论中盛行。老练的思想家们仍然相信认知意味着像其所是一样把握独立于思维的世界。第二,尽管费希特保留了康德的术语,也注意到了"表象的演绎",他还是放弃了表象,从而放弃了表象主义。⑤ 对康德来说,"表象"和"显现"显

---

① 因此,具有讽刺意味的是,早期德国浪漫主义者将费希特理解为一个认知基础主义者,驳斥了他们所认为的费希特的理论并选择了反基础主义。荷尔德林(Hölderlin),费希特之前的学生,在反费希特的反应的早期扮演了重要的角色。F. Hölderlin, Judgement and Being (1795), in *Essays and Letters on Theory*, trans. and ed. T. Pfau, Albany: State University of New York Press, 1988.
② "Grundsätze der gesammten [sic] Wissenschaftslehre"(全部知识学的公理)。"Grundsatz"一词有时被不精确地翻译为"基本原理"(i. e. *Science of Knowledge*, p. 93),但实际上,这个德语单词是沃尔夫(Wolff)对拉丁语(最初是希腊语)"axioma"(公理)的德语翻译。此外,"Lehrsatz"(定理)经常被翻译成"论述"(discourse)(Ibid. p. 120)。这种翻译使英语阅读者很难看到原始的德文文本是说整个知识学的基础遵循论证的几何学模型,因为它是由三个公理(Grundsäzte)和八个定理(Lehrsätze)组成。由此可见,费希特不是一个基础主义者(E. Acosta, Transformation of the Kantian table of the categories in Fichte's Foundations of the entire science of knowledge of 1794/95, *Anales del Seminario de Historia de la Filosofia*, vol. 33, Is. 1, p. 113, n. 47)。
③ GWL, GA I/2, 255(op. cit., p. 93)。
④ First Introduction to the *Science of Knowledge* §3 (GA I/4, 188-9)。
⑤ Isabelle Thomas-Fogiel, *Critique de la représentation: Étude sur Fichte*, Paris: Vrin, 2000.

然是同义词。所有的显现都是现象,但只有一些现象是显现。当且仅当有某种东西出现时,现象才是显现。如果有显现作为表象,那么只有在它成功地描绘了独立于思维的世界才可能。如果一个人放弃了物自体,那么他就不能再将真实视为出现,因为在这种情况下,经验只是由现象组成的。换句话说,如果在因果性框架内没有对真实的理解,那么就没有表象,因为真实并没有出现。第三,费希特在摆脱以独立于思维的认知对象作为一种解释性原则时,应对陷入怀疑论的痛苦仅剩的一种方法就是诉诸主体,或者用他的术语来说,即自我(das Ich)。

正如费希特迅速指出的,结果是一种相对简化的认知方法。在赫茨的信(Herz-letter)中,康德建议在主体、物自体和在经验与知识中给出的经验客体之间的三元关系中分析表象与客体的关系。① 费希特对物自体的厌烦的结果导致他将认知关系重新塑造为二元关系。

费希特陈述自己理论第一个版本的直接时机,是由他对舒尔茨关于莱因霍尔德的研究所做的评论而提供的。由于舒尔茨使用的化名是埃奈西德穆(Aenesidemus),因此这一文本更多地被称为《评埃奈西德穆》。在他的《基础哲学》(Elementarphilosophie)中,莱因霍尔德重新阐述了康德在引入表象(Vorstellung)原则方面的立场。"在意识中,表现是通过主体和客体的主题来区分的,并与二者相关。"②舒尔茨反对莱因霍尔德未能观察到的所谓的表象与经验的主客体之间的不对称关系。尽管表象出现在主体中,并且在这个意义上与主体是相同的,但它不同于它所代表的客体。在他的评论中,费希特赞同舒尔茨的批评,但拒绝后者的怀疑结论。

费希特将莱因霍尔德的原则重新定义为:"表象作为其起因的效果而与客体有关,作为其实质的偶然性而与主体有关。"③这一陈述在一个单句的范围内给出了意识本体论的轮廓,它只基于两个成分:主体、客体及其相互关系。正是这一本体论,费希特在知识学的最初版本中将其进一步发展,这是他整个立场的基础。

通过费希特对康德的评论,即他认为康德未能证明表象具有客观的有效

---

① KrV B xxvii, see CPR 115.
② K. L. Reinhold, *Beyträge zur Berichtigung bisheriger Missverständnisse der Philosophen*, I: Das Fundament der Eelementarphilosophie betreffend, 1790, p. 167.
③ Rez. Ae, GA I/2, 60 (*Fichte: Early Writings*, p. 73).

性，或者说康德仅仅成功地超越了显现，因而未能证明他的理论，费希特证明了与康德相对的他对表象的演绎，实际上即是对表象的否定。费希特的替代性演绎尤其假定了三点。第一，没有比主体或自我更高的东西了，主体或自我是费希特的终极解释概念。① 第二，在哲学上，我们必须从不能在别的东西中演绎推导出来的主体出发，因此主体是不能被演绎推论的。② 费希特把人类主体看作是一个给定的东西，他拒绝康德对先验主体演绎的努力。最后，在费希特的理论中，演绎采取了一种直接的、以自我为中心的遗传学的论证形式。③ 简言之，在抛弃物自体概念或独立于思维的外部世界的假设中，费希特放弃了康德分析思维内容与世界的关系的目的，转而主张只从主体的角度对知识进行所谓的"演绎"。

与康德一样，费希特的演绎极其复杂。我们无需在此详细描述。只需这样说就够了，即从自我或主体是能动的假设出发，费希特坚持两个主要观点：当所有的客体都被抽象的力量消除后，只剩下主体，而客体或非我是可以用来进行抽象的东西。任何一个都可以被认为是由另一个决定的，反之亦然。演绎推论的结论是，主体是有限的（或确定的），或者反过来说，是无限的，因此是确定的，在这两种情况下，主体仅仅与自身相互关联。费希特认为，理论哲学不能再向前行进。不像康德那样，费希特在总结他的演绎推论时得出了主客体相互决定的结论。

费希特转向后康德式的建构主义，源于他在《评埃奈西德穆》中对莱因霍尔德和舒尔茨的抵触。费希特对所谓"整个知识学的公理"的分析显然是康德先验认知主体的修正版本。在知识学的第一部分中，费希特区分了三条公理：第一条是绝对无条件的公理，它假定主体是完全主动，从不被动的；第二条公理就内容而言是有条件的，它是康德通过感官多样来接受感觉的费希特版本；第三条公理，就形式而言是有条件的，这是费希特对康德关于感官内容作为可认知对象的范畴综合的分析的重述。

---

① GWL, GA I/2, 390 (*Science of Knowledge*, p. 224).
② GWL, GA I/2, 426 (Ibid., p. 262).
③ GWL, GA I/2, 399–400, 434 (Ibid., pp. 233, 269).

七 论费希特的演绎

费希特的对表象的演绎显然是要取代康德的先验演绎。他的演绎确定了认知的主体、客体及其相互关系。费希特认为,主体的意识(对认知客体的意识)和自我意识都可以通过对其活动的假设来解释,通过这种假设,主体的意识以客观化的形式建构了对象和自身。由于费希特的分析可能过于复杂,因此就本文的目的而言,对一些要点进行重述就足够了。

费希特从一个逻辑命题开始,他认为这个命题是真的,然后通过一个明显的循环论证进行演绎推论。费希特认为,逻辑同一性($A = A$)是绝对确定的,它不是一种存在的要求,而是一种必然的联系。"我是我"的陈述是绝对有效的,因为在对经验意识基础的任何解释中,都以自我(das Ich)——同样,也是他对主体的名称为前提。人类思维活动的恰当位置,被认为既是活动的动因又是活动的产物,或者既是活动的起源又是它的结果。根据费希特的说法,"活动和行动是一致且相同的"①。在这里,费希特的方法是建立在笛卡尔的基础上的。对于笛卡尔来说,"我在"是一个存在论的主张,而对于费希特来说,它"表达了一种行为"(同上)。费希特的自我是一个绝对的主体,它假定自身和有限的自我只作为自我意识而存在。因此,$A = A$ 等于自我绝对地假定自己的主张,因为这适用于现实。

对于正在进行的讨论,费希特将他对自我的观点视为所有现实之源。他认为他的观点与笛卡尔的"我思"和莱因霍尔德的表象原则有密切关系。他进一步认为,他的观点早在康德的先验演绎中就被采纳。客体是主体活动的结果,因而与主体活动是一致的,任何客体在外在形式上都不比主体多也不比主体少。

费希特继续对第二个公理进行了分析,它和它的前身一样不能被证明,也不能从第一个公理得出。整体的叙述是从主体的角度来确定认知对象,因此不像最初所设想的那样是作为具有经验意识的事实的第一条公理。

第二条公理的分析遵循第一条公理。费希特认为,虽然不能证明,但每个人都会接受"非 A"$\neq A$ 的命题。由此可见,作为在意识中给出的事实,绝

---

① GWL, GA I/2, 259 (*Science of Knowledge*, p. 97).

对和无条件的对立必须简单地被假定。费希特进一步观察到,相反的假定只有在假定或自我同一性的基础上才有可能。这一点确立了主体对于客体的优先,而客体只有通过对主体的反对,或者更确切地说是对主体的否定才具有可能。然而,主体和客体,或自我和与之对立的东西不仅是不同的而且是统一的,因为对立的前提是意识的统一。换言之,本体论的差异在于认知的统一。从主体的角度来看,非我或客体仅仅是与自我或主体相对的东西。总之,命题"我在"相当于 A=A,而"非 A"≠A,或反对的原则则以否定为前提。

到目前为止,费希特已经从主体的视角勾勒出了一种新颖的主客体本体论形式的基础。遵循康德统觉的先验统一,第一条公理主张主体性的中心地位。第二条公理通过主体来描述感觉或无形式的内容。在对第三条公理进行条件化的阐述当中,费希特重申了康德的哥白尼式观点,即我们只知道我们通过另外两条公理之间相互作用的理由所建构的东西。

在《评埃奈西德穆》中,费希特以许多不同的方式重申了他在强调自己坚定的第一人称视角方面的核心观点。费希特认为,这种相互作用必须从一个理论上不受限但实际上受周围环境限制的主体的角度来理解。

费希特的分析分为三个部分(A,B,C)。在 A 部分中,费希特认为主客体是对立的。在 B 部分中,他描述了他的任务是根据思维(Y)的行为而发现保留意识同一性的主体与客体(X)之间的关系。显而易见的答案是,主体和客体之间通过费希特所说的"可分性"来相互限制。这是一个早期的形式,后来成为在社会背景下人类个体之间辩证交互作用的理论。在 C 部分中,费希特检查了他提出的解决方案。根据费希特的说法,意识包含了现实的全部。也就是说,在现实不归因于客体的情况下,主体和客体都置于主体之内。换言之,背景或环境是通过与主体在意识层面上的互动而被认识的,它们是不可分割的。费希特认为,只有当我们考虑到综合或反命题,以及所谓的结合行为时,才有可能在知识的叙述中将主体和客体结合在一起。在那种情况下,主体和客体可以被理解为从主体的视觉角度的相互作用。换言之,费希特似乎试图把认知主体理解为同时受到其周围环境的限制和无限制的,并在此基础上将知识理解为是在主体和客体的相互作用中产生的,进而导致意识。

由于第三条公理涉及综合,费希特认为他的解释回答了康德关于先天综合判断的可能性的问题。费希特认为,所有的综合都植根于主客体之间的相互关系。根据费希特的进一步说法,他在批判哲学的修订版本中将绝对自我的观点转变为"完全无条件的,并且不能由任何更高的事物来决定"①。由于反对任何与主体有关的哲学是教条主义的或者说是非批判的,费希特尖锐地拒绝康德的真实概念,或者说物自体,因为它与批判哲学相悖而类似于斯宾诺莎主义,后者将意识根植于物质之中。作为拒绝物自体的另一个后果是,费希特也拒绝康德在单一认知方法中将主观和客观的来源结合在一起的努力。简言之,费希特认为康德不一致地依赖于一个与批判哲学不相容的独立于思维的本体。这表明康德最终是一个教条主义者,而费希特的修订版则是一个最终与康德的立场相一致的观点的最初版本。在费希特对批判哲学的解读中,认知对象,也就是经验必须完全仅从主体的角度来解释。费希特认为,批判和教条主义对他来说是仅有可能的两种方法,康德不一致地寻求跨越这一不可逾越的鸿沟。对于遵循对批判哲学进行严格阅读的费希特来说,超越于主体是不可能的。

八 结论:费希特、主体与认识

通过这一系列复杂的推理,费希特在对康德和其他人在当代争论中的反应中得出的他对于主体观点的总结,现在可以将之迅速地勾勒出来。像康德一样,费希特从知识和经验的条件问题入手,从两个角度来思考有限的人类主体。作为一个有限的人,人既是一个理论实体,即无限的意识主体,又是一个实践的或有限的道德存在。作为一个真正的有限存在,个体通过与外部世界的联系而受到限制。费希特在哲学或元经验的层面上进一步援引了绝对存在的概念,以作为一个有助于解释经验的哲学概念。

对于有限的人或所谓的自我(das Ich)的类型,费希特将其与各种各样的活动联系起来。作为一个理论上的个体假设,作为实践的"他"的努力,以及作为完全的"他"的行为,这一行为在理论上是独立于"他"周围环境的。一个理想性实存的绝对存在概念被证明是理解真正实存的有限性存在的经验的手段。活动的形式需要在理论层面上被一般的活动所涵盖,从实在论的

---

① GWL, GA I/2, 279 (*Science of Knowledge*, p. 117).

角度看,有限的人首先是一个实践的人。但从理想主义的角度来看,纯粹活动的概念被视为与绝对自我相等同,这是在费希特的讨论中所公认的哲学构想。然而,由于从这个角度来看,有限的人的观点是从绝对自我的概念中得出的,所以可以说费希特是从绝对概念出发来"演绎"个体的概念。正如他在一封信中指出的:"我的绝对自我显然不是个体[……]但是个体必须从绝对自我中演绎推论出来。"①

费希特对主体的重新思考消除了批判哲学中关于本体或独立于思维的真实的地位的歧义,康德不一致地将其描述为不可认识但也是认识所不可或缺的。费希特从主体性或有限人主体的角度转向认识的解释,其克服了批判哲学中的一些问题,但也导致了另一些问题。

费希特立场中的一个明显的困难来自对主体的人类学重构,它恢复了康德所竭力避免的心理学忧虑。费希特对批判哲学的重构的一个重要优点在于,它一方面致力于消除批判哲学中由于其同时致力于认知表象主义和形而上学实在论所导致的基本歧义,另一方面则致力于认识建构主义和经验实在论。

这一点可以用现象、显现和表象之间的三重区别来解释。简而言之,现象只是赋予意识而不是超越它自身,显现是赋予意识并进一步超越它自身,但不一定表现或正确地描绘它所指的事物,而表象指向并正确地描绘它指向的超越自身的事物。

现在,康德在写作第一批判的过程中逐渐形成其立场的同时亦在他的论述中致力于不相容的认知理论。用最简单的话说,康德既是一个表象主义者又是一个反表象主义者,或者又是一个反表象主义的认知建构主义者。一方面,康德致力于认知表象主义,或者说认识需要一个因果关系的解释的观点,又或者更准确地说致力于一种从显现到所显现的东西(因此是对真实的表象)的相反的,反柏拉图式的推论。另一方面,正如康德所说,由于在掌握独立于思维的客体方面从未取得任何进展,因此他致力于作为替代性选择的另一种观点,即我们可以将认识建立在认知建构主义的基础之上,否则认识就只能建立在独立于思维的客体的基础之上。

柏拉图是一位认识的反表象主义者,他拒绝因果关系的逆向推理而支持

---

① GA III/2, 392, letter from Fichte to Jacobi of August 30, 1795(原文中已强调)。

对于真实的理智直观。现代哲学推翻了柏拉图对逆向因果关系推理的否定,而以一系列的努力来证明对于独立于思维的真实的认知表象。至少从巴门尼德开始就被提上议事日程的对于真实的认知表象经常被断言,但正如康德所指出的,它从未被证明过。例如,黑格尔指出康德无法解释不可认知的真实与认知主体之间的关系,或者换句话说,康德无法解释我们与认知、主体性与客体性、思维与存在、认识者与已知之间的不可逾越的鸿沟。①

　　费希特在批判知识的因果关系方法时拒绝了康德的表象主义。费希特的巨大贡献在于拒绝了表象主义的因果关系模型,从而消除了康德在主体的活动的基础上重申其认知建构主义时的不一致,这表现在康德同时但又前后矛盾地致力于两种对立的认知观点。通过这种方式,费希特设置了后康德的德国观念论的议程,力图以一种可接受的后验形式重申康德的先验建构主义认知方法。

　　然而,费希特的认知观点存在很大的问题。他的解决方案在于通过单一的主体性的解释主题来取代主体性与客体性的二元论。在费希特的专业术语的意义上,对于经验的第一人称视角的解释改进了康德对于主体和客体关系的第三人称视角的解释。然而,在通过主体性来揭示准笛卡尔方法对于客体性的局限时,费希特可以说是将客体性还原为了主体性。现代哲学的特点是客体性之路贯穿于主体性之中的观点。困难在于如何理解在一个单一的认知理论中将主体性和客体性结合起来。我的结论是,虽然费希特对康德有明显的改进,但他未能解决笛卡尔的关于认识中主体性和客体性关系的基本问题,而这一问题从未得到解决。

---

① G. W. F. Hegel, *Phenomenology of Spirit*, trans. A. V. Miller, New York: Oxford University Press, §73, 1967, pp. 46-47.

Fichte, Kant, the Cognitive Subject, and Epistemic Constructivism

Tom Rockmore

Abstract: This paper will consider the nature and explanatory limits of the Fichtean view of subjectivity in the epistemic context of German idealism. I will argue that Fichte's revision of the Kantian conception of the subject is both a basic contribution to the cognitive problem as well as fatally flawed, hence not a viable solution to the cognitive problem. Fichte's distinctive revision of the Kantian subject goes too far in making the objective overly, even wholly dependent on the subjective dimension. After Kant and after Fichte we still lack an effective solution for the problem of cognition.

Keywords: Kant, Constructivism, Subjectivity, Transcendental Philosophy

孟庆楠:《哲学史视域下的先秦儒家〈诗〉学研究》*

北京:北京大学出版社,2019 年

  孟子言:"观水有术,必观其澜。"观江水之源流,应观其波澜壮阔处;明思想之源流,也当呈现其波澜壮阔处。孟庆楠《哲学史视域下的先秦儒家〈诗〉学研究》(北京:北京大学出版社,2019 年),可谓以细致的分析与独有的洞见,展示出先秦《诗》学的波澜壮阔,带读者一览整个先秦思想的源头与流变。

  此书所呈现的先秦《诗》学最引人注目的"波澜",是《诗》所由生长的礼乐文化的衰落及其引发的儒家《诗》学重建礼乐之根基的卓绝努力。此书前言和第一章介绍了研究方法与文献基础,从第二章开始为正文部分。第二章"奠基与传统"勾勒了《诗》的创作、编纂、应用与教习的概貌,作者明确指出,这些活动的开展有赖于周代礼乐制度的保障,而且,"《诗》被不断塑造的经典意义始终贯彻着礼的精神"①。《诗》的创作和结集过程较为漫长,正是"在《诗》的文本与意义初步成熟的春秋中后期,周礼开始逐渐崩坏"②。第三章"危机与转变"首先揭示了春秋时期礼废乐坏的倾向及这一过程的加剧给《诗》的传承与发展带来的巨大危机。其次,作者也指出,"这样的危机也引发了时人对社会秩序、价值的深刻反思"③,其中儒家学派一方面以治经、传经的方式继承周礼传统,另一方面在礼乐的制度难以维持的情况下"探寻礼乐的本质、重新确立礼乐的依据"④。这些活动"重新凝结《诗》的经典意

---

* 本文受四川大学创新火花项目库(编号 2019hhs-03)资助。
① 孟庆楠:《哲学史视域下的先秦儒家〈诗〉学研究》,北京:北京大学出版社,2019 年,第 61 页。
② 同上书,第 62 页。
③ 同上书,第 72 页。
④ 同上书,第 85 页。

义"①，促成了经典的儒家化。

第四至第七章分主题有层次地呈现了先秦儒家《诗》学如何通过重塑《诗》的经典意义"探寻礼乐的本质、重新确立礼乐的根据"②。这部分也是对书名所言"哲学史视域"的典范性运用。第四章"《诗》言志"紧紧抓住了《诗》"言志"的经典特质。"诗言志"是整个两千多年诗学史的重要命题，朱自清先生认为诗所言之"志"有从"政治怀抱"转向"个人情感"的过程③。孟庆楠博士则自觉地把讨论收束在早期儒家的论域中。他指出，早期儒家是在经典比较的视域中突出《诗》的"言志"特征的。通过细致的文本分析，他得出结论："在早期儒家的整体视域中，《诗》所言之'志'，既包括引导善行的心、思，也包括被约束和安顿的情、欲"，"这里的'志'更多地是一种广义上的心之所藏"④，而这种探寻人心的倾向"展现着儒者对于道德、礼法的内在向度的认知"⑤。

紧接着的第五章"志与礼"和第六章"志与德"分别从礼法、道德两面阐明了先秦儒家如何以《诗》所言之志为礼乐文化奠基。第五章"志与礼"首先讨论了"礼之本"的问题，尤其是早期儒家《诗》学文献《民之父母》中的"五志"说，"'五至'之说勾勒出了由物生志、由志成礼乐的线索，也构成了对'礼乐之原'的解说"⑥，对"礼之本"的叩问是礼坏乐崩后重建礼乐之根基的逻辑必然环节。进而，孟庆楠博士分析出早期儒家《诗》学文献中的思色之情与敬爱之情两种能为礼乐奠基的"志"，前者可谓上章所言须被安顿的情欲，后者可谓引导善行的心思，二者虽都为人心所固有⑦，但它们为礼乐奠基的方式是不同的。早期儒家在承认思色之情合理性的基础上以礼规范其限度，由此突

---

① 孟庆楠：《哲学史视域下的先秦儒家〈诗〉学研究》，第 85 页。
② 同上书。
③ 参见朱自清：《诗言志辨》，载《诗言志辨·经典常谈》，北京：商务印书馆，2011 年。
④ 孟庆楠：《哲学史视域下的先秦儒家〈诗〉学研究》，第 113 页。
⑤ 同上书。
⑥ 同上书，第 133 页。
⑦ 对于"敬"是否为人固有，孟庆楠的讨论比较复杂。他认为，从整体上看，"恐怕大多数儒者的认识中，敬畏、敬爱并不算是人天生自然的本性"（第 150 页），在《诗》本文中，敬天"实质上体现着人对于天所带来的厉害吉凶的权衡与取舍"（第 155 页），敬祖也是如此。不过，他提出儒家还强调一种祭祀时"非外至的内生的用心"，他认为早期儒家更多地在这种意义上理解祭祀的"肃敬"（第 162 页）。从这个意义而言，敬是根于心的，是心中本有的。

出礼的必要性,而敬爱之情则是"礼法的一种内在支持"①,能直接导出守礼的行为。第六章是"志与德",孟庆楠博士认为"德"与"礼"不是无关的两个问题,"在某种意义上,礼就是德在秩序层面的呈现"②。此章首先指出,新出土文献《五行》篇特别从《诗》学的角度在人心中确立道德的根基,具体表现在借助《草虫》《鸤鸠》《燕燕》所阐发的忧、慎独、舍五为一(临丧时放弃对外在形式的追求而专注于内心的哀情)几个层面。此章还借由《五行》篇关于"匿简"的看法阐发了仁义之德的内心基础。"孝亲之怨"一节则通过孟子关于子对亲的"怨"与"不怨"的谈论呈现孝的义理层次。德的内在性、仁义、孝顺这些德性论的重要话题通过《诗》所言之志得到细腻而深入的分析。四、五、六章可谓全书的重点,由此可看出孟庆楠博士认为心、志方面的主题是先秦儒家《诗》学的核心内容,这也呼应了他的导师王博教授对于先秦《诗》学文献的判断。③

如果说,四、五、六三章较为完整地呈现了先秦儒家《诗》学如何从心、志重新探索礼乐的本质,为礼乐文明奠基的努力,那么第七章"天命与天性"则指明了完成这种工作的另一种可能方向:"儒家试图从天命、天道之中构建起社会秩序与机会的另一个合理性依据。"④不过,孟庆楠博士也指出"天人关系并不是《诗》学讨论的重点"⑤,因而第七章只能看成四五六章的一个补充。当然,其中依然包含了一些极具价值的洞见。例如,对于西周中晚期诗篇中出现的"怨天"之辞,孟庆楠博士并未纠结于学界就此展开的"天的权威是否堕落"的争论,而是从哲学思想的内在逻辑出发理解这一问题。他指出,"这些诗句所呈现的德福不一致的问题,事实上构成了天命观念在发展演变过程中始终面对的挑战"⑥。就此问题,他从早期儒家的《诗》学中找到了不同于《礼记·中庸》"大德必受命"的另一种回答:从上博楚简《诗论》及约略同时出土的《穷达以时》可知,天命之中不仅包含德的因素,也包含时运的因素。孟庆楠博士指出,"时"的概念的引入,弱化了天命观可能导出的趋利避害的

---

① 孟庆楠:《哲学史视域下的先秦儒家〈诗〉学研究》,第150页。
② 同上书,第166页。
③ 同上书,第31页。
④ 同上书,第201页。
⑤ 同上书。
⑥ 同上书,第216页。

行动模式,而将人引向非功利性的道德追求,"在不可逃脱的际遇中,德行是通过'反己'来获得动力或根基的"①。最后,此章还由"天命之性"提出天人关系之建立的生成论思路。

从以上略显冗长的叙述可知,此书的篇章布局并非不同主题的平铺罗列,而是在统一的问题意识下层层推进的立体结构。此书提出的春秋时期礼坏乐崩的问题确是先秦哲学史的核心议题,而先秦儒家《诗》学为此问题的解决提供了两个对后世思想发展具有深远意义的理论思路:心志与天命天性,或曰心与天。当然,如前所述,孟庆楠博士认为前者在先秦儒家《诗》学中占据主流地位。

除了思想研究方面的推进,此书在文献和方法方面亦极具特色。此书在文献方面最引人注目的是对于新出土文献的运用与阐释。马王堆帛书、郭店楚简、上博简等出土文献问世后,获得了学界的广泛关注,出土文献研究成为新的学术增长点。而近几年北大简、清华简、安大简的购回,又为这一学术潮流注入了持续的动力。不过,现有的研究主要是释读、解析单篇文献的思想内容并判定其学派归属和创作流行时代,较少进行系统性研究。此书则在充分吸收前人研究的前提下将出土文献纳入思想演进的历史过程。上博简中《孔子诗论》和《民之父母》两篇是专门的论《诗》材料,其他出土文献中如郭店楚简《五行》《性自命出》《缁衣》等也散见一些引《诗》论《诗》的材料,这些都被此书归纳入《诗》学文献。② 这些文献的抄写或下葬年代基本为战国中晚期,其创作年代应该更早,它们作为具备年代可靠性的材料被有机地纳入先秦哲学思想的演进历程,构成其中的必要逻辑环节。例如,第四章"《诗》言志"阐述经典系统的形成时指出,因载"六经"之说的《礼记·经解》和《庄子·天下》的年代及文本有疑,没有足够证据证明先秦时代已经出现六经并举或"六经"的称谓,然而,郭店楚简《六德》《语丛一》都出现了对六种经典的论述,"战国楚简的发现在很大程度上改变了这种认识"。③ 又如,第五章"志与礼"以情志为礼乐奠基,上博简《孔子诗论》、马王堆帛书《五行》篇对《关雎》《清庙》《甘棠》的论说扩充了作为本章重要逻辑环节的"思色之情"与

---

① 孟庆楠:《哲学史视域下的先秦儒家〈诗〉学研究》,第 220 页。
② 具体材料详见该书附录。
③ 孟庆楠:前引文献,第 95 页。

"敬爱之情"的意义层次。又如,第六章"志与德"中"德行内外""匿简之际"基本以出土文献为支撑材料。可见,出土文献确实极大地丰富了我们对于先秦思想的认识,而此书则将之与传世材料有机结合,构建出先秦《诗》学波澜壮阔的图景。

此书在文献方面另一个值得注意的地方是重新评估了以往不太受重视的赋《诗》、引《诗》类文献,并就此作出了富有新意的诠释。固有的《诗》学史研究往往以论《诗》、解《诗》类文献为研究对象,而先秦文献中大量的赋《诗》、引《诗》类文献则长期受到忽视。孟庆楠博士对认为有必要在明确《诗》学思想的实质的基础上重新评估赋《诗》、引《诗》类文献的价值。他指出:"论《诗》、解《诗》包含着两种不同的倾向。一方面,是试图还原《诗》的本义;另一方面,则是为《诗》赋予某种新的含义,以表达论释者自身对生活世界的理解","后一方面的努力才是《诗》学思想表达的关键。"①那么问题变成了,引《诗》、赋《诗》类文献是否为《诗》赋予了新的含义。答案是肯定的。孟庆楠博士不仅在理论上肯定了引《诗》、赋《诗》类文献对《诗》学的意义,还在具体行文中充分运用此类文献,使之在事实上构成《诗》学史不可缺少的部分。例如,作为本书关键章节的第四章"《诗》言志"运用《左传》赋诗言志的例子作为这一思想的早期形态,并借此分析"志"的意涵。又如,第七章"天命与天性"中,《左传》《孟子》引《小旻》《敬之》《文王》等本针对天子的诗劝诫国君,这一现象被用以证明先秦天命观的转变。对《诗》学文献的重新审视有助于我们突破思维惯性,从根本上思考《诗》学文献的形式与本质这一问题。

本书在方法论上亦有明确的自觉。在笔者看来,此书对于方法的论说和运用具有开辟《诗》学哲学研究范式的重大意义。在当下研究《诗》学,必然会面临经学、文学、哲学三重学术范式的交叠。如何在这三种不同时代、不同学科的范式中确定自身研究的准确坐标,是每一位《诗》学研究者所必须面对的问题。从标题来看,本书明确选取的是哲学史的研究视域。这种选择不是偶然的,而是蕴含了作者对于中国哲学史研究方法的深入思考。孟庆楠博士指出,中国哲学史学科在建立之初,其方法是以西方哲学为底色的,亦即,"以

---

① 孟庆楠:《哲学史视域下的先秦儒家〈诗〉学研究》,第23页。

西方哲学为根底来拣选材料、建构知识框架"①,这种做法无法避免丧失中国哲学主体性的危险。而前辈学者已经为这一问题的解决指明了方向:"从承载着思想的文本出发,因循于思想表达的固有方式逐步探索。"②孟庆楠博士认为冯友兰先生关于子学时代与经学时代的区分已经明确指出了中国古代思想在长时期内以解经表达思想的方式。因而,直面以往被忽略的史料的经典解释属性,在文字和经典的关联之中提炼其中的思想,便成为确立中国义理学的必由之路。正是在这种对于中国哲学史学科建设的深刻忧虑和主动承担之下,此书选取"哲学史视域下的经学思想研究"为研究方式,践行冯友兰、朱伯崑等先生指明的学科发展路径。基于这一出发点,此书的经学史研究必然不同于清末以来乃至当下仍有回响的梳理经学传承、解经体例的文献整理式方法,也不同于近代以来《诗经》研究走出经学,进入文学的潮流,而是要进入经学思想,进入经学所承载和规范的"古人对生活世界的根本认识"③。从上面对全书内容的介绍来看,此书很好地落实了这一研究方法。就当下的研究情况而言,《易》学哲学史研究、《四书》思想研究及魏晋玄学中的王弼《老子注》、郭象《庄子注》的思想性研究已经有了一些堪称模范的作品,而《诗》学哲学的研究则尚未有足够分量的著作。笔者认为,此书堪称《诗》学义理研究的典范之作。

  以上是对全书内容、选材特点、方法论意图的介绍。此书的文字是平实而流畅的,但是,若能认真阅读,读者将在这风平浪静的文字之下体会到思想的波澜壮阔。在诸多"波澜"之中,笔者想就一个自身感兴趣的问题提出一点商榷的意见。此书第五章"志与礼"第三节"乐而不淫"引《荀子·大略》"《国风》之好色也,传曰:'盈其欲而不愆其止。其诚可比于金石,其声可内于宗庙'"之语,展开关于"思色之情"的讨论。在分析《荀子》这段文字的时候,孟庆楠博士提出"好色之'诚'"的说法:

> 《大略》所提出的最关键的细节,还不是对好色的处置,而是好色之"诚"。《大略》引述诗人或前人的说法,强调诗中所表达的好色之情具有一个显著特质,即是"诚"。《国风》之好色因其真诚不欺,才可能形于

---

① 孟庆楠:《哲学史视域下的先秦儒家〈诗〉学研究》,第2页。
② 同上书,第3页。
③ 同上书,第6页。

金石、纳于宗庙。这里的金石、宗庙,显然是指代礼的。我们知道,儒家一向重视"诚"的问题。《大学》《中庸》《孟子》等早期儒家文献中都有对"诚"的论述。礼乐对人心的各种诉求,都需要建立在真实的内心基础之上。①

对于这里"好色之诚"的表述,笔者表示一定的疑问。笔者认为,《荀子》原文的"诚"并不一定是对好色之情的直接描述,而是对"传曰"所言"盈其欲而不愆其止"的描述。"盈其欲而不愆其止"是对《国风》之好色的诠释,《国风》的好色不同于日常语境中的好色,它不仅蕴含了人的欲望,也蕴含了人对于欲望的有效节制。因而,这种有节度的欲望可称为"诚",可"比于金石""内于宗庙",与礼相匹配。礼的精神不能仅由"盈其欲"体现,更应由"不愆其止"体现,而"诚"是对人这种未被欲望宰制的自立自足的真我状态的描述。事实上,杨倞对《荀子》此语的注解也展现出这种解释倾向,杨倞注言:"其诚,以礼自防之诚也。"②显然并未以诚直言"好色"。

孟庆楠还联系《大学》《中庸》《孟子》中的"诚"为《荀子》的"诚"提供儒学传统的背景。然而,《大学》的"诚意"、《中庸》的"诚"、《孟子》的"思诚",都不是与现实相符的反映论意义上的,而是具有极强的价值意涵。《大学》的诚意强调好善恶恶,《中庸》以明善为诚身之道,又言"诚者,天之道也;诚之者,人之道也",《孟子》"思诚"的表述延续《中庸》此语而来,皆是真善不二。因此,"好色之诚"的表述也许是有斟酌余地的。

当然,孟庆楠并未直接将好色之情与善的价值相等同,他的本义在于指出"礼乐对人心的各种诉求,都需要建立在真实的内心基础之上"③,这与上博楚简《诗论》"诗亡隐志"和《毛诗序》"诗者,志之所之也。在心为志,发言为诗"相一致,意在表明诗文能够真实无隐地显露出诗人的情志,这种情感的真实性是礼乐得以"耕耘"其上的基础。但是,这并不意味着情感的真实显露在价值上是自足的,论《诗》者始终要在此基础上评判善恶,阐明义理。不过,如果抛开《诗》的经典语境,或许"情感的真实显露是否具有价值"这一问题尚有可讨论的空间,例如嵇康《释私论》就提出以不匿情为通达君子之道的

---

① 孟庆楠:《哲学史视域下的先秦儒家〈诗〉学研究》,第141—142页。
② 王先谦:《荀子集解》,北京:中华书局,1988年,第511页。
③ 孟庆楠,前引文献,第142页。

必由之路。

  总结而言,孟庆楠博士《哲学史视域下的先秦儒家〈诗〉学研究》是哲学史视域下研究《诗》学的典范之作,它对《诗》学材料的价值重估颇具洞见,而在对先秦时期礼坏乐崩和儒家重建礼乐基础这一时代问题的总体把握下,此书不但为我们呈现了儒家《诗》学如何从心与天两方面重建秩序的根基,更引领我们一览先秦思想之流变的壮阔之景象。

(陈建美,四川大学哲学系助理研究员)

叶树勋：《先秦道家"德"观念研究》

韩愈《原道》说："仁与义为定名，道与德为虚位。""道"与"德"是儒、道两家都涉及的观念，不像"仁义"二字有确定的内涵，"道""德"两字的内涵确实更加丰富，但在我们印象中，多会将"道"与道家联系起来，道家自然要讲"道"，而认为儒家多讲"德"，"德"在儒家文献中出现的频率确实很高。但其实道家的经典著作《老子》，又称《道德经》，它是由"道经"和"德经"两部分组成的，从马王堆帛书、北大汉简等出土文献来看，早期《老子》文本还是德经在前、道经在后，《史记》老子本传称老子"言道德之意"，司马谈《论六家要旨》也用"道德家"来称呼黄老和老庄这一学术群体。可见，在道家思想史上，"德"这一概念的重要性一点也不亚于"道"，"德"其实也是道家最为核心的概念之一，只是以往学界多把重心放到对"道"的关注上，而对于"德"的研究相对过于欠缺。在这种背景下，叶树勋学术目光十分敏锐，从 2010 年博士入学就开始从事先秦道家"德"观念的研究并最终以此为题完成了博士论文，毕业之后继续在此问题上进行深挖，最终将《先秦道家"德"观念研究》（北京：中国社会科学出版社，2022 年）呈现在我们面前，该书是一部名副其实的"十年磨一剑"的力作，单从选题来看就显得意义十分重大，弥补了目前学界关于道家"德"观念研究的不足。

"德"的问题在道家研究中是一大难点，"道"与"德"到底是什么关系，这是一个十分复杂的问题，而这又是道家研究中不能回避的问题，以往我们往往将"德"视为"得之于道"，王弼就说："德者，得也。……何以得德？由乎道也。"[①]这样理解，"德"似乎比"道"低一个等级，但《老子》五十一章说："道生之，德畜之，物形之，势成之。"又说："道生之，德畜之，长之育之，成之熟之，养

---

① 楼宇烈：《王弼集校释》，北京：中华书局，1980 年，第 93 页。

之覆之。生而不有，为而不恃，长而不宰，是谓玄德。"从"道生之"和"德畜之"并列来看，"道"和"德"的地位似乎也是并列的，"道"与"德"兼具形上维度。如果"道"与"德"的关系是并列而非从属的，似乎也解释了《老子》为何叫做《道德经》以及道家为何又称道德家。但如果"道"和"德"是并列的关系，那么道家就有沦为二本的困境，而且《老子》二十一章说："孔德之容，惟道是从。"从这句话来看，"德"是从属于"道"的。因此，"道"与"德"之间的关系是很复杂的，道家的"德"具有丰富的内涵，涉及太多问题，以往学界也有关注道家"德"的，但多是单篇论文，系统阐述道家"德"论的专著还未曾见到。此书直面这个难点并提出了许多创见，必然会推动道家观念的研究，也必然会使我们进一步理解道家哲学的复杂性。

《先秦道家"德"观念研究》全书五十多万字，实在是一部大部头的著作，该书主体有五大部分，分别探讨前诸子时期的"德"观念、老子的"德"观念、庄子的"德"观念、《管子》四篇的"德"观念以及《黄帝四经》的"德"观念。初看起来，这似乎是一部很普通的关于先秦道家范畴史的研究，很多范畴史研究最后变成材料罗列，缺少细致的分析，而作者此书研究"德"观念并没有局限在观念史的角度加以分析，而是深挖到"德"的内在联系问题。他从"关系"理路研究"德"观念，认为道家论"德"总是放在某种"关系"中来讲，他所关注的是道家"德"观念作为思想基底的某种框架。这也就是说，他这本书的目的不是单纯研究"德"观念的演化史，更重要的是要挖掘"德"观念的深刻内涵以探究道家哲学体系的内在构造问题，阅读此书可以发现作者认为道家哲学的基本框架是建立在"德"观念基础上的，由此凸出"德"观念在道家哲学中的意义，可见作者的学术抱负。作者此书首先面临的问题就是"德"观念在道家哲学中的地位问题，而作者将"德"观念与道家哲学体系的内在构造问题联系起来，就从学理上解释了为何"德"观念在道家哲学中是不可或缺的。作者前几年探讨的"自然"观念问题此后成为学界一大热点，而此书的出版必将带动道家"德"观念的研究，以此书的出版为契机，我们可以预见"德"观念的研究将成为道家哲学中又一大热点问题。

细读此书，可以发现该书有如下特点：其一，此书以"德"观念而非"德"概念或者德论为题，作者认为前诸子时期的"德"还算不上一种概念，只有儒、道中的"德"才是作为概念出现的,对于《庄子》《管子》《黄帝四经》等书也没有强行区分其时代先后,而是将其视为平行关系以探讨老子之后道家"德"观念所出现的不同方向的发展,这都显示出作者科学严谨的研究方法;其二,此书的重心是以"德"观念去探讨道家哲学的内在构造问题,并提炼出作为道家"德"观念之基底的四组关系,作者对"德"观念的分析细致严密,犹如层层剥笋一般,最后得出的结论平实可信,除了作者庖丁解牛似的高超分析方法以外,这与作者立足于文献考辨的方法是息息相关的,比如作者对于早期"德"观念的讨论,作者通过大量的文献分析认为以"得"解释"德"并不符合殷商西周时期的"德"义,并分析了这种解释形成的原因,这种分析确实很让人信服;其三,自从王国维先生提出"二重证据法"之后,"二重证据法"被古史研究者奉为学术研究的圭臬,这一点在传世文献较少而出土文献众多的先秦两汉文献的研究中尤其如此,作者也利用了甲骨文、金文、马王堆帛书、北大汉简等众多出土资料来与传世文献相对比,因此很多结论读下来给人感觉立论坚实,思考全面。比如本书第二章第一节关于《老子》德经首章的研究,作者细致比较了王弼本、帛书本和汉简本,认为帛书本反映《老子》原貌的可能性更高,基于此,作者关于德经的意义结构以及关于老子学说与时代环境的分析就较有说服力。

此书提出了许多重要论断,值得学界予以重视。其一,作者认为道家的"德"观念是放在某种"关系"中来讲的,这种"关系"是指"德"观念本身蕴含道与万物的关系、道与人的关系、行动者与他者的关系以及君王和民众的关系,道家关于"德"的论述始终不离这四种关系,从"关系"角度来论述道家的"德",这是学界以前涉及较少的。其二,作者认为"以德受天命"是西周言"德"的基本背景,"德"是"得天命"的前提,而不能把西周的"德"理解为得天命,"得天命"意味着先有"得"后有"德",而"以德受天命"则是先有"德"而后"得",这是一种工具性思维;先有"得"而后有"德"反映了孔老之后的"德"义,这也就是说"德者得也"这一故训之适合孔老之后的"德"义,而不适合孔老以前的,孔老对"德"的改造一个重要方面是对"德"与"得"关系的改造,经过孔老的改造,"德"不再是一种工具,而成为一种纯粹的道德观念,孔老消除了"德"之工具性而凸显出其自身的价值性。其三,老子改造了"德"观念,让"德"从一个政治宗教观念转变为一个兼具宇宙论、心性论和政治哲学的观念,奠定了道家"德"的基本方向,而庄子和黄老学沿着不同方向继续发展道家"德"观念,庄子的"德"主要侧重个体之德,而黄老学侧重君王之德政。其四,作者详细分析了"道"与"德"之间的关系,在此问题上,他认为二者的关系包含道体德用、内在超越、道总德分、道德并列四种类型,他指出:"在不同的语境中,'道'与'德'会表现出不同的关系,这和它们本身的多义性有关,也和言论者在各种场合中不同的关注点有关。"①作者关于"道"与"德"四种关系的论述应是目前对这个问题最为全面的论述,解决了我们关于道家"德"观念的很多困惑,也提示我们研究中国哲学需要注意语言的多义性和场景性。其五,作者分析了"德"与"性"的关系,他认为道家的"德"从根本上说是一种属性,但它又不完全等同于"性",他说:"道家以'德'所表征的属性或指作为'道'在事物之全蕴的潜质,或指作为'道'在事物之分化的特性。"②只有后一种意义上的"德"才相当于"性",而前一种意义上的"德"并非"性"。作者关于"德""性"关系的总结也令人耳目一新。其六,作者还探讨了"德"与"心"的关系,他认为"德"与"心"的关系包含了两个方面:一方面,"心"是"德"进行展放的场域;另一方面,"心"所具有的能动性为"德"的展放提供了根本的动力。作者认为"德""道""性""心"这几个观念的互动性贯穿整个道家哲学。由此可见,作者关于先秦道家"德"观念的研究很具深度,所提出的观点多是学界以前所忽视或者虽有所涉及但未加以展开的,其研究创新之处颇多,值得我们仔细加以揣摩,此书许多创见还有待学界吸收。

当然对于作者的有些观点,笔者也有一些不同的看法,在此提出来以供作者参考。比如作者引用郑开先生的观点,认为老子的"玄德"一词与"明德"相对,老子用"玄"来描述"德",和老子对西周"德"思想的批判和重建直接相关,但依据作者"道体德用"的观点,《老子》中的"道"似乎不仅仅有黑的一面,也有所谓明的一面,比如《老子》第四十一章说:"明道若昧……上德若谷。""明道若昧"是说光明之道好像黑暗的样子一样,类似的说法还有《老子》四十五章"大成若缺""大盈若冲""大直若屈""大巧若拙""大辩若讷"等,"明道若昧"与此相对,可见"明道若昧"还是强调道之光明的一面,既然道体德用,则"德"也应有光明的一面。"上德若谷"中"谷"表示空虚,与

---

① 叶树勋:《先秦道家"德"观念研究》,第540页。
② 同上书,第541页。

"昧"有相近之义,则"明道"与"上德"相对,"上德"似乎也暗含"德"之"明"的一面。因此说《老子》"玄德"一词是与"明德"相对,体现出对西周"德"思想的批判似乎有些推理过度,"玄德"一词似乎是强调"德"之玄妙之义。再者,作者说"玄"在老子思想中包含幽暗、减损和玄妙三义,其中减损之义颇有可商之处,汉简《老子》虽有"玄之又玄之"之语,但老子其他版本均作"玄之又玄",其中的"之"字应视为助词,而不一定非得把它看作一个代词,"玄之又玄"解释为非常玄妙是可以说得通的,而要将"玄"解释为否定、减损则缺乏文献上的依据。笔者认为,作者关于"玄德"的论述似乎要做进一步的论证才更有说服力。最后,笔者觉得作者关于先秦道家"德"观念的研究,似乎需要专列一章来对《吕氏春秋》的"德"观念进行研究,因为《吕氏春秋》虽被列入杂家,但它不是杂乱无章的,其中道家思想因素还是很明显的,甚至学界很多学者都将其归入道家行列,那么《吕氏春秋》的"德"观念相对于《老子》《庄子》《管子》四篇、《黄帝四经》而言有何特点,是否对于道家"德"观念有所推进,这似乎也是值得研究的,加上《吕氏春秋》"德"观念的研究,似乎这本书的题目"先秦道家'德'观念研究"才显得更加完整。

(袁青,中山大学哲学系[珠海]副教授)

读《经学与实理：朱子四书学研究》三题

经典诠释是中国古代思想家之立言或思想创造的基本途径和方式。朱子是宋明理学当中最具代表性的思想家，"四书"是朱熹最重视的经典，他一生花费很大精力来研究"四书"，所著《四书章句集注》是其代表作，在后世七百余年中被列为科举考试的标准教材。历来对朱子"四书"诠释的研究是朱子学研究的重要领域，许家星新近出版的《经学与实理：朱子四书学研究》（中国社会科学出版社，2021年）堪称目前所见朱子"四书"学研究的经典之作。

该书视野开阔，问题意识集中，资料异常翔实，分析讨论非常细密，观点可靠。在研读过程中，笔者获益良多，同时也引发了三个思考：一、"四书"何以为一个有机整体？这点涉及对"四书"的基本定位，即"四书"的整体性何以可能；二、如何理解以朱子解朱子？这是作者研究朱子"四书"学的基本方法，指向的是如何还原朱子"四书"的原意；三、道统说对于"四书"的意义何在？在介绍朱子"四书"学概说之后，作者首先讨论的就是朱子道统说，这样的章节安排有何特殊之处，这点涉及朱子"四书"学的特色。

一 "四书"何以成为一个思想有机体？

作者对朱子"四书"学的基本判断是具有内在整体性的、新的经学（或曰经典）体系。"朱子对'四书'的贡献，首在于将分散独立的《学》《庸》《论》《孟》视为一相互贯通的思想有机体，将理气、心性等理学思想融入到《四书》

注释中,形成了《四书集注》这一经学与理学合一的新经学系统。"① "朱子在继承、消化前辈'四书'思想的基础上,首次将'四书'作为一个内在整体,展开全面系统精密的阐发,最终形成了'四书学'这一新的经典体系。"② 但是,"就朱子编撰四书过程可知,四书并非自始即是一整体,而大致可分为《学庸章句》与《论孟集注》两类"③。作者明确指出"朱子真正提及'四书'这一名称者极少"④,那么这里便自然出现一个问题,"四书"作为一个思想有机体的整体性是如何可能?

首先,从朱子对"四书"的态度可以看出其整体性。无论是《朱子语类》,还是朱子文集,朱子经常将四部著作同时来讲,比如对"四书"的特点及相互关系,朱子说:"某要人先读《大学》,以定其规模;次读《论语》,以立其根本;次读《孟子》,以观其发越;次读《中庸》,以求古人之微妙处。"⑤ 类似的说法非常多。该书专门讲"四书"特点与定位,并对"四书"的六种排序有所讨论。由此可以明确,在朱子这里,"四书"是一个整体。

其次,就"四书"内部关系来看,"《大学》在《四书》系统中的特殊处在于首尾完备,前后贯通,相互发明,均匀一致。而其他三书则杂乱无序,不易把握。总之,《大学》是纲领,《论》《孟》就具体经验事实阐发"⑥。"朱子将《中庸》定位为神妙高远之书……因为《中庸》多上达本体而少下学工夫,故在《四书》次序中,前三书是基础,《中庸》为压轴,须在学习三书基础上再研读《中庸》。"⑦《大学》作为四书之首,因为它是入德之门户,进入整个"四书"系统,必须由此门户而入,由此门户奠定规模,方可学习其他三书。⑧《大学》成为整个"四书"的灵魂,格物、诚意之说贯穿全部"四书",在《论》《孟》《庸》中无处不在。⑨ 作为儒家立教传法的大典,《大学》具有超越时空的永恒意

---

① 许家星:《经学与实理:朱子四书学研究》,北京:中国社会科学出版社,2021年,第14页。下引该书只标页码。
② 同上书,第17页。
③ 同上书,第27页。
④ 同上书,第27页。
⑤ 《朱子语类》,北京:中华书局,1986年,第249页。
⑥ 同上书,第18页。
⑦ 同上书,第19页。
⑧ 同上书,第20页。
⑨ 《朱子语类》,第21页。

义,特别对后世具有根本的指导意义。①

　　再次,作者对朱子"四书"学的整体理解是以工夫论为基础的。作者明确指出:"朱子尤重以工夫论《四书》,正如学者所论,朱熹的《四书》学'建立了一套工夫论形体的《四书》学'。故对工夫范畴的阐明,既是朱子理学思想要领所在,亦是其道统论根基所在。在朱子看来,工夫实践是第一义的,无体道工夫,则不可能领悟道,更无法传承道统。"②文中所引观点来自朱汉民、肖永明的《宋代〈四书〉学与理学》。这点是作者对朱子"四书"学的基本定位。这点从此书集中于"四书"学义理的三章主要内容可以得到印证。此书第二章为"朱子道统说新论",其中对朱子"四书"学道统的理解是基于工夫论的,尧舜禹"十六字心传"、孔颜克复心法之传、孔曾忠恕一贯之传,作者直接以二程"四书"工夫道统论来标举"四书"道统说,与濂溪《太极图说》形上道统论相对而言。即便是第五节"道统的'门户清理'",也是特别强调工夫论。第三章名为"经学与实理",这里的实理涉及"四书"的七个主题,这七个主题大体上都是工夫论意义上的。第一节为"复性之学与教化之乐",第二节为"克己复礼之仁",第三节为"生死、义利、去就",讨论《论语》的管仲评价问题,关注的是如何处理具体的人生问题。第四节为"俯仰不愧怍便是浩然之气"而集中讨论《孟子》"浩然之气"章的诠释问题,第五节为"真知格物,必成圣贤",集中于《大学》的格物诠释问题。第六节"诚意,自修之首",则为《大学》的"诚意"章诠释。第七节为"本体、功夫、境界的'三位一体'",集中讨论朱子《中庸》诠释中的成德问题。第四章为"圣贤人格",讨论的是朱子"四书"诠释当中的境界论问题,该问题可以被视作工夫实践的效果与目标问题。由此,此书标题《经学与实理》中的"实理"主要是工夫之理。

　　最后,"四书"的整体性必然涉及"四书"与朱子学的关系问题。作者在前言中引用钱穆的"朱子全部学术之中心或其结穴"来说明"四书"学在朱子学学术体系中"尤具特别之地位",③第一章一开始便指出:"《四书章句集注》的问世,标志着'四书学'的形成,此后的中国思想史,主要是在'四书学'的

---

① 同上书。
② 同上书,第111页。
③ 《经学与实理:朱子四书学研究》前言,第1页。

框架内绵延展开,以迄于今。"①不仅"四书"学是朱子学的学术中心或其结穴,而且也是此后中国思想史的中心。这个定位不可谓不高,但这个说法值得进一步讨论,这个"中心"需要再理解。

此外,作者通过朱子的两个比喻来解读"四书"与"五经"之间的难易、远近、大小关系,即禾饭之喻,阶梯之喻。他进一步指出:"朱子视《四书》为整个为学之本,掌握《四书》,对理解其他著作具有事半功倍的效果,《四书《与它书存在本末关系。《四书》所体现的义理之学为本,史学、文学为末,文史可以作为四书义理学的必要补充,但不可颠倒本末,以史学、文学取代《四书》。"②就作者这里的判断来说,这种本末关系主要是针对"四书"与"五经"关系、"四书"与史学、文学关系来说。对于"四书"与《太极图说》等道学经典著作的关系并未直接点明。

就如何理解朱子学学术思想的完整体系问题,我们认为,《朱子语类》的编排次序直接体现了对朱子学的整理理解,应该说是"朱子学学术思想整体结构的第一次清晰完整的表达"③。透过这个编排次序,我们可以发现朱子学学术思想体系包括六个方面:第一部分是朱子哲学思想体系,涉及以太极为首要概念的宇宙论本体论、以性命义理为核心的心性论和以求得此理为核心的为学工夫论。第二部分是朱子学对儒家所有经典即"四书五经"的诠释,此为朱子学的经学部分;第三部分即朱子学的道统谱系论,即儒学思想史部分;第四部分是"理"的外王维度即朱子学的政治史学部分;第五部分是不好分类的其他,如诸子、天文、地理等,是朱子学的杂学部分;第六部分是朱子学的文学部分,有感于"后世理学不明,第以文辞为学"的现实,将这一部分列于最后,可使学者明了"理本文末"的理学基本原则。总体来说,朱子学包括哲学、经学、道统论、政治史学、杂学和文学六部分。就《朱子语类》的篇幅来看,第二卷朱子学经学部分篇幅最多,是朱子学的重心所在,而第一、二、四部分篇幅也较多,其中第一部分涉及朱子之"理"本身内涵,受今日哲学研究者所重视的,也是朱子学的基础理论部分,而第五、六部分篇幅较少。

由此来看,"四书"学作为朱子一生学术工作的重心是可以理解的,但若

---

① 《经学与实理》,第1页。
② 同上书,第27页。
③ 邓庆平:《朱子门人与朱子学》,北京:中国社会科学出版社,2017年,第75页。

理解为本末关系中基础性"中心"不一定十分准确。而且"四书"诠释著作与朱子其他著作的本末关系，不一定适用于《太极通书解》《西铭解》等朱子对北宋道学经典的诠释著作。作者在比较"四书"道统说与《太极图说》道统说时也指出："他极力推尊周程，精心诠释道学著作，使《太极图说》成为足与《四书》相当的道学必读经典，构成了以《太极图说》《通书》《西铭》为主的道学新经典，道学文本的经典化极大树立了道学的权威地位，强化了道统的道学特色。朱子的思想建构依托于对道学范畴的创造性诠释，他的道统世界奠基于对道统、太极、格物等系列范畴的开创性诠释上，这些范畴与其经典诠释浑然一体，影响了身后数百年儒学的发展，是贯穿后朱子学时代理学发展的主线，直至今日仍为当代中国哲学创新转化不可或缺的资源。"① 相比较而言，作者这里意识到朱子对北宋道学经典著作的诠释在朱子学当中的基础性地位，对"四书"学与《太极通书解》《西铭解》等著作共同影响后世理学发展的表述更为妥当。

二 还原朱子"四书"本意

朱子"四书"学即朱子对于"四书"的理解与诠释。如何研究朱子"四书"学？"朱子一生的治学目标，即是求圣贤本意。"② 作者自称"以忠实阐明朱子《四书》本意为宗旨"，何为朱子"四书"本意？如何还原朱子"四书"原意？

朱子"四书"本意至少应该包括：朱子表彰"四书"的真实初衷，朱子研究"四书"的具体演变过程，朱子对"四书"的基本理解，朱子"四书"学的独特贡献与历史影响等内容。这些内容在此书都有涉及。"本稿从朱子《四书》学的构成与形成、道统论、经学与实理、圣贤人格、寓作于述、文本考辨、传承发展七个方面对朱子《四书》学作了初步考察与梳理，试图阐明朱子《四书》学的若干哲理内涵及经学诠释。"③ 七章内容均以还原论为基本特点，具体包括三个方面的还原：

其一是朱子"四书"学形成、发展与传播过程的历史还原，尤其是朱子

---

① 邓庆平：《朱子门人与朱子学》，第125页。
② 同上书，"前言"，第1页。
③ 同上书，"前言"，第3页。

"四书"学的形成过程。这是此书第一章、第五章与第七章的主要内容。其中第一章和第七章是梳理朱子"四书"学的形成过程、后世发展与海外传播,而第五章则是对朱子诠释"四书"的内在方法进行揭示,即寓作于述。

其二是文本还原,朱子"四书"学的系列文本经过了复杂的修订和一版再版的出版过程,这些过程在朱子"四书"学著作中留有蛛丝马迹,这点在第六章有详细考辨。这个工作对于朱子"四书"学研究来说是基础性的工作。

其三是义理还原,主要在第二、三、四章。正如上文所说,这个部分是以工夫论为重心的讨论,涉及"四书"当中基本的工夫范畴,这是此书的重要特点。此书没有太极阴阳等宇宙论和心性情等心性论方面的集中讨论,这点和"四书"文本的侧重点有关。相对而言,"四书"是孔孟儒学的代表作,在宇宙论、心性论等方面讨论不多,而在工夫论、道统论、境界论等方面比较突出。

在研究方法上,坚持以朱子解朱子。作者自述:"本稿写作,恪守以朱子解释朱子的立场,力求以朱子四书文本研读为依托,从其固有的论题出发,采用朱子的治学方式,以忠实阐明朱子《四书》本意为宗旨,可谓一'述朱'之作。"①

还原朱子"四书"本意,根本方法在于"以朱子解朱子",包括继承朱子的意志,忠于朱子的材料,借鉴朱子的方法三方面。"不用某许多工夫,亦看某底不出"之说,实为理解其思想之必由之路。② 该书以求朱子本意为主旨,重走朱子"四书"研究的曲折心路历程,充分展示朱子"四书"学的复杂性。对于朱子"四书"学的研究,作者十多年的精力专注于还原朱子"四书"本意,取得的成果自然厚重。

以朱子解朱子,最主要的是依托朱子本人的材料,坚持从对朱子材料的细致考辨出发,然后旁及后学和现代学者的材料,这为"四书"学研究提供了可靠的基本保障。朱子本意是朱子早中晚各个时期的本意,并非完全是指朱子定见。这种本意的探寻首先就需要细密的文本考证,以确定文本的时间以及所代表的朱子思想发展阶段;其次,还要通过对不同年代的文本思想进行精微比较,以彰显朱子思想的变化发展过程;再次,对朱子与其他前人之说进行比较辨析,由此看出朱子说法的特别之处。在这些文本与思想的梳理与比

---

① 邓庆平:《朱子门人与朱子学》,"前言",第1页。
② 同上书,第160页。

较当中,体贴朱子的心智活动之特点,包括其旨趣、态度、基调、立场、价值指向等,经由对文本义理的理解而体贴其心智活动,逐步进入朱子丰富的内在精神世界。这点在该书的每一个部分均有充分体现,可以视为此书研究成功的第一原因。

以朱子解朱子的另一内涵是以朱子的方法来还原朱子的学术思想。朱子认为,经典诠释应贯穿三个原则:求本义、发原意、立学方。[1] 就此书而言,作者亦遵循此三原则来解读朱子"四书"学。"本义"首先是朱子材料的本义,其次是朱子生平思想变化之本义;作者所"发原意",这是透过朱子"四书"诠释的复杂历程来展示朱子所理解的圣学原意。"朱子一生的治学目标,即是求圣贤本意。他反复倡导求本意的原则,然而从实践效果看,朱子的经典阐发是在重视经文文本之义的同时,在义理解释上却多出己意。但朱子坚持认为,只有经过其阐发(甚或调整)的文本才是符合经文本来面目的。"[2]"创造性的阐发与具体文本的训释同为实现求本意的应有之方。"[3]在这里,经文文本之义,圣贤本意,己意,经文本来面目,这四者之间的内在张力如何消解是朱子"四书"诠释时求本意所必须面对的。经文文本在后世传承过程当中出现的错漏为以己意解经求本意提供了可能性。同样,作者在进行朱子"四书"学研究时也同样需要以文本考辨与义理分析为基本方式处理这几个方面问题。

"立学方"是朱子诠释"四书"的重要特点,针对现实问题,指示学者正确的为学之方。这点在朱子"四书"诠释中随处可见,也是作者解读朱子"四书"诠释方法的重点内容。这样一种在进行传统学术研究的同时重视现实关怀的精神在作者的朱子"四书"学研究当中也时有体现。如此书"前言"最后部分,作者提出一个重要问题:"在研读朱子四书过程中,始终萦绕于怀的一个问题是:既然朱子四书所提出的哲学命题和思想观念,迄今仍然具有其相应的合理性。那么,朱子所采用的'注经'形式,是否就完全不适合于当下的哲学表达需要呢?……其经注形式之淘汰,恐势所必然乎!思之,能无憾乎!"[4]在讨论朱子与黄榦《论语精义》之辨时,作者指出:"朱子师徒《精义》之

---

[1] 邓庆平:《朱子门人与朱子学》,第160页。
[2] 同上书,"前言",第1页。
[3] 同上书,"前言",第1页。
[4] 邓庆平:《朱子门人与朱子学》,"前言",第11页。

辨所体现的重视前人成果,强调理性反思,实与现代学术精神颇为吻合,其所秉承的"会看文字""尽着仔细"的治学理念于"略一绰过"的浮躁学风亦具针砭之效。它亦启示今人,在经典研习和义理探索之途上如勉斋一般重走朱子之路,或许是时下传统儒学的转化与创新取得突破的可资之鉴。"①这点在作者的研究过程当中虽常常是引而未发,但亦构成作者进行朱子"四书"学研究时不可忽视的问题意识背景之一。

三 道统说的意义

表面上来看,除了第三章略有说明之外,其余六章的内容安排均未有集中说明,全书的具体内容尤其是某些章节的内容安排更像是论文合集而非一事先有完整提纲的作品。但实质上,仔细考察每个部分的研究内容,都可以发现作者特别的用心所在。下面以第二章"朱子道统说新论"为例,作一说明。

道统论主要涉及所传之道与传道之人两个问题,既是对儒学之道的体认,也是在儒学人物品评基础上的发展史叙述。在一般的理学研究著作当中通常不是首先关注的话题。此书在第一章的朱子"四书"学概述之后,第二章就安排朱子道统说研究。这一章的主要内容如下:

第一节关注尧舜禹的十六字心传,这是朱子道统说研究者通常关注的命题。作者指出:"朱子道统说主要有两方面:传道谱系和'十六字心传'。"②该书对朱子道统说的一大新论应该是建立在对孔颜克复心法的深入挖掘上,因此,作者说"朱子道统说虽以十六字心传为根本,然此并非朱子道统思想之唯一表述……孔颜克己复礼为仁的心法传授实为十六字心传的重要补充。"③这个重要补充在第二节得到了特别表彰。

第三节讲孔曾忠恕一贯之传,一开始作者就指出"在整部《论语》中,朱子特别重视忠恕一贯章,认为忠恕一贯乃儒学第一义,本章是《论语》最重要的一章,对此章理解关涉到对整部《论语》的认识,亦反映出个人儒学造诣的

---

① 同上书,第 386 页。
② 同上书,第 58 页。
③ 同上书,第 73 页。

高低"。作者这一节内容基本没有出现道统说方面的解读,其之所以编入此章仅仅只是标题上突出了孔曾之传的正当性。

第四节讲道统之两翼:"四书"与《太极图说》,主要从文本的角度对朱子道统说做出全面论述,此节的第一部分是"何谓朱子道统",这个问题按照逻辑应该是本章内容首先应该解决的问题。接着此节提出两个道统概念:二程"四书"工夫道统,濂溪《太极图说》形上道统论

第五节是"道统的门户清理",以早年的《杂学辨》为主要文本,详细讨论了朱子早年对张九成《中庸解》当中的阳儒阴佛思潮的批判,阐释朱子对《中庸》性道、戒惧、忠恕、诚、知行诸核心概念的认识,揭示其当时的中庸学水平,阐发其辟佛老、重章节的学术风格。"故探讨该书,可以充实丰富朱子早年学术思想研究,对把握朱子思想的演变、朱子的道统意识皆有重要参考意义。"①该节着眼的道统门户清理主要针对的是洛学内部阳儒阴佛思潮以及相应的洛学内部的禅学化集团。

总的看来,这一章的内容呈现出一个论域逐渐拓展的倾向,先从常见的十六字心传开始,然后对作为道统说重要补充的孔颜克复心法进行深入讨论,接着以朱子《论语》忠恕一贯章的诠释为例对曾子传道地位的肯定与阐发。然后从"四书"拓展到《太极图说》对朱子的道统世界进行完整描述,最后是反面立论,以朱子早年的《中庸》诠释为例对道统说的门户清理工作进行揭示。五节内容以朱子的"四书"诠释为重心,在第四节拓展到《太极图说》来完整阐发朱子道统世界。从人物谱系来看,本章对朱子道统说的论述涉及尧舜禹、孔颜曾,更涉及二程与濂溪的传道地位。透过这些论述,朱子所构建的完整的道统说也就被构建出来。

对于为何以道统思想作为朱子"四书"学研究在概述之后的首要内容,作者并未集中阐述。在前言中作者的解释是:"道统是朱子四书学一个富有创造性的重要话题,其内涵深刻丰富,体现了朱子学的鲜明特征。"这点还不足以完全说明该章的安排理由,因为后面章节的内容几乎也同样适用这个论述。在第二章的第一节的第一部分就是"四书学与道统",其中的一些观点或可帮助我们来理解这个问题。"朱子四书学与其道统说关联甚紧,二者关系

---

① 邓庆平:《朱子门人与朱子学》,第125页。

可概括为:因《四书》以明道统,明道统以率《四书》。"①道统因"四书"而明,故研究道统说必须重视"四书"诠释;道统是统率"四书"的关键问题,故"四书"学研究必须以道统为首。"朱子道统思想源自对四书思想之提炼,构成贯通四书学的一条主线。"②这里的问题是道统何以率"四书"?作者指出"道统概念的提出,也是对四书作为传道之经这一性质的点醒"③。传道之经是朱子对"四书"本质的重要判定,也是朱子之所以重视"四书"中道统思想的内在根源。作者在别的地方讲到"朱子注释'四书'的目的之一,就是落实道统观念,以道学思想规定道统内容。《四书集注》始于道统、终于道统"④。这个说法应该可以视为朱子"四书"学研究以道统说为始的最好说明。

事实上,道统论在朱子"四书"学当中的重要意义也早被学者注意到。如朱汉民先生把道统论与天理论作为朱子"四书"学最重要的两个理学思想来介绍。而且,他还指出:"道统论是宋学标榜自己承传先秦孔孟正统儒学的一个重要理念,也是理学家们确立自己学术地位的重要精神支柱。……另外,朱熹等理学家确立'四书'为主要经典,其中重要的思想依据就是道统论的考虑。……'四书'所体现的正是朱熹等理学家反复讲的'孔子——曾子——子思——孟子'的道统授受系列。宋代程朱等理学家重视'四书',为'四书'作'集注',所体现的正是一个道统相传承的观念。"⑤朱子"四书"学所建构的这个道统观念构成朱子对正统儒学的基本理解,这种理解一方面在后世的朱子学者那里得到普遍接受,对中国哲学史的发展影响深远,另一方面也成为后世不少朱子学的批评者质疑与解构的焦点。劳思光先生批评朱子对"四书"中《大学》《中庸》"未稍作考证"⑥,而受道统观念支配,而且"朱氏编注古籍,其旨趣主要不在于训诂,而在于确立道统"⑦,这点是朱子学不能完全契合孔孟心性学的重要原因。

虽然从诠释学的观念来看,作者本意是不可寻的。诠释所要达到的只能

---

① 邓庆平:《朱子门人与朱子学》,第54页。
② 同上书,第55页。
③ 同上书,第54页。
④ 同上书,第110页。
⑤ 朱汉民:《朱熹的四书学》,《朱子学刊》1999年第一辑。
⑥ 劳思光:《新编中国哲学史》(增订本)卷三上,北京:生活·读书·新知三联书店,2019年,第309页。
⑦ 同上书,第263页。

是作者与读者视域的融合,这是诠释活动的实质。但是作为哲学史或思想史的研究成果,此书坚持以朱子解朱子的立场,以大量细致可靠的文本考辨为基础,对朱子诠释"四书"的复杂演变历程有着清晰的梳理,其对朱子"四书"学义理的细密分析很好地呈现了朱子"四书"诠释时的阶段性、复杂性与统一性,对于深入体认朱子学精神与思想具有非常可靠且有效的解释力,无愧于"迄今为止有关朱子四书学的最富有成果的研究"[1]。作者在书中所显示的朱子学研究功夫也具有很好的示范意义。

(邓庆平,江西师范大学马克思主义学院教授)

---

[1] 陈来先生为该书所作之"序一",第3页。

李景林:《教化儒学续说》

当今时代,中国传统文化大有复兴之势。在此历史大势之下,涌现出众多儒家文化的研究者,他们以接续传统、推陈出新为己任,力求做出自己的贡献。李景林教授,在20世纪90年代,即已提出了教化哲学理论,先后出版了《教养的本原》《教化的哲学》《教化视域中的儒学》三书,逐步建构了"教化儒学"的思想体系,产生了很大影响。此次"续说"之作,实为对教化理论系统的再次阐发,反映了近年来作者对"教化儒学"之再思考。《教化儒学续说》(北京:中国社会科学出版社,2020年)所阐释的思想风貌与此前著作一脉相承,亦是通过经典诠释、中西思想的互通而完成,但在具体问题的探讨上则有推进与创新。

全书近48万字,主要包括六个续说,两个附录。续说按不同思想主题分类,分别讨论了儒家的教化、人性论、道统论、人格养成论、王道政治理念、文化认同、哲学的方法等内容。就具体内容而言,书中皆是作者近段时期所写的文章。它与作者已出版的前三书的最大区别,也在于此。前三书的主要目的在于对"教化儒学"思想体系的完善,所以书中所论之内容更为体系化。但并不是说此书没有内在的逻辑性,《续说》的不同分类是按照文章的类特征进行的,不同的类所关注的主题是一致的。此书取"续说"二字,亦点明了不同文章是针对不同问题的进一步思考。其所表达的观点或是更成熟或是对一些新问题的思考,但它们的理论背景仍基于原来的思想体系。

全书布局纲举目张,层层推进。每个续说都有其主题,同时它们之间是相联系的。比如说"续说一"主要内容为引入教化,"续说二"为论教化的核心与基础,进而讨论养成人格、文化思想、中国哲学方法等内容。纵论其书,虽涉及内容较多,但有如下主要内容。

一 教化的引入：哲理与信仰

该书从儒学作为一种形而上学义理体系与社会信仰系统之关系入手，来揭示教化儒学的思想和文化内涵。作者在书中提到哲学既代表一种普遍性，同时它还具有鲜明的个性化特征。而儒学作为一种形而上学，它有着作为哲学普遍性的方面，同时它的个性化精神特质就是"教化"。而儒学的这种"教化"的方式又和社会信仰体系有着联系："西周以上，学在官府，其礼乐文明及其宗教伦理传统，为百家诸子之共同的思想文化渊源，并不能归之于一家。"①儒学其思想来源，取之于礼乐文明及其宗教传统，所以儒学和社会信仰体系有着联系。而社会信仰体系有着宗教性的功能，它以"神灵""神意"为基础对民众的生活进行规范，不仅是一种道德风俗的养成，也给予人以生活的意义。儒学作为一种哲学义理体系，它不再以宗教的方式介入人的生活，而是以一种哲理的方式介入人的生活。作为义理体系，儒学虽不是宗教，但它却有着类似宗教的教化功能，儒学相较于宗教多了理性少了迷信，具有祛魅的功能。作者在文中说道："儒学作为一种哲理体系对整个社会之持续的精神引领作用，亦赋予了这种信仰生活以更强的理性特质，而弱化了常常会伴随宗教信仰而带来的非理性的狂热。"②

"教化"二字深深地体现了儒学和人的现实生活的紧密联系，儒学不是脱离现实生活的一个理论。作者把教化作为儒学的本质就是一个存在实现论的观念，并且"存在实现"是一个先行的观念，先行意味着它是儒学最核心最本质的观念，正因如此儒学的整体意义才得以实现。儒学中的"诚"就代表着"存在实现"，"诚"直指人最本真的存在。"诚之者，人之道"，人存在的实现正是通过"诚"而展开，正是因"诚"而开始的一个生生不息的创造的实现过程。儒学之教化正体现于此，它使人成为活生生的人，使人与现实社会生活紧密联系不与外物脱离，在现实生活中实现人本真的存在，在成己成物中开显出生命的意义。

---

① 李景林:《教化儒学续说》,北京:中国社会科学出版社,2020年,第3页。
② 同上书,第32页。

二 教化的三个面向

该书在引入教化后谈论了很多主题,笔者依据其特点把它归总为三个方面内容。

(一)以儒家人性论作为教化儒学的形而上学基础

一个理论系统必有其最核心的内容,教化儒学也不例外。作者通过对传统儒家经典的剖析与再诠释,提出教化是儒学的精神实质,教化的基础是儒家的人性论。《周易》"神道设教"思想,很好地表示了儒家的教化方式。其中包含了两个方面:一是源自巫史的宗教、神道的信仰,后成为社会信仰;二是由古初文明发展而来的儒家义理系统。儒家的义理体系和宗教信仰之间的关系,作者用孔子所言"同途而殊归"来说明。"同途"意指儒家义理体系和宗教信仰之间的具有一种切合和相似性,它们都有实践和教化意义。儒家没有像宗教那样的人格神,但却有类似的神格,以其所具有的崇高性、至上性来指导人生活实践。"殊途"表明儒家义理体系和宗教信仰有着本质的区别。儒家所建立的超越性是经由德性的成就以体证天道,不是通过"神"获得超越。而德性的基础便在于儒家人性论。

儒家的人性论不同于西方的人性学说,它非以认知、概念的途径得出结果,而是从一种存在实现的论域出发,人性不是非理性,而是一种心性论视域的存在。人性是性显现为情的过程,人性的内涵需要在人的情志活动中动态展显出来。所以儒家从恻隐、羞恶、辞让、亲亲之情这些具有现实情态的内容出发,去思考人性究竟为何。儒家的人性论从内容而不是从形式上论性,通过现实的情态来把握人性。作者从思孟一系的"端"概念出发,来说明儒家人性论并不是"本能"一类的现成的道德要素,也不是性向善论,而是人性本善论。孟子"四端说",端为端绪和始端义。端绪义说明"情"之缘境的当下发现,始端义说明德性扩充的初始情态。孟子之四端不是现成之四端,是人心以"情、知"本原一体方式的发见,是缘境而生的当下性情态表现,不是某种现成的道德情感。人心具有一种"能、知"一体的逻辑结构,所以人心的情态表现本身就具有"智"的规定。在"好"及相应的"是"的规定下,构成人类之善的存在性与动力性基础(如不忍、恻隐、恭敬、亲亲等);其"恶"亦由"智"之规定与"非"相应,而构成人性拒斥非善的一种自我捍卫机制(如羞恶、不为、耻、忸怩、无受尔汝等)。作者通过孟子四端说来说明儒家的人性本善论,人性之善不仅仅是一种逻辑或者理论上的设定,它不是空洞的逻辑推理;从"端"所展现出来人的现实存在情态,"好善恶恶"所展示的人心对善的本然的肯定以及对非善的拒斥,它们都说明了人性本善。只有基于人性本善,儒家人性论才能为人的存在开显出意义。"教化"的顺利进行亦基于此,由人性所带来的人最本己的存在,只有在人的现实存在中通过"教化"去创生和开显出来,才能实现生命的智慧与意义,以至于达到儒家所说的"参赞天地之化育"的天人合一的境界。

近年来荀子的研究渐有成为显学之势,作者又讨论了荀子的人性论问题,认为要理解荀子人性论,需要从一个表现为情、欲"从心之所可"的结构整体中去理解。"可"表现为一种人心的判断和抉择,人之行为的善恶亦是心这一结构之结果。作者认为人行为的"善""恶"就表现为一种依于人性先天结构规定的动态的展显,而非实质性的现成的存在。所以荀子言性恶,并不是说存在现成的、实质之恶,而认为"善、恶"在人性中有发生的结构机制,并没有具有现成内容的"善、恶"。荀子所讲的人对善的选择,原因在于"目的论善性"。人作为一个类,必具有其内在的理或道。它的表现便是,内在的具有一种自身趋向于善的逻辑必然性或目的论意义之善性。"义"是人的类特征,并且是与禽兽最本质的区别。由"义"所带来的伦理规定产生了"礼义"或者说是人道,由此来区分善恶。所以荀子用"伪"来说明善,这样善便由外来,人性之中并无善恶。所以作者认为荀子的人性论仅具有形式上的意义而流为一个"空"的结构,需要另取一个目的论原则,来补足理论圆环。而思孟一系的人性本善论,自身理论就已自洽。所以儒家教化理论只有回归并建基于思孟一系的人性本善论,才能终成一自身周洽必然的思想体系。思孟学说在儒学史上能够蔚成正宗而不可或替,良有以也。[①]

(二)教化的实现:人格的养成

儒学之教化必落实于人身上,经由一个个的人而实现,不然则流为一个空的理论。作者通过儒家的德性论与功夫论来说明君子人格之养成,说明个体和社会之间存在一个由"独"向"通"的路径。通过对"民可使由之"的解释

---

① 李景林:《教化儒学续说》,第107页。

说明儒家的伦理政治秩序和人道精神理想,通过"遁世无闷""人不知不愠"来强调人格之"独"的养成。

教化的实现是离不开伦理政治秩序的,社会政治以一种普遍化的方式对人产生作用。作者揭示了儒家的伦理政治秩序。"民可使由之,不可使知之"历来引起较多的争议,自郭店简《尊德义》篇"民可使道之,而不可使智之"出土,才摘掉"愚民"的帽子。作者认为"使由之"和"使知之"表现了两种相反的为政理念,儒家肯定前者否定后者。"使知之"应被理解为一种对民的外在强制,"使由之"应被理解为一种王和民共同依据王教或礼乐之道而行。王教凸显的便是一种以道或人道为其形而上的依据,主张德教而拒斥仅以声色之末治民的愚民暴政。人道表明的是将人先天固有之道"还"给人自身,导民由乎自己以实现自身价值的政治理念,体现出一种高远的政治理想和切实的人道精神。①

儒家论君子特重视其独立人格的养成。《易传》中有"遁世无闷"的思想,表达出君子不为外物和外在环境所左右,转世而不为世转的人格独立性。道有显隐、世有治乱,君子处世所遇之环境有各种情况,在不好的情景下就需要独立不惧的人格。这里所点出的是"时"和"价值选择","时"表明的是境遇性,"价值选择"表明的是人处在进退取舍之时,依据德性所做出的抉择。只有一个人的人格是独立完善的,才能不为外界环境所扰动,坚持自己的品格。"人不知而不愠"亦是人格独立完善的表现,生活中常常遇见"人莫我知"的情况,自己的作为不媚俗阿世、不随波逐流而坚持内心的道德,其所知亦不为他人理解。这种情况下只有独立完善的人格,才能做到"不愠""无闷"的无怨无悔。独立完善的人格必基于个人的"独知","独知"不是一种单纯的知识性的获取,是个人对天命、天道的了悟,人以个性化的方式去实现自身的存在。作者亦认为只有个体独立完善才能更好地与社会交往,个体以其"独知"的存在去和社会政治之整体存在交往,因其"独知"所以保证了其活动是个"通"而非"同"。这体现出儒家君子人格的"独"与"通"的内在统一。人格的独立不是一个私己性的行为,个体独立人格的养成必是经由对天道的认知而完成。天道是一个普遍超越之体,个体对它的认知必是经由内在的独知所具有的"通"的特征而实现。个体之存在实现既是一个人对天道实有诸

---

① 李景林:《教化儒学续说》,第187页。

己的独知独得的活动,又是天道在个体生命中创造性开显的活动,这两者乃统一过程的两个方面。这样"独"既表明为一个内在人格的完成,又指向外在世界,使人常怀万物而达到天人一体的境界。儒家的人格修养和社会层面的王教人道精神相互贯通,体现出儒家修养论的理论特点。因此,"教化"的实现,亦是通过人的"独知"所展示的"由独到通"的活动而完成。

(三)对当代文化建设的思索

作者通过深研孟子和朱子关于学术传统的看法,为当代中国思想和哲学的建设提供启发意义。中国哲学的真正挺立,必由中国思想学术传统中转出的属于自己的哲学方法来实现。将方法收归内容,不盲目照搬西方哲学方法。

立足当今时代,中国哲学和思想的建设亦是题中应有之意。作者通过回顾儒家以求道为目标所展开的学术之路及它的传承谱系,提出自己有益的见解。作者列举了孟子和朱子的圣道传承谱系。孟子提出了一种圣道传承谱系,它包括两类人:一是"闻而知之"者,即尧、舜、汤、文王、孔子一类的圣人;二是"见而知之"者,即禹、皋陶、伊尹、莱朱、太公望、散宜生一类的智者或贤人。"闻而知之"和"见而知之"的区别在于"作"与"述","作"指的是能够开启一个新的时代思想传统,"述"指的是既成事业的继承者。孟子所重者在于"闻而知之"圣者直接倾听上天的声音,承天道而创制新统。朱子也建立了圣道传承和思想学术的谱系,也有两个方面:一是古代圣道思想学术传承谱系,简称"道统";二是北宋以降以周敦颐、二程为开端的学术思想传承谱系,简称"道学之传"。前者意在为道学之创构寻求根源;后者意在建立一个当代性的学术新统。孟子道统重天道形而上的本体层面,朱子道统重圣道之"心传"的历史性层面。①

作者认为思孟一系的思想的形成,与学者自身的反思和自觉意识具有密切的关系。它上承孔子又立足当下,将孔子的学说向内转以奠定其心性的基础,同时强调德高于位以达到"以德抗位",体现了当时知识分子的独立自由精神。宋儒思想的形成,就表现为对经典系统的重建。它为应对时代问题而建立其自己的形而上学体系,表现为心性义理之学。宋儒同时把自己的学问称为"实学",这里的"实学",一是指学贵在自得,二是指学不离人伦日用。

---

① 李景林:《教化儒学续说》,第5—6页。

所以宋儒很重视民间教化,把他的一套东西落实在民间。作者谈到每个时代总有一种思想的生产,"生产"一方面是继承,另一方面是产生一种适合当代的思想。① 思孟学派和宋儒思想的形成和发扬,亦体现出这两方面的特征。所以当代中国思想的建构需要因时制宜,重建经典系统,重构经典以实现思想上的创造性转化。作者强调儒学的核心在于教化,使人在当下的实存中实现生命的真智慧和存在的真实,以达于德化天下,以至参赞天地化育的天人合一之境;强调当代中国思想的建构,不仅是理论的也应该是社会生活的。既需要走文脉的路子,也需要血脉的路子。只有重视儒学的教化功能,才能真正实现学术走向民间。这样当代中国思想的建构,才能从整体上得以建立并产生影响。

针对中国哲学建设问题,作者认为哲学的方法依存哲学的内容,方法与内容是统一的。世界上不存在一种范本式的哲学系统,哲学表现为一种个性化的学问。不管是西方学术还是中国学术,它都有其各自的内容与方法,这个各自的内容与方法就是其个性化的表现。而哲学方法的形成必然依托于原来的学术传统,不然便会失去自己传统学术的生命。作者认为中国思想学术本有它内在"通"性的奠基而表现为一个生命的整体。它并不像西方近代以来的学术,旨在把学术作为一个知识的体系,而非把人的德性养成纳入其中的统一整体。中国传统学术是一个"通人通儒之学",而非另外需要宗教去补足知识性学术体系的系统。当代中国哲学,是中国传统思想和学术运用西方的哲学方法建立起来的,基本上是一种从外部拿来的现成的套用,并不是从中国思想学术自身中转化出来的。这样用西方哲学的理论分析中国传统思想,虽会形成一定的学术成果,但这些成果往往会背离中国传统思想的特质。所以,作者认为中国哲学存在方法与内容上的疏离。中国哲学想要获得创新性的发展,就需要回到中国思想学术自身中去,把握其源头,掌握其精神。这并不是说有一个现成的方法存在于中国传统思想中,或回到传统的经典解释方法之中,或盲目否定西方的哲学方法。而是强调,现代中国哲学的方法须于中国思想学术传统中整体性和创造性地转出。

中国哲学求道的进路,是以生命的实现展开的。作者提出"存在实现"这样一种本然的人存在的状态,人求道的过程就是实现人本然的存在。他自己

---

① 李景林:《教化儒学续说》,第150页。

的"教化哲学"亦是根源于此,认为这样才能把握中国儒家哲学的特质。"将方法收归内容"①就是作者为建立真正属于中国文化自己的当代中国哲学,而提出的其中可能的一条途径。

三 结语

《教化儒学续说》一书是李景林教授近几年对教化儒学的进一步思考,它相比于之前的《教养的本原》《教化的哲学》《教化视域中的儒学》最大的不同之处在于此书是"儒学作为一种形而上学义理体系与社会信仰系统之关系"②的思考结果。作者在开篇"续说一"中就讨论此问题,可以发现作者对这一问题的思考相较于之前更加成熟。这一方面的成熟,使"教化"概念对于儒学或中国哲学的意义变得更加深刻。"教化"渊源于原初的中国思想学术存在状态,它本身就代表了中国学术的原发的创新性。这样作者把"教化"作为儒学或者中国哲学最本质的观念,也变得更加深刻。在儒家人性论方面,作者也注意到近年来的"荀子学"研究的热潮,他通过分析比较孟子和荀子的人性论,说明作为教化的儒家人性论只能建基于思孟一系的"人性本善论",通过和荀子的比较来加深人们对此问题的理解。教化要落实于人身上,所以人格养成便是题中应有之义。在此书中作者谈到文化建设问题,涉及当代的文化现实问题。作者对中国思想学术的建设,对中国哲学学科方法的思考,表明了他一直关切中国文化现实问题。总的来说,此书总体的理论背景是以前三书所建构起来的体系为基础的,所以此书的新颖之处,便在于对一些问题进一步的诠解。正如作者所言此书是一个续说,作为续说,笔者认为其是成功的。

此书谈论了很多内容,笔者将其主要内容分为两部分。一是教化的引入。由于教化的理论体系在前三书的论述较完备,所以作者对这一部分的谈论并不多。作者针对哲理与信仰的探讨,是此书的一个要点,可见他始终关注教化的根源性问题。二是教化的面向。在教化引入之后,笔者认为此书其他内容都是在谈教化的具体面向,并将其归纳为三个方面内容。分别是

---

① 李景林:《教化儒学续说》,第309页。
② 同上书,第1页。

(一)以儒家人性论作为教化儒学的形而上学基础;(二)教化儒学下的人的实现问题,教化的实现问题;(三)探讨文化、中国思想学术、中国哲学建设问题。笔者认为这三个方面是内在统一的。儒家人性论是教化儒学理论得以成立的形而上基础,实现人的本然存在是教化儒学理论实现自身的现实存在,文化建设问题不能脱离以"教化"为最重要特质的儒家哲学。"实现人的本然存在"是教化儒学理论转动的齿轮,在人性论的形而上基础之上,"教化"落实在人的身上。人的本然存在是一种个人和社会相通的,天人一体的状态。"实现人的本然存在"这一活动,就是"教化"的存在状态。中国文化的建设必依其自己的内容,这一"内容"就体现为历代学者对"实现人本然存在"的追求。若当代中国文化建设离开了对这一问题的追求,便是不再延续中国文化独有的特质和生命力。所以笔者把教化的面向的主要内容归结为以上的三点来说明李景林教授对"教化"的理解。作者把"教化"作为中国哲学最本质的存在,我认为其理由便在于此,"教化"正好反映了实现人的本然存在的活动。笔者认为"教化"是作者思想一以贯之的东西,作者基于此去思索儒家哲学,思索中国哲学,思索中国文化。

教化儒学作为李先生对儒学特质把握之思想结晶,是他深研孔孟心性学说,契入儒家精神特质所发出的儒学罩思,也是儒家哲学在当代发展的重要成果之一。它不仅为儒学发展注入新鲜血液,亦为中国传统思想发展注入新鲜血液。我们相信"教化儒学"在未来必将大放光彩!

(王世中,北京师范大学哲学学院博士生)

柏拉图对话与方法论
——评詹文杰的《柏拉图知识论研究》

  詹文杰《柏拉图知识论研究》（北京：北京大学出版社，2020年），是国内首部讨论古希腊知识论的专著。该书围绕柏拉图的"知识"及相关概念，运用发生学方法，依次考察了一般认为代表苏格拉底思想的柏拉图早期对话以及《美诺》《斐多》《理想国》《泰阿泰德》《智者》《斐莱布》等中晚期对话，深入而全面地刻画了柏拉图的知识论思想。作者凭借对各文本的精深研究以及对大量最新的二手文献的占有，在全书八个章节的几乎每一章节中，分别集中于以上所提及的一部对话，细致地分析了对话中的知识论思想，令人信服地呈现了知识理论在不同对话中的不同发展阶段和侧重点，并清晰地为我们展示了多部对话之间的逻辑关系，同时也呈现了学界研究的现状和各对话的相关争议，也展示了柏拉图知识论的复杂面向。在对各概念和问题的分析过程中，表现出了作者对具体文本十分熟悉和对问题认识的十分深刻的优良学养，这种深厚的学术功底为本书的成功提供了保证。

  在书的开篇，詹博士首先指出柏拉图在知识论上的历史性贡献，也表达了研究的意义所在和本书的价值："柏拉图可以说是知识论的真正开创者，因为他明确提出了这些最基本的问题：什么是知识？我们的知识的真正来源和根据是什么？通常人们认为自己知道的东西真称得上是知识吗？究竟是感觉还是理性能够给我们带来真正的知识？知识与真信念之间有怎样的关系？等等。柏拉图提出的这些问题至今仍是我们不得不关注的重要问题，而他对这些问题的探讨仍然值得我们反思和借鉴，因此，对柏拉图知识论进行专题研究无疑应该成为西方哲学史研究的重要组成部分。以柏拉图为代表的古希腊哲学家对于知识问题的深入探讨表明求真精神在古希腊文化世界中的充分自觉,而对这类问题的回答在很大程度上塑造了古希腊哲学的独特形态。"①他首先在长达五十页的导论中对发生学的必要性作了申明,对与知识有关的几个颇有歧义的概念如智慧、技艺、认识、纯思进行了意义上的分析。作者还介绍了柏拉图的"知识"的四个基本特征:第一,"领会到真或者是者/实在"②;其次,"给出说理的能力"③;第三,"要求稳固性和确定性,并且不会被说服而放弃"④;还有最后一点,"理想的知识是难以达到和极其稀有的"⑤。他还肯定柏拉图知识的对象为事物(理念)而非命题,同时也肯定柏拉图的知识在三种意义上使用:"有时表示作为一种认知态度的确知,有时表示学问领域或科学门类,有时表示最高层次的理智能力。"⑥基于对知识的这样的理解,论证在阐述各对话中的知识论概念与技艺、智慧、纯思、信念、说理、感觉、意见等概念的异同中展开。

在前两章中,作者聚焦于早期对话,聚焦于历史上的苏格拉底的思想,分别讨论了苏格拉底的无知和有知,以及"专家知识"概念。第一章的结论是,"苏格拉底的知识一方面指专家知识,另一方面指理论性理解"⑦,后者是前者的内核。在第二章,作者进一步考察了这些对话中的"专家知识",以及它与理解之间的关系。按詹文杰的考察,苏格拉底那里的专家知识,是指特定领域的专家对其所熟悉领域的知识的精通,并能对一些事物给出说理,这样的知识永远不会错,能给行动以正确的指导,并与善的目的相关。他明确肯定,柏拉图在早期对话里还没有把"知识"本身作为问题提出并进行探讨。在笔者看来,作者通过这两章要告诉我们的是,柏拉图的知识论就是在苏格拉底的"专家知识"理论的基础上发展起来的,知识是说理,是为真等特征,也一直被柏拉图所保留。作者在第三章告诉我们,《美诺》是柏拉图开始正式自觉反思和讨论知识的第一部著作,也是在这部对话中,柏拉图正式提出了知识论。这一对话中的知识论,柏拉图一方面认为知识与德性相关,另一方面,又从认识论的角度进行了考察,提出知识就在于认识事物的"是什么",旨

---

① 詹文杰:《柏拉图知识论研究》,第 2—3 页。
② 同上书,第 30 页。
③ 同上书,第 37 页。
④ 同上书,第 49 页。
⑤ 同上书,第 51 页。
⑥ 同上书,第 53 页。
⑦ 同上书,第 54 页。

在给出事物的所是和本质,而且肯定"是什么"问题优先于"是怎样"的问题,还讨论了真信念与知识的关系,提出了回忆说和灵魂不朽的观念,同时在这一对话中也呈现出知识的歧义性——既表示与德性相关的理智能力,又表示专家知识。

第四章以"《斐多》论知识的获得"为题接着考察这一对话的知识论,作者认为这一对话是《美诺》的后继,把作为次要内容出现的"灵魂不朽"当作核心问题,在知识论上,认为纯粹的知识是作为认知主体的纯粹灵魂,对作为认知对象的纯粹实在/理念的洞见,这样,获得知识首先是对灵魂的净化,其次是对纯粹实在/理念的回忆。或者说,在这一对话中,对实在的探究是通过演绎式推理,而非经验观察。总之,获得知识有三个步骤:灵魂自身的净化,回忆,运用假设法演绎推理。在这一章,作者还专门讨论了一个有争议的问题,即对纯粹实在或理念的把握中,纯思究竟是直观派还是论证派。在他看来,理智直观的看法是值得商榷的,"所谓对于实在的'直接'观看或把握乃是强调经过思维之运作而最终达到对于实在的完满领会,而不应该被理解为'不需任何过程'的'瞬间活动',即不同于思维的某种所谓理念直观"①。在笔者看来,这样的理解是符合柏拉图的原意的,柏拉图在多个对话中都描述了从感知到理性的逐步发展过程,甚至把数学对象当作了感知和理性对象之间的居间者,经过数学思考后对理念的把握并非不经历长期思考的直接把握。相反,倒是他的学生亚里士多德把纯思作为把握本原或知识前提、不需要逻辑但保持恒真的认识能力,是一种对最初或最终本原的直观。

第五章和第六章分别对《理想国》第五、第六和第七卷的知识论进行了详细讨论。《理想国》一般被看作柏拉图最具代表性的中期著作,作者在第五章讨论了《理想国》中的知识与信念这两种不同的理智状态,认为前者是对"是"的东西的认识,为哲学家所具有,后者是对"既是又不是"的东西的认识,为大众所具有。作者呈现了当代学界在这个问题上的主要争论:即二者之间的关系究竟是相互排斥的还是互相兼容的? 他认为,柏拉图在这里并不主张两个不同层次的认知状态,而主张知识和信念是两种针对不同对象的、相互排斥的不同类型的认知状态,而且知识和信念都是对象性认识而非命题性认识。第六章分析了《理想国》第六至第七卷,作者认为柏拉图通过太阳譬

---

① 詹文杰:《柏拉图知识论研究》,第 164 页。

喻、线段譬喻和洞穴譬喻三个著名的譬喻，使知识论学说更为系统化，同时在这些章节讨论了两个世界的学说，并认为善既是最高的存在，又是知识论本原。作者认为，柏拉图在这两卷中提出四个层次的认知能力的同时，并没有提出存在论上的四层次说，同时在他看来，通过辩证法达到的"纵观"并非理智直观。这些观点都表明了作者在这些有争议的问题上的独特看法。

第七章讨论《泰阿泰德》，认为这一对话的主题是对知识本性的讨论。作者认为，在对话所给出的三个关于知识的定义问题上，前两个，即"知识是感觉"和"知识是真信念"是被柏拉图明确反驳了的，但对于第三个定义，即"知识是带有说理的真信念"，柏拉图究竟给出了怎样的态度，取决于对"说理"的理解。作者认为："对话中提出了几种关于说理的说明，但都被表明为不足以用来说明知识的本性。柏拉图在这里没有讲出他自己认可的那种使得知识得以可能的说理。"①一句话，作者认为柏拉图在这一对话中没有给出关于知识的正面说法，但也承认这一对话对问题的讨论比《理想国》更为深入细致。

第八章讨论了两篇晚期对话《智者》和《斐勒布》中的逻各斯、信念和知识。作者认为柏拉图在《智者》中对真假的讨论回应了《泰阿泰德》的难题。在作者看来，《智者》的主题之一就是对假命题的解释，认为"假"就是把"不是的东西"陈述为"是"，讨论了陈述和信念的真假之分，并认为这一对话以"命题性判断的认知模式明确替代了以视觉类比为其典型的直观认知模式"②。在他看来，《斐勒布》对陈述和信念的真假问题与《泰阿泰德》的心理学角度有一致性，强调假陈述或假信念是由于构成陈述或信念的不同因素之间的不匹配，以及陈述和信念的同构性。最后，还讨论了这一对话中的知识分类问题。

纵观本书对所涉对话的考察，读者可以发现存在的一个特点，也是本书的优点之一，就是作者对所涉对话都进行了极其细致的分析。如我们前文提及的，作者基于多年的研究积累，和对大量的最新研究文献的掌握，对每个相关对话的主题以及相关概念和理论都给予了论证，给我们展示了几个核心概念是如何在不同对话中呈现出不同内涵。另外，对早期对话中苏格拉底的

---

① 詹文杰：《柏拉图知识论研究》，第58页。
② 同上书，第59页。

"专家知识"的考察,纯思究竟是直观还是论证的结果,信念与知识究竟是相互排斥还是互相兼容,四线段学说究竟是知识论还是兼有存在论,对知识的三个定义究竟如何解读等颇有争议的热点问题,作者都给出了自己独到的见解。可以说,该书的每一章内容都是对所涉对话中知识论的最好的阐释,帮助读者从柏拉图极富诗性和文学性的论述中提炼出其中所包含的知识论思想,给读者提供了极具价值的参考和理解线索。

在方法论上,作者鲜明地强调了发生学方法的重要性,令人信服地给我们呈现了柏拉图在知识论上各相关概念的发展。正是在这一方法的支持之下,作者得以对所涉对话进行抽丝剥茧般的分析。同时我们注意到,他并不认为柏拉图在不同对话中的观点是相互矛盾的,相反,他清晰地给我们展示了柏拉图在不同对话中对知识的不同侧面的刻画,如我们在上文已经讲到的知识的几个特点及在不同意义上的应用。事实上,我们得到的柏拉图知识论也是通过对这一部又一部对话的具体内容的掌握和总结,这些对话中的知识理论总体构成了柏拉图的知识论。因此,对于柏拉图哲学研究中的发生学方法的使用,笔者是甚为认可的,这一方法也是当代西方柏拉图哲学研究领域占统治地位的研究方法。

不过,任何著作都不能说毫无瑕疵,该书也有一些不足之处。下面笔者谈谈自己的一些不成熟的看法。让我们紧接方法论的话题,作者固然因发生学方法的支持,详细地分析讨论了多篇对话,然而,我们不得不说的是,虽然每一章都有详细的讨论,观点也十分明确,全书的结论却稍显模糊,在第八章结束之后没有如笔者所期待的那样能给出一些总结性分析,以至于各章如同散落的珍珠没有被串起来一般。虽然文章开篇给出了知识的几个特征,但如果在全书的结论部分能从具体的各个对话的分析结果中,总结出柏拉图的知识论思想,尤其能说明他的知识论思想哪些被亚里士多德所继承和发扬,这无疑会成为该书的又一个亮点。毕竟,如作者在对知识论的分析中所展示给我们的,柏拉图固然在不同对话中讨论了知识论的不同侧面,我们却也并没有发现它们之间是彼此矛盾和抵牾的,相反,它们一起构成了柏拉图的知识论整体,事实上,这恐怕也是作者要给我们展示的。而我们作为读者,需要作者展示柏拉图各个对话之间的逻辑关系,无论作者的观点是否有过发展变化。在笔者看来,发生学并不意味着不需要整体的看法,系统论也并不意味着作者没有思想的发展,两种方法并不矛盾,而是互为补充的。因此,笔者认为,或许我们把发生学方法与系统论方法结合起来才能在分析的基础上给出一个系统的总结性说明。

其次,虽然作者在文中开篇说:"柏拉图的知识论(连同其他方面的学说)深刻影响了亚里士多德哲学乃至整个后世西方哲学的方向,而且仍然深刻影响着当代知识论和一般哲学的建构。"①然而,颇为遗憾的是,整本书中都没有涉及亚里士多德是如何继承了老师的知识论,柏拉图的知识论是如何影响了后世哲学的方向等问题。当然,在研究柏拉图知识论的专著中并不一定必须论及亚里士多德哲学。不过在一定的问题上,由于缺少亚里士多德哲学的视角,对柏拉图哲学的解读或许会有偏颇,甚至凸显不了柏拉图思想的重要意义。例如作者对《泰阿泰德》这一对话的讨论,在笔者看来,负面的解读相对多了一些,正面的价值被忽视了。在这一对话之中,尽管柏拉图对第三种知识定义进行了否定性讨论,但在笔者看来,其中包含的真知灼见却被亚里士多德慧眼所识,并在《形而上学》核心卷中进行了深入的发展。在对《泰阿泰德》中的梦论、三种说理、元素和可知的复合物、差异、路径的讨论时,如果能更多地联系亚里士多德的质形复合物理论、元素与质料概念的关系理论、形式概念等来解释,或许我们更能挖掘柏拉图在这一对话的正面意义及其对亚里士多德的影响。毕竟,根据耶格尔的考证,亚里士多德进柏拉图学园时恰是这篇对话刚发表之时,②它对他的影响或许是我们无法想象的。

说到这里,笔者稍觉遗憾的是,本书对柏拉图定义理论的讨论也相对少了一些,该书除了对《泰阿泰德》略显简单的解读,对《智者》和《政治家》中的二分法定义方式以及对人、政治家、智术的定义也讨论不多,当然,詹文杰曾在《真假之辨——柏拉图〈智者〉研究》③的专著中讨论过《智者》中的二分法定义理论,或许他认为已经没有必要在本书中涉及了。但在我们看来,定义理论应该是柏拉图知识论的重要组成部分,而且柏拉图对定义的讨论不只在《智者》中。实际上,正如亚里士多德评价苏格拉底的哲学贡献时说的:"苏格拉底当时正专注于道德品质,并且与此相联系,成了第一个提出普遍定义

---

① 詹文杰:《柏拉图知识论研究》,第3页。
② 维尔纳·耶格尔:《亚里士多德:发展史纲要》,朱清华译,北京:人民出版社,2013年,第21页。
③ 詹文杰:《真假之辨——柏拉图〈智者〉研究》,南京:江苏人民出版社,2011年。

的人。……(苏格拉底)要寻求事物的'是什么'。这是很自然的,因为他还寻求理性的推导,而事物的是什么正是理性推导的本原……有两件事可以公正地归给苏格拉底:归纳论证和普遍定义。"[1]不仅苏格拉底在如柏拉图早期对话中所呈现的那样追求事物的"是什么",给出理念/种作为其描述的对象,而且柏拉图在大部分的对话中继续讨论伦理学概念和其他如知识、德性等,以及上文已经提及的人和政治家等的"是什么",同时还进一步讨论了定义的方式——不仅有二分法,《泰阿泰德》或许还为后来亚里士多德针对质形复合物的定义方式提供了思想资源。而众所周知的事实是,亚里士多德不仅进一步把"是什么"问题发展为"本质/是其所是"问题,还在逻辑学著作中讨论分类法定义,在《形而上学》和其他自然哲学著作中讨论针对质形复合的定义。虽然柏拉图没有如亚里士多德一样明确"定义是知识的本原",强调定义是知识的一个重要组成部分,但对定义的追求是从苏格拉底开始,经柏拉图大力发展,而至亚里士多德集大成的一个主题,因此知识论中应该包含定义理论,至少后者会使前者更饱满。

  总之,本书是对柏拉图知识论细致而全面的考察,是运用发生学方法讨论柏拉图对话的范文。全书为我们呈现了柏拉图在这个问题上的完整的发展地图,为读者提供了极佳的指引,也让读者体会到柏拉图在追求系统的知识理论过程中的艰辛和不易。同时笔者认为,本书对发生学的过分强调,或许会造成读者对柏拉图知识论没有整体印象的后果,因此认为这一方法与系统论相结合或许是更好的选择。另外,如果作者能够更多地涉及定义理论,会使柏拉图的知识理论更为丰富和完满。

(吕纯山,天津外国语大学欧美文化哲学研究所副研究员)

---

[1] 亚里士多德:《形而上学》M4,1078b17—29。译文引自王太庆:《柏拉图对话集》,北京:商务印书馆,2004年,第649—650页。

施璇:《笛卡尔的伦理学说研究》

一 笛卡尔的伦理学疑难

在伦理学史中存在着一个相当奇怪的现象,笛卡尔哲学作为整个西方现代哲学的开端,他的哲学却令人意外地没有在西方伦理学中占据一个重要位置。施璇在其力作《笛卡尔的伦理学说研究》(上海:上海人民出版社,2021年)中指出,造成这一奇怪现象的原因在于,笛卡尔有关伦理学的文本像一座迷宫一样复杂而不清楚,这导致了学者们难以对其伦理学内容进行精准解读。笛卡尔伦理学文本复杂性的原因何在?第一,由于笛卡尔一直不愿意公开自己的伦理学思想,研究者不得不从他各种著作的只言片语中构建出一个说得通的伦理学说。① 第二,与笛卡尔同时代的莱布尼茨相当武断地将笛卡尔的伦理学视为"斯托亚派观点与伊壁鸠鲁派观点的组合",莱布尼茨的巨大影响力使得他对笛卡尔的曲解成了主流解释。② 第三,在笛卡尔的具体讨论中,笛卡尔一方面认为伦理学是一种"完美的道德"(Parfaite Morale),另一方面,他又只在《谈谈方法》中提出过一套由四个行为准则所构成的"临时的道德"(Morale par provision)。这两种道德法则性质的不匹配成了当代学者们争论的焦点,这也使笛卡尔伦理学的系统性大打折扣。③ 更严重的是,这些学者所提出的互相敌对的观点,也使笛卡尔本身就不融贯的伦理学说更加难以厘清。基于这三点,笛卡尔的伦理学就变成了一个由自身文本的不系统与解释的诸多误解所构成的复杂迷宫。施璇通过对笛卡尔几乎所有关于伦理学文本的考察,赠予了我们一条能够走出这座迷宫的阿里阿德涅之线。

---

① 施璇:《笛卡尔的伦理学说研究》,上海:上海人民出版社,2021年,17—20页。
② 同上书,第21—25页。
③ 同上书,第17、289—292页。

施璇从五个方面为我们勾勒了这条助我们走出迷宫的阿里阿德涅之线。第一,通过对比塞涅卡的伦理学与笛卡尔的伦理学的异同,施璇试图指出,笛卡尔的伦理学仍以讨论幸福问题为核心。第二,她试图论证,笛卡尔提出的运用理性的一般方法,既是理论的,也是实践的。因此,笛卡尔的幸福论问题实际上是一个理性运用的问题。第三,作者试图在一般理性方法的视野下厘清笛卡尔所提出的"临时的道德规则"(Morale par provision)的理论位置。第四,通过良好地运用理性,能从总体和具体两个方面获得不同的真知。总体真知在于上帝、心灵、宇宙与人这四方面的知识,具体真知在于人的激情与行动。在她看来,笛卡尔有关于具体真知的论述是他的创新之处,他通过意志与身心结合体的相关理论向我们展示了过度的激情是如何被纠正的。第五,当理性未臻时,施璇回答了我们应该如何应用作为"临时的道德规则"的补充原则来实现幸福。通过这五点,施璇将散落在笛卡尔诸种著作的伦理学写作综合为了一个统一的结构,她通过这一结构对笛卡尔各种错误批评进行了反驳。接下来,我们逐点陈述。

二 笛卡尔的幸福论

由于笛卡尔的伦理学被莱布尼茨批评为斯托亚派与伊壁鸠鲁派的组合,以至于很长时间内,这一评价都是对于笛卡尔伦理学说的核心解读。的确,在给伊丽莎白的信中,笛卡尔推荐过伊丽莎白阅读塞涅卡的《论幸福生活》,他也确实采用了许多斯托亚的概念来阐述他自己的伦理学思想。虽然,笛卡尔与斯托亚派都将幸福作为伦理学的中心问题,但是,他们对幸福的理解实际上大相径庭。施璇指出,在与伊丽莎白的通信中,笛卡尔认为塞涅卡对幸福生活的论述有一部分是正确的。他肯定了塞涅卡提出的三个准则,即"幸福的生活是顺应本性的生活","幸福的生活是理性的生活"以及"幸福的生活是德性的生活"。然而,笛卡尔建立在全新的形而上学架构下的"本性","理性"概念则与塞涅卡完全不同,因此,笛卡尔所肯定的塞涅卡准则已经有了完全不同的意涵。另外,笛卡尔并不赞同塞涅卡的另外两个观点。第一,笛卡尔不认为,心灵的快乐是幸福生活的结果。他认为,心灵的快乐就是幸福生活。第二,笛卡尔也不认为,身体的快乐对于幸福生活而言不相容。他只是认为,身体的享乐所带来的幸福是不牢固的。综上,笛卡尔对于塞涅卡的文本的一系列描述的背后,仍然潜藏着他对幸福生活的一个独特看法。施璇认为,笛卡尔的实际看法是将他所认同的塞涅卡的三个命题转化成了一个问题,即如何通过运用好理性来实现幸福。①

三 指向实践的科学方法

如何运用好理性以实现幸福生活？施璇指出,《谈谈方法》中所给出的正确运用理性的四条准则就是笛卡尔所提出的运用好理性的方法,她将其称为"一般方法"。援引卑萨德,②这四条准则可以被简化为:(1)排除先见,(2)安排顺序并充足列举,(3)找到简单项,(4)演绎其他知识。③ 施璇提出了一个相当新颖的观点,她指出,笛卡尔所提出的四条准则不仅是停留在探寻真理层面的理论方法,这种方法也是一种实践方法。笛卡尔自己就明确说过,他着手建立的普遍科学是一种实践科学,这种科学可以教人掌握许多对人生极为有用的知识,使人成为"自然的主人"。④ 因此,与普遍科学相对应的"一般方法"也就成了一种实践方法。施璇指出,一方面,这一方法的目的是个人的幸福,另一方面人类的幸福也是这种方法的终极目的。

根据"一般方法"的第一个准则,也就是通过重建知识大厦的怀疑原则来"排除先见",原本指导人们实践的道德法则也一并被这一准则给悬搁了起来。因此,笛卡尔就不得不再提出一套"临时的道德规则"。笛卡尔指出,由于怀疑也将道德原则作为先见悬搁了起来,为了避免"我"在判断上的犹豫不决,就需要一套临时的道德法则,使"我"在理性未臻之时仍然能够幸福生活。⑤ 这种道德法则包含着四个准则:第一,遵守自己国家的法律与习俗;第二,始终坚持自己从小领受的宗教;第三,听从周围最明智之人所采纳的最温和的、不极端的意见;第四,意志选定后坚定果决地执行。施璇指出,学者们

---

① 施璇:《笛卡尔的伦理学说研究》,第25—43页。
② Jean-Marie Beyssade, La Classification Cartésienne des Passion, *Revue Internationale de Philosophie*, 1983, Vol. 37, No. 146(3), p. 280.
③ René Descartes, *A Discourse on Method*, Oxford: Oxford University Press, 2006, Part II. AT VI 18-19, CSM I 120.
④ Ibid., Part XI, 2006, AT VI 62, CSM I 142-143.
⑤ René Descartes, *A Discourse on Method*, Part III, AT VI 22, CSM I 123.

关于"临时的道德"的地位问题有着非常充分的讨论。哈梅林认为"临时的道德法则"就是怀疑方法的一种权宜之计。① 与之相反,马歇尔则提出,这一"临时的道德法则"实际上是笛卡尔所提出的唯一实际的道德原则。② 虽然,这一原则还不是一个完美的道德原则,与笛卡尔的伦理学目标还有一定距离;但是,我们可以朝着完美的目标不断地修正这个临时规则。施璇还诉诸了其他学者的看法,但她自己的观点,主要是对以上两种观点的批评与综合。施璇指出,我们的确可以将"临时的道德规则"视作实现幸福生活的规则的一个补充。然而,她反对将这套临时规则视为笛卡尔伦理学说的核心,也反对视这一规则为虚假之言。因此,她认为,当理性自身的法则在怀疑方法的挑战下还未建立起来的时候,笛卡尔所诉诸的"临时的道德规则"就无法被视为一种确定的道德法则。但是,当怀疑解除且理性规则已经建立起来的时候,这也并不意味着"临时的道德规则"就应该随着怀疑的解除一同取消。施璇特别指出,只有当前文提到的"一般规则"与"临时的道德规则"互相补充时,笛卡尔的完美道德图景才得以构成。③ 作者进一步援引了笛卡尔在1647年写就的《哲学原理》的前言,④其中所提出的"自我指导的顺序"与《谈谈方法》中培养自己理性的方法的顺序几乎完全吻合。因此,对于用怀疑方法清除先见的自我指导计划而言,设定一套临时的道德规则是非常必要的。

四 实现幸福的总体性真知

人们在好好运用理性之后所获得的有助于实现幸福的真知有哪些?施璇指出,笛卡尔在给"伊丽莎白公主的信"⑤中提出,最有用的真理就是对人的幸福有用的真知。有一些真知是总体性的,它们关涉人类所有的行动,我们称之为"对实现幸福有用的总体性真知"。另一些真知则关涉于每一个个

---

① Octave Hamelin, *Le Système de Descartes*, Paris: Léon Robin, 1921, p. 376.
② John Marshall, *Descartes' Moral Theory*, Ithaca and London: Cornell University Press, 1998, p. 10.
③ 施璇:《笛卡尔的伦理学说研究》,第69—71页。
④ René Descartes, *The Method, Meditations and Selections from The Principles of Descartes* (15th edition), Edinburgh and London: William Blackwood and Sons, 1913.
⑤ René Descartes and Elizabeth, *The Correspondence between Princess Elisabeth of Bohemia and Rene Descartes*, trans. & ed. Lisa Shapiro, Chicago & London: University of Chicago Press, 2007, AT IV 291, CSM III 265.

体的具体行动,我们可以称之为"对实现幸福有用的具体性真知"。

对于实现幸福有用的总体真知涉及上帝、心灵、宇宙与人。第一,笛卡尔指出,当我们拥有了对上帝的真知,我们就能够平静地接受所有事情,因为我们会意识到,这些事情的发生都是上帝的赠予。另外,对上帝的真知包含着对上帝的爱。当心灵认识到上帝是无限完满的存在者,人们就会有一种自然倾向去爱上帝。至此,我们对上帝的爱就会将人从接受事物上升到享受事物。第二,心灵的不朽也属于实现幸福的总体性真知。施璇指出,心灵不朽大大缓解了人对死亡的恐惧,使人对此生之得失不再过分看重,在此意义上,这一真知增进了人的幸福。但是,根据笛卡尔的各处表述,实则他只能证明出心灵不随着身体的朽灭而朽灭。即使我们不能正面证明心灵之不朽,在笛卡尔看来,前述的让步证明也足以使凡人对死后的生活抱以希望。第三,关于宇宙的真知也能够促进我们的幸福。通过对宇宙的认识,我们能认识到自己的有限性,认识到宇宙中的事物不是由于我们的利益而被创造的,人们也可以通过对物质世界的真知帮助自己生活的便利并保持身体健康。第四,关于人需要依赖于他者的知识也属于促进幸福的真知。施璇指出,笛卡尔对"人的不可独存"的论证主要是对人的"亏欠感"的证明。当人们意识到自己必然属于某个整体时,他们就会产生对整体的亏欠感,这种亏欠感会使他们勇于为他人谋福利,所有英雄行为的动机都来源于此。至此,我们发现,在施璇的论述下,笛卡尔最为关注的形而上学与物理学的对象,也是他的伦理学的对象。对笛卡尔而言,随着人对总体真知的认识的不断完善,他在生活实践中的幸福也会不断增加。①

五 实现幸福的具体性真知——激情与意志

施璇指出,由于激情关涉每个人的具体行动,对激情的探究也就是对实现幸福的具体性真知的探究。笛卡尔指出,激情在本性上全都是善好的,人们唯一需要避免的就是对激情的误用或者激情的过度。如何纠正激情所造成的损害呢?一种方式是依靠意志去对抗激情,另一种方式则是改变身心之间原有的自然联结。这两种纠正方式关涉笛卡尔的意志学说以及身心结合

---

① 施璇:《笛卡尔的伦理学说研究》,第101—121页。

体学说。施璇巧妙地将激情概念、意志概念以及身心结合体概念联结在一起,形成了一个有一定创造力的结构性解读。

笛卡尔在《论灵魂的激情》一开篇就指出,"活动与激情必定总是一回事,只是为了解释两个与之相关的不同主体而有了两个名字"[1]。施璇提醒我们,要理解这句话,就必须诉诸亚里士多德的范畴学说。比如,一朵花散发的香味是一种主动的"活动"(action),从另一个角度看,一个人闻到这个花香就是被动的"激情"。实质上,这两者是同一件事情。进一步,施璇在"激情"与"活动"这一个对子上又增添了一个区分,她将灵魂的激情本身进一步分为广义的与狭义的。从广义层面看,一方面,"灵魂的激情"是身心统一的结果,身体可以直接作用于心灵,而激情就是心灵的被动状态的一种描述;另一方面,"灵魂的活动"则是来自心灵对物体的作用,是心灵的主动状态。从狭义层面看,只有喜怒哀乐等灵魂的"知觉"才是激情。这种狭义的激情,在笛卡尔的生理学中,既是身体的神经运动的结果,也是大脑的精气运动的结果。

从方法层面看,笛卡尔没有拘泥于当时时兴的经院亚里士多德主义,他通过前文所述的运用理性的一般方法重新澄清了激情概念。首先,在《论灵魂的激情》的开篇笛卡尔就指出他将排除先见,把"激情"概念当作一个从未有人研究过的主题,远离古人的道路,以一种特殊的方式研究激情。其次,笛卡尔通过列举激情,按顺序依次考察对象刺激感官的各种方式。最终,在这些被列举的诸多激情中,找出最简单而原初的激情,并通过它们的组合研究其他激情。在建立了这一原则之后,笛卡尔列举了40种不同的激情,他将惊奇、爱、恨、愉悦、悲伤、渴望视为最基本的激情,而剩下的34种激情则各自归属于这六种简单激情之下。进一步,因为激情是一种身心的活动,所以它总有过度与不及,也在其他情况中展现为其他的情状。在这一前提下,我们就可以从简单的激情中延伸出各种不同的激情。其中,那些过度的或者不及的激情需要矫正,而另一些特定的简单激情的情状则是使人实现幸福生活的重要激情。

施璇指出,激情在本性上全部都是善好的。因为,激情从功能上只是驱

---

[1] René Descartes, *The Passions of the Soul*, translated and annotated by Stephen H. Voss, Indianapolis, Cambridge: Hackett Publishing Company, 1989, AT XI 328, CSM I 328.

使人的意志去意愿。但是,激情对意愿的驱动是间接的,通常是激情激发渴望,再间接地激发意愿,最终间接地激发行为。施璇与大部分解释者的观点不一样,她认为,激情自身不提供知识。当激情与理性伴随时,激情总是朝向善,当激情与感性伴随时,激情使人们趋利避害。然而,这一观点并不意味着激情本身包含知识。相反,这只能说明,理性的功能和感性的功能都是知识性的。由于激情产生时,我们会有某些关于激情的对象的知识,这会使我们误认为这些知识包含在激情自身之中。①

在什么情况下激情才是有害的? 施璇将有害的激情分为两类。第一,对于激情的误用是有害的。第二,激情的过度也是有害的。我们用"爱"这种激情举例子。笛卡尔指出,如果一个人的爱基于关于爱的对象的意见,如果我们能认识到这一意见又是错误的,就可以推论出,不仅这个对象是不好的,这种激情也是有害的。换言之,基于错误意见的爱就是对爱的误用。另外,当一个人通过爱去过分追求不重要或者不值得的对象时,这就是爱的过度。施璇提醒我们,笛卡尔始终认为激情是不可根除的,唯一需要做的是纠正激情的误用与过度。那么,有哪些方法可以纠正有害的激情呢?

一种方法是依靠意志去对抗激情。如果我们能认识错误的本质,就能够避免在激情的对象上产生错误的意见。一方面,根据《第四沉思》,我们应尽量在考虑的对象上获得清楚分明的知觉;另一方面,我们应在搞不清楚的事情上悬隔判断。施璇敏锐地指出,悬隔判断并不是实现幸福的必要条件,实现幸福的关键在于意志对有害激情的纠正。作者随即向我们展示了意志与激情的复杂关系。非常重要的是,激情总是通过渴望这一基本激情来激发意志活动,意志活动又直接驱动行动。但是,这不意味着意志总是被来自身体的激情所驱动。反过来,意志活动也可以来自灵魂中精气与松果体的运动。也就是说,当灵魂强大时,意志活动可以克服来自身体的渴望,从而阻止一个想要发动意志自身活动的身体性激情。施璇一针见血地指出,笛卡尔所描述的意志与激情之间的对抗实则就是心灵与身体之间的对抗。意志必须时刻跟随理性,在激情的对象上做出正确的判断,才能战胜来自身体的激情。另外,因为意志是自由的,通过自由意志做出善好的行动才是"做自己的主人"的表现。被笛卡尔视为最重要的德性的"宽宏"就成了好好运用意志的典

---

① 施璇:《笛卡尔的伦理学说研究》,第 198—202 页。

范,因为它使人们通过运用意志来重视自己与他人,不被来自身体的激情所奴役。①

另一种方法则是改变身心之间原有的自然联结。施璇指出,笛卡尔在对身心关心的解释中,上帝的作用逐渐被自然所取代,身心之间的自然联结原则最终成了身心统一的最终解释原则。然而,激情的独特性就在于,人可以通过习惯来改变身心原有的自然联结。施璇认为,自然联结和习惯联结造成了两种行动的产生模式。自然联结来源于人的身体的感觉,习惯联结则来自人的惊奇这一基本激情。也就是说,习惯联结与知识性的激情相关。施璇指出,习惯模式总是从灵魂或心灵中的知识出发,最终产生了一个行动。换言之,习惯联结建立在人的理性与意志的共同作用上。更重要的是,建立起这样的联结,人们就能纠正激情的误用与过度。正是因为习惯联结给出了意志自由运作的空间,我们才能脱离必然的身体性联结,从自然通向自由,使人的道德选择成为可能。②

六 结语

施璇的《笛卡尔的伦理学说研究》做了几个重要的论证。首先,她澄清了笛卡尔伦理学与斯托亚的伦理学的关系,以至于读者不至于被莱布尼茨的简单批评所蒙蔽。其次,她在诸多文献的讨论中厘清了笛卡尔提出的"临时的道德规则"的位置。最后,作者通过对意志与激情关系的充分论述,给我们展示了笛卡尔的意志判断理论以及身心联合理论是如何运用于激情学说的新构架。进一步,在这三重澄清之后,我们能在现代西方伦理学的视野下重新定位笛卡尔的伦理学。施璇坚持认为,在价值理论的视野下,笛卡尔的伦理学属于至善论传统。他主张德性本身的价值高于快乐,德性的实践能够带来心灵的满足与幸福。在行动理论的视野下,笛卡尔的伦理学说属于外在主义,因为他始终认为理性知识与行动动机没有内在关系,要通过意志的自由选择才能连接两者。我们很难将笛卡尔的伦理学归于现代伦理学的任何一个门类中,笛卡尔的旨趣是古典的,而他实现其旨趣的理论架构则是颠覆

---

① 施璇:《笛卡尔的伦理学说研究》,第244—247页。
② 同上书,第252—267页。

古典形而上学的"新哲学"。施璇的研究帮我们扫清了深入认识笛卡尔伦理学的地面,为从形而上学层面与物理学层面更深入地研究笛卡尔伦理学的工作打好了基础。

(汪瑞原,北京大学哲学系博士生)

自由主义的情与理
——评钱永祥《动情的理性：政治哲学作为道德实践》

在当代政治哲学研究中，自由主义处于各类争论与交锋的一个核心位置。无论是自由主义内部的自我检省和左右之争，还是社群主义、共和主义乃至施特劳斯学派对自由主义的重重批评，自由主义始终都是绕不过去的讨论对象。可是，伴随着围绕自由主义展开的唇枪舌剑，身处这个舞台中央的自由主义，其自身的形象反而变得模糊起来。到底如何界定自由主义？什么是自由主义关心的首要问题？自由主义应当在公共生活中扮演怎样的角色？自由主义未来所为之努力的主要方向在何处？如何评价和回应众多批评者所描绘的自由主义形象？可以说，这些问题亟需理论上的澄清与解决。只有充分厘清了自由主义的理论意涵和核心关怀，接下来以自由主义作为对象的学术争论才会更加具有针对性，也因此才会让后续更多的讨论获得更加实质意义上的推进。

钱永祥先生的《动情的理性：政治哲学作为道德实践》（南京：南京大学出版社，2020年）便是对这些问题系统而细致的回答。钱先生的这本著作共分为四辑：第一辑着重讨论自由主义所主要关注的价值理念，其命名为"自由主义的道德认定"；第二辑对罗尔斯"公共理性"这一概念进行了分析和反省，其命名为"公共说理"；第三辑转向"说理"本身，为一种基于"说理"的普遍主义进行了辩护，其命名为"说理与普遍主义"；第四辑则重点回应自由主义当下主要面临的一些争论，其命名为"对话与质疑"。全书条理清晰，说理细致，内容翔实，文风平实而晓畅。最为关键的是，贯通全书的，不仅是作者运用专业知识时的游刃有余，更是作者对个体和社会本身的一种深深关怀。认真看完全书，读者很难不对自由主义、对自我、对我们所身处的现代社会产生许多遐思，并因之"动情"。本文接下来主要就是对该书中一些令笔者读来

"动情"的内容进行叙述,由于篇幅所限,本文无法涉及书中的许多论证细节,更不能面面俱到地讨论到书中的所有重要问题。

一 情之所起

《动情的理性:政治哲学作为道德实践》这一书名本身就容易引人驻足,读者不免会问:这本书的作者因何动情?动情和政治哲学又有着怎样的关联呢?这一问题牵涉钱先生对政治哲学本身的理解。在钱先生看来,政治哲学并不是那种纯然生于书斋并始终留在书斋仅供少数人沉思、讨论和观赏的对象,而是有着一种自然而强烈的实践面向。这种实践面向可以从两方面来进行理解:一方面,从事政治哲学思考的学者往往有着自己基于现实的核心关怀与问题意识;另一方面,政治哲学学者所思考的成果也会以某种方式或强或弱地影响乃至塑造现实的公共舆论和公共文化。当然,政治哲学的研究方式多种多样,不同学者所关心的问题也五花八门,最后呈现出来的结果更是精彩纷呈。而在这些纷繁的思想形态当中,钱先生有着自己明确的立场。钱先生自述,他从根本上所认可的是以平等作为根本价值的自由主义。在具体谈这是一种怎样的自由主义之前,我们先继续来讨论一下钱先生对政治哲学的基本看法。

思考政治哲学,一个非常核心的问题是如何处理道德与现实政治的关系。在古代政治哲学家那里,政治和道德浑然一体、相互成就,道德指引着政治前行的方向,而政治则是人实现自身道德完美性的路径。当柏拉图在《理想国》中讨论正义时,一个正义的城邦与一个正义的人被认为是大字和小字,并因此共属于同一个根本性的问题。[①] 而在与古代政治哲学不同的现代政治哲学那里,政治要与道德区别开来,政治对应的是"实然",道德对应的则是"应然",二者完全是不同层面的问题。被视为现代政治哲学开启者的马基雅维里就提出:"人们实际上怎样生活同人们应当怎样生活,其距离是如此之大,以至于一个人要是为了应该怎样办而把实际上是怎么回事置诸脑后,那么他不但不能保存自己,反而会导致自我毁灭。"[②] 对于现代政治哲学来

---

① 柏拉图:《理想国》,郭斌和、张竹明译,北京:商务印书馆,1986年,第57—58页。
② 尼科洛·马基雅维里:《君主论》,潘汉典译,北京:商务印书馆,2009年,第73页。

说,政治成了"必要之恶"。

因此,研究现代政治哲学首先需要去回应"实然"与"应然"之间的关系问题。是否应该让"应然"指导甚至全方位覆盖"实然"呢? 钱先生对此持否定态度。钱先生认为,不应该去过于强调道德性的"应然",这首先是因为现实政治自有其本身的一套行事逻辑,一味强调道德未免显得过于幼稚和天真;此外,也更是因为过于强调道德容易导致一种"泛道德主义"(general moralism),这会产生太多以道德为名所施加的压迫,正所谓"以理杀人"。那道德就应该对现实政治袖手旁观吗? 钱先生认为,道德根本不可能袖手旁观,这是因为道德和政治永远有一个共同的关注对象,也就是人本身。正是因为道德和政治有着这样一个共同的关注对象,道德必然会以某种方式影响着现实政治,而且道德必须提出并守住对于人而言的最后防线。钱先生指出:"试图为政治生活注入一些道德思考的成分,并不是因为道德这件事居于政治之上位的尊崇地位,足以移除、取代政治,也不是因为道德有意指点政治的实际运作。……而是因为道德本身自有其人本主义的关怀,出于这种关怀,出于维护个人尊严的价值,政治哲学必须从道德的视角来要求政治人提高自己的道德意识,避免让个人沦为政治运作的刍狗。"①

那么,政治哲学应该从怎样的道德视角出发来约束现实政治? 政治哲学应当主张怎样的"应然"呢? 在这个问题上,钱先生认为,政治哲学的任务不是将人培养成为圣人,而是尽可能去减轻和减少人所面对的苦痛,"与其关怀彼岸世界、成圣成贤,或者让人生过得更为'美好',我们是不是应该更期待道德用心在保护与帮助弱者、减少不公平的苦痛上面?"② "苦痛"成了钱先生非常关注的一个话题,"苦痛"突出了人作为生命的脆弱性,"苦痛"让我们直面人生老病死的人生常态。而且,也正是这种脆弱性带来的苦痛,让钱先生动情,并进而去进行理性思考,去反思如何减少人的痛苦。可以说,正因为对"苦痛"的关注,钱先生主张政治哲学研究者能够多多回归对于人而言的常识,做到感情与理智上的真实,他希望政治哲学"首先去正视历史中的牺牲者与受苦者,关注身边人们的生活状况,避免耽溺于花哨的理论、蹈空的理想、需要高昂代价的乌托邦,或者只欢呼强者、能者、胜利者的道德竞技场,只看

---

① 钱永祥:《动情的理性:政治哲学作为道德实践》,南京:南京大学出版社,2020 年,第 10—11 页。
② 同上书,第 16—17 页。

重集体光荣而不见个体渺小命运的历史观、价值观"①。

正是在这种精神下,钱先生对著作的标题进行了解释:"理性必然源自'情'的鼓动——也就是因为人间的种种艰辛与苦难令我们感到不忍与不甘,动情之后发为关怀与在意——才能构成实践的介入。"②

二 自由主义的根本价值

钱先生认为,当前自由主义面临着三大挑战:首先,随着越来越多的人开始对西方现代性进行批评性的反思,与现代性相伴而生的自由主义也因此被广泛质疑,许多人认为,如果西方现代性存在问题,那么自由主义也肯定存在问题,而且自由主义本身并没有能力去反省和解决这些问题;其次,有些人认为自由主义和资本主义是盟友关系,自由主义与资本主义密不可分,这导致一些对资本主义不满的人对自由主义也相应产生了不满;最后,自由主义被认为是西方的意识形态,随着各地民族自觉性的崛起,"地方特色"越来越被加以强调,而自由主义则仅仅被认为是西方的思想,甚至只代表美国的思想。③

在钱先生看来,与其急于批评和反驳上面对自由主义的三个挑战,倒不如先努力澄清自由主义。而澄清的出发点就是,确定到底什么是自由主义所坚守的根本价值。根本价值是自由主义的基石,只有确定了自由主义的这个基石,我们才能真正确定和理解自由主义在其他方面的主张,"由于理论本身的逻辑使然,如果自由主义并没有确定它的价值核心,它在政治、社会、经济各方面应该提出什么要求,也会难以确定"④。

那么,什么是自由主义的根本价值呢?钱先生认为,概而言之,就是对个人的充分肯定和重视。具体来说,自由主义不承认在个人之上还有什么超越性的价值,自由主义坚决反对一种独立于个人的更高实体能够用来侵犯个体的权利与利益。对自由主义来说,个人的价值不是由任何它者赋予的,个人

---

① 钱永祥:《动情的理性:政治哲学作为道德实践》,序言 III。
② 同上书,序言 IV—V。
③ 同上书,第 51—52 页。
④ 同上书,第 25 页。

是价值的源头。这意味着,事物或者行为之所以有价值,其价值必须来自个人的自主认定,任何他人或团体都不能将某种外在价值强加于个人之上,个体必须处于真正的主体地位。钱先生认为,只有承认了这一点,个人的价值和尊严方可成立,而自由主义的核心关怀也就在于维护个人的价值和尊严。

还需要强调的是,对于钱先生而言,这里的个人不是理论上的抽象个体,也不是拥有某种特定能力的少数圣人和精英,而是活生生的、真实的、普通的个人。正如我们在上一节中所说,活生生的个体必然会遭遇生老病死,在日常生活中也总是可能会遭受到各种伤害,而自由主义所要捍卫的正是这样的个体的权利和利益。

钱先生还谈到,在自由主义发展史上,对个人的这种重视有着一个逐渐发展的过程。在以格劳秀斯为代表的自然法学派那里,虽然他们也通过自然法肯定个人的价值,但个体的地位终究要依赖于自然法。事实上,自然法并不一定会导向自由主义,比如霍布斯从自然法出发最后诉诸一个强大的"利维坦"。而真正的自由主义,其所维护的个人价值没有任何超出个人的前提,不需要任何一种宗教的、形而上的或某种特定能力作为前提。在钱先生看来,最经典的自由主义理论家是密尔和康德。虽然密尔和康德在具体主张上有着许多分歧,但是他们从根本上都认可个人的最高价值并为之辩护,且认为个体的这种最高价值本身不依赖于其他超越性的存在。

钱先生也谈到中国自由主义的一些发展。早期中国自由主义者,对于个人的绝对价值缺乏重视,更多是希望通过个人自由作为手段去实现诸如国家富强这样的最终目标。[①] 但是在殷海光和徐复观两位先生那里,则发生了改变。类似于康德和密尔,殷先生和徐先生也充分重视个人的绝对重要性。然而,他们没有继续讨论核心价值与制度原则之间的关系。钱先生认为,一个完整的自由主义理论一方面要坚持个人作为核心价值的地位,另一方面还要提出相应的制度去帮助个人实现这样的地位。也就是说,自由主义者既需要认定核心价值,还需要从核心价值中推导出制度构建。而在当代政治哲学中,罗尔斯(John Rawls)的讨论被钱先生视作为是自由主义思想的典范陈述。

---

① 比如,史华慈就指出,翻译《群己权界论》的严复所关心的自由和密尔所关心的自由完全是不同类型的自由,自由对于严复而言更多是通向富强的有力手段。参见本杰明·史华慈:《寻求富强:严复与西方》,叶凤美译,南京:江苏人民出版社,1996年,第121页。

三　自由主义的"厚"与"薄"

钱先生在许多问题上(尤其是对平等的重视)都赞成罗尔斯的理论,但是并不十分认可罗尔斯将自由主义限定为一种政治自由主义的做法。罗尔斯认为,由于在现代社会中,多元价值已经成为事实,不同的人对于什么是好这一问题有着不同的理解,因此自由主义应该尊重这种多元的事实,进而将自己的任务仅仅限定在维护一种政治上的公共秩序中。罗尔斯将自己的看法称之为"政治自由主义"(political liberalism),从而与"至善论自由主义"(perfectionist liberalism)相区别。至善论自由主义有着自己对善和美好生活的独特理解,有着自己对某种价值的肯定和坚守,并会在此基础上建立一套特定的规范性理论。而政治自由主义则不以任何特定的人性观和价值观作为理论基础,它没有对某种善的特定追求,仅仅关注于公共的政治秩序。

当代至善论自由主义,通常以伯林(Isaiah Berlin)和拉兹(Joseph Raz)为代表,伯林认为应该将"多元"视作为现代社会的核心价值,拉兹则认为自主性(autonomy)是必须捍卫和坚守的价值。另一方面,罗尔斯和拉莫尔(Charles Larmore)都明确以"政治自由主义"来表达自己的立场。而格雷(John Gray)更是提出"共存自由主义",认为价值多元论的存在事实上已经无法让大家达成任何理性的共识,大家只能以和平共存作为一起生活的理由,自由主义仅仅是一种"权宜之计"。①

我们可以将至善论自由主义称之为厚的自由主义,将政治自由主义称之为薄的自由主义。那么,钱先生是支持厚的自由主义还是薄的自由主义呢？

政治自由主义看似是在价值多元论时代的最佳方案,它搁置关于善的判断,哪方都不得罪。但在钱先生看来,政治自由主义的做法从根本上来说却是舍本逐末。难道自由主义只应该满足于维护公共的政治秩序吗？正如我们在上一节中所谈到的,钱先生认为:"自由主义本身(以及价值多元论本

---

① 格雷提出:"自由主义总是有两张面孔。从一方面看,宽容是对一种理想生活形式的追求。从另一方面看,它是寻求不同生活方式之间实现和平的条件。按前一种观点,自由主义制度被看作普遍原则的应用。按后一种观点,它们是和平共存的手段。按第一种观点,自由主义是对一种普遍政权的规定。按第二种观点,它是一种可以在许多政权中被人们追求的共存方案。"参见约翰·格雷:《自由主义的两张面孔》,顾爱彬、李瑞华译,南京:江苏人民出版社,2005年,第2页。

身)并没有内在的实质价值;它的价值来自于它所维护、帮助,以及构成的某种地位更高的个人利益。"① 然而,政治自由主义仅仅将这种利益限定在政治层面。钱先生认为,个人的最高利益是基于自主性去"追求美好的人生",自由主义的核心任务就是保障个人的这种最高利益。即是说,自由主义与其他理论的一个根本区别在于,自由主义没有为"美好人生"指定特定的内容,自由主义从来不会强迫个人去接受某种特定模式的最好生活,更不会试图去为个人安排他们的人生。在自由主义看来,"所谓'追求美好的人生',完全不等于对于特定的'理想人生'的抉择与认定;它并不是一个静态的接受过程,而是一种动态的、在追寻中塑造的过程。这里所关注的是一种批判、反思的活动,而不是一种状态或结论"②。

钱先生指出,关于什么是美好人生,有两个限制条件:一个是"认可限制"(endorsement constraint);另一个是"可修改的限制"(revisability constraint)。③ 所谓"认可限制",也就是说,所有关于美好人生的概念或者构想,都必须经过当事人自己的认可,任何他人和群体不得以任何名义将某种美好人生强加于当事人。而所谓"可修改的限制",也就是说,个人对美好人生的认可,事实上都带有临时性和可错性,随着时间的推移,一个人对美好生活的理解和认可很可能会发生某些变化,过去让一个人觉得美好的事情并不表示现在和未来也让他(她)感到美好。

对钱先生来说,自由主义不能仅仅满足于消极地不去打扰和干涉,自由主义有着自己评价性的立场。正是在这个意义上,钱先生批评哈耶克为自由主义所做的演化论式论证。④ 按照演化论式的论证,人类社会有着发展的"自发秩序",这种"自发秩序"超出了所有个人的意图和设计。这就类似于亚当·斯密所说的"看不见的手",在"看不见的手"的无形影响下,人类社会的发展完全不受个人意志的左右。进一步说,由于有着"自发秩序"的存在,人不应该试图去进行任何干涉(干涉既无必要也无可能),让每个人具有充分的自由便是最理智的做法。这种为自由进行辩护的方式,在钱先生看来,完全掩盖了自由主义评价性的一面,在这种辩护下,任何做法都显得苍白

---

① 钱永祥:《动情的理性:政治哲学作为道德实践》,第 58 页。
② 同上书,第 59 页。
③ 同上书,第 244 页。
④ 同上书,第 206—226 页。

无力。谁能保证"自发秩序"不会导致人与人之间的巨大不平等？现实中的所有事实难道都是"自发秩序"的结果吗？可以说，钱先生认为，自由主义恰恰有着很强的评价性维度，倘若"自发秩序"没有尊重个人的自主性，自由主义肯定会对之进行批评，自由主义否定任何以"自发秩序"为名义对个人自由的侵犯。

总而言之，在钱先生看来，自由主义所始终要保障的是个人的自主性，这种自主性不能仅仅限制在公共政治领域，而应该贯通于生活的方方面面。此外，从个人自主性出发，自由主义有着自己对美好生活的期待，即每一个体都能够充分自主地做出自己的选择，过真正属于自己的人生。

那么，回到我们一开始的问题，自由主义到底是厚还是薄呢？答案是：自由主义既不会太厚，以至于厚到会去干涉个人对于美好生活的具体选择，会去规定每个人对于善的特定理解；自由主义又不会太薄，以至于只关注于个人所生活于其中的公共政治秩序，只是一种"权宜之计"，而不关心个人是否实现真正自主的生活状态。

四　自由主义是相对主义吗？

自由主义否认存在着一个独立的、超越的、绝对的善，否定任何个人和集体能以这种善作为名义去侵犯个体的权利。这马上带来一个问题就是，自由主义是不是必然导向相对主义？在自由主义那里，好似乎失去了标准，似乎所有人的意见都等同于一种好，而且这个人对好的意见和那一个人对好的意见彼此完全独立，不能相互干涉。列奥·施特劳斯（Leo Strauss）在《自然权利与历史》[①]中指出，古典政治哲学严格区分了知识和意见，古典政治哲学认为，唯其存在一种永恒的、超越的、绝对的真理性知识，我们才能对人间的纷繁意见进行好坏评判。而现代政治哲学则打破了知识对意见的超越，知识被降格成诸多意见当中的一种意见，知识相对于意见的超越性被认为是一种别有意图的伪装，甚至被认为是一种蕴含专制强权的危险物。施特劳斯认为，以自由主义为代表的现代性反叛了古典政治哲学的根本教诲，而这带来的结果是，我们再也不能区分真理和意见，从此将陷入意见的泥淖当中，在意

---

① 列奥·施特劳斯：《自然权利与历史》，彭刚译，北京：生活·读书·新知三联书店，2016年。

见的"诸神之争"中,等待我们的只能是相对主义。进一步,在无法区分好坏的相对主义的笼罩下,我们将会觉得一切归根究底都是虚无的造物,从而导向彻底的虚无主义。

可以说,施特劳斯对自由主义的诊断是自由主义必须回应的问题。这也是钱先生在《动情的理性》一书中的一个核心问题意识。其实不只是施特劳斯,其他自由主义的批判者,诸如社群主义和共和主义,对自由主义的一个主要批评也是认为自由主义过于强调权利,从而使得善变得相对且单薄。桑德尔(Michael J. Sandel)在《自由主义与正义的局限》中就曾指出,对于自由主义来说,"权利优先于善",每一个人都有选择属于自己的善的权利,自由主义只关心个体是否拥有这种权利,而并不关心拥有这种权利之后的个体会具体选择何种善。[①] 桑德尔认为,自由主义的这种理解预设了一种独特的个人观,即个人可以和他人完全独立开来,每个人在理论上都是身处孤岛且身边没有星期五的鲁滨逊。

对于这个问题,钱先生认为,之所以许多人会将自由主义等同于相对主义,一个主要的原因就是自由主义承诺价值多元论,而批评者直接将价值多元论等同于价值相对论了。也就是说,批评者们混淆了价值多元论和价值相对论。前文我们已经谈到,在自由主义看来,现代社会中并没有一个绝对的价值,而是存在着许许多多种不同的价值。钱先生认为,这种价值多元论和价值相对论并不相同。对于价值相对论来说,所有的价值都是一样好、一样对。而价值多元论则只是认为,没有一个统一的标准去衡量众多价值,价值与价值根本无法进行比较。在钱先生看来,批评者对自由主义的批评由于其错误的预设,说无法在价值之间进行比较也就是认为它们是完全一样好、一样对的东西。

现在关键的问题是,如何理解自由主义的价值多元论?价值多元论所主张的无法对价值进行比较到底是什么意思?无法对价值进行比较难道不就意味着对价值持有完全无所谓的(indifferent)态度,而无所谓的态度不就意味着认为所有东西都一样好、一样对吗?

钱先生认为,要解决这个问题,需要澄清自由主义为什么要主张多元论。

---

① 迈克尔·桑德尔:《自由主义与正义的局限》,万俊人等译,南京:译林出版社,2011年,第28—38页。

简单来说,自由主义之所以主张多元论,不是为了多元而多元,多元本身并不是自由主义的目标。正如本文第二节所言,自由主义最关心的问题是个人本身,进一步说,关心的是将个体本身的重要性作为根本价值。自由主义认为,任何价值不能独立于个人而存在,一个东西对于个人来说是否有价值,必须当事人自己说了才算。如果当事人自己认为一事物没有价值,那么即使这一事物对于许多其他人来说都有价值,这许多其他人也不能以绝对价值为名义将这一价值强加于当事人身上。因此,自由主义之所以认可价值多元论,就是由于赋予每个人对于价值的自主选择权,这会自然地使价值本身呈现出不同的样态,毕竟每个人对好的理解会存在着各种各样的差异。而与此同时,当事人在判断一事物是否有价值的时候,其本人并非持有一种无所谓的态度。当事人自己在认定某一事物有价值的时候,他(她)便有着自己的好坏评判(当然,这个评判并不是不可更改的)。也就是说,在进行选择的时候,当事人自己并不会认为价值是相对的。

　　总而言之,自由主义赋予个人对于价值的自主选择权,会自然地导致价值多元论,但并不会导致价值相对论。因为每一个体在对价值进行选择时,有着自身明确的好坏评判。或许有人会说,即使在个体那里不会产生价值相对论,但是站在一个超出个体的第三方视角来看,价值就是相对的,毕竟没有办法在众多个体所选择的价值之间进行比较。但是,问题的关键就在于,自由主义不承认这样的超出个人的纯粹第三方的视角,这样的视角根本产生不了价值,任何价值之所以为价值,必须站在当事人作为主体的位置才能去进行认定。

　　有些人会说,这种论证方式给人的感觉太"当事人中心主义"了,似乎每个当事人都各自处于自己的孤岛,彼此之间"老死不相往来"。这些人会继续说,问题就在于,现实生活中的个体无时无刻不在和他人发生着关系,按照这种论证思路,当个人碰到他人并产生分歧时,最后大概只能说"你有你的好,我有我的好,大家各过各的"。暂且不说"各过各的"是否能够实现,钱先生认为,这种图景本身就是对自由主义的误解。钱先生指出,每一个体在进行价值选择时,并不纯然是一种个人偏好的表达,每一价值的选择和认定本身都有着背后的理性理由。如果没有充分的理由,个体就不会得到他人的承认,没有他人的承认,作为主体的"我"便无法产生。因此,主体必须在一种互为主体的状态下才能存在,个人并不是孤零零的原子式个体,所有个体都需要与其他个体产生相互之间基于说理的承认。

钱先生非常强调"说理",他认为:"所谓说理,也就是演证一个主张的正当或者妥当,当然需要诉诸在它之外的一个依据:个人抱持的'确定性'必须立足于某种在个人之外的基础上。"①也就是说,虽然一事物的价值需要当事人自身才能去认定,但是这种认定也需要提供能够经得起推敲的理由。在现代社会,这种理由不能是某种超越的神或自然法,而是需要诉诸他人的理性承认。

如此来说,自由主义的价值多元论所指向的恰恰是一种普遍主义而不是相对主义,"价值多元论一旦设定'理由'的概念,便也设定了普遍主义的可能与必要。在这个意义上,多元主义与普遍主义乃是结合在一起的"②。这里的普遍主义是一种说理意义上的普遍主义,钱先生又将它称之为"承认他者的普遍主义",以区别于"超越他者的普遍主义"和"否定他者的普遍主义"。所谓"超越他者的普遍主义"是指以一种超越所有个人的"上帝视角"来抹平所有差异,最后实现的超越性普遍主义。而"否定他者的普遍主义"则指通过消灭他者,最后只剩下自己,进而实现的普遍主义。钱先生所主张的"承认他者的普遍主义"则是,正视每个人的自主选择,进而充分肯定由此带来的价值多元,在此基础上通过说理来达到彼此承认,进而产生的普遍主义。

五 结语

钱先生在《动情的理性》一书中对自由主义的许多核心问题做出了非常细致、连贯且丰富的讨论,本文仅就其中的几个关键问题进行了粗线条的叙述。当然,对于自由主义的很多核心问题来说,学术界很难达成普遍的共识,争论依旧在继续。比如,钱先生非常重视个体的自主性,认为个人的最高利益就是基于自主性去追求美好的人生。但是正如纳斯鲍姆(Martha C. Nussbaum)所言,③现代社会中的许多人并不将个体的自主性作为最高价

---

① 钱永祥:《动情的理性:政治哲学作为道德实践》,第181页。
② 同上书,第240页。
③ Martha C. Nussbaum, Perfectionist Liberalism and Political Liberalism, *Philosophy & Public Affairs* 39, no. 1 (2011), pp. 25-26.

值,许多宗教的信徒会将其他价值(比如个人的拯救)作为自己的核心追求,在这种情况下,以自主性作为核心价值的自由主义该如何去面对那些并不那么重视自主性的个体呢?另外,钱先生特别重视"说理"所蕴含的普遍性,认为每一个体在为自己辩护时都应该给出能够经得起理性推敲的理由。但是,纳斯鲍姆认为,在现实生活中,许多人的行为其实有着并不那么理性的理由(比如相信末世论和命定论),甚至是根本没有理由,而是诉诸某种直觉或感觉(比如主张过一种随性而为、释放激情的人生)。如果过于强调"说理",这是否会不尊重那些并不那么看重说理的个体?这些问题都有待于进一步的澄清和思考。

可以说,一切关于美好生活的正面设想都会面临重重问题。而钱先生所特别主张的对人之脆弱性的动情可能才是自由主义政治哲学的真正基底,与其让人走在希圣希贤的道路上对何为圣贤争论不休,倒不如正视人世间的苦痛,因之动情,并进一步进行理性思考,尽可能去减少和避免这些苦痛。在钱先生看来,一种值得辩护的自由主义政治哲学正应该去关注人的苦痛。正如施克莱(Judith N. Shklar)所言,自由主义"并没有提供一种所有政治代理人应为之努力的'至善'(*summum bonum*),但它的确始于一种'至恶'(*summum malum*),这种至恶是我们每一个人所熟知且唯恐避之不及的"[1]。对施克莱而言,这种至恶是残忍[2],相信对于看重苦痛的钱先生来说,同样如此。

(邵风,北京大学哲学系博士生)

---

[1] 茱迪·史珂拉:《政治思想与政治思想家》,左高山等译,上海:上海人民出版社,2009年,第11页。
[2] 朱迪丝·N.施克莱:《平常的恶》,钱一栋译,上海:上海人民出版社,2018年,第11—66页。

编辑部联系方式：
电子信箱：pkuphilosophy@outlook.com
通信地址：100871　北京大学哲学系《哲学门》编辑部
传真：010-62757598

《哲学门》稿约

为了不断提高我国哲学研究的水准、完善我国的哲学学科建设、促进海内外哲学同行的交流，北京大学哲学系创办立足全国、面向世界的哲学学术刊物《哲学门》，每年出版一卷二册，即 6 月和 12 月各一册，版权页日期或有不同。收稿截止日期：鉴于集刊的收稿、审稿和编辑流程，4 月 30 日以后投稿者一般列入当年第二册，10 月 31 日以后投稿者一般列入下一年第一册。（每册约 30 万字）。自 2000 年以来，本刊深受国内外哲学界瞩目，颇受读者好评。

《哲学门》的宗旨，是倡导对哲学问题的原创性研究，注重对当代中国哲学的"批评性"评论。发表范围包括哲学的各个门类，马克思主义哲学、中国哲学、西方哲学、东方哲学、宗教哲学、美学、伦理学、科学哲学、逻辑学等领域，追求学科之间的交叉整合，还原论文写作务求创见的本意。目前，《哲学门》下设三个主要栏目：论文，字数不限，通常为 1—2 万字；评论，主要就某一思潮、哲学问题或观点、某类著作展开深入的批评与探讨，允许有较长的篇幅；书评，主要是介绍某部重要的哲学著作，并有相当分量的扼要评价（决不允许有过度的溢美之词）。

为保证学术水平，《哲学门》实行国际通行的双盲审稿制度。在您惠赐大作之时，务必了解以下有关技术规定：

1. 本刊原则上只接受电子投稿，投稿者请通过电子信箱发来稿件的电子版。个别无法电子化的汉字、符号、图表，请同时投寄纸本。
2. 电子版请采用 Word 格式，正文 5 号字，注释引文一律脚注。如有特殊字符，请另附 PDF 文档以供参考。

3. 正文之前务请附上文章的英文标题、关键词、摘要、英文摘要和作者简介。
4. 通过电邮的投稿,收到后即回电邮确认,3个月内通报初审情况。其他形式的投稿,3个月内未接回信者可自行处理。

在您的大作发表以后,我们即付稿酬;同时,版权归属北京大学出版社所有。我们欢迎其他出版物转载,但是必须得到我们的书面授权,否则视为侵权。

《哲学门》参考文献的格式规范

第1条 正文中引用参考文献,一律用页脚注。对正文的注释性文字说明,也一律用页脚注,但请尽量简短,过长的注文会给排版带来麻烦。为了查考的需要,外文文献不要译成中文。

第2条 参考文献的书写格式分**完全格式**和**简略格式**两种。

第3条 **完全格式**的构成,举例如下(方括号[ ]中的项为可替换项):

著作:**作者**、**著作名**、**出版地**、**出版者及出版年**、**页码**

吴国盛:《科学的历程》,长沙:湖南科学技术出版社,1995年,第100页[第1—10页]。

R. Poidevin, *The Philosophy of Time*, Oxford University Press, 1985, p. 100[pp. 1-10]。

译作:**作者**、**著作名**、**译者**、**出版地**、**出版者及出版年**、**页码**

柯林武德:《自然的观念》,吴国盛等译,北京:华夏出版社,1990年,第100页。

Martin Heidegger, *Being and Time*, trans. John Macquarrie & Edward Robinson, Harper & Row, 1962, p. 100[pp. 1-10]。

载于期刊的论文(译文参照译作格式在译文题目后加译者):

吴国盛:《希腊人的空间概念》,《哲学研究》1992年第11期。

A. H. Maslow, The Fusion of Facts and Value, *American Journal of Psychoanalysis*, 23(1963)。

载于书籍的论文(译文参照译作格式在译文题目后加译者):

吴国盛:《自然哲学的复兴》,载《自然哲学》(第 1 辑),吴国盛主编,北京:中国社会科学出版社,1994 年。

T. Kuhn, The History of Science, in *International Encyclopedia of the Social Sciences*, ed. D. L. Sills, Macmillan, 1968.

说明与注意事项:

1. 无论中外文注释,结尾必须有句号。中文是圆圈,西文是圆点。

2. 外文页码标符用小写 p. ,页码起止用小写 pp. 。

3. 外文的句点有两种用途:一种用作句号,一种用做单词或人名等的简写(如 tr. 和 ed.),在后一种用途时,句点后可以接任何其他必需的标点符号。

4. 书名和期刊名,中文用书名号,外文则用斜体(手写时用加底线表示);论文名,中文用书名号,外文无需标点。

5. 引文出自著(译)作的必须标页码,出自论(译)文的则不标页码。

6. 中文文献作者名后用冒号(:),外文文献作者名后用逗号(,)。

7. 中文文献的版本或期号的写法从中文习惯,与外文略有不同。

第 4 条　简略格式有如下三种:

第一种　只写作者、书(文)名、页码(文章无此项),这几项的写法同完全格式,如:

吴国盛:《科学的历程》,第 100 页。

Martin Heidegger, *Being and Time*, p. 100.

吴国盛:《自然哲学的复兴》。

T. Kuhn, The History of Science.

第二种　用"前引文献"(英文用 op. cit.)字样代替第一种简略格式中的书名或文章名(此时中文作者名后不再用冒号而改用逗号),如:

吴国盛,前引文献,第 100 页。

吴国盛,前引文献。

Martin Heidegger, op. cit. , p. 100.

T. Kuhn, op. cit. .

第三种　中文只写"同上。"字样,西文只写"ibid."字样。

第 5 条　完全格式与简略格式的使用规定:

说明与注意事项：

1. 参考文献在文章中第一次出现时必须用完全格式。

2. 只有在同一页紧挨着两次完全一样的征引的情况下，其中的第二次可以用第三种简略格式，这意味着第三种简略格式不可能出现在每页的第一个注中。

3. 在同一页对同一作者同一文献（同一版本）的多次引用（不必是紧挨着）的情况下，第一次出现时用第一种简略格式，以后出现时用第二种简略格式。下面是假想的某一页的脚注：

① 吴国盛：《科学的历程》，第 100 页。

② M. Heidegger, *Being and Time*, p. 100.

③ 吴国盛，前引文献，第 200 页。

④ 同上。

⑤ M. Heidegger, op. cit., p. 200.

⑥ T. Kuhn, The History of Science.

⑦ Ibid.

4. 在同一页出现对同一作者不同文献（或同一文献的不同版本）的多次引用时，禁止对该文献使用第二种简略格式。

北京大学哲学系
北京大学出版社